Law, Policy
and Practice
in the Energy
Industry

エネルギー産業の
法・政策・実務

編著 友岡史仁
　　 武田邦宣

弘文堂

は し が き

　本書は、日本におけるエネルギーに関する多様な法律問題を鳥瞰し、研究と実務の"架け橋"を目指すものである。本書は5編から成り、エネルギー産業の全体像を示すもの（第1編）、「バリューチェーン」の構造とそれに伴う問題を示すもの（第2編）、規制緩和政策の推進に伴い競争に関わる具体的課題を扱うもの（第3編）、そして、特に深く掘り下げるべき個別課題が多い電力（第4編）およびガス（第5編）に関連したものから、構成されている。

　電力・ガス産業は、われわれの生活・経済活動に不可欠となる有限なエネルギーを効率的に供給するため、ネットワークを形成する特定の事業者に独占化させることで非競争的な市場となる特徴があった。しかし、欧米における規制緩和・自由化の流れと技術革新等によって、産業構造が変化し新しい取引市場が創出されることで、競争的な市場へと移行しつつある。もっとも同時に、日本が非資源国として石炭・原油といった化石燃料を海外からの輸入に依存すること、2011年3月11日に発生した東日本大震災に伴う東京電力福島第一原発事故以降、原子力への依存度を逓減する大きな流れがあること（いわゆる"脱原発"）、それに伴う再生可能エネルギーを積極的に導入する具体的政策がとられていることなど、競争的な市場への移行の流れと調整が必要な場面があることにも注意を要する。

　以上のようなエネルギー産業の変革や実態を法的に鳥瞰するとは言っても、どのような視角をもって論ずるか、どのような政策提言を行うかは、当然であるが論者によってまちまちである。本書では、現在日本において生じている（または生じる可能性のある）重要な論点を編者において抽出し、各論点について造詣の深い研究者、実務家、政策担当者に、研究書としてのレベルを維持しつつ、幅広い読者に分かりやすく理解してもらえるよう執筆をお願いした。なお、それぞれの論稿が個人の見解を示すものであり、執筆者の所属機関の見解を示すものではないことは、もちろんである。

本書の制作に当たっては、構想から完成まで長期間を要した。早くにご脱稿いただいた執筆者におかれては、公刊までに長期間を要したことにつき、編者として深くお詫び申し上げたい。本書の執筆者のおひとりである佐藤佳邦氏には、目次や索引の制作において、ご尽力いただいた。記して感謝申し上げたい。弘文堂編集部の高岡俊英氏には、企画段階から本書完成まで、並々ならぬお力添えを賜った。厚く御礼申し上げる。

　2019年1月

編者を代表して
友岡　史仁

◆CONTENTS◆

第1編　競争時代におけるエネルギー産業
　Ⅰ章　総　　論……………………………………………友岡史仁……1

第2編　エネルギー産業におけるバリューチェーン構造と法課題
　Ⅱ章　エネルギー資源の貿易規制に関する国際通商法の対応
　　　　………………………………………………………伊藤一頼……32
　Ⅲ章　エネルギー資源を巡る投資・取引に関する法的問題
　　　　……………………………紺野博靖・大槻由昭・勝部純……62
　Ⅳ章　エネルギー産業におけるアクセス・分離規制等競争環境
　　　　整備の法政策……………………………………西村暢史……97

第3編　エネルギー産業の競争化に伴う具体的な法課題
　Ⅴ章　小売全面自由化に関する法制度の概要および法的・制度的課題
　　　　………………………………………伊藤憲二・市村拓斗……129
　Ⅵ章　電気事業のユニバーサル・サービスに関する法的課題
　　　　………………………………………………………佐藤佳邦……161
　Ⅶ章　公益事業分野におけるセット割販売と独占禁止法の規制
　　　　………………………………………………………早川雄一郎……183
　Ⅷ章　エネルギー・鉱物資源の効率的、安定的な調達に果たす
　　　　競争法の役割とその射程…………………………藤井康次郎……211

第4編　電力産業の課題
　Ⅸ章　原発訴訟からみた電源多様化の展望……………松本充郎……248
　Ⅹ章　競争市場における再生可能エネルギーの導入拡大
　　　　………………………………………………………筑紫圭一……292
　Ⅺ章　卸電力市場における相場操縦の規制
　　　　………………………………………武田邦宣・松尾健一……326

XII章　電力の卸売市場における取引監視の実際 ……… 松田世理奈……357

第5編　ガス産業の課題
XIII章　ガス事業制度改革の動向と課題 …………………… 髙城　潤……392
XIV章　国内石油産業およびLPガス産業に関する諸課題
　　　　…………………………………………………… 平野双葉……413

事項索引………………………………………………………………巻末

文献略語例一覧 (50音順)

1. 教科書・体系書等

宇賀・行政法Ⅰ・Ⅱ……宇賀克也『行政法概説Ⅰ行政法総論（第6版）』〔有斐閣・2017〕、同『行政法概説Ⅱ行政救済法（第6版）』〔有斐閣・2018〕

金沢・経済法……金沢良雄『経済法（新版）』〔有斐閣・1980〕

塩野・行政法Ⅰ・Ⅱ・Ⅲ……塩野宏『行政法Ⅰ行政法総論（第6版）』〔有斐閣・2015〕、同『行政法Ⅱ行政救済法（第5版補訂版）』〔有斐閣・2013〕、同『行政法Ⅲ行政組織法（第4版）』〔有斐閣・2012〕

丹宗＝伊従・経済法……丹宗暁信＝伊従寛『経済法総論』〔青林書院・1999〕

友岡・ネットワーク……友岡史仁『ネットワーク産業の帰省とその法理』〔三和書籍・2013〕

友岡・要説……友岡史仁『要説経済行政法』〔弘文堂・2015〕

中川ほか・国際経済法……中川淳司＝清水章雄＝平覚＝間宮勇『国際経済法（第2版）』〔有斐閣・2012〕

根岸＝舟田・独禁法……根岸哲＝舟田正之『独占禁止法概説（第5版）』〔有斐閣・2015〕

松下・経済法……松下満雄『経済法概説（第5版）』〔東京大学出版会・2011〕

2. 判例解説等

行政百選Ⅰ・Ⅱ……宇賀克也＝交告尚史＝山本隆司編『行政判例百選Ⅰ（第7版）』、同『行政判例百選Ⅱ（第7版）』〔有斐閣・2017〕

金商百選……神田秀樹＝神作裕之編『金融商品取引法判例百選』〔有斐閣・2013〕

経済百選……金井貴詞＝泉水文雄＝武田邦宣編『経済法判例・審決百選（第2版）』〔有斐閣・2017〕

消費百選……廣瀬久和＝河上正二編『消費者法判例百選』〔有斐閣・2010〕

争点……高木光＝宇賀克也編『新・法律学の争点シリーズ8 行政法の争点』〔有斐閣・2014〕

3. 辞典

経済辞典……金森久雄＝荒憲治郎＝森口親司編『経済辞典（第5版）』〔有斐閣・2013〕

法律用語辞典……法令用語研究会編『有斐閣法律用語辞典（第4版）』〔有斐閣・2012〕

吉国ほか・法令用語……吉国一郎＝角田禮次郎＝茂串俊＝工藤敦夫＝大森政輔＝津野修＝宮﨑礼壹共編『法令用語辞典（第9次改訂版）』〔ぎょうせい・

2009〕

4．研究書

舟田・情報……舟田正之『情報通信とその法制度』〔有斐閣・1995〕
舟田編・電力改革……舟田正之編『電力改革と独占禁止法・競争政策』〔有斐閣・2014〕

5．逐条解説等

ガス解説……経済産業省資源エネルギー庁ガス市場整備課＝原子力安全・保安院ガス安全課＝商務情報政策局製品安全課編『ガス事業法の解説』〔ぎょうせい・2004〕
電気解説……資源エネルギー庁電力・ガス事業部＝原子力安全・保安部編『2005年版電気事業法の解説』〔経済産業調査会・2005〕

6．判例集略語

下民集……下級裁判所民事裁判例集
行集……行政事件裁判例集
訟月……訟務月報
審決集……公正取引委員会審決集
判時……判例時報
判タ……判例タイムズ
民（刑）集……最高裁判所民事（刑事）判例集
LEX/DB……TKC法律データベース

第1編　競争時代におけるエネルギー産業

Ⅰ章　総　論

日本大学法学部教授

友岡　史仁

　エネルギー産業には、さまざまな政策的要因とそれにともなう法的課題が存在する[1]。利用される資源は、石炭にはじまり、石油、天然ガスや原子力と並び、自然エネルギーへと拡大しているように、時代とともに変化している。そして、エネルギー政策を考える場合には、この事実を前提にする必要がある。このことと同時に、技術革新とそれに伴う規制緩和政策によって、それまでに構築された様々なエネルギー産業の特性が希薄化し、他の財のような競争的バリューチェーン構造へと変容し、そのことによって、多くの国家的な関与（政策）の変化とそのための法制度に基づく諸規制の準備・実施、それに伴う活発な企業活動が登場することになる。

　このような実態にあって、本書はエネルギー産業が競争時代において直面する法・政策、そして実務にも通底する諸課題を明らかにするものであるが、本章では、その全体的課題を鳥瞰するための視点を提示することにしたい。

1　日本におけるエネルギー政策の法的基礎

　本節では、日本におけるエネルギー産業全体を総括的にとらえるうえで不可欠となるエネルギー政策について、その全体像を概観する。この場合、政策形

---

1 ）　エネルギー政策の多様な在り方について取り上げている研究書として、橘川武郎＝安藤晴彦編著『エネルギー新時代におけるベストミックスのあり方』〔第一法規・2014〕参照。

成の在り方[2]や経済実態の動向から読み解く方法など様々な視角が考えられるが、エネルギー政策基本法（平成14年法律71号）が立法的に明示している点を重視した上で、政策を具体化するうえで考慮すべきエネルギー産業固有の特質に焦点を当てる。

(1) **財の特質**

　エネルギーは、「仕事量」を意味し定量的に決まる科学的概念である。そのほかにも、「一次エネルギー」と「二次エネルギー」や「化石エネルギー」と「非化石エネルギー」といった分類が一般的であるが[3]、「エネルギー」を直接定義した実定法規は見当たらない。ただし、競争時代のエネルギー産業として法政策、実務をとらえるうえで、資源という視点からは石炭、石油、液化石油ガス（以下、「LPガス」という）、そして天然ガスといった化石燃料があるが、利用者はそれらを直接利用するほかにも、電気に変えて利用する場合があり、原子力や再生可能エネルギー（定義は(3)(ア)(b)）は資源として直接には登場しないものである。ただ、いずれの視点であっても、われわれが現代的な市民生活を送るうえで根幹となることは間違いないだろう。いずれにせよ、化石燃料は無尽蔵でなく、かつ日本が化石燃料を持たざる国（非資源国）[4]であるにもかかわらず、これに依存する産業構造が常に存在し、そのために国内だけで見てエネルギー総需要量を賄うには総供給量が圧倒的に不足することから[5]、海外依存（しかも特定

---

2) 例えば、大山耕助『エネルギー・ガバナンスの行政学』〔慶應義塾大学出版会・2002〕参照。

3) 経済学からのアプローチとして、藤井英昭『入門エネルギーの経済学』〔日本評論社・2014〕20頁以下参照。「一次エネルギー」と「二次エネルギー」をそれぞれ明示的に定義するものは見当たらないが、エネルギー政策基本法2条1項では「石油等の一次エネルギーの輸入における……」と規定している。「化石エネルギー」と「非化石エネルギー」は「エネルギー供給事業者による非化石エネルギー源の利用及び化石エネルギー原料の有効な利用の促進に関する法律」2条において「非化石エネルギー源」（2項）や「化石エネルギー原料」（5項）といった分け方がある。

4) 日本国内において、化石燃料が全く採取されないかといえばそうではない。例えば原油の生産量は、2015年度では57万8千キロリットルあった。日本エネルギー経済研究所計量分析ユニット編『EDMCエネルギー・経済統計要覧』〔省エネルギーセンター・2017〕160頁参照。

5) 原油の需給関係でいえば、2015年度では前掲注4）で見たように国内生産量が57万8000キロリットルであったのに対し、市場に石油製品を供給する上での精製処理量は1億8875万7000キロリットルあり圧倒的に不足していることがわかる。なお、輸入量は1億9451万5000キロリットルであり、このうち中東依存度は82.5％であった。日本エネルギー経済研究所計量分析ユニット編・前掲注4）160-161頁参照。

地域に偏したそれ）に由来して常に需給のひっ迫状態にさらされる固有の現象も前提とされるべきである。

そこで、エネルギーは稀少な「商品」として高い経済的価値を伴う一方、産業の担い手となる者が常に安定的に「商品」を利用者に対し提供しなければならない。この結果、エネルギーは「商品」としての価値基準が、利用者のそれを即反映できるとは限らないなどの条件があり、国家の立案する政策や行政上の諸規制を通じた市場への介入の余地があるものとして、エネルギー産業をとらえる必要がある。

以上から、国内産業の将来的な構造転換によって、エネルギー総需要量が著しく減少し、革新的技術が開発・進展し化石燃料の高い輸入依存度から大きく脱却しない限り、日本が常にこのような構造的限界を意識する必要に迫られる状況下にある。そこで、既存のエネルギー総需要に対する電源構成を原発のような大規模発電所による「集中型」から家庭・地域ごとに天然ガスや再生可能エネルギーを電源として利用する「分散型」へとエネルギー政策を大胆に転換すべきとの提言[6]は、日本のエネルギー産業における法・政策の在り方、そして実務に対するインパクトを語るうえでも重要な判断材料の1つとなろう。

(2) エネルギー政策の法的骨格

 ㋐ エネルギー政策基本法における「基本方針」　エネルギー政策基本法は、エネルギーの需給に関する施策について「基本方針」を定めることとしたうえで（1条）、その内容として①エネルギーの安定的な供給確保を目指すこと（安定供給）（2条）、②エネルギーの需給について、エネルギー消費の効率化を図り地球温暖化を防止すること（環境への配慮）（3条）を十分に考慮に入れたうえで、③エネルギー市場の自由化等に係る経済構造改革（市場原理の活用）（4条）などを図ることを旨とし、国はエネルギー需給の施策を総合的に策定し実施しつつ、地方公共団体も国の施策に準じた施策を講じ実施するといった責務をそれぞれ負うものとしている（5・6条）。

---

[6] 政府レベルでは、内閣官房国家戦略室所管の新成長戦略実現会議における「エネルギー・環境会議」が公表した「革新的エネルギー・環境戦略」（2012年9月14日）8頁以下参照。「分散型」に関するメリットを述べる論考として、例えば、今井伸「流れは天然ガス、コージェネ活用の分散型電力供給システムへ」都市問題102号（2011年）17頁以下参照。

ここから、上記①ないし③に見る三つの「基本方針」の関係性は、相互に対等なものではなく、①および②を前提に③があることを意味する[7]。換言すれば、エネルギー政策基本法では、「安定供給」を見据えた環境への適合を図る施策を講ずることで、「市場原理の活用」を実現することとなる。

　(イ)　「エネルギー基本計画」と「長期エネルギー需給見通し」　エネルギー政策基本法は、政府に対しエネルギーの需給に関する基本的な計画として「エネルギー基本計画」の策定を義務付けている（12条1項）。この規定を根拠として2018年7月に閣議決定された最新の「エネルギー基本計画」（以下、「第五次計画」という）[8]によれば、「エネルギー政策の要諦は、安全性（Safety）を前提とした上で、エネルギーの安定供給（Energy Security）を第一とし、経済効率性の向上（Energy Efficiency）による低コストでのエネルギー供給を実現し、同時に、環境への適合（Environment）を図るため、最大限の取組を行うことである」（傍点筆者）として「3E＋S」と称する日本におけるエネルギー政策の基本的視点を明示している（12頁）。

　このような記述は、先にとらえたエネルギー政策基本法が示す「基本方針」およびそこに掲げられた方針とは重点の置き方などがやや異なるように読める。このほか、「基本方針」の背景には、2011年3月11日に発生した東日本大震災による津波を主要原因とした東京電力（2016年4月より持株会社体制に変更され商号変更があったが、本章はこのことにかかわらず「東京電力」と称する）福島第一原子力発電所事故（以下、「福島第一原発事故」という）を契機に、可能な限りの原子力依存度の低減、エネルギーコストの抑制と海外依存構造の変化と自立路線の要請といった課題がある（2-3頁）。

　以上のほか、エネルギー政策基本法では策定が義務付けられていないが、経済産業省は「長期エネルギー需給見通し」（2015年7月）（以下、「見通し」という）を公表している[9]。その中では、「2030年度のエネルギー需給構造の見通し」の具体的な取組みとして、「徹底した省エネルギー（節電）の推進を行い、2030年度

---

[7]　立案担当者による位置付けを含め、吉田尚弘「エネルギー政策基本法」ジュリスト1231号（2002年）64頁参照。

[8]　これまでに策定されたものとして、第一次（2003年10月）、第二次（2007年3月）、第三次（2010年6月）、そして第四次（2014年4月）がある（括弧内は閣議決定年月）。

時点の電力需要を 2013 年度とほぼ同レベルまで抑えることを見込む」(6頁)こととし、個別には、再生可能エネルギーの最大限の導入拡大 (9頁)、石炭・LNG 火力発電の高効率化 (10頁) などの政策を掲げている。

　㈦　**具体的方向性の意味**　エネルギー政策基本法の規定や第五次計画に見られるように、まずは日本のエネルギー政策には「安定供給」の実践を強く表明している点が重要となろう。ただし、ここにいう「安定供給」とは、エネルギー政策基本法2条1項の規定[10]が示すように、エネルギーの供給源の多様化、エネルギー自給率の向上、エネルギーの分野における安全保障といった化石燃料の調達に係る不確実性の解消が狙いとしてあり、電力・ガス産業において実務上語られるような、利用者の必需性に鑑みた供給システム全体からとらえた「安定供給」を指すものではない。

　次に、エネルギー政策基本法に示された「基本方針」なり第五次計画が採る立場や内容には、とらえ方によって疑義が生ずることも考えられる点がある。例えば、原子力発電所（以下、「原発」という）の再稼働について、第五次計画が「原子力規制委員会により世界で最も厳しい水準の規制基準に適合すると認められた場合には、その判断を尊重し原子力発電所の再稼働を進める」(49頁) と表現されたことに対し、同様の内容を記していた第四次の「エネルギー基本計画」（以下、「第四次計画」という）の公表段階からこの点につき福島第一原発事故を契機に強い批判が見られるところである[11]。もっとも、このような表現はすでに「見通し」においても用いられていたが (10-11頁)、その前提として、「可能な

---

9) 「エネルギーミックス」とも称される。経済産業省編『エネルギー白書2016』〔経済産業調査会・2016〕109頁参照。「長期エネルギー需給見通し」に関する法的根拠の不存在をはじめ、その手続的問題を指摘するものとして、島村健「石炭火力発電所の新増設と環境影響評価（二・完）」自治研究93巻1号 (2017年) 43-44頁参照。

10) 「エネルギーの安定的な供給については、世界のエネルギーに関する国際情勢が不安定な要素を有していること等にかんがみ、石油等の一次エネルギーの輸入における特定の地域への過度な依存を低減するとともに、我が国にとって重要なエネルギー資源の開発、エネルギー輸送体制の整備、エネルギーの備蓄及びエネルギーの利用の効率化を推進すること並びにエネルギーに関し適切な危機管理を行うこと等により、エネルギーの供給源の多様化、エネルギー自給率の向上及びエネルギーの分野における安全保障を図ることを基本として施策が講じられなければならない。」と規定する。

11) 例えば、第四次計画に対する批判として、植田和弘「エネルギー政策と原発の位置付け――エネルギー基本計画との関連で――」RESEARCH BUREAU 論究11号 (2014年) 11頁以下参照。

限り（原発の）依存度を低減することを見込む」こと（括弧内筆者、7頁）を明示する一方、「自然条件によらず安定的な運用が可能な地熱・水力・バイオマスにより原子力を置き換えることを見込む」(6頁)とされる。このため、自然条件による太陽光（さらには風力）といった日本において積極的に導入が図られようとしている再生可能エネルギーとは切り離して需給の見通しを立てつつ、また原発の代替として再生可能エネルギーの一部を位置付けている点は、今後の技術進展によってはその内容に大きな変化を迫る可能性を秘めるものである。

なお、第五次計画や「見通し」も、ともに法的拘束力を持たない性質であるため、「再稼働」を前提とした原子力政策に覊束されるわけではない[12]。

(3) 産業特性

(ア) 総論的特性

(a) 産業構造として——ネットワーク産業か否か　エネルギー産業のバリューチェーン構造は、大きく分けて①石油・天然ガス等の化石燃料源の開発・探索のほか、それらの輸入（調達）を指す上流部門、②上流部門から受け取ったエネルギーを利用者に供給する下流部門の二つからなる[13]。このうち、下流部門において一定の需要量を賄うには、上流部門から大容量かつ安定的にエネルギーの供給が必要とされるが、電力・ガス（天然ガス）産業と石油・LPガス産業とでは大きく構造が異なる。

まず、電力産業ならびに天然ガスを熱源とする都市ガス供給を中心としたガス産業とでは、送配電網やガス導管網など巨額の投資を必須とする「ネットワーク[14]」の構築や維持が不可欠となる[15]。そこで、製品一単位当たりのコストの低

---

12) 「基本方針」に係る解釈として、松本和彦「原発再稼働と民主的意思形成」行政法研究12号（2016年）70-71頁参照。なお、立案担当者の見解として「エネルギー基本計画は、政府全体として、今後のエネルギー政策についての骨太の方向性を定性的に示そうとするものである」との指摘が見られる。吉田・前掲注7) 65頁参照。

13) 石油製品や電力・天然ガスの卸販売を「中流部門」として位置付ける場合は3つに分けられる。例えば、資源エネルギー庁資源・燃料部「石油産業の現状と課題」（2014年2月）26頁の表参照。本章では、「下流部門」は最終利用者に対する供給を念頭に置いている。

14) これを「ボトルネック設備」と称することもある。

15) ここにいう「ネットワーク」はおよそ電力・ガスシステム全体を指すことも考えられるが、そうではなく、送配電網・ガス導管網といった物理的施設を念頭に置いた狭義のそれであるネットワークおよびネットワーク産業の意味について、友岡・ネットワーク産業1頁以下参照。

下(規模の経済性)、一社がまとめて生産することによるコストの低下(範囲の経済性)といった効果があるとして、通信網からなる通信、鉄道網等からなる交通といった産業とあわせて「ネットワーク産業」と一括りにされることがある[16]。そして、このネットワークを第三者が自ら構築することなく利用できる環境を整備することで、競争的構造を整備しようとするのがオープンアクセス政策であり、ネットワークとそれ以外を分離するアンバンドリングに係る諸規制(以下、「アンバンドリング規制」という)はそれに付随した政策である。これらの意味は(イ)(a)において取り上げる。

次に、石油・LPガス産業の場合、2に取り上げるように、それらが化石燃料であるがゆえに海外からの輸入(調達)段階[17]に関する固有の法政策的な課題はある。しかし、精製された石油製品(例、ガソリン、灯油等)のタンク・ローリー等による移送[18]、車両に積載したLPガスの搭載容器の移動[19]を経て利用者に供給される当該産業全体のプロセスから、電力・ガス産業のように構造上不可欠となる大規模なネットワークは不要であり[20]、「ネットワーク産業」ではない。

　(b)　環境負荷の存在として　　地球温暖化の原因は二酸化炭素の排出にあるとされる。特にエネルギー産業では、化石燃料を燃焼することで供給源を

---

16)　塩見英治編『現代公益事業——ネットワーク産業の新展開』〔有斐閣・2011〕7-8頁。同書にも掲げられた「公益事業」もここにいう「ネットワーク産業」と同義である。法的には「公益事業」と「公企業」との関連性があるが、エネルギー産業を含むネットワーク産業の競争時代において、このような概念から演繹することに解釈上の意義はないといえる。友岡・要説137頁。

17)　国内立法として、石油であれば特定石油製品輸入暫定措置法(昭和60年法律90号、平成7年法律76号により廃止)に基づき一定の条件の下での特定石油製品(ガソリン、灯油、軽油)の輸入を認める措置が取られていた。利用者が直接利用する化石燃料の資源調達上の課題は、もっぱら取引契約による。石油産業の規制緩和に係る過程については、橘川武郎「規制緩和と日本の産業——石油産業の事例」橋本寿郎=中川淳司編『規制緩和の政治経済学』〔有斐閣・2000〕174頁以下がある。

18)　石油製品のうちガソリンは、消防法に規定された「危険物」のうち別表第一にある「第4類引火性液体」に、タンク・ローリーは同法10条1項に規定された「移動タンク貯蔵所」にそれぞれ該当し、同法上の保安規制を受ける。

19)　高圧ガス保安法(昭和26年法律204号)23条1項に基づき制定された液化石油ガス保安規則(昭和41年通産省令52号)第6章の規定によって保安規制を受ける。

20)　原油等の輸送をもっぱらの対象として、石油パイプライン事業法(昭和47年法律105号)が制定されているが、同法の適用対象となる石油パイプラインは、電力・ガス産業に見られるような不可欠性を伴うものとはいえない。

得るが、その過程において二酸化炭素が排出されることになる。排出量は資源ごとに異なるが、石炭を筆頭に石油を合わせた排出源がその大半を占める。これに対して、天然ガスはそれらよりもかなり低いといった理由から「クリーンエネルギー」として位置付けられる。このほかにも、原子力は地球温暖化対策の観点から二酸化炭素の排出量をゼロと位置付けることが、日本のエネルギー産業では前提とされてきた[21]。しかし、福島第一原発事故を契機として、日本の原子力政策は大きな転換が図られていることは、上記(2)(イ)にも触れた通りであるが、それとあわせて、電力産業にあっては、競争的構造へと転換を期待する電力システム改革が事業者を多数化・多様化させることで、自主性にゆだねられてきた環境配慮への取組を消極化する懸念もみられる[22]。

　そこで、日本のエネルギー産業における環境負荷の低減に向けた動きを見ると、大きく二つ存する。

①　化石燃料の利用低減とその合理化を狙いとした法制度の整備がある。これは、石油危機を契機とした政策を背景とするが、その法制下では、大量のエネルギー資源を利用する工場等に対し、使用の合理化をソフトな手法で実現するのが一般的である。

②　電源構成をより非化石燃料源化しようとする試みである。これは化石燃料を主体としてきたエネルギー産業全体の課題でもあるが、とりわけ東日本大震災および福島第一原発事故を契機に制定された「電気事業者による再生可能エネルギー電気の調達に関する特別措置法」（平成23年法律108号）（以下、「再エネ特措法」という）4条では、電気事業者が再生可能エネルギー[23]を電源として調達する上で一定の理由を除き「特定契約」の締結に応ずる義務を課し、契約価格は事前に手続を踏んで定められた「調達価格」によ

---

21) 例えば、2010年6月の第三次基本計画では「2020年までに、9基の原子力発電所の新増設を行うとともに、設備利用率約85％を目指す（現状：54基稼働、設備利用率：(2008年度)約60％、(1998年度)約84％）。さらに、2030年までに、少なくとも14基以上の原子力発電所の新増設を行うとともに、設備利用率約90％を目指していく」とされていた（27頁）。このことに関する福島第一原発事故以降の同計画への批判として、植田和弘＝梶山恵司編著『国民のためのエネルギー原論』〔日本経済新聞出版社・2011〕参照。

22) 電力システム改革以前の自主的取組みでは不十分とし、環境配慮についても明確な基準設定を必要とする旨提言する論考として、大塚直「電力に対する温暖化対策と環境影響評価──近時の電力システム改革が環境法・環境政策に与える影響への対処」環境法研究6号（2017年）21頁参照。

るものとされている。これがいわゆる FIT（Feed-in Tariff）制度であり、その促進にあたり、産業構造の特質と環境負荷の存在との関係性に照らしてどの程度「再生可能エネルギー」の特性を既存の電力システムと調和が可能であるかが問題となろう[24]。

　以上の2点は、環境への配慮に関する重要な法政策であるため、本章3において詳しく触れる。

　(イ)　**各論的特性**

　　(a)　**電力・ガス産業間の異同——事業法主体の枠組み**　　電力・ガス産業は、ネットワーク産業という共通の産業特性に照らし、生産（発電、輸入LNGの気化等）から供給を一体的に運営する垂直統合（vertical integration）された事業者が利用者に対して独占的に供給する構造が法的に許容されてきた[25]。1980年代から始まる規制緩和政策においても、この両事業者の運営形態を所与としながら、部分的に競争的構造を導入する制度が整備されてきたが、それと並び、ネットワークの保有者が第三者に対してネットワークを公平に利用可能とし（オープンアクセス）、そのためにその保有者が支配力を行使し得るネットワーク部分と競争的なそれ以外の部門とのアンバンドリングを具体化するための諸規制が限定的になされてきた。

　もっとも、電力とガス（LNG供給を主体とする都市ガス）とでは、次のような相違点があることに注意を要する。

　①　行政上の規制根拠として、電気事業法とガス事業法の2法に縦割りされ

---

23)　本法2条4項において「再生可能エネルギー源」とは、太陽光、風力、地熱、バイオマスならびに原油・LPガス、天然ガス、石炭を除くエネルギー源であり「電気のエネルギー源として永続的に利用することができると認められるものとして政令で定めるもの」とされている。

24)　このほか、問題解消のための具体的対策を論ずるものとして、近藤潤次「分散型電源大量導入の技術的問題と対策」諸富徹編著『電力システム改革と再生可能エネルギー』〔日本評論社・2015〕89頁以下参照。

25)　ただし、当時の電気事業法（平成25年法律74号改正前）でも明確に独占的供給を許容する規定はなかったが、「一般電気事業者」の概念を設け、その許可要件として「電気工作物が著しく過剰とならないこと」とする過剰投資の防止を規定する一方（5条5号）、区域以外の一般の需要に応じた電気の供給を禁止する（18条5項）などを通じて、独占が事実上確保される仕組みとなっていた。資源エネルギー庁電力ガス事業部＝原子力安全・保安院編『2005年版電気事業法の解説』〔経済産業調査会・2005〕74、146-147頁参照。

ている。

② 電力産業はネットワークが民間企業を主体として構築されているが、ガス産業は公営・民営の両者によっており、公営の場合は民営とは異なり他の諸法（地方自治法、地方公営企業法等）も並行して適用される[26]。

③ 電力産業では全国的なネットワークが構築されているが、ガス産業ではそれが地域に分割されている。

④ 電力産業は周波数帯が東西で異なるものの財が共通しているため相互融通が可能となるが、ガスはネットワークが分断されており、電力のような状態になり得ない。

⑤ 電気はすべての利用者が求めるエネルギーとして位置付けられるが、ガスは電気に比べて一部の大手を除き需要規模が小さな単位で供給されるため、おのずと各事業者の規模が小さくなる。

⑥ ガス産業では、発電需要のために天然ガスが供給されるが、その逆に電力産業にとってガス需要のためには電気が供給される関係にはない。さらに、ガス産業にとって、天然ガスとLPガスやオール電化との間のように、供給媒体に代替性が見られる。

⑦ 電気は大規模な需要に見合うため貯蔵することは技術上不可能であるのに対し、ガスでは、短期かつ技術的制約があるものの、LNG基地においてこれを実施している。

以上のように、電力・ガス各産業はそれぞれ区別したうえで特性をとらえることができるのに対し、競争時代においては、電力とガスを競合関係としてとらえるのではなく[27]、電力に従来ガス供給を主体としていた事業者が参入したり、エネルギー総合企業の設立といった視点から両産業の垣根が持つ存在意義

---

26) これゆえに、民営には見られない事態が生ずる。例えば、公営ガス企業に係るガス料金につき、条例所定額よりも低額とされていたがガス事業法（当時）に基づき大臣の認可を得ていたことにつき、当該料金の違法性が争点となった住民訴訟として大津ガス供給事件（最判昭和60・7・16判時1174号58頁）参照。ただし、公営ガス企業の民営化を事業機会ととらえる場合の諸課題について、段野孝一郎「公営ガス事業の民営化に伴う事業機会」ENECO地球環境とエネルギー588号（2017年）28-29頁参照。大津市の場合、民間企業との共同出資会社に事業譲渡するが導管等の資産を残す「コンセッション方式」が検討されている。記事として、門倉千賀子「民営化で新方式を導入する大津市ガスのインパクト」エネルギーフォーラム745号（2017年）24-25頁参照。

を低下させていることが、今後のエネルギー産業の進展を見守るうえでの重要な留意点といえよう。具体的には、電力システム改革以前において供給義務を負っていた事業者（いわゆる「九電力」）が供給体制を維持しつつ、①中部電力と東京電力[28]ならびに東京ガスと関西電力[29]がそれぞれ燃料調達において連携し火力発電所の運営を行う場合、②東京電力、中部電力、東北電力および北海道電力が送配電網設備を共同調達する場合[30]があげられよう。

ただし、これらの現象は、電力システム改革に伴う「九電力」の垣根を超えた"融合化"ではあるが、資本結合とは異なり業務提携に過ぎない。これに対し、小売部門の全面自由化にあわせて異業種間の"融合化"が見られる点は、事業の垣根を超えて既存の規則枠組みに影響を与え得る意味において特徴的である。すなわち、①電力またはガスいずれかの会社がその一方の小売サービスを提供する場合[31]、②電力会社が通信といった異業種会社と提携してサービスを提供する場合[32]、③石油・LPガス関連会社が石油製品（ガソリン）やLPガスを電力とセットで販売する場合[33]といったように、いわゆる「セット割販売」と呼ばれる手法が登場しており、電気事業法やガス事業法といった事業法に基づく縦割り的な規律を超えた点に、新たな展開の余地がある。具体的には、仮に市場支配力を有する事業者がこの手法を用いるとみなされれば、独禁法に抵触する可能性があるものとして論じられる[34]（なお、電力とガスの"融合化"がもたらす

---

27) 「電力会社とガス会社の対立関係も日本固有のものである」とし両者の競合を批判的にとらえる論考として、山田光『発送電分離は切り札か——電力システムの構造改革』〔日本評論社・2012〕134-135頁参照。
28) 両社は燃料共同調達を行う会社（JERA）を設立後（日本経済新聞2015年4月16日付13面）、火力発電事業の全面統合化が決定している（日本経済新聞2017年3月29日付15面）。
29) 日本経済新聞2016年4月12日付13面参照。
30) この現象については、日本経済新聞2015年2月5日付1面参照。
31) 例えば、東京電力が自社で輸入するLNGを供給源としてガス小売市場に（日本経済新聞2016年12月27日付3面）、大阪ガスが自社のLNGを電源として電力小売市場に（電気新聞2016年3月12日付3面）それぞれ参入する場合。
32) 東京電力とソフトバンクが連携したが（日本経済新聞2015年4月28日付13面）、その後、ソフトバンクの独自プランにより業務転換したとされる（日経産業新聞2017年2月16日付11面）。このほか、関西電力とKDDIのセット販売の例（日本経済新聞2015年6月7日1面）もある。
33) 家庭用の電力販売について、JX日鉱日石エネルギーが自社の電源を利用しガソリンやLPガスとあわせて行う場合（日経産業新聞2015年7月2日付11面）、東燃ゼネラルがLPガス販売会社と連携して行う場合（日本経済新聞2015年12月22日付13面）がある。

影響について、市場の寡占化が進む実態は欧州にもみられるが、ここでは論点の指摘だけにとどめておく）。

　(b)　**石油・LPガス産業の視点——業務規制＋独禁法の枠組み**　石油・LPガス産業は、資源開発に係る共通の課題があるため、それは2で取り上げる。この産業の下流部門に係る法政策に見られるのは、石油危機（オイルショック）を契機に制定された石油需給適正化法（昭和48年法律122号）が、国内において大幅な供給不足の発生を想定し、石油の生産計画の届出（6条）、政令で定める数量を超えた使用の禁止（7条）、その他、揮発油（ガソリン）の販売制限（8条）等を規定している点である。ただし、これらはあくまで緊急時における行政上の規制である。このような緊急の場合を除き、石油・LPガスは規制緩和政策が本格的に推進される以前からも、電力・ガス産業とは異なり厳格な参入・料金規制といった行政上の規制を受けないことを伝統としていたことを考慮すべきである[35]。

　したがって、エネルギー産業の中でも石油・LPガス産業の場合、過当競争を見越した事業法に基づく行政上の規制とは異なり、販売方法に伴う品質確保を目指した現在の「揮発油等の品質の確保等に関する法律」（昭和51年法律88号）や、事後的な違反行為については、独禁法に基づく法規制など個別的な（取引）業務規制により対応することで、電力・ガス産業とは異なるエネルギー産業に係る制度が構築されているといえよう。

　このような（取引）業務規制が行われる背景は、事業者間の過当競争に起因する面が強い。例えば、石油製品市場ではスタンド間における不当廉売事例[36]が見られるが、ガソリン取引に関する実態は公正取引委員会による調査が行われているように[37]、独禁法の適用対象となり得る取引慣行の存在がある。このほかにも、石油元売業者間の企業結合規制の対象となる業態再編[38]も挙げられよ

---

34)　電力・ガス産業を意識した論考の1つとして、岸井大太郎『公約規制と独占禁止法——公益事業の経済法研究』〔商事法務・2017〕318頁以下参照。

35)　石油産業の規制緩和に係る経緯について、深谷健『規制緩和と市場構造の変化——航空・石油・通信セクターにおける近郊経路の比較分析』〔日本評論社・2012〕129頁以下参照。

36)　例えば、独禁法24条訴訟として、東京地判平成19・10・15審決集54巻696頁。

37)　公正取引委員会事務総局「ガソリン取引に関するフォローアップ調査報告書」（2016年4月）参照。

う。他方、LPガス産業についても、「液化石油ガスの保安の確保及び取引の適正化に関する法律」（昭和42年法律109号）があるが、「無償配給慣行」に関する事件[39]や都市ガス事業者への切替に関する事件[40]、差別対価に係る独禁法24条に基づく差止訴訟[41]といった独禁法適用事例が存在する。このことから、石油・LPガス産業についても、（取引）業務規制の根拠法規と並び独禁法が適用法条となっている点を指摘できよう。

(4) エネルギー産業における原子力政策の課題

日本のエネルギー政策は、化石燃料とならび原子力政策が固有の課題として問題とされてきた。これは、日本が原子力の平和利用を念頭に、エネルギーの安定供給と環境対策という国家プロジェクトとしての原発利用を積極的に推進してきたことに伴う課題である。

ところで、原子力が電源の1つとして長期の需給を賄うために位置付けられること以外にも、そのことが二酸化炭素の排出削減において持つ意味はもちろん、核物質を用いることに伴う運搬・利用、核技術の拡散に係る安全保障上の課題といったように、他の化石燃料について生ずる直接的課題とは異なる側面が多いところに、原子力政策を論ずる特徴点があろう。

日本における原子力政策は、福島第一原発事故によって大きく変更を迫られたことは、世界的に見ても特筆に値するが、電力産業をはじめとしたエネルギー産業に対するインパクトに照らして論点を整理すれば、次のようになる。

① 福島第一原発事故は、電力システム改革推進のための主要要因となった。このことは、日本の原発が、発送配電の垂直的な統合構造を維持してきた九電力会社（ただし、卸電気事業者であった日本原子力発電株式会社も含む）によっ

---

38) 近時の例では、出光興産による昭和シェルおよびJXホールディングズによる東燃ゼネラル石油の各株式取得に関する各事例がある。公正取引委員会「出光興産株式会社による昭和シェル石油株式会社の株式取得及びJXホールディングス株式会社による東燃ゼネラル石油株式会社の株式取得に関する審査結果について」（2016年12月19日）公取委HP。本件では、両事例一括でLPガス（プロパン・ブタン）元売り4社間の協調的関係が生じる蓋然性が高いことが問題視された。解説として籔内俊輔「解説」ジュリスト1506号（2017年）6-7頁参照。
39) 東京高判平成18・4・13判時1928号42頁。
40) 札幌地判平成16・7・29判例集未登載、東京高判平成18・4・13判時1928号42頁参照。
41) 東京地判平成16・3・31判時1855号78頁、東京高判平成17・4・27審決集52巻789頁、東京高判平成17・5・31審決集52巻818頁参照。

て設置、管理されてきたことから、競争政策を通じた"電源多様化"を目指すエネルギー政策の転換があったととらえる必要がある。

② 「核原料物質、核燃料物質及び原子炉の規制に関する法律」は福島第一原発事故の前後において存在しており、原子炉等の安全性が一定基準を充たした場合には再稼働することを念頭に置く法的構造に変化はない[42]。しかし、この法的構造に沿って再稼働されている(またはこれから行う)原子炉[43]について、民事差止訴訟を中心とした一連の原発訴訟が提起されている現象がある。このことの電力産業への直接的なインパクトとして、電気料金への直接的な反映の可否(値上げまたは値下げという結論の是非)との関連性を挙げることができよう。

③ 今後は廃炉されることに伴い必要となる各種費用の回収方法が問題となる。このことにつき、託送料金を通じて全利用者を対象としていたのに対し、小売市場の全面自由化以降の公平な競争環境に資するため、総合資源エネルギー調査会基本政策分科会「電力システム改革貫徹のための政策小委員会中間とりまとめ」(2017年2月)(以下、「改革中間とりまとめ」という)では、「原子力発電から得られる電気の一定量を小売電気事業者が広く調達できるようにするなど、一定の制度的措置を講ずるべきである」と提言したように(21頁)、市場環境に適合的な新たな費用回収方法が模索されている[44]。

2　化石燃料の安定的調達に関する法政策

本節では、エネルギー政策基本法に規定された「基本方針」の第一である「安定供給」に係る法政策として、重要な課題を概観しておく。具体的には、化石燃料のうち日本の国内産業の利用で大きな割合を占める石油・LPガスおよび

[42) これまで多くの論考が公刊されているが、本章担当者によるものとして、例えば友岡史仁「原子力政策と行政手続──行政法の視点から」鈴木庸夫編『大規模震災と行政活動』〔日本評論社・2015〕235頁以下参照。

[43) 再稼働に係る行政手続上の法的問題をとらえた論考として、安念潤司「原発はなぜ停まっているのか(1〜3・完)──日本における法治主義の一断面──」中央ロー・ジャーナル10巻4号(2014年)、同11巻1号(同年)、同11巻2号(同年)参照。

[44) ただし、この中間報告では、過去分については全利用者が支払う託送料金からの回収方法が妥当とする。

天然ガスの安定的な調達を念頭に置いた確保をめぐる法政策について取り上げる。

(1) 資源調達条件の法的枠組み

1に取り上げた現在のエネルギー産業の構造を前提にすると、競争時代にあっても当面の間は、「一次エネルギー」のうち化石燃料の安定供給を基軸とする法政策が形成されなければならない。もちろん、このことは有限な化石燃料（資源）であるために供給効率化に果敢に努めるなど、省エネルギーを促進すべきことは言うまでもなく（この点については3(2)において触れる）、エネルギー政策基本法および第五次計画もこの方向を踏まえたものとなっている。

その一方、非資源国である日本は、「一次エネルギー」としての化石燃料（資源）の調達を、特に中東地域を中心として、かなりの割合を海外に依存する実態があることから、国際情勢に左右されない調達条件の確保を目指した様々な施策を講じる必要がある。このため、一義的にはその調達に係る国際的規律に従うことが重要となる一方[45]、国内に関連する具体的施策については、次の点を指摘できる。

① 国による関与の下で石油に係る権益を獲得してきたことがある。石油開発公団法（昭和42年法律99号、平成14年法律93号により廃止）に基づき設立された石油公団が「自主開発原油」と称し、海外において日本が独自に油田採掘権を獲得した点は、官民一体的に資源確保の施策が講じられてきた具体例である。石油公団廃止後は、国際石油開発帝石が海外での開発権益の獲得を行う一方、資金供給を石油天然ガス・鉱物金属資源機構（通称、JOGMEC）が担う体制となっている[46]。

② 日本国内（近海・陸上を含む）における資源開発の努力である。第二次大戦後に制定された諸法として、鉱業法（昭和25年法律289号）や「石油及び可燃性天然ガス資源開発法」（昭和27年法律162号、平成23年法律84号により一部廃止）があるほか、現在、石油資源開発（通称、JAPEX）[47]が国内油田・ガス田の開発を行っており、国内法として探索・開発に係る制度が整備されてき

---

45) エネルギー投資紛争に係る諸課題を取り上げた文献として、小寺彰＝川合弘造編『エネルギー投資仲裁実例研究』〔有斐閣・2013〕参照。
46) 経済産業省編『エネルギー白書2018年度』〔経済産業調査会・2018〕31-32頁参照。

た[48]。

　以上のほかにも、エネルギーの安定供給を目指した安全保障として、機雷除去やシーレーンの確保といった輸送経路に関するそれがあるが、これらは、国家的関与の一つとして行われる資源調達条件の確保を指す。

(2) **国際取引における戦略的対応**

　以上に掲げた法制度の整備に対し、日本におけるエネルギー資源の確保に係る主な担い手となる民間企業にとって、資源確保に向けた相手方との合理的価格による取引が安定供給に寄与するか否かも、重要な視点となる。買手としての日本企業は資源国側の国家や企業といった売手が提示する取引条件にもっぱら従わざるを得ないという従属的構造が成立するため、高価格による資源確保を余儀なくされる実態があった。

　この背景には、地政学的要因もさることながら、資源開発に膨大な投資を必要とし、投資回収のためには現時点での自由な取引とは逆行する長期的なリスクが存している。LNG の調達に関する契約の実態は、まさにその典型例といえよう[49]。そこで、日本固有の課題として、福島第一原発事故に伴う原発の稼働停止に伴い、LNG 需要が急増したことに伴う日本の輸入価格の急騰は、本来 LNG 調達に際し締結される長期売買契約によっても資源調達の条件整備に対する足かせとなる点が存在した[50]。このような実態に対処すべく、経済産業省は日本が LNG 価格をけん引すべく「LNG ハブ」を実現することを提唱し[51]、企業サイドでは LNG の大口買手企業である東京電力と中部電力が燃料・火力発電分門について共同出資会社（JERA）を設立して、LNG の購買力（バーゲニングパワー）強化策を企図する事例となった[52]。

　もっとも、以上のような実態が法的問題を直ちに生じさせているわけではな

---

47) 石油資源開発株式会社法（昭和30年法律152号）に基づき設立後、石油公団法（昭和42年法律99号）の成立により廃止され（附則14条）、その後民間企業として新たに設立された会社である。
48) このほか現行法としては、「日本国と大韓民国との間の両国に隣接する大陸棚の南部の共同開発に関する協定の実施に伴う石油及び可燃性天然ガス資源の開発に関する特別措置法」（昭和53年法律81号）がある。
49) LNG 調達に係る欧州の例も含めた法的問題については、東條吉純「グローバル LNG 市場の形成過程における競争法の役割――エネルギー安全保障の新たな視点」舟田正之編『電力改革と独占禁止法・競争政策』〔有斐閣・2014〕601 頁以下参照。

いが、LNG 調達にあたって法的課題があることも事実である。例えば、LNG 船の積込み時点で所有権が買主に移転し第三者への転売を可能とする FOB（Free on Board）方式があるところ、アジア向けでは第三者への転売を防止して仕向地を制限することを狙いとした「仕向地制限条項」が設けられてきたことから、このような契約条項が、LNG を購入した事業者がその販売事業者による再販売を制限するため、「期間契約市場（アジア市場）」または「スポット市場（世界市場）」への参入の機会を減少させ市場閉鎖効果が生ずることを理由に、独禁法違反行為（拘束条件付き取引）に該当する可能性が指摘されていた[53]。

(3) 石油備蓄制度の拡充

日本のエネルギー産業における脆弱な需給体制は、第二次世界大戦以降も海外での戦争や紛争を起因として生じている。例えば、第一次石油危機（1973 年 10 月～1974 年 8 月）は、石油輸出地域である主要アラブ諸国が第四次中東戦争を契機として原油供給を削減した結果であったことに鑑みて[54]、日本におけるエネルギー資源の安定供給を確保するには、このような需給体制による市場への影響を事前回避する制度の整備が必要となる。そこで、石油危機に伴う石油製品

---

50) 一般財団法人日本エネルギー経済研究所・独立行政法人石油天然ガス・金属鉱物機構編＝兼清賢介監修『石油・天然ガス開発のしくみ——技術・鉱区契約・価格とビジネスモデル』〔化学工業日報社・2013〕207 頁では「2012 年半ばにシェールガス革命の影響が著しい米国市場でスポット価格が 3 ドル台で低迷していることを反映し、平均ガス価格（Citygate 渡し価格）が 4 ドル台で推移している。一方、福島第一原発事故の影響を受けて LNG 輸入が増大している日本の LNG 輸入価格は 17 ドルを超えるレベルに跳ね上がり、その後も高い水準で推移している」としていた。このほか LNG 価格形成については、例えば上田絵里『ガスパイプラインの社会資本論』〔エネルギーフォーラム・2016〕20 頁以下参照。価格決定条項に係る具体的解説として、紺野博靖「LNG 長期売買契約における価格決定条項について」国際商事法務 40 巻 1 号（2012 年）89 頁以下参照。
51) 経済産業省「LNG 市場戦略——流動性の高い LNG 市場と"日本 LNG ハブ"の実現に向けて——」（2016 年 5 月 2 日）参照。オープンアクセスとの関係性を含め、段野孝一郎「LNG 戦略とオープンアクセス——ハブになるには多くの事業者参画が必須」ENECO 地球環境とエネルギー 584 号（2016 年）26-27 頁参照。
52) 東京電力が原子力損害賠償・廃炉等支援機構との間で、新会社の独立性確保を盛り込んだ総合特別事業計画を策定した点は、国の関与を排除する狙いがあるものとして注目されよう。日本経済新聞 2015 年 1 月 9 日付 5 面参照。
53) このような指摘について、公正取引委員会事務総局「液化天然ガスの取引実態に関する調査報告書」（2017 年 6 月）161 頁参照。
54) このような事実については、石油通信社編『2018 年度石油資料』〔石油通信社・2018〕10 頁表参照。

の供給不足という経験から、「石油の備蓄の確保等に関する法律」(昭和50年法律96号) (以下、「石油備蓄法」という) が制定され、備蓄制度の整備を通じた石油の安定供給に資することが目指されており、極めて高い石油の輸入依存度に対処する施策が講じられている。

　この備蓄制度は、上記のような国際情勢に係る危機回避と並行し、自然災害のリスク・ヘッジとして機能することも期待されている点で特徴的である。現に第五次計画では、石油およびLPガスについて、「災害時にはエネルギー供給の『最後の砦』となる」と位置付ける (21-22頁)。その一方では、東日本大震災に伴う関東・東北の製油所の操業停止によって一時的な供給能力が低下したことを踏まえ、平成24年法律74号[55]による石油備蓄法の改正が行われ、国家備蓄石油および国家備蓄施設に関する「第5章国家備蓄石油」および「第6章勧告等」がそれぞれ新たに設けられた[56]。

　加えて、石油備蓄法制定当初からの基本的枠組みが危機回避を目指した備蓄制度の確保であったが、これとあわせて資源価格に係る課題に対する法政策的な実践も考えられよう。もっとも、現行石油備蓄法31条に規定された石油・LPガスの備蓄放出基準の中には、「経済産業大臣は、我が国への石油の供給が不足する事態又は我が国における災害の発生により国内の特定の地域への石油の供給が不足する事態が生じ、又は生ずるおそれがある場合において、石油の安定的な供給を確保するため特に必要があると認めるとき」に国家備蓄石油の譲渡や貸付けを可能としているが、例えばこれによって、国際的な石油価格の急騰に対する価格冷却機能を果たすことが期待されているわけではない。

　このほか、日本において石油に次いで高いエネルギー消費量を占める天然ガスの備蓄制度に係る課題も残される。そもそも、石油備蓄法が対象とする「石油」とは、「原油、指定石油製品及び石油ガス」であり (2条1項)、天然ガスは備蓄義務の対象として含まれておらず、開発・探索を規制対象の主体として扱う

---

55) 法案段階では、縄田康光「災害時における石油・石油ガス等の安定供給確保」立法と調査327号 (2012年) 50頁以下参照。
56) 2018年3月末現在の備蓄の現状として、原油・石油製品については民間備蓄が79日分および国家備蓄が131日分 (産油国共同備蓄が6日分) であり10か所で、LPガスについては民間備蓄が50.0日分および国家備蓄が50.0日分であり5か所で、それぞれ行われている。石油通信社編・前掲54) 7頁。

のは鉱業法の管轄になるが、同法においても備蓄制度は設けられていない。これには、ひとえに日本に輸入される天然ガスは一度液化したうえで船舶により輸送されLNG基地において「貯蔵」されるものの、輸送されたLNGについては制度的に担保されていないという現状がある[57]。確かに、天然ガスの場合、ガスシステム全体として備蓄しているとの考え方もあり得るが、石油備蓄法が対象とする「石油」とはかなりの性格的一致があるため、そうした考え方とは別に、技術の進展と備蓄に係る制度的な担保が期待される分野として位置付けることができよう[58]。

3　環境への適合に関する法政策

本節では、「基本方針」の第2である「環境への適合」に係る法政策について、本書においてとらえるべき重要な課題を概観しておく。

(1) エネルギー消費の削減（省エネ）を基軸とした法政策

(ア)　省エネと地球温暖化防止対策　　エネルギー政策基本法3条は、「環境への適合」の内容として「エネルギーの需給については、エネルギーの消費の効率化を図ること、太陽光、風力等の化石燃料以外のエネルギーの利用への転換及び化石燃料の効率的な利用を推進すること等により、地球温暖化の防止及び地域環境の保全が図られたエネルギーの需給を実現し、併せて循環型社会の形成に資するための施策が推進されなければならない」と規定する。これは、その終局目標の1つを「地球温暖化の防止」とし、「省エネ」を意味する「エネルギーの消費の効率化」と並行して非化石燃料の利用への転換を図ることが、日本のエネルギー政策の1つである「環境への配慮」をなすものとして、1つの条文に集約したことを意味している。

---

57)　ただし、国産天然ガスの地下貯蔵施設はJAPEXにより実施されている。JAPEXウェブサイト（http://www.japex.co.jp/business/japan/underg.html）参照。ただし、これは鉱業法および鉱山保安法（昭和24年法律70号）の対象となるが、安定供給を目的として適用される根拠法規ではない。

58)　国家戦略特別区域法（平成25年法律107号）に基づき新潟県、新潟市、上越市、聖籠町から「エネルギー戦略特区」の中に、LNG気化ガスの地下貯蔵を可能にする法改正の提案があったが、実現には至っていない。4自治体の首相官邸への提出資料として、http://www.kantei.go.jp/jp/singi/tiiki/kokusentoc_wg/pdf/22-niigata.pdf 参照。

その制度経緯として、第二次石油危機（1978 年 10 月～1982 年 8 月）後に石油資源の安定的な供給確保を目的として「エネルギーの使用の合理化に関する法律」（昭和 54 年法律 49 号）(以下、「省エネ法」という) が制定され、同法では工場等大口のエネルギー消費者が事業を行う上で消費するエネルギー量の削減を事業者自らが実践することを狙いとするものであった[59]。さらに、省エネ法と並び、第二次石油危機を契機にして「石油代替エネルギーの開発及び導入の促進に関する法律」（昭和 55 年法律 71 号。現行法は「非化石エネルギーの開発及び導入の促進に関する法律」に名称変更。以下、「代エネ法」という）も制定されている。

以上に対し、省エネを念頭に置きつつも、非化石燃料の積極的な導入と利用の促進を目指し地球温暖化対策の一環として諸法が制定されているのが、現在の流れである。すなわち、「新エネルギー利用等の促進に関する特別措置法」（平成 9 年法律 37 号）、「バイオマス活用推進基本法」（平成 21 年法律 52 号）、「エネルギー供給事業者による非化石エネルギー源の利用及び化石エネルギー原料の有効な利用の促進に関する法律」（平成 21 年法律 72 号）（以下、「高度化法」という）などが、その代表例といえよう[60]。

なお、再生可能エネルギーの利用促進に関する再エネ特措法のような法律も、非化石燃料の積極導入と密接な関連性がある。この点のとらえ方も多様と思われるが、例えば「集中型」から「分散型」へのエネルギー政策の転換を果たす((2)参照) 具体化策として位置付ける場合、化石燃料の消費削減を軸足した従前の諸法とは異なる流れにある制度といえよう。

　(イ)　**高度化法の適用に見る法政策**　　エネルギーの消費者には、①二酸化炭素を排出するエネルギー関連施設を有する事業者と②供給を受ける消費者の二種類がある。このうち、地球温暖化対策の主な規制対象は①を対象とし、実務上特に課題とされている高度化法が注目される。

同法では、経済産業大臣が「エネルギー供給事業者」に対し、①非化石エネ

---

59)　省エネ法の改正経緯とその課題については、例えば、大塚直『環境法 BASIC 〔第 2 版〕』〔有斐閣・2016〕374-375 頁参照。

60)　省エネ法制は、ここで主に視野に入れた供給側以外にも、需要側について存在する。このあたりについては、下村英嗣「気候変動防止関連法の課題と展望」新見育文＝松村弓彦＝大塚直編『環境法大系』〔商事法務・2012〕480 頁以下参照。

ルギー源の利用および②化石エネルギー原料の有効な利用の促進という二つの柱を立て、これらについて経済産業大臣が「基本方針」を策定・公表する形をとるものとし（3条）、「エネルギー供給事業者」はこの「基本方針」に従う努力義務を規定する（4条）。この意味では、義務的なものではないが、同大臣が策定した「判断の基準」は、エネルギー供給事業者に対し指導助言といった行政指導の要件とされているほか（6条・10条）、目標達成のために事業者が策定した計画が「判断の基準」に照らして著しく不十分な場合は、勧告、そして措置命令を講ずることとされており（8条・12条）、この「判断の基準」は告示の形式により公表されるものであることから、この告示の内容が規制根拠になる。

そこで、高度化法により、「原油の有効利用」という観点から、これまで3度にわたる告示（第一次は2010年4月～2014年3月、第二次は2014年4月～2017年3月、第三次は2017年10月から）が出される中、石油関連施設（特に精製施設）に対し、環境負荷が大きいとされる重質油の分解が重要な課題と指摘されてきた[61]。この課題に取り組む具体策として、重質油分解装置の装備率を高めるべく、その装置自体の能力を高めるか常圧蒸留装置（原油の処理施設）の能力削減または廃棄が求められるところ、このことは、それまで過剰な石油製品の生産が課題とされてきた原油元売り各社に対する環境への適合化を念頭に置いた生産量の強制的削減を実質的に意味し、競争の観点からとらえれば、自由化された石油市場に対する過剰な行政介入の可能性も秘めていよう。

(2) 分散型電源の積極導入に関する法政策

地球温暖化対策は、非化石燃料の積極的導入を目指す試みであり、福島第一原発事故以降、「環境への適合」として、電力産業における「集中型」から「分散型」への構造転換が図られた。そのうち「分散型」電源の場合、その種類に応じた法政策があるところ、例えば、バイオマス活用推進基本法のように、非化石燃料であるバイオマスをエネルギー資源に活用することを目指す「バイオマス活用推進基本計画」の策定といった政府への計画策定の義務を課するものがある。もっともこれは、実質的には政策形成を促すものであって、「分散型」の積極的推進に実効性を担保するような内容とはいえない。

61） 第三次告示（平成29年経済産業省告示243号）の概要は、案段階のものとして資源エネルギー庁資源・燃料部「エネルギー供給構造高度化法について」（2017年2月27日）。

他方、1(3)(ア)(b)にも触れたように、現在は再エネ特措法に基づく FIT 制度の活用を通じた電源への積極的な投資の試みが構築されている。この場合、FIT 制度を活用するうえで、既存の送電網への接続といった技術的課題、土地利用をめぐる法的問題の解消、積極的な投資に見合ったファイナンスによる補完的制度作りのように、私法的規律がキーとなるものである。また、FIT 単価の値下げ等を背景に 2014 年 3 月の 1 か月間でそれまでの 1 年分の大量申込みがあったため、再エネ特措法 5 条（当時）に基づき同意義務が課されていた九州電力が事業者からの申込を「保留」する事態があったように[62]、FIT 制度創設時の諸課題も散見された。しかし、平成 28 年法律 59 号による改正後の再エネ特措法では、買取価格に係る入札制度の導入（4 条以下）、適切な事業実施が見込まれる場合に同大臣による対象施設の認定（9 条以下）といった制度整備がなされている[63]。

なお、再エネ特措法と基本的な狙いを共通にするものとして、農林地等の特殊性を再エネ電源の積極的な設置に生かすため「農林漁業の健全な発展と調和のとれた再生可能エネルギー電気の発電の促進に関する法律」（平成 25 年法律 81 号）が制定されている。これは、先のバイオマス活用推進基本法とは異なる事業者（発電事業者）の創意工夫を積極的に活用する再生可能エネルギー源の利用拡大に焦点を絞った具体的法制度といえよう[64]。

---

62) この件に係る九州電力からの経緯については同社プレスリリース 2014 年 9 月 24 日付（http://www.kyuden.co.jp/press_h140924-1.html）等参照。この事案を取り扱った論考として、高村ゆかり「再生可能エネルギーの『接続回答保留問題』についての一考察」法学セミナー 725 号（2015 年）1 頁以下参照。

63) 改正法について、沼尻祐未「電気事業者による再生可能エネルギー電機の調達に関する特別措置法等の一部を改正する法律」法令解説資料総覧 417 号（2016 年）13 頁以下参照。その具体的な法的課題については、高村ゆかり「電気事業者による再生可能エネルギー電気の調達に関する特別措置法（FIT 法）の 2016 年改正の評価と再エネ法政策の今後の課題」環境法研究 6 号（2017 年）189 頁以下参照。

64) 具体的課題については、酒井豊＝飯田浩司「農林漁業の健全な発展と調和のとれた再生可能エネルギー電気の発電の促進に関する法律の分析──太陽光発電を念頭に置いて」NBL1023 号（2014 年）33 頁以下参照。

4 アンバンドリング規制の法政策上の課題

本節では、エネルギー政策基本法に規定された第三の「基本方針」であり、かつ第一「安定供給」および第二「環境への配慮」を考慮に入れた上での「市場原理の活用」に係る法政策について概観する。ここでは特に、「市場原理の活用」の対象となるネットワーク産業である電力・ガス産業に論点を絞って取り上げる。

(1) 電力システム改革とガスシステム改革

ここでは、電力システム改革およびガスシステム改革の両者を鳥瞰する視点を提供する。

(ア) 発送電分離・ガス導管分離の狙い

(a) 制度化　第二次大戦後の日本における電力産業は、発電および送配電を一社とする垂直的な産業構造を存続させつつ一部の利用者に対する競争を認めてきたが、2013年4月2日に閣議決定された「電力システムに関する改革方針」によって、「広域系統運用の拡大」、「小売及び発電の全面自由化」および「法的分離の方式による送配電部門の中立性の一層の確保」の三点が方針として示され、このような産業構造を転換することとされた。これに基づき、三次にわたる電気事業法の改正（第一次は平成25年法律74号、第二次は平成26年法律72号、第三次は平成27年法律47号による）が行われ、いずれの改革内容も立法上実現している。

他方、同じく垂直統合的構造であった在来のガス産業は、閣議決定を経て改正作業を行うこととされた電力システム改革とは異なり、エネルギー政策基本法に基づき2010年に閣議決定された第四次計画において「小売の全面自由化」、「LNG基地の在り方も含めた天然ガスの導管による供給インフラのアクセス向上と整備促進」および「簡易ガス事業制度の在り方」等が示されたことを受け（53頁）、行われたものである。これに基づくガスシステム改革の内容を具体化するガス事業法の改正は、電気事業法の第三次改正および熱供給事業法の改正と同時に行われている[65]。

(b) 「法的分離」の選択　送配電網や導管網といったネットワーク（独占）

---

[65] 尾崎義幸「電気、ガス、熱供給に関するエネルギー分野の一体改革」時の法令2000号（2016年）4頁以下参照。

とその他の取引可能な部門（競争）との分離は、電力・ガス産業に共通した競争政策であるが、ここには、従来両者を担っていた垂直統合的な産業構造を大きく変更することが、「安定供給」への支障に通ずるのではないかといった疑念があった。すなわち、電力産業の場合、垂直統合的な産業構造において可能であった発電部門への十分な投資ができなくなること、貯蔵できない技術的制約の下で電力需給のバランスが維持できなくなるといった可能性があることが指摘されていた[66]。この点は、欧米の実例[67]に照らして賛否が分かれるところであるが、電力システム改革では、ネットワークの運用を中立的機関に委ねる「機能分離」、ネットワークとそれ以外の各部門の運用を別々の事業者に委ねて所有権関係も分離する「所有権分離」が選択肢として提示されていた。しかし、送配電網の運用と投資を行う主体が他の発電部門とは法的に分離した事業主体となること（別会社化）とする「法的分離」にとどめたことは[68]、電気事業法または独禁法上の"行為規制"によって、競争制限的な行為を抑制しつつ改革の実効性を担保できると考えられたものである（次の(イ)参照）。

　このような「法的分離」の実施とそれに係る具体的方法は、導管部門を分離するガスシステム改革においても同様である。しかし、電力産業では供給区域を全国とし得る送配電網の整備がなされているのに対し、改革の対象となる導管網が国土の6パーセントに過ぎず、導管分離も主要都市圏を供給区域とする三事業者（東京ガス、大阪ガス、東邦ガス）を対象とするにとどまっているのが実情である[69]。

66）　垂直統合の経済性を主張し別企業となった場合のデメリットを指摘するものとして、山内弘隆＝澤昭裕編『電力システム改革の検証』〔白桃書房・2015〕21-22頁（矢島正之＝後藤美香）参照。
67）　舟田正之編『電力改革と独占禁止法・競争政策』〔有斐閣・2014〕では、電力市場について米英独EUに関わる例を取り上げている。
68）　このほかの選択肢として、総合資源エネルギー調査会　総合部会電力システム改革専門委員会が公表した「電力システム改革専門委員会報告書」（2013年2月）33頁では、「中立性を実現する最もわかりやすい形態として所有権分離があり得るが、これについては改革の効果を見極め、それが不十分な場合の将来的検討課題とする」としている。
69）　総合資源エネルギー調査会基本政策分科会「ガスシステム改革小委員会報告書」（2015年1月）では、「(ア)導管の総延長数が全国シェアで概ね1割以上であること、(イ)保有する導管に複数の事業者のLNG基地が接続していること」のいずれも満たす者とするのが適当としたうえで（27頁）、「法的分離」の方式を選択する場合にこれらの基準を満たすのが「大手ガス事業者3社」としていた（29頁）。事業者の区分は同報告書9頁参照。

電力システム改革の趣旨は、福島第一原発事故を契機にした電力不足を理由として全国融通の必要性にあった。実際、それまでの産業構造では供給区域ごとの責任を重視し、他地域への融通を念頭に置かないなどの方針が存在したが、この構造を脱して、競争を通じた積極的な電源投資を求めることの固有の合理性が改革を正当化させるに至った。これとの対比で、ガスシステム改革のそれは、狭い地理的範囲内における競争政策の実現として整理できるものだが、価格競争は主要都市圏に限定され（それゆえに二重導管規制の問題[70]がある）、一部の地域に偏っている点など、ガス産業特有の課題があることを認識すべきであろう。

　(イ)　**市場支配力の行使規制について**　　電力・ガス両システム改革は、競争政策を具体化するうえで、ネットワークの管理に中立性が求められる。それは、ネットワークの保有者が第三者へのネットワーク貸出しに対し市場支配力を行使する潜在的な可能性があるからであり、これに対応した諸種の規制が事業法上設けられている。具体的には、規制組織としての電力・ガス取引監視等委員会が設置され（電気事業法66条の2を根拠とする）、それに付与された機能二つを挙げることができる。

①　単独で電気供給事業者間またはガス事業者等の間におけるあっせん・仲裁の実施、電力またはガスの「適正な取引の確保を図るため必要があると認めるとき」に行う業務改善勧告等の権限（電気事業法35条・36条・66条の12・66条の13等、ガス事業法107条・178条・179条等）

②　託送料金認可や小売事業者の登録等に係る経済産業大臣からの意見聴取のほか同大臣への「適正な取引の確保」を図るための建議（電気事業法66条の11・66条の14、ガス事業法177条・180条）

　なお、①では勧告等の権限行使は経済産業大臣から委任を受ける形が、②では経済産業大臣に最終的な決定権を付与される形がそれぞれ採られている。

　このように、電力・ガス取引監視等委員会の監督権限は、市場支配力の行使に対する規制を旨とする[71]。ここでは同委員会による（経済産業大臣から委任され

---

70)　友岡・要説236-237頁参照。
71)　電力産業に係る法改正以前の規制との比較を含め、友岡史仁「電気事業の規制改革と電気事業法上の中立性担保規制」日本経済法学会年報36号（2015年）24頁以下参照。

た）権限行使の基準となる「適正な取引の確保」の意味を確認しておく。

　すなわち、電気事業法およびガス事業法では、そもそも「適正な取引の確保」の意味を法文上明記していないため解釈が必要となるところ、公正取引委員会および経済産業省が公表している「適正な電力取引についての指針」（2017年2月6日）によれば、市場相場の人為的な操作（相場操縦）が行われる場合に、「電気事業法に基づく業務改善命令や業務改善勧告の対象となり得る」（第二部Ⅱ2⑶イ③）としている。この点につき、例えば、電力卸取引市場における相場価格に対し一定の支配力ある事業者への規制が念頭に置かれるところ、東京電力（東京電力エナジーパートナー）がスポット市場において売り入札を行う際の「閾値」（同社の小売料金の原価と同水準の月毎の固定価格）が、同社の各コマにおける具体的な限界費用に基づく価格とを比較して高い場合に「閾値」を売り入札価格として入札していた件につき、業務改善勧告が出されている[72]。なお、本件は勧告に係る中止の求め（行政手続法36条の2第1項）も考えられないではなかったが行われていない。このほか、実体法上、本件が「電力の適正な取引の確保」の該当性が問題となる一方、その場合に判断根拠となった「閾値」が限界費用によって算定されるべきことの必然性についても、議論の余地があろう。

　ガス産業でも、公正取引委員会および経済産業省が公表した「適正なガス取引についての指針」（2017年2月6日）によって、「競合相手を市場から退出させる目的での不当に安い料金による小売供給など、ガス小売事業の運営が適切でないため、ガスの使用者の利益の保護又はガス事業の健全な発達に支障が生じ、又は生じるおそれがあると認めるとき」には、業務改善命令または業務改善勧告が出されるとしており（第二部Ⅰ1⑴③）、電力との間で問題となる場面が異なっている。

(2)　規制撤廃のインパクト

　㈎　**料金規制の撤廃とユニバーサル・サービス**　市場原理が働けば、他に代替する競争事業者が登場し、それによって利用者がまったくエネルギーの供給を受けない事態を想定することは難しい。しかしながら、「安定供給」の視点に立って財の特質に照らした場合、利用者が不利益を被ると考えられることから、

---

72)　この件に関する担当者側解説として、田邊貴紀＝松田世里奈「東京電力エナジーパートナー（株）に対する電気事業法に基づく業務改善勧告について」NBL1091号（2017年）81頁以下参照。

このような実態に対して一定の配慮が求められる。具体的には、全面的な小売料金の規制撤廃によって、利用者に対し与える何らかの不利益を考慮する必要がある。しかし、電力産業とガス産業ではその様相が異なるため、この点に触れておく。

　電力産業では、すべての一般送配電事業者に対し①小売事業者の破綻・撤退や契約交渉の不調といった場合に、電気の供給を受けられない事態を避けるための「最終保障約款」および②構造的に高コストとならざるを得ない離島にあって規制撤廃が料金の上昇につながるおそれから、料金が平均的な水準から乖離することがないよう、需要家全体の負担を原資として適切に算定された補てん金によって供給するための「離島供給約款」のそれぞれについて、経済産業大臣に対する届出義務を課している（電気事業法20条・21条）[73]。この点の法政策的正当性として、電力システム改革専門委員会では、後者の「離島供給約款」をユニバーサル・サービスとして位置付けている[74]。

　これに対し、ガス産業の場合も全面的な小売料金の規制撤廃が行われることで、その影響を考慮した「最終保障約款」の届出義務を一般ガス導管事業者に対して課しており（ガス事業法51条）、先に一般送配電事業者に対するそれと同旨に解される。しかし、電力産業とは異なり、他エネルギーとの競争の存在を前提として経過措置の対象事業者を「各地域でのLPガスやオール電化など他のエネルギーとの競争状況を個別具体的に評価した上で」決定することや、地方公営企業の存在を前提として地域を指定することとするなどの「経過措置料金規制」を容認したことで[75]、全国一律的ではないガス産業の構造実態を反映した制度設計となっている。

　(イ) 卸取引市場の活性化　電力産業における卸取引の具体化は、2003年11月の「日本卸電力取引所（JEPX）」の設立にさかのぼり[76]、電力システム改革

---

73) このような約款の前提事実は「電力システム改革専門委員会報告書」（2013年2月）13頁参照。
74) 「電力システム改革専門委員会報告書」（2013年2月）13頁のほか、電力システム改革以前の文献として、古城誠「電力自由化とユニバーサル・サービス」八田達夫＝田中誠編著『電力自由化の経済学』〔東洋経済新報社・2004〕216-217頁参照。ユニバーサル・サービスの一般概念として、友岡・要説182頁以下参照。
75) 総合資源エネルギー調査会基本政策分科会「ガスシステム改革小委員会報告書」（2015年1月）14頁参照。

以降も市場が準備され機能しているが[77]、それ以上に卸電力取引の活性化が課題とされている。

　そもそも、このような活性化が求められる背景には、発電の効率化(広域メリットオーダーの実現)、小売電気事業者による電源調達の円滑化、透明性・客観性の高い電力価格指標の形成が指摘されるところ、より実現性を向上させるためには、新規参入者によるベースロード電源へのアクセスが重要であることから、原発廃炉に係る会計制度の見直しを提言する「改革中間とりまとめ」において、①「ベースロード電源市場」の創設、②連系線利用ルールの見直し、③容量メカニズムの導入、④「非化石価値取引市場」の創設等が言及されている。このうち、③容量メカニズムは将来の供給力を取引する「容量市場」を創設するため、「法的分離」をはじめとした自由化に伴う「安定供給への支障」へのリスクヘッジとして期待されるが、制度設計の方法によっては過剰な行政介入の可能性も指摘されるところである[78]。なお、地方公共団体の経営する発電所から発電された電気を電気事業者に売電する随意契約を解消し一般競争入札化が提言される一方で、卸市場における公正な競争に伴う電力調達を目指すことが指摘されている[79]。

　(ウ) **小売市場における取引**　　電力システム改革により構築された新たな電力産業モデルでは、小売電気事業者による利用者との取引も問題となり得る。この点は、上記(ア)で取り上げたケースを例外とし、原則的には電気事業法により規律を受けないことから、小売電気事業者と一般送配電事業者、発電事業者および利用者との間の各契約において、私法的な規律に委ねられることを意味

[76) 電力システム改革以前の制度設計に係る「第三次電力改革」と称される制度改正の一環として提言された制度の1つである。経済産業省・電気事業分科会報告「今後の望ましい電気事業制度の骨格について」(2003年2月) 36頁参照。

77) 具体的には、一日前市場(スポット市場)、当日市場(時間前市場、先渡市場、掲示板市場)が準備されている。JEPX『日本卸電力取引所取引ガイド』(2006年) 5-6頁参照。

78) 小売電気事業者には供給能力の確保が義務化されているため(電気事業法2条の12第1項)、これとセットで活用される「容量市場」は「『官製』市場」として規制色が強いという問題が指摘されている。「新電力の新たな『負担』なのか　容量市場をめぐる理想と現実」エネルギーフォーラム751号(2017年) 16頁以下参照。

79) 資源エネルギー庁「卸電力取引の活性化に向けた地方公共団体の売電契約の解消協議に関するガイドライン」(2015年3月)。

する一方、産業特性に応じた配慮を必要とする場面も出てくる。経済産業省は「電力の小売営業に関する指針」(2016年1月)を公表し、利用者への情報提供という観点から、その配慮すべき内容を明らかにしているところである[80]。なお、再エネに係る資金調達問題は3⑵でも言及したところを参照されたい。

5 結びに代えて——エネルギー産業の総括的視点

⑴ 法政策の前提事実

本章では、本書の主題であるエネルギー産業の法・政策・実務を俯瞰的にとらえる視点から、エネルギー政策基本法が提示する「基本指針」を前提として、①化石燃料の安定的な調達（安定供給）、②省エネ政策を中心とした化石燃料の利用抑制とエネルギー・システムの変更（環境への適合）、そして③ネットワーク産業に係る競争政策の具体的方策（市場原理の活用）に絞って、それぞれを概説した。

この作業を通じて、日本のエネルギー産業が先ずもって考慮すべき諸課題が、化石燃料の安定的確保であり、これが現在の日本におけるエネルギー産業の前提となるほど重要であることを示した。そして、これを前提に、省エネ、再エネ促進といった重要な法政策を整合化させることが、現時点における持続的な経済発展には不可欠である。とりわけ、日本における産業構造が化石燃料依存型を継続させる限りにおいて、この視点を常に意識すべきことになる。

次に、石油・LPガス、LNGといったように主な天然資源は、海外からの輸入に依存し、その構造は今後とも継続することが予想されるため、国際取引では当事者間の非資源国である日本にとって不利となる契約の変更、国内取引では(取引)業務規制や独禁法に基づく諸規制が、具体的現実的な課題となろう。

⑵ 法・政策・実務上の課題

本章では、現在のエネルギー産業に係る法、政策そして実務において必要と

---

[80] 岡谷茂樹＝伊藤憲二＝市村拓斗＝木山二郎「電力の小売全面自由化に関する実務上の留意点」NBL1066号（2016年）24頁以下、松平定之「小売電気事業者の法務の基礎（その1）」NBL1063号（2015年）67頁以下、「同（その2）」NBL1065号（2015年）78頁以下。このほか、問題となる取引形態に応じた法的課題に触れるものとして福田正之「電力小売り自由化における提携スキームの検討——業務委託、取次ぎ、そしてホワイトラベル」ビジネス法務16巻5号（2016年）123頁以下参照。

思われる諸課題を、次の3つに総括したい。

(ア) **事業法的枠組みの"融合化"** ネットワーク産業を中心に、競争政策を推進するために不可欠となる行政上の諸規制の根拠法制として、電気事業法・ガス事業法が存在する。これらは、電力・ガス産業をそれぞれを対象とする規制法であり、各法律において許認可の対象が決せられていることに現れているとおり、「ネットワーク産業」という横軸にとった制度作りとはなっていない。また、これらの法律は、許認可以外にも、保安規制を内容とした規定を置き、競争が直接的に影響する企業活動とは異なるものを規律する。

もっとも、電力システム改革とガスシステム改革が実践されることで、両分野を統合する電力・ガス取引監視等委員会が設立されており（これは電気事業法を根拠としている）、すでに両者を統合的にとらえる動きがみられる。このほかにも、小売市場の全面自由化に伴い、電力とガス、その他、エネルギーとは無関係な商品との「セット割販売」が行われる傾向からもわかるように、電力とガスの垣根が低くなる現象は、事業法の垣根を相対化する現象を反映しているといえよう。その一方で、このような現象への対処方法として、独禁法の適用のみを解決策としてよいかという問題があろう。

(イ) **独禁法的規律の"独自化"** 規制緩和の進展に伴い、事前規制から事後規制の流れが形成されるうえで、事業法から独禁法への置き換えが課題とされることがあったが、ネットワークに対する二重投資の非効率化という現在において不可避の産業特性などからすれば、ネットワーク産業から独占的な性格を一切払しょくすることは困難と思われる。しかし、競争秩序の維持はもちろんのこと、競争促進という目的にかなった法制度の在り方として、独禁法がどの程度活用されるべきかが課題となることはいうまでもない。

この場合、エネルギー産業全体における再編という形では、企業結合規制により競争秩序を維持する必要性があり、その一方、個別取引において市場に影響がある行為については、それ独自の事業法の規定がない限りにおいて、取引関連の民事法、その他必要に応じて独禁法による規律が求められるべきことになる。

(ウ) **産業特性と規律との枠組み** エネルギー産業のうち電力産業は、重厚長大な大規模電源を必然としてきたため、その開発・設置を促すという意味で

の国家レベルにおける規律＝公法的規律が伴うものと理解されてきた。これに対し、電源の分散化は、市場原理に極力委ねる形での電源立地の促進が期待されるため、公法的規律から投資促進のための金融的制度作りをはじめとした私法的規律へと移行しているといってよい。このような現象は、電力産業における特性を多分に反映する制度設計の必要性が重要な視点となろう。

　他方、電力産業では、市場形成が過渡期であることは4(2)(イ)でも触れたところだが、その中で「相場操縦」に係る事案にあったように、電気事業法上の規制権限（公法的規律）を用いることで、「電力の適正な取引の確保」の実現を企図する姿勢は、今後とも続くものと考えられる。

第 2 編　エネルギー産業における
　　　　　バリューチェーン構造と法課題

Ⅱ章　エネルギー資源の貿易規制に関する
　　　国際通商法の対応

北海道大学大学院法学研究科准教授
伊藤　一頼

1　エネルギー資源分野における自由貿易の推進に向けた国際通商法上の課題
(1)　資源ナショナリズムの台頭と国際貿易秩序

　日本のエネルギー自給率は 2015 年度の推計値で 7％ であり[1]、エネルギー資源の 90％ 以上を輸入に頼っている。それゆえ、自由貿易を通じてエネルギー資源の安定供給を確保することは、国民生活の維持にとってまさに生命線ともいえる課題である。ところが近年、いわゆる新興国を中心とした発展途上国の急速な経済成長にともない、世界のエネルギー消費は大幅に拡大し、エネルギー資源の国際的な争奪が激しさを増している。資源産出国では、採掘した資源を自国の国内産業に安価かつ優先的に供給するために、輸出規制などの手段を用いて資源の囲い込みを図ろうとする資源ナショナリズムの動きも見られる。仮にこうした情勢の下でエネルギー資源の貿易が縮小していけば、日本経済が被る打撃の大きさは計りしれない。

　従来、自由貿易の維持に関して中心的な役割を果たしてきた国際条約は、世界貿易機関（WTO）協定である。もっとも、これまで同協定が主に取り組んできたのは、各国が国内産業保護のために行う輸入規制をいかに除去するかという問題であり、上記のような輸出規制の増加という事態に同協定がどこまで対処

---

[1]　経済産業省『エネルギー白書 2017』140 頁。

できるのか、未知数の部分もあった。しかし最近になって、こうした天然資源の輸出規制をめぐる通商紛争がいくつかWTOに提訴され、紛争解決機関による司法的判断が示された。これを通じて、WTO協定が輸出規制の問題にも十分に対処しうることが明らかになる一方で、いくつかの課題が残されていることも分かってきた。こうした先例を踏まえ、現在の国際通商法体制がいかなる規律構造をもってエネルギー資源の自由貿易を支えているのか、またその限界はどこにあるのかについて整理・検討を行うことが本章の1つの目的である。

そのため、本章2では、輸出規制に関するWTO協定の規律のあり方を、基本原則と例外条項のそれぞれについて詳細に分析する。また、WTO協定とは別に、二国間または地域的な自由貿易協定（FTA）のなかで輸出規制に関する規律を設けることも増えているが、これについては本章5で検討する。なお、輸出規制の問題以外にも、エネルギー分野における近年の動向が新たな通商紛争を引き起こしている例がある。その1つが、再生可能エネルギーによる発電事業に対して各国政府が実施している財政支援策であり、そこで受益条件としてしばしば国産品の使用が求められることが紛争の引き金となってきた。これは再生可能エネルギーの普及促進をいかなる制度設計の下で進めるべきかに関わる重要な論点であるため、本章3で取り上げたい。また、エネルギー資源の生産・管理・販売などの事業は国有企業によって担われている場合も多いが、そうした国有企業が政府の意向を反映する道具として機能し、資源の取引において公平さを欠く行動をとることもある。特に近年は資源ナショナリズムが激化するなかで資源部門の国有企業の存在感が大きく高まっており、かかる国有企業の行動に国際的な規律を及ぼしていく必要性が指摘されている。現状においてこうした国有企業に対する規律がどの程度まで発達しているのか、本章4で考察を試みることとしたい。

以上のような諸論点の検討に入る前に、まず、議論の共通の前提となるWTO協定の概要について、次項で簡略に説明しておきたい[2]。

(2) **WTO 協定の概要**

貿易自由化の推進に関しては、すでに1948年から関税及び貿易に関する一

---

2) WTO協定の体系的な解説としては、中川淳司・清水章雄・平覚・間宮勇『国際経済法（第2版）』〔有斐閣・2012〕；松下満雄・米谷三以『国際経済法』〔東京大学出版会・2015〕などを参照。

般協定（GATT）の下で基本的な法原則が発達してきたが、それをさらに拡張・明確化する条約として1995年に発効したのがWTO協定である。実際にはWTO協定は、分野ごとのルールを定めた10以上の条約から構成されており、従来のGATTもそのままWTO協定に取り込まれている。またWTO協定は、国際組織としてのWTOを設立する条約でもあり、2018年11月時点でWTOには164カ国が加盟している。これらの加盟国のなかには、ロシア、サウジアラビア、ブラジル、ウクライナをはじめ、主要なエネルギー資源産出国の多くが含まれており、資源の輸出入に関連する貿易関係のほとんどはWTO協定の規律に服するといえる。

　WTO体制の最大の特徴の1つは、紛争解決制度の実効性が高く、極めて活発に利用されているという点である。ある加盟国がWTO協定に違反するような措置をとった場合、他の加盟国は当該事案をWTOの紛争解決機関へと一方的に付託できる。その後、申立国側が希望すれば確実に、専門家たる第三者が事件を司法的に審理する手続が開始される。これは、第1審である「パネル」と、パネル判断に対する上訴を受け付ける「上級委員会（Appellate Body）」による2審制をとっており、かかる手続を通じて被申立国のWTO協定違反が認定されれば、当該違反を是正するよう勧告がなされることになる。この勧告に従わなければ、申立国は被申立国に対して対抗的な貿易制裁措置をとる権限が与えられるが、通常は違反認定を受けた被申立国が自発的に勧告を履行する形で紛争が終結する。

　このように個別の紛争を解決する機能はもちろん重要であるが、それと並んで、司法的な審理を通じて示された条文解釈が、協定上の規範の明確化と発展をもたらすという機能にも着目する必要がある。すでに上級委員会は、WTOの紛争解決了解3条2項にいう「安定性及び予見可能性」の要請に鑑み、重大な理由がない限り、司法機関は同一の法的問題をその後の案件においても同一の方法で処理すべきだと述べており[3]、ある種の先例拘束性を支持している。こうした法的一貫性を重視する姿勢の下で、WTOの紛争解決制度は膨大な先例法理を生み出してきたのであり、条約上は簡素な文言で規定されるにすぎな

---

3) *United States—Final Anti-Dumping Measures on Stainless Steel from Mexico*, Report of the Appellate Body, 30 April 2008, WT/DS344/AB/R, para. 160.

かった部分について詳細な解釈枠組みが発達していることも少なくない。したがって、WTO協定の規律内容を正確に把握するためには、条約文とそれに関連する先例とを組み合わせて理解することが不可欠であり、本章でもそのような観点から各論点の検討を行っていく。

2　輸出規制に関する国際規律の構造

　エネルギー資源の自国内への囲い込みを図る際、典型的に用いられる輸出規制の手段としては、輸出の数量制限あるいは輸出税の賦課がある。WTO協定のなかで物品貿易の一般ルールを定めているGATTは、数量制限の禁止や関税の引下げによる貿易自由化の推進を基本原則としているが、これは輸出規制に関しても適用されるのであろうか。また、GATTには様々な例外規定が重層的に設けられており、仮に原則規定が輸出規制にも適用されるとしても、例外規定の援用が容易であれば結局貿易の自由化は妨げられることになる。特に、輸出規制の導入根拠としてしばしば主張される事柄（天然資源の枯渇防止や周辺環境の保護など）は、GATTが掲げる例外事由に該当しうるようにも見えるため、いっそう精確な分析をもって例外規定の射程を明らかにすることが求められよう。

(1)　基本原則

　(ア)　**数量制限の禁止**　　WTO協定における自由貿易原則の根幹をなすルールは、貿易に対する数量制限の禁止である。数量制限とは、一定の数量（ゼロを含む）までに限って貿易を認める方式の通商規制であり、当該数量を超えた取引は一切できないという点で、関税や課徴金といった金銭徴収型の規制とは異なる。GATT 11条1項によれば、WTO加盟国は、他の加盟国からの輸入に対して数量制限を行うことができないだけでなく、自国から輸出される物品に対して数量制限を課すことも禁止される[4]。したがって、エネルギー資源の産

---

4)　なお、GATT 11条1項は、数量制限を実施する典型的な手法である割当制や許可制に加え、「その他の措置」も含めて禁止している。したがって、見かけ上は数量制限ではないが数量制限的な効果を有するような措置（例えば、政府が最低輸出価格に関する条件を課すことなど）も、導入は認められない。*Japan—Trade in Semi-Conductors*, Report of the Panel, 4 May 1988, BISD 35S/116, para. 117.

出国は、数量制限を用いて資源を自国内に留め置くという政策をとることはできず、これにより資源の国際的な自由流通が担保されることになる。

　ただし、以下の点には留意が必要である。第 1 に、この原則はあくまでも貿易に対する数量制限を禁止したものであり、各加盟国が自国の資源の産出量自体を抑制すること（生産制限）については規律していない[5]。したがって、石油輸出国機構（OPEC）のような国際カルテルの下で生産調整が行われたとしても、それだけでは GATT 11 条違反を問うことは難しい。第 2 に、一定の場合に輸出入の数量制限を許容する例外規定が GATT 11 条 2 項に置かれている。特に同項(a)は、輸出国にとって不可欠の産品の危機的な不足を防止・緩和するために、一時的な輸出数量制限を課すことができるとしている。仮にこの例外の適用を安易に認めれば、エネルギー資源の輸出制限に歯止めが効かなくなる恐れがあろう。それゆえ先例では、特に「一時的」な制限という要件を厳格に解釈し、これは過渡的な必要性を満たすために限定された期間だけ実施される暫定的な性質の措置でなければならないとした[6]。したがって、そうした時間的限定を伴わず、暫定性を持たない輸出制限措置は、本例外規定の適用対象にはならないと解される。

　(ｲ)　**関税譲許**　　数量制限とは異なり、関税を徴収することは WTO 協定上禁止されていない。ただし WTO 加盟国は、自国が賦課する関税の上限となる税率を品目ごとにみずから約束し（これを関税譲許という）、それを超える関税を課さない義務を負っている（GATT 2 条 1 項）。また、いったん約束された関税

---

5) 例えば中国—レアアース等輸出規制事件においてパネルは、国際法上の「天然資源に対する恒久主権」概念の帰結として、各 WTO 加盟国が「自国の天然資源の保存目標を決定し、その実現のための手段を、採掘量の絶対的な削減によるか、採掘のスピードの管理によるかも含めて自由に決める」権利を持つと述べた。しかし同時にパネルは、かかる権利は「採掘された産品が販売される国際市場をコントロールする権利ではない」とも述べ、いかなる加盟国も WTO 法の下で、経済的目標を達成するために資源の配分を指図・管理する権利を持たないとした。つまり、資源の採掘の段階と、採掘後の流通の段階とを明確に区別し、後者に関しては WTO 協定の規律に従う必要があるとの見方を示したのである。*China—Measures Related to the Exportation of Rare Earths, Tungsten and Molybdenum*, Report of the Panel, 26 March 2014, WT/DS431/DS432/DS433/R, para. 7.268.

6) *China—Measures Related to the Exportation of Various Raw Materials*, Report of the Appellate Body, 30 January 2012, WT/DS394/DS395/DS398/AB/R, para. 323.

率も、その後の加盟国間の交渉を通じて相互に引き下げが進められており、現在では多くの品目において関税の水準は大きく低下している。

ところで、関税は他国から物品を輸入する際だけでなく、自国から物品を輸出する際にも課されることがあり、とりわけエネルギー資源の貿易に関してはこの輸出税が重大な問題となる。もし高額の輸出税が課されれば、外国の需要者の金銭的負担が増大することになり、それは産出国がエネルギー資源を自国内に囲い込むための手段となる恐れもある。その意味で、輸出税に対する規律の強化は急務であるが、GATT 2 条の下では専ら輸入関税の譲許が想定されてきたため、輸出税も譲許の対象としうるか否かについては見解が分かれている[7]。

したがって、輸出税に対する WTO 協定の規律は、現状では必ずしも十分とはいえないが、その一方で以下の点にも留意する必要がある。第 1 に、輸出税が実質的に輸出数量制限に相当する効果を有する場合には（例えば、極めて高い税率を課すなど）、GATT 11 条違反になりうる[8]。これは、GATT 11 条の規律が、事実上（de facto）の数量制限にも及ぶとされているためである[9]。ただし、事実上の数量制限を主張する場合には、輸出税が実際に数量制限と同等の貿易阻害効果をもたらしていることを立証する必要がある。これは、単に貿易量が少ないという事実だけでなく、それが輸出税により引き起こされているという因果関係をも含めて論証することが求められる[10]。

第 2 に、WTO の設立後に新規に加盟を希望する国に関しては、既存の加盟国との交渉を通じて個々に加盟条件が決定され、その内容が「加盟議定書」に

---

7) 肯定説は、GATT 2 条 1 項(a)が「通商（commerce）」という包括的文言を用いていることや、GATT 28 条の 2 で輸出税が交渉対象とされていることから、輸出税も譲許の対象であり、譲許税率を超える関税を課せば GATT 2 条違反が成立するという。他方、否定説は、GATT 2 条の条文が大部分において「輸入」の語を用いていることから、輸出税は譲許の対象ではなく、仮に輸出税に関する約束がなされても、そこに GATT 2 条の拘束力は及ばないとする。これらの見解につき、松下満雄「天然資源・食料輸出制限と WTO/GATT 体制」貿易と関税 2008 年 11 月号 20-22 頁参照。

8) Matsushita, M., Schoenbaum, T. J., & Mavroidis, P. C., *The World Trade Organization* (2nd ed.), Oxford University Press, 2006, pp. 593-594.

9) *India—Measures Affecting the Automotive Sector*, Report of the Panel, 21 December 2001, WT/DS146/R, paras. 254-277.

記載されるが、そこでは輸出税の撤廃等に関する約束がなされることもある。例えば、2001年に加盟した中国は、輸出品に課す税および課徴金を一部の品目を除き撤廃することに合意した。また、2012年に加盟したロシアは、鉱物燃料など約700品目について輸出税の撤廃ないし上限税率を約束している。このように新規加盟に際して輸出税に関する何らかの約束を行った国の数は、現在のところ20カ国弱にとどまるが、そのなかには重要な資源産出国も多く含まれており[11]、資源貿易の安定性を高めるうえで大きな役割を果たしている。

(2) 例外規定

(ア) 一般例外　GATT 20条は、他の全てのGATT規定に対して適用されうる一般例外条項である。当然ながら、この例外の援用を簡単に認めれば、数量制限の禁止や関税譲許といった原則規定の意味が失われるため、先例ではその要件に厳密な解釈が加えられてきた。もっとも、GATT 20条が掲げる例外事由は、環境保全や保健衛生などの正当な社会的公益に関わるものであり、その適用の余地をあまりに狭く解釈すれば、加盟国から公共政策上の権能を過度に奪うことになりかねない。それゆえ、GATT 20条の解釈では自由貿易と他の社会的価値のバランスにも一定の配慮がなされており、必ずしも貿易制限があらゆる面で否定的に扱われるわけではない。その意味でGATT 20条は、エネルギー資源の自由な貿易にとっても重大な意味を持つ規定であるため、以下では同条の基本的な解釈枠組みとその実務上の意義について整理しておくこととしたい。

(a) GATT 20条(g)　GATT 20条は、他のGATT規定に違反するとしても例外として許容される貿易制限措置の種類として、(a)から(j)までの10項目を列挙している。このうち、エネルギー資源に関する貿易紛争において最も援用されやすい項目は(g)であろう。これは次のように規定する。

---

10) *Argentina—Measures Affecting the Export of Bovine Hides and the Import of Finished Leather*, Report of the Panel, 19 December 2000, WT/DS155/R, paras. 11.21-22；*European Communities—Customs Classification of Frozen Boneless Chicken Cuts*, Report of the Appellate Body, 12 September 2005, WT/DS269/DS286/AB/R, paras. 126-127.

11) 例えば、ウクライナ、カザフスタン、タジキスタン、サウジアラビア、モンゴル、ベトナムなど。

有限天然資源の保存に関する措置。ただし、この措置が国内の生産又は消費に対する制限と関連して実施される場合に限る。

ここで、まず「有限天然資源」への該当性は、対象物が再生産の容易なものでなければ、動植物や鉱物を問わず比較的緩やかに認められてきている。他方、貿易制限措置が有限天然資源の保存「に関する (relating to)」ものであり、かつ国内の制限と「関連して (in conjunction with)」実施されること、という2つの要件はより厳密に解釈されており、過去の紛争でもこれらの要件を満たさないと判断された例が多い。それぞれの解釈枠組みを以下に示す。

(i) **有限天然資源の保存との関連性**　この要件を満たすためには、貿易制限措置の設計と構造が、天然資源の保存という目的との間に「密接かつ真正な関連性 (a close and genuine relationship)」を有する必要がある[12]。この点、過去の事例によれば、まず問題となる貿易制限措置あるいはその根拠法令において天然資源の保存という目的が明確に記載されていなければ、関連性に強い疑念が持たれることになる[13]。これは、単に政府担当官が措置導入に際して資源保存という目的を意識したというだけでは足りず、措置それ自体の設計において明示されなければならない[14]。

そのうえで、「密接かつ真正な関連性」の存在を論証するためには、当該措置が天然資源の保存という目的に対して具体的にいかなる形で寄与しうるのかを説明する必要がある。そこでは、当該措置がもたらした効果を統計データ等により実証することまでは求められないが、当該措置の導入から資源保存という帰結が引き出されるまでの筋道を論理的連関として示す必要がある[15]。これについて先例は、例えば単に鉱物資源の輸出制限を導入しただけでは、外国需要の減少分が国内市場に低価格で出回り、むしろ国内消費を刺激する結果になると推論しうるので、資源保存との関連性は認められないとした[16]。

---

12) *United States—Import Prohibition of Certain Shrimp and Shrimp Products*, Report of the Appellate Body, 12 October 1998, WT/DS58/AB/R, para. 136.
13) *China—Measures Related to the Exportation of Various Raw Materials*, Report of the Panel, 5 July 2011, WT/DS394/DS395/DS398/AB/R, paras. 7.418-7.426.
14) *China—Rare Earths*, Report of the Panel, *supra* note 5, para. 7.472.
15) *US—Shrimp*, Report of the Appellate Body, *supra* note 12, para. 137.

加盟国政府にとって、貿易制限措置に天然資源の保存という政策目的を記載することは容易であるが、実際のところ措置の目的が資源保存よりも国内への資源供給の確保にあるような場合には、措置と資源保存との連関を合理的に説明することは極めて困難であろう。

　　(ii)　**貿易制限措置が国内的な制限措置と「関連して実施」されること**
　有限天然資源の保存に関する貿易制限措置を許容するための条件として、GATT 20条(g)の但書では、①国内においても生産または消費に対する制限が存在すること、および②貿易制限措置がそうした国内制限と「関連して実施」されていること、の2点が要求されている。それぞれの意味について以下で概観する。
① **国内における生産または消費に対する制限の存在**
　天然資源の保存を真にめざすのであれば、貿易制限だけでなく、国内においても当然に何らかの抑制策がとられるべきである、という考え方がGATT 20条(g)但書の土台をなしている。したがって先例は、国内の生産・消費への制限が存在するといえるためには、それが「実体のある (real)」制限でなければならないとする[17]。すなわち、国内制限はそれ自体として有効で意味のあるものでなければならず、形式だけ規制を導入しても、それが実体を欠くものであれば要件を満たさないことになる。
　この判断基準に照らすと、例えば当該国が資源採掘量の総量規制を導入していたとしても、それだけでは国内制限が存在するとは断定できない。まず、採掘上限量が、前年の採掘実績を上回るような水準に設定されている場合、それが国内制限として認められる可能性は当然低い[18]。また、仮に前年の採掘実績を下回る水準に採掘上限量が設定されたとしても、国内需要量じたいが年により変動しうる以上、それが意味のある制限にならない場合もある。したがって、当該国政府は、まずその年の需要量の予測値を様々な統計資料等に基づいて客

---

16)　*China—Rare Earths*, Report of the Panel, *supra* note 5, paras. 7.443-7.444.
17)　*China—Measures Related to the Exportation of Rare Earths, Tungsten and Molybdenum*, Report of the Appellate Body, 7 August 2014, WT/DS431/DS432/DS433/AB/R, para. 5.132.
18)　*China—Rare Earths*, Report of the Panel, *supra* note 5, para. 7.509. 前年の採掘実績を上回る採掘上限量が国内制限として認められるためには、その根拠となるデータ等を示す必要がある。

観的に算出し、それよりも低い水準に採掘総量を設定することで初めて実体のある国内制限を導入したと評価されうるのである[19]。

② 貿易制限措置と国内制限との関連性

　貿易制限措置が国内の生産・消費に対する制限と「関連して (in conjunction with) 実施される」という要件の解釈として、先例は、貿易制限が国内制限と「共同して (work together with)」資源の保存のために機能することを意味すると述べた[20]。より具体的にいえば、国内制限は、国際貿易に対する制限を補強・補完する (reinforce and complement) ものでなければならないのである[21]。したがって、国内制限と貿易規制は、資源保存という共通の目的の実現に向けて、少なくとも何らかの形で連携して作用する必要があり、両者が内容的・機能的な結びつきを全く欠くような制度設計は認められないことになろう。

　この点、例えば、貿易制限と国内制限の導入のタイミングが大きくかけ離れていたり、国内の採掘上限量が決定される前に輸出の上限量が設定されるなどの非論理的な運用がなされていたりすれば、貿易制限と国内制限が「共同して」実施されたとはいい難いであろう[22]。また、たとえ貿易制限と国内制限が時間的に協調して実施されている場合であっても、貿易制限の対象となっている品目の一部が国内制限の対象からは外されているなど、両者の対応関係にズレがあれば、やはり「共同」性に疑問が生じることになろう[23]。

　ところで、本要件の趣旨は貿易制限と国内制限との間に「公平性 (even-handedness)」を確保することにある、との説明が先例において繰り返しなされてきた[24]。これは、例えば資源の輸出制限を行う場合に、国内と外国の需要者が被る負担が平等になることを要求しているようにも見える。しかし、「公平性」とは、国内制限が随伴しない形で貿易規制を行うことは許されないという理念を簡潔に表現したものにすぎず、それ以上の内容を含む独立した要件として機

---

19) *Ibid.*, paras. 7.524-7.526.
20) *China—Raw Materials*, Report of the Appellate Body, *supra* note 6, para. 356.
21) *China—Rare Earths*, Report of the Appellate Body, *supra* note 17, paras. 5.132, 5.136.
22) *China—Rare Earths*, Report of the Panel, *supra* note 5, paras. 7.575-7.577, 7.579-7.581.
23) *Ibid.*, paras. 7.582-7.591.
24) その嚆矢となったものとして、*United States—Standards for Reformulated and Conventional Gasoline*, Report of the Appellate Body, 29 April 1996, WT/DS2/AB/R, pp. 20-21.

能するわけではない[25]。よって、GATT 20条(g)但書の下では、貿易規制と国内制限との間に一定の共同性・相互補完性を持たせる必要はあるが、国内外の需要者の実体的な負担の均衡を図ることまでは要求されていない[26]。

　(b)　**GATT 20条(b)**　　GATT 20条(b)は、他のGATT規定に違反する貿易制限措置であっても、それが「人、動物又は植物の生命又は健康の保護のために必要な措置」である場合には例外として許容するとしている。天然資源の採掘は、付近の住民の健康や自然環境に悪影響を及ぼすこともあるため、この条項もエネルギー資源に関する貿易制限の正当化根拠として援用されうる。本条項には2つの要件があり、1つは、貿易制限措置が人や動植物の生命健康の保護を目的としていること（目的性要件）、もう1つは、かかる目的を実現するうえで当該貿易制限という手段を用いることが「必要 (necessary)」であること（必要性要件）、である。それぞれの具体的な内容を以下で示す。

　　(i)　**目的性要件**　　エネルギー資源の輸出制限をGATT 20条(b)の下で正当化しようとすれば、まず当該エネルギー資源の採掘活動により有害物質の漏出や大気の汚染などが発生し、人・動植物の健康が損なわれる恐れがあることを証拠に基づき説明する必要がある。ここでは、当該国がとる措置の内容とは関係なく、まず客観的な「リスク」の存在を明らかにすることが求められる。

　そのようなリスクの存在が立証されれば、次に、貿易制限措置がかかるリスクの低減という目的に向けて設計されているかが問われる。もっとも、当該措置が具体的にどの程度までリスクの低減に寄与しうるかについての分析は、次に述べる必要性要件のなかで行われる。ただ、貿易制限措置が保健衛生や環境保護という目的とはほとんど結びつかない形で設計されていれば、それはそもそも目的性要件すら満たさないものとして扱われる[27]。

　　(ii)　**必要性要件**　　ある貿易制限措置に依拠することが目的達成にとって「必要」であるか否かは、複数の検討項目からなる比較衡量のプロセスによって審査される。すなわち、①当該措置によって追求される目的の重要度、

---

25)　*China—Rare Earths*, Report of the Appellate Body, *supra* note 17, paras. 5.124-5.127.
26)　*Ibid.*, paras. 5.132-5.133.
27)　*China—Rare Earths*, Report of the Panel, *supra* note 5, paras. 7.159-7.171.

②当該措置が目的の実現にどの程度寄与しうるか、③当該措置がもたらす貿易制限性の度合い、という3つの指標について検討したうえで、それぞれにおける評価を総合的に衡量して「必要性」の有無を判断するのである[28]。こうした分析を通じて当該措置の必要性について肯定的な結果が出た場合は、最後の審査項目として、「当該措置と同程度に目的を達成でき、かつ貿易制限性のより小さい代替手段」が存在するかどうかが検討される。もし貿易制限措置の違法性を主張する側の国が、かかる代替手段の存在を立証できなければ、当該措置の必要性が最終的に認定されることになる。

　こうした判断枠組みのうち、しばしば結論に重大な影響を与えるのは、目的の実現に措置がどの程度寄与するかという指標である。過去の事例では、天然資源の輸出制限措置を通じて資源採掘に伴う健康上・環境上の被害を防止するという政策につき、確かにそれは外国における当該資源の需要を減らす効果はあるものの、そこで生じた当該資源の余剰分が国内市場に出回れば、国内価格が下落して需要を刺激し、かえって生産を拡大させる可能性もあることから、目的実現への寄与度は低く評価された[29]。一般に、措置が目的実現に実質的に寄与しうることを立証するためには、十分な証拠によって支えられた一連の仮説に基づく定性的な論証（もしくは定量的な分析）が必要だとされており[30]、貿易制限の導入が保健衛生ないし環境保護の促進に結びつくまでの因果関係が厳密に問われるのである。

　(c)　**GATT 20条柱書**　　GATT 20条の例外が適用されるためには、同条の(a)から(j)に掲げられた個別の例外事由のいずれかに当てはまることに加えて、同条の柱書が規定する要件を満たす必要がある。それは、問題となる貿易制限措置が、同様の条件の下にある諸国の間において、①恣意的もしくは正当化されない差別となるような方法で適用されないこと、②国際貿易の偽装された制限となるような方法で適用されないこと、の2点である。実務上とりわけ争点

---

28)　*Korea—Measures Affecting Imports of Fresh, Chilled and Frozen Beef*, Report of the Appellate Body, 11 December 2000, WT/DS161/AB/R, para. 164.
29)　*China—Rare Earths*, Report of the Panel, *supra* note 5, paras. 7.174-7.176.
30)　*Brazil—Measures Affecting Imports of Retreaded Tyres*, Report of the Appellate Body, 3 December 2007, WT/DS332/AB/R, para. 151.

となりやすいのは①の要件であり、以下これについて説明を加える。

恣意的もしくは正当化されない差別とは、GATT 20 条の各例外事由の下で承認されている政策目的の追求とは関係のない、あるいはそれに反する性質の差別を指す[31]。例えば、同種の産品のなかに健康上のリスクを含むものと含まないものがあった場合、前者のみを貿易制限の対象とすることは GATT 20 条(b)の趣旨に適った正当な差別であるが、仮にかかる健康上のリスクを含む物品のうち一部のみが合理的な理由なく貿易制限の対象から免除されていれば、当該措置は例外条項の趣旨に反する差別を含むことになる。これはつまり、個々の例外事由の趣旨に照らして同様の状況にある対象には同様の処遇を行うことを求める規範である。

この判断枠組みに従えば、天然資源の輸出制限について、健康上・環境上のリスクの低減や天然資源の保存が規制目的であると主張された場合に、当該資源の需要者として同様の立場にある国内と外国の業者間で規制の趣旨に反する差別がないかどうかを問うことができるだろう。この点、過去の事例では、輸出制限の水準が前年の消費実績に基づいて決められる一方、国内の採掘制限の水準は政府の 5 カ年計画における需要予測により決定される、といった程度の違いであっても正当化されない差別を構成するとされた[32]。また、仮に外国業者の需要量が輸出制限の数量の枠内に収まっているとしても、そうした低下した国外需要量じたいが過去の輸出制限への適応の結果であることも考えられるため、国内と外国の条件の比較は、過去の輸出制限による影響が存在しなかった場合を想定して行わねばならないとすらされている[33]。

さらに注目すべきことに、ある先例は、採掘・生産制限の影響のみを受ける国内需要者と、それに加えて輸出制限の影響を受ける外国需要者との間には構造的な不均衡があり、かかる特別な負担は措置の適用における差別に当たると述べている[34]。この議論に従えば、輸出制限という手法をとる限り GATT 20 条柱書の要件を満たす余地はなくなるため、エネルギー資源の囲い込みを防ぐ

---

31) *Ibid.*, para. 227.
32) *China—Rare Earths*, Report of the Panel, *supra* note 5, paras. 7.653-7.655.
33) *Ibid.*, paras. 7.632-7.633.
34) *Ibid.*, para. 7.651.

うえでの決定的な要素となりそうである。ただ、そもそも、輸出制限が外国需要者のみに対する「二重の制約」になるのかどうか疑わしい面がある。実体のある採掘・生産制限がなされている場合、輸出制限は、国内向けと外国向けの配分を決めるにすぎない。もちろん、その内容が国内に圧倒的に有利ということであれば問題があるが、内外の需要者に負担を応分に課すような配分であれば、輸出制限の存在のみをもって外国需要者が不利に扱われている（＝差別がある）とは言えないであろう。また、輸出税の方法を用いる場合に関しても、そもそも内外価格差があることはどの産品においても珍しくない以上、輸出税の課税により外国需要者にのみ二重の負担が課せられ差別が存在するとはいえない。したがって、この点に関する先例の説示が今後も維持されるかどうかについては、慎重な見極めが求められるであろう。

　(d)　**加盟議定書に対する GATT 20 条の適用可能性**　GATT 20 条の適用対象は、条文上は「この協定の規定」とされており、原則として他の GATT 規定の違反についてのみ例外を許容する趣旨であると解される。しかし、上述のように、近年では WTO への新規加盟に際して加盟議定書のなかで特別な義務を受け入れることも多く、かかる義務を遵守しなかった場合に GATT 20 条を援用してそれを正当化できるかという問題が浮上してきている。

　先例によれば、この点について一律の解答は存在せず、個々の加盟議定書の条文ごとに、それが GATT 上の例外規定の適用を認めるような文言を含んでいるかという観点から判断されることになる。中国の加盟議定書を例にとると、貿易権について規定した 5 条 1 項は「WTO 協定と適合する態様で貿易を規制することについての中国の権利を害することなく」との文言を含んでいるため GATT 20 条の適用対象となりうるのに対し、輸出税の撤廃について規定した 11 条 3 項にはかかる文言が存在しないため GATT 20 条の適用対象にはならない[35]。このように個々の条文の文言から GATT 20 条の適用可能性を判断する手法に関しては、あまりに形式的であるとの学説上の批判があり[36]、最近ではより柔軟な判断基準を示唆するような先例も現れているが[37]、やはり条文の文言が分析の中心をなす構造は今後も変わらないであろう。

---

35)　*China—Raw Materials*, Report of the Appellate Body, *supra* note 6, paras. 278-307.

それでは、他の諸国の加盟議定書（およびその関連文書）において、輸出税の撤廃または上限を約束した条項はどのような規定振りになっているだろうか[38]。まず、ロシアが加盟議定書に基づき作成した関税譲許表では、「ロシア連邦は、1994年のGATTの規定に従う場合を除き、以下の譲許表に従い、輸出税を引上げないこと、それらを引下げ、又は廃止することを……約束する」と述べられており、仮にこの輸出税に関する約束に違反したとしてもGATT 20条によりそれを正当化する余地が残されているといえる。同様に、ウクライナの加盟作業部会報告書240段落は、「ウクライナは、1994年のGATTの例外の下で正当化される場合を除き、これらの産品について、輸出税を引上げず、かつ、同等の効果を有するその他の措置を適用しない」と述べ、やはりGATT上の例外規定を援用する可能性が残されている。他方、サウジアラビア、モンゴル、ラトビアといった国々の輸出税に関する約束には、こうしたGATT規定への明確な言及が見られないため、その違反をGATT 20条により正当化することは原則的に難しいと考えられる。

　(イ)　**安全保障例外**　GATT 20条と並び、GATT 21条も他のGATT規定の違反を許容するための例外条項を定めており、ここでは特に安全保障に関連する諸事由が挙げられている。なかでも同条(b)は、GATTが意図していない内容として、以下のものを掲げる。

---

36)　ある学説は、①例外条項の援用可能性は国家の公共政策上の規制主権にかかわるため安易な文言解釈をすべきでないこと、②加盟交渉では交渉上の機微な合意が加盟議定書に明確に表れない場合もあること、③例外条項の要件を満たすか否かというレベルで判断しても何も問題はないはずであり、例外条項の援用可能性すら認めずに国家の公共政策上の規制権限を奪うことはWTOの社会的正統性を損なう恐れがある、と指摘する。Bronckers, M., and Maskus, K. E., "*China—Raw Materials*: A controversial step towards evenhanded exploitation of natural resources," *World Trade Review*, vol. 13(2), 2014, pp. 400-402.

37)　中国レアアース輸出規制事件の上級委員会判断は、対象条文の文言を第一の手掛かりとする方針を引き継ぎつつ、それに加えて、「シングル・パッケージとしてのWTO体系の全体的な構成、及びその他の関連する解釈上の要素」も考慮し、さらに「問題となっている措置及び主張される違反の性格を含めた各々の紛争の事情」に即して分析することが必要だと述べて、一定の柔軟性も持たせた。*China—Rare Earths*, Report of the Appellate Body, *supra* note 17, paras. 5.51.

38)　この点について詳しくは、川島富士雄「中国——原材料の輸出に関する措置（DS394, DS395, DS398）——輸出規制に対する規律に関する解釈の現状と課題」(独) 経済産業研究所ポリシーディスカッションペーパー 13-P-015（2013年）29-30頁参照。

締約国が自国の安全保障上の重大な利益の保護のために必要であると認める次のいずれかの措置を執ることを妨げること。
　(i) 核分裂性物質又はその生産原料である物質に関する措置
　(ii) 武器、弾薬及び軍需品の取引並びに軍事施設に供給するため直接又は間接に行なわれるその他の貨物及び原料の取引に関する措置
　(iii) 戦時その他の国際関係の緊急時に執る措置

　エネルギー資源の貿易は、上記(i)から(iii)のいずれの項目にも当てはまりうるため、本条項がエネルギー資源の輸出規制を正当化する根拠として援用される可能性は決して小さくない。もっとも、これらの措置をとることができるのは、それが「自国の安全保障上の重大な利益の保護のために必要である」場合に限定されており、それほど容易に援用しうるわけではないようにも見える。ところが、この要件は「締約国が……認める（it considers）」という語句を伴っており、要件に合致する状況が存在するかどうかを、貿易制限を行う国がみずから判断できるかのような規定振りになっているのである。これは本条項の援用可能性にとって決定的な影響を及ぼす要素であるが、過去にこの点を扱った先例がほとんどないため、当該文言に関する解釈指針はいまだ確立していない状態にある。
　しかし、WTOを離れた文脈では、こうした安全保障問題を扱う例外条項について司法的判断が示された例がある。まず国際司法裁判所（ICJ）のニカラグア事件判決は、米国とニカラグアの友好通商航海条約21条が規定する自己判断型でない安全保障例外につき、これは安全保障上の必要性の有無を当事国の主観的な判断に委ねるものではなく、裁判所が審査を加えることができると判断した[39]。次いでICJは、刑事司法共助事件において、ジブチとフランスの司法共助条約2条が規定する自己判断型の安全保障例外について、それは締約国政府に広範な裁量を与えているものの、かかる裁量の行使はウィーン条約法条約26条において法典化された信義誠実（good faith）の義務に服するとし、それゆえ裁判所は当該例外条項の援用の当否につき審査する権限を有すると述べ

---

39) *Case Concerning Military and Paramilitary Activities In and Against Nicaragua* (*Nicaragua v. United States of America*), Judgment of 27 June 1986, paras. 221-222, 282.

た[40]。同判決の判事の一人は、かかる信義誠実義務の内容として、国内当局が条約の趣旨目的と関係のない目的のために例外を援用した場合には誠実性を欠くことになる、との見解を示している[41]。

このほか、投資保護協定に基づく仲裁においても、自己判断型の条項について誠実性審査が可能であると述べるものがあり[42]、こうした考え方は国際法上の共通了解になりつつあるといえる[43]。実際、もし当事国が自己判断型の例外条項を援用した場合に、司法機関は一切の審査をせず常にそれを受け入れなければならないとすれば、当該条約の規律はほとんど意味のないものになるだろう。したがって、自己判断型の安全保障例外が規定されている場合であっても、少なくとも司法機関は、当該条項に基づく主張が著しく誠実性を欠いていないか（明らかに安全保障とは関係しない事案における援用や、偽装された保護主義など、例外条項の濫用に当たる状況が存在するか）については、審査権限を持つと理解すべきである[44]。

(3) 貿易救済制度

エネルギー資源の輸出規制に対しては、輸入国の側で対抗策を講じることも考えられる。つまり、輸出規制の効果として資源産出国の国内産業が不当に安価なエネルギー資源を利用できたものとみなし、かかる投入財を用いた川下の物品に対して輸入国側が追加的な対抗関税を賦課するという手法である。この

---

40) *Certain Questions of Mutual Assistance in Criminal Matters*（*Djibouti v. France*）, Judgment of 4 June 2008, para. 145.

41) *Certain Questions of Mutual Assistance in Criminal Matters*（*Djibouti v. France*）, Declaration of Judge Keith, para. 6.

42) LG & E 事件の仲裁判断は、米国＝アルゼンチン投資協定の起草過程を検討し、同条約の安全保障例外は当事国の自己判断を認める趣旨ではなかったとの結論に至りつつ、仮にこの条項が自己判断的であったとしても、アルゼンチンの措置は依然として仲裁廷による誠実性審査（good faith review）に服すると述べた。*LG & E Energy Corp., LG & E Capital Corp., and LG & E International, Inc. v. Argentine Republic*, ICSID Case No. ARB/02/1, Decision on Liability, 3 October 2006, paras. 212-214.

43) 例えば欧州連合（EU）運営条約は、346条において自己判断型の安全保障例外を規定しつつ、同条の下での権限が濫用されていると他の加盟国が考える場合には欧州司法裁判所の審査を求めることができるとする（348条）。

44) これは、行政上の裁量に係る処分に対して裁判所が用いる統制手法と類似した審査基準であるといえよう。日本の行政事件訴訟法30条は、「行政庁の裁量処分については、裁量権の範囲をこえ又はその濫用があつた場合に限り、裁判所は、その処分を取り消すことができる」と規定する。

種の特殊関税として、WTO 協定ではアンチダンピング税および補助金相殺関税が認められており（それぞれの発動要件や手続はアンチダンピング協定および補助金協定が詳細に規定する）、これは輸入国の国内産業を不公正な貿易による損害から保護するという意味で貿易救済制度と呼ばれている。こうした措置を多くの国が発動すれば、それは資源産出国に対し、エネルギー資源の輸出規制を撤廃させるための間接的な圧力にもなるであろう。もっとも、輸出規制の存在を根拠として川下製品に対抗関税を課すことが実際に許されるどうかは、以下に見るように慎重な検討を要する問題である。

　(ア)　**アンチダンピング税**　ある生産者が、みずからの産品を正常価額（一般的には国内販売価格）よりも低い価格で外国に輸出した場合、それはダンピングとみなされ、輸入国は正常価額と輸出価格との差を上限としたアンチダンピング税を賦課することができる。なお、輸出国の国内市場で当該産品が販売されていない場合、もしくは市場が特殊な状況にあるため比較の対象として適切でない場合には、輸出国の国内市場価格に代えて、構成価額（生産費、管理費、販売経費、一般経費、妥当な利潤を足し合わせたもの）の算出をもって正常価額とすることができる（アンチダンピング協定2条2項）。

　これに関連して EU は、アルゼンチンから輸出されるバイオディーゼル燃料につき、その原材料となる大豆にアルゼンチン政府が30％超の輸出税を課していることから、大豆の国内価格が押し下げられ、バイオディーゼル燃料の生産費にも歪曲が生じているとして、生産者が実際に支出した費用（大豆の購入価格）とは異なる数値を用いて構成価額を算定し、そこから導出したアンチダンピング税をバイオディーゼル燃料に対して賦課した。ここで EU が構成価額の算定に使用した数値は、アルゼンチン農業省が公表した大豆の平均輸出価格であるが、これは国内販売価格を使用した場合よりも正常価額の値を押し上げることを意味するため、アンチダンピング税の額も増加する結果となる。これはつまり、輸出規制によって産品の原材料が国内市場に人為的に安く供給された分を加味して対抗関税を賦課し、国際競争上の歪曲を是正しようとする試みであるといえる。本事案では、アンチダンピング税の対象となる川下製品じたいもエネルギー資源であるが、より一般的には、エネルギー資源が輸出規制を受けた場合にその川下製品に対してアンチダンピング税を発動しうるかという問題の

一環として捉えることができる。

もっとも、EUによる本件措置は、アルゼンチンが提訴した結果、アンチダンピング協定に違反すると判断された。すなわち、輸出規制により原材料の国内価格が国際価格より低く抑えられていたとしても、それは個々の生産者が実際に支払った原材料価格を無視して他の代替価格を参照してよい理由にはならないとされたのである[45]。これは、そもそもアンチダンピング税が、各々の生産者にとっての通常の価格よりも低い価格での輸出に対して対抗関税を賦課する制度であるところ、輸出規制により当該国の国内原材料価格じたいが低く抑えられているような場合には、かかる低価格で原材料を調達できることが国内生産者全てにとっての与件となるため、それを反映した製品価格こそが各生産者にとっての通常の価格に当たるという趣旨である。したがって、輸出規制の対象産品を使用する川下の生産者に対して、原材料価格の下落分を一律にアンチダンピング税として賦課するような方法は、WTO協定の下では許容されないと考えるべきであろう。

　(イ)　**補助金相殺関税**　補助金相殺関税とは、他国の生産者がその国の政府から補助金を受給し利益を得た場合に、当該生産者が輸出する産品に対して輸入国が補助金額を上限とする対抗関税を課す仕組みである。アンチダンピング税が個々の生産者による値下げ行為を対象とするのに対し、補助金相殺関税は政府による利益供与を包括して捕捉するものであるため、政府規制により生み出された利得などに対抗するうえでより適した方式であるとも考えられる。実際に、例えば米国は、政府により電力が特別な低料金で提供されていることを理由に、タイ産の鉄鋼やカナダ産のマグネシウムに対して補助金相殺関税を賦課したことがある[46]。

　それでは、政府の輸出規制により原材料等が国内市場に低価格で出回ったような場合も、それを補助金とみなして、川下の製品に対し補助金相殺関税を課

---

45)　*European Union—Anti-Dumping Measures on Biodiesel from Argentina*, Report of the Appellate Body, 6 October 2016, WT/DS473/AB/R, paras. 6.26-6.37.

46)　これらの事例について、参照、Marceau, G., "The WTO in the emerging energy governance debate," in Pauwelyn, J. (ed.), *Global Challenges at the Intersection of Trade, Energy and the Environment* (Center for Trade and Economic Integration, 2010), p. 35.

すことができるのだろうか。これに関しては、米国がカナダの丸太輸出規制を国内木材加工業者に対する補助金と認定したことの是非が争われた先例がある。このような事案では、国内市場に低価格で物品を供給しているのは政府自身ではなく民間の主体（丸太生産者）であるため、それを政府の補助金として捉えるには、かかる低価格での物品供給を行うよう政府から民間主体に対して「委託もしくは指示（entrust or direct）」（補助金協定1条1項(a)号(1)(iv)）があったことが必要になる。本件パネルの説示によれば、委託・指示とは、政府が私人を通じて特定の政策を遂行しようとすることを意味し、具体的には、①政府の明示的かつ積極的な行為が、②特定の主体に向けられ、③特定の任務ないし責務の実現を目的とすること、という3つの要素が満たされたときに存在する[47]。それゆえ、ある結果が発生するかどうかが、民間主体の自由な選択に依存する場合は、委託・指示があるとはいえない[48]。この解釈に照らすと、カナダ政府による丸太の輸出規制は、民間主体が丸太を低価格で国内市場に供給するよう明確に委託・指示したものとまではいえないため、政府による補助金とは認められないと結論された[49]。

　本事件は上訴されなかったため、パネルが示した上記の解釈が上級委員会によっても支持されうるのか、現時点では必ずしも明らかでない。仮にパネルの解釈が正しいとすれば、天然資源等に対する輸出規制を国内の川下産業に対する補助金とみなすことは、ほとんどの場合において困難になると思われる。

3 再生可能エネルギーをめぐる通商問題

　太陽光や風力などを活用した再生可能エネルギーは、化石燃料からの脱却による温室効果ガスの削減およびエネルギー安全保障の強化といった観点から、各国において積極的な普及策がとられている。特に、再生可能エネルギーは初期の設備投資が大きく、化石燃料に比べ発電コストが高いことから、かかるコストを補い新規参入を促す目的で政府が財政支援を行う場合が多い。その代表

---

47) *United States—Measures Treating Export Restraints as Subsidies*, Report of the Panel, 29 June 2001, WT/DS194/R, para. 8.29.
48) *Ibid.*, para. 8.31.
49) *Ibid.*, paras. 8.44, 8.75-8.76.

的な例が、再生可能エネルギーにより発電された電気を政府が高価格で買い取る（あるいは既存の電力事業者に高価格で買い取らせる）ことを約束する固定価格買取制度（Feed in Tariff：FIT）であり、日本を含め多数の国で導入されている。ところが、こうした施策は政府の財政支出の増大や消費者が支払う電力料金への転嫁を招くため、人々の理解を得られるよう何らかの国内産業支援策とセットで実施される傾向がある。とりわけ従来多用されてきたのは、発電設備の一定割合について国内産品を使用することをFIT制度等の受益条件とする「ローカルコンテント要求」である。しかし当然、これはそうした発電設備を製造・輸出する外国の生産者にとって不利益をもたらすため、通商上の紛争を引き起こすこととなった。これまですでにカナダ・オンタリオ州ならびにインドについて、FIT制度に付随するローカルコンテント要求がWTOに提訴され、いずれもその違法性が認定されている。以下ではこれらの先例で示された判断枠組みとその実務的示唆を整理しておきたい。

(1) ローカルコンテント要求の禁止

GATT3条4項は、他の加盟国からの輸入産品に対し、同種の国内産品よりも不利でない待遇を与えるという内国民待遇原則を規定しており、ローカルコンテント要求は明らかにこの義務に違反する措置である。しかし、本条項に対する1つの例外として GATT3条8項は、「政府用として購入する産品の政府機関による調達」に関する法令には内国民待遇原則を適用しないと定める。それゆえ、FIT制度において政府が再生可能エネルギー電気を買い取る方式がとられている場合、そこに含まれるローカルコンテント要求について本例外を適用しうるか否かが争点として浮上した。

結論として先例は、本例外の援用可能性を否定する判断を示した。その理由は、FIT制度により政府が調達する産品は「電気」である一方、ローカルコンテント要求により差別の対象となっている産品は「発電機器」であり、この両者の間には競争関係が存在しないからである[50]。もともとGATT3条の内国民待遇原則は、輸入産品と国内産品との間で対等な競争関係を保障するためのルールであり、それゆえGATT3条8項も、あくまでも競争関係にある物品の間で政府が国産品を優先的に調達することを許容する趣旨なのである。したがって、政府がみずから国内産の「発電機器」を調達するような場合でない限

り、FIT 制度に付随するローカルコンテント要求は GATT 3 条 8 項により正当化されえないことになる。

　なお、この問題に関連するもう 1 つの協定として、貿易関連投資措置協定（TRIMS 協定）がある。同協定は、WTO 加盟国の企業等が他の加盟国の領域に直接投資をして現地生産を行っている場合に、そこで生産された物品に対して投資受入国の政府が不利益な措置を課すことを禁じるものであり、具体的には GATT 3 条および GATT 11 条に反する取り扱いが禁止される（TRIMS 協定 2 条 1 項）。かかる禁止対象にはローカルコンテント要求も明示的に含まれているため（同 2 条 2 項）、輸入産品のみならず現地生産品も同様にローカルコンテント要求による不利益から保護されることになる。

　ところで、GATT 3 条違反に関しては GATT 20 条の例外条項を援用することが考えられ、また TRIMS 協定違反についても、同協定 3 条が GATT 上の例外条項の準用を認めていることから、同様に GATT 20 条による正当化が図られうる。しかし、すでに先例では、ローカルコンテント要求は再生可能エネルギーの発電事業者にとって発電機器の供給源が減ることを意味するため、GATT 20 条の例外事由における目的の実現にとってむしろ逆行する効果を含んでおり、同条の要件を満たさないとの判断がなされている[51]。

---

50) *Canada—Certain Measures Affecting the Renewable Energy Generation Sector*, Report of the Appellate Body, 6 May 2013, WT/DS412/DS426/AB/R, paras. 5.75-5.85；*India—Certain Measures Relating to Solar Cells and Solar Modules*, Report of the Appellate Body, 16 September 2016, WT/DS456/AB/R, paras. 5.21-5.24. なお、これらの事件の解説として次の文献も参照。川瀬剛志「カナダ―再生可能エネルギー発生セクターに関する措置（DS412）/カナダ―固定価格買取制度に関する措置（DS426）―公営企業および市場創設による政府介入への示唆―」（独）経済産業研究所ポリシーディスカッションペーパー 15-P-008（2015 年）；関根豪政「インド―太陽光セル及びモジュールに関する措置（DS456）―政府調達、GATT 第 20 条(d)号及び(j)号の解釈の進展―」（独）経済産業研究所ポリシーディスカッションペーパー 17-P-018（2017 年）。

51) *India—Solar Cells*, Report of the Appellate Body, *supra* note 50, paras. 7.361-7.368. なお、こうした事案において GATT 3 条違反を構成するのは FIT 制度そのものではなく FIT 制度に組み込まれたローカルコンテント要求であるため、GATT 20 条の下でもローカルコンテント要求という政策についての正当化を図らねばならない。それゆえ、環境保全や天然資源の保存を目的とする GATT 20 条(b)(g)などを援用することは難しく、この先例でもインドは GATT 20 条(j)（供給が不足する産品の獲得又は分配のために不可欠の措置）などを援用しようとした。しかし上記の通り、ローカルコンテント要求はかかる目的の実現にとってむしろ逆効果になると判断されたのである。

(2) 補助金ルールによる対処の可否

　ローカルコンテント要求に対する別の観点からの対処のあり方として、補助金ルールを活用することが考えられる。WTO の補助金協定は、①対象産品が輸出されることを条件として交付される補助金（輸出補助金）と、②輸入物品よりも国産物品を優先して使用することを条件として交付される補助金（輸入代替補助金）については、貿易を歪曲する効果が特に大きいものとして、交付を一律に禁止している（3条）。したがって、ローカルコンテント要求を含む FIT 制度が輸入代替補助金に該当することが示せれば、かかる支援政策の中止を要求しうることになる。もちろんこれは、FIT 制度それ自体を否定する趣旨ではなく、そこに含まれるローカルコンテント要求の削除を求めることに主眼がある。

　輸入代替補助金に該当するためには、まず当該支援策が補助金協定における補助金の定義に合致する必要がある。この点、FIT 制度が政府機関による電気の買い取りという仕組みをとっていれば、補助金協定1条1項(a)(1)(iii)にいう「政府による物品の購入」に当たり、民間主体に対する「資金的貢献」の存在が認められることになる[52]。もっとも、補助金の定義に該当するためにはもう1つの要件を満たす必要があり、それは、かかる政府の資金的貢献がその受給者に「利益（benefit）」を与えていることである（補助金協定1条1項(b)）。利益の存否を判断する際には「市場（marketplace）条件との比較」を基準とすることが確立しており[53]、当該受給者が通常の市場環境の下で得られる以上の恩恵がもたらされていれば、資金的貢献による利益の存在が認められる。

　再生可能エネルギーによる発電の割高なコストを補うために FIT 制度が高価格での電力買取りを保証しているのだとすれば、その受給者は、かかる制度が適用されない他の一般的な発電事業者に比べて、明らかに特別な恩恵を受けているように見える。しかし先例によれば、ここで比較のベンチマークとなる「市場条件」を一般の電力卸売市場に求めることは不適切である。なぜなら、再

---

52) *Canada—Renewable Energy*, Report of the Appellate Body, *supra* note 50, paras. 5.122-5.128. また、政府機関が電気を直接買い取るのではなく、電力事業者等に買い取らせる方式をとる場合は、補助金協定1条1項(a)(1)(iv)にいう「民間団体への委託・指示」に該当しうるであろう。

53) *Canada—Measures Affecting the Export of Civilian Aircraft*, Report of the Appellate Body, 2 August 1999, WT/DS70/AB/R, para. 157.

生可能エネルギーによる発電事業は、そのコストの高さゆえ、本来はそもそも市場として成立しえなかった部門であり、政府が政策的に買取価格を設定することで初めて取引市場が形成されたからである[54]。よって、FIT 制度が事業者に「利益」をもたらすか否かを分析する際、その比較の基準となりうるのは、再生可能エネルギー電力についての市場条件それ自体を措いてほかにない[55]。これは政府の統制価格のみから構成される独立の市場であるため、そこで市場条件を超える利益が生じているか否かは、かかる統制価格が事業者に「妥当な対価 (adequate remuneration)」（補助金協定 14 条(d)）以上のものを与えているかという観点から判断される[56]。

このように、FIT 制度は、それが発電事業者に対して適正な収益率を超過した利潤を与えるような場合に補助金として認定されうるのであり、そこにローカルコンテント要求が含まれていれば交付自体が禁止されることになる。もしローカルコンテント要求を伴っていなければ、FIT 制度の維持自体は禁止されないが、仮にそれを受給した発電事業者が他国の市場に「悪影響 (adverse effects)」（補助金協定 5 条）を与える形で発電機器等の物品を輸出した場合には、輸入国政府が当該物品に対して補助金相殺関税を課すこともありうる。

4　国有企業の中立性・公平性に関する諸原則

いわゆる新興国のように、経済に対する政府の関与が強い国においては、エネルギー資源の生産・管理・取引なども国有企業が主体となって行う場合が多い。ある統計によれば、世界の石油埋蔵量の約 7 割、天然ガス埋蔵量の約 5 割は国有企業によって保有されている[57]。そして、こうした国有企業がエネルギー資源の販売先や販売価格を決定する際には、そこに政府の意向が反映され、特

---

54) *Canada—Renewable Energy*, Report of the Appellate Body, *supra* note 50, paras. 5.172-5.175. 例えばエコカーなどは、環境性能が製品自体に反映されるため、消費者もそれをあえて選択して購入することができ、政府介入がなくとも市場として成立しうる。これに対して、再生可能エネルギーで発電した電力は、化石燃料等で発電した電力との間で製品自体に違いがないため、政府の介入なくして市場が成立することは難しい。
55) *Ibid.*, para. 5.190.
56) *Ibid.*, paras. 5.225-5.227. なお本件では、こうした妥当な対価に関する分析を行うための証拠が不足しているとして、利益の有無に関する最終的な結論は示されずに終わった。
57) 経済産業省通商政策局編『2017 年版不公正貿易報告書』243 頁。

に外国の需要者が不利益を被るような行動がとられるのではないかという懸念がある。WTO協定をはじめとする諸条約には、国有企業によるこうした行動に対して規律を課すための条項がいくらか含まれてはいるが、以下に述べるように、その内容はまだ十分とはいい難い面もある。

(1) GATTによる規律

　WTO協定のルールは加盟国の政府に対して義務を課すものであるため、政府以外の主体の行動は原則として規律の対象とならない。しかしこれでは、政府自身が行えば協定違反となるような行為を、政府の影響下にある国有企業等が代わりに行うことで、容易に義務を潜脱できてしまう恐れがある。そこでGATT 17条1項(a)は、国家企業（State enterprise）もしくは政府から特権を与えられた企業が物品の輸入取引・輸出取引に従事する場合には、GATT上の無差別待遇原則に反しない行動をとるよう政府が確保しなければならないとする。したがって、国有企業が外国の事業者との取引において国内事業者との取引よりも不利な待遇を適用すれば、それは内国民待遇の原則に合致せず、当該国政府のGATT 17条違反を構成することになる。

　また、この無差別原則の一環としてGATT 17条1項(b)は、国家企業等による輸出入取引が、商業的考慮（価格、品質、入手可能性、市場性、輸送等の条件に関する考慮）のみに基づいて行われるべきことを定める。よって、例えば国内事業者が外国事業者よりも明らかに劣った取引条件しか提示していないような状況で、国有企業が国の意向に配慮して国内事業者に優先的に物品を供給したりすれば、本規定との整合性が問われうるであろう。もっとも、先例では商業的考慮の原則は多少の幅をもって理解されている。すなわち、これは国有企業に対し包括的な競争法的義務を課すものではなく、あくまでもある種の差別的行動を防止するための規律であり、原理的な意味での商業性に従っているかまでを問う趣旨ではない[58]。国有企業がみずからに付与された特権や優位性を行使して利益を追求することは妨げられないのであり、禁止されるのは輸出入取引に非商業的考慮を介入させることだけである[59]。

---

58) *Canada—Measures Relating to Exports of Wheat and Treatment of Imported Grain*, Report of the Appellate Body, 30 August 2004, WT/DS276/AB/R, para. 145.
59) *Ibid.*, para. 149.

このように、GATT 17 条 1 項(b)は、国有企業をあらゆる局面で商業原理・公正競争原理に従わせようとする規範ではなく、輸出入取引の場面において商業的考慮から外れた決定を行うことで差別を引き起こすケースのみが規律対象となる。その意味で、同条の射程は限られており、国有企業が非中立的に行動するケース全てを捉え切れるわけではない。また、いかなる行動や決定が「非商業的」となるのかについても一義的な基準は存在せず、関連する市場の状況や当該国有企業に与えられた特権の性質などから個別の事案に即して判断するほかないであろう。

(2) 加盟議定書による追加的な規律

WTO の新規加盟国については、その加盟議定書（およびそれを補完する文書）において、国有企業の行動に関する追加的な義務を受け入れている場合がある。

例えばサウジアラビアの加盟作業部会報告書 44 段落では、同国の国有企業である Saudi Arabian Basic Industries Corporation（SABIC）や Saudi Electricity Company（SEC）について、①事業を商業的考慮に基づいて行わせること、②いかなる特別または排他的な特権をも付与しないこと、③これらの国有企業との競争に対するいかなる法的障害も設けないこと、が約束されている。これは、輸出入取引の場面に限定して商業的考慮の原則を課していた GATT 17 条 1 項(b)とは異なり、事業活動の全ての側面で民間企業と同等の商業的行動をとるよう求めるものであり、対象となる国有企業について包括的な公正競争ルールを導入したものといえる。

また、同作業部会報告書 52 段落では、サウジアラビアの全ての国有企業を対象として、GATT 17 条 1 項(b)と同じ内容の義務が確認的に規定されている。これは GATT の規律を内容面で拡張するわけではないものの、加盟文書の義務には（当該加盟文書が明示的に許容していない限り）GATT 上の例外条項が適用されないことを考えれば、義務違反を正当化する余地が縮小するという効果があるといえよう。

このようなサウジアラビアの約束がある種のモデルとなり、その後に新規加盟したウクライナなどの加盟議定書においても、国有企業の行動について類似の義務が設けられている。エネルギー資源の産出国には近年になって WTO に加盟した国も多いため、こうした加盟時の約束が国有企業の公平性・中立性を

高めるうえで大きな意味を持つと思われる。

(3) **自由貿易協定による規律**

最近では二国間ないし地域的なFTAのなかで国有企業に関する規律を設ける例も増えている。例えば環太平洋パートナーシップ（TPP）協定は、第17章「国有企業及び指定独占企業」においていくつかの発展的な国有企業ルールを導入した[60]。このうち17.4条1項は、国有企業[61]が物品またはサービスを購入・販売するに際し、①無差別待遇原則（最恵国待遇および内国民待遇）に従うこと、②商業的考慮に従って行動すること、を確保するよう締約国に義務づける[62]。GATT 17条1項では、これら2つの原則の適用対象は国有企業が輸出入取引を行う場合に限られていたが、TPP協定ではそうした限定はなく、あらゆる取引へと対象が拡大されている。また、国有企業が商業的考慮に基づかない行動をとった場合、GATTではそれが差別に帰結しなければ違法とはならないが、TPP協定では商業的考慮の原則は無差別待遇原則から切り離されているため、差別の要素を伴わなくとも独立に違反を構成しうる。さらに、TPP協定17.4条2項は「指定独占企業」についても上記①②の遵守を確保するよう締約国に義務づける。指定独占企業には公有のみならず私有の独占企業も含まれるとされているため（17.1条）[63]、市場で強大な影響力を有する私有企業に対しても公平性・中立性の要請が及びうることになる。

これと類似した国有企業ルールは、米国やEUが締結する他のFTAにおい

---

60) TPP協定は、米国の離脱宣言を受け、日本を含む残りの11カ国で再度交渉が行われ、2018年3月にいわゆるTPP11協定（正式名称は「環太平洋パートナーシップに関する包括的及び先進的な協定（CPTPP）」）が署名された（2018年12月30日発効）。このTPP11協定は、いくつかの凍結項目を除き、元のTPP協定の内容をそのまま取り込むものである。こうした凍結項目には、第17章の国有企業ルールは含まれていないため、以下の記述はTPP11協定の下でも同様に当てはまることになる。

61) TPP協定において国有企業とは、主として商業活動に従事する企業であって、①締約国が50%を超える株式を直接に所有する企業、②締約国が持分を通じて50%を超える議決権の行使を支配している企業、③締約国が取締役会その他これに相当する経営体の構成員の過半数を任命する権限を有する企業、のいずれかに該当するものをいう（17.1条）。

62) ただし無差別待遇原則は、各国が附属書のなかで留保した措置に基づいて国有企業または指定独占企業が行う購入・販売に関しては適用されない（17.3条11項）。

63) 独占企業とは、締約国の領域内の関連市場において物品又はサービスの唯一の提供者又は購入者として指定される事業体（コンソーシアム又は政府機関を含む）をいう（17.1条）。

てもすでに取り入れられてきている。そのうえ、商業的考慮の原則などは、関税引下げのように当該FTAの相手国だけに恩恵が限定される分野とは異なり、国有企業の行動一般に影響を与えて全ての国がそこから裨益しうる性質を含んでいる。それゆえ、仮に日本がある国と締結したFTAにこうした国有企業ルールが置かれていなくとも、その国が別の国と締結したFTAにかかるルールが含まれていれば、その効果の一部は間接的に日本企業にも及ぶことになる。

5 自由貿易協定におけるエネルギー資源の確保に向けた取り組み

　エネルギー資源の輸出規制に対処するうえでWTO協定がどのような法的枠組みを設けているかについては本章2で述べたとおりであるが、近年ではFTAを通じて輸出規制への規律をより強化しようとする動きも活発化している。ある論者によれば、輸出数量制限に関しては22のFTAがGATTを上回る規律を含んでおり、またGATTが扱っていない輸出税に関しても66のFTAが何らかの規律を設けている[64]。輸出数量制限に対する規律強化の手法としては、GATT 11条2項やGATT 20条といった例外規定の援用に追加的な要件を課すタイプや、それらの例外規定の援用を完全に禁止するタイプなどがある。また輸出税に対する規律としては、既存の輸出税の税率引上げや新たな輸出税の導入を禁止する現状維持型のものや、輸出税を原則として全て禁止・撤廃するよう求めるものなどがある。

　さらにいくつかのFTAは、エネルギー分野に特化した章を設け、エネルギー資源の安定確保に向けた各種の規律を発展させている。その先駆的かつ代表的な例は、北米自由貿易協定（NAFTA）である[65]。NAFTA第6章は「エネルギー及び基本的石油化学産品（Energy and Basic Petrochemicals）章」と題され、エネルギー分野における貿易の基本原則を規定する。特に輸出規制に関連する条項として、まず604条は、エネルギー関連産品への輸出税の賦課を原則として禁止

---

[64] Marceau, *supra* note 46, pp. 123-127.
[65] 2017年以降、米国の要請によりNAFTAの再交渉が進められ、2018年11月30日に新協定（USMCA）が署名された。NAFTAとは異なり、USMCAではエネルギー分野に特化した章は設けられていない模様であるが、エネルギー関連産品の貿易に関係しうる規定としては例えば、輸出税の賦課を全ての物品について原則的に禁止する条項（2.15条）などがある。なお、USMCAの内用は各国の議会承認の過程でさらに修正される可能性がある。

している。また605条は、締約国がGATT上の例外規定（11条2項(a)および20条(g)(i)(j)）に基づきエネルギー関連産品の輸出規制を行おうとする場合に、3つの追加的な要件を課す[66]。さらに607条は、エネルギー関連産品に対するGATT 21条及びNAFTA 2102条の安全保障例外の適用を排除し、独自の限定的な場合にのみ（軍事的供給や武力紛争時など）安全保障を理由とした輸出規制を認めている[67]。

　日本が締結するFTAにおいても、こうしたエネルギー章を設けるものが現れてきている。例えば日＝インドネシア経済連携協定（EPA）は、第8章が「エネルギー及び鉱物資源章」となっている。そこでは、まず99条1項において、エネルギー・鉱物資源物品の輸出・輸入規制に関してはGATTの関連規定に従うことを再確認している。また同2項は、かかるGATT規律に整合的に規制を導入する場合にも、一定の手続的条件（関連情報の提供、相手国からの質問への回答）に服すべきことを規定する。さらに100条では、エネルギー・鉱物資源物品に関して輸出許可手続を採用する場合の要件を定めており、同条(a)は輸出許可手続の規則を中立的に適用し、公正かつ衡平な運用を行うこと、同条(b)はかかる手続規則の詳細を可能な限り早期に公表すること、同条(g)は相手国から要請があればかかる手続規則についての協議に応じることを義務づける。また同条(h)は、相手国の私人が許可の取得を平等に申請でき、平等な考慮を受けること、もし不許可の場合にはその理由を開示され、異議申立または審査を求める権利を付与されるべきことを定める。全体として、実体面ではGATTを上回る規律は含んでいないものの、手続的な制約を強化したことで輸出規制に対する一定の抑止効果は期待できると思われる。

　また、重要な資源産出国である豪州との間でも、2015年に日豪EPAが発効し、その第8章が「エネルギー及び鉱物資源章」となっている。まず8.3条は一般原則として、エネルギー・鉱物資源物品の安定的な供給、および貿易・投

---

66) 具体的には、①当該国におけるその産品の総供給量に占める、相手方締約国への輸出の割合を（過去36ヶ月間を基準として）減らさないこと、②国内消費に対して課すよりも高い価格を輸出品に対して付けないこと、③輸出規制が「通常の供給経路（normal channels of supply）」を攪乱しないこと、である。

67) なおメキシコは605条・607条の適用対象から除外されている。

資・協力の推進が長期的な安全保障にとって重要であるとの認識を示し、仮に供給の重大かつ継続的な中断が発生した場合（あるいはその懸念がある場合）には相手方締約国に協議を要請することができると定める。かかる協議要請がなされたときは、相手国は迅速に応答し、合理的な期間内に協議を開始しなければならない。次に8.4条は、締約国がGATT 11条2項(a)またはGATT 20条(g)に依拠してエネルギー・鉱物資源物品の輸出制限を行おうとする場合、①まずそれを導入・維持しないよう努める (endeavor)、②導入する場合には、それが相手国のエネルギー安全保障に与える悪影響について妥当な考慮を払い、必要な範囲にとどめるよう努める (seek to)、③その導入の理由及びその性質と予想される持続期間についての情報を可能な限り事前に相手国に通知する、④相手国から要請があれば協議のための合理的な機会を提供する、といった義務を定める。また、エネルギー・鉱物資源物品に関する輸出許可手続については、8.5条が日＝インドネシアEPA 100条と類似の規定を置いている。このように、日豪EPAも基本的には手続的制約の強化を中心としており、実体面でGATTを超える規律については努力規定の形をとっている。

　このほかにも、日本がシンガポール、メキシコ、チリ、ブルネイ、スイス、ペルーとの間でそれぞれ締結したEPAでは、輸出税の禁止が定められており、エネルギー資源の安定供給を確保するうえで重要な法的基盤となっている。WTO協定の下では、司法的な法発展を別にすれば、輸出規制に対抗しうる新たなルールを導入することは当面難しいと思われるため、日本をはじめ各国はFTAを通じて輸出規制の余地を縮減する方策を今後もさらに追求していくべきであろう。

III章　エネルギー資源を巡る投資・取引に関する法的問題

西村あさひ法律事務所
弁護士　紺野　博靖
弁護士　大槻　由昭
弁護士　勝部　　純

　エネルギー資源を巡る投資・法的に関する法的問題について、本章では、海外で天然ガスを採掘・生産し、液化天然ガス（LNG）の形にして日本に輸送するまでの一連の流れを念頭に要点を述べる。天然ガスは、主に我が国では火力発電の燃料および都市ガスの原料として用いられており、我が国は、世界最大のLNG輸入国となっている。

第1　「権益」の法的関係の種類

　本節では、そもそも天然ガスを採掘・生産することの法的な根拠である「権益」の法的関係の種類について概説する。
　「権益」は法律用語としての明確な定義はない。ここでは、①地下に賦存する石油・天然ガスを探査・探鉱し（Prospection、Exploration）、②探査・探鉱により発見された地下の石油・天然ガスの埋蔵量を評価し（Appraisal）、③評価により商業的な採算が見合うだけの埋蔵量が確認された場合に採掘・生産設備を建設開発し（Development）、④生産が終了したならば廃鉱する（Abandonment）、という一連の行為（以下「探鉱・開発等」と総称する）を行う権限を指して「権益」と呼ぶ。「権益」の法的関係の法的形態は、各国法制度により異なる。
　まず、未採掘の石油天然ガスが国家に帰属するのか、土地所有者に帰属するのかで「権益」の形態は大きく分かれる。米国の陸域を除けば、ほぼ全ての国において、未採掘の石油天然ガスは国家に帰属する前提で法制度が構築されている。

未採掘の石油天然ガスが国家に帰属する法制度を採用している場合、民間事業者が取得する「権益」の形態は、当該国家が法律によって一元的に国営石油会社（いわゆる National Oil Company）に探鉱・開発等の権限を独占的に付与している場合と、そうでない場合とで異なってくる。前者の場合、民間事業者は、法律により探鉱・開発等の権限を付与された国営石油会社のコントラクター（Contractor）として探鉱・開発等に係る役務を提供し、その見返りに生産された石油・天然ガスや金銭を得ることになる。後者の場合、民間事業者は、国家に申請することによりライセンス（License）或いは許可（Permit）を取得するか、鉱区を落札してコンセッション契約（Concession Agreement）を締結して探鉱・開発等を自ら行い、かかるライセンス、許可、コンセッション取得の見返りに国家にロイヤリティを支払うことになる。更に、民間事業者が国営石油会社のコントラクターとして探鉱・開発等にかかる役務を提供する形態の場合、その役務提供の見返りが生産物（石油・天然ガス）の分配により行われる契約は生産物分与契約と呼ばれ、金銭の支払いにより行われる契約はサービス契約と呼ばれる[1]。

未採掘の石油・天然ガスが土地所有者に帰属する米国の陸域の場合、「権益」の帰属は私的自治の原則によることになり、民間事業者は、みずから土地の所有者となって炭鉱・開発等をするか、土地の所有者とリース契約を締結し、リース料を支払って探鉱・開発等をすることになる。

このように民間事業者が取得する「権益」の法的関係にはさまざまな種類がある。次節ではその中で典型的な生産物分与契約を概説する。

第2　生産物分与契約

本節では、1960年代にインドネシアで導入され、近年ではアフリカや東南アジアなど新興国を中心に世界各地に広まっている生産物分与契約（Production Sharing Contract（PSC）または Production Sharing Agreement（PSA））について概要を述べる。

---

[1]　なお、サービス契約の場合でも、別途生産物（石油・天然ガス）に関して民間の石油会社を買主、国営石油会社を売主とする売買の法律関係が理論上併存し、探鉱・開発等の役務提供の対価として民間の石油会社に支払われることになっている金銭の価値に相当する生産物（石油・天然ガス）が民間の石油会社に引き渡される仕組みの場合もある。

1　分与される生産物の区分

　生産物分与契約においては、民間会社は産油国政府および/または国営石油会社から委託を受け、コントラクターとして自ら資金を負担して石油・天然ガスの探鉱・開発等を行う。民間会社が当該鉱区における探鉱・開発等を独占的に行う代わり、プロジェクトに関わるリスクやその資金については全て民間会社が負担し、産油国政府および国営石油会社はかかるリスクや資金を負担しない。探査・探鉱および評価を経て、石油・天然ガスの商業的発見がなされ、生産段階に入った場合、探鉱・開発等のコスト見合い分は契約で合意された範囲内で生産物の分与を受けて回収し（かかる生産物を、コスト回収オイル/ガス（Cost Recovery Petroleum）という）、残余の生産物（かかる生産物を、プロフィットオイル/ガス（Profit Petroleum）という）については所定の比率で報酬として分与を受けることになる。

　ある期のコストが当期のコスト回収オイル/ガスの分与では回収しきれなかった場合には、残余のコストは翌期に繰り越され、逆に、ある期のコストを当期のコスト回収オイル/ガスの分与で回収した後もなおコスト回収オイル/ガスに残余があった場合には、当該残余分も所定の比率で分与を受けることになる取扱いが一般である。

　さらに、通常、民間石油会社のプロフィットオイル/ガスの取り分に対して所得税等が課税される。

【インドネシアの「総生産量分配」方式】

　前述のとおり、生産物分与契約は1960年代にインドネシアにおいて初めて導入されたが、2017年1月16日、インドネシアのエネルギー鉱物資源省（Ministry of Energy and Mineral Resources（MEMR））の新たな規則（規則8/2017）が発効し、インドネシアの生産物分与の方式が変更されることになったことが注目されている。

　規則8/2017により、「総生産量分配（Gross Split）」方式の生産物分与方式が導入され、かかる新しい方式は、2017年1月16日以降に締結される石油およびガスの生産物分与契約に適用される。

　かつてインドネシアの生産物分与契約では、コントラクターが支出した費用

（過去の資本コストおよび操業コスト分）の回収が全て行われた後において初めて、政府とコントラクターの間においてプロフィットオイル/ガス（Profit Petroleum）の分与がなされていた。しかしながら、開発作業に要した資本コストおよび操業コストが巨額であるがゆえに、コントラクターによる費用回収が行われた後におけるプロフィットオイル/ガスの分与は、石油・天然ガスの販売が開始された後何年も経過した後まで実施されないケースもあった。

　そのため、1988年の投資誘致施策に基づいて、「第一トランシェ」の概念が導入された。これは、政府およびコントラクターに対して、費用回収に先立ってプロフィットオイル/ガスの一部の分与を受ける権利を付与するものである。「第一トランシェ」方式においては、まず、生産された石油・天然ガスの20％が政府およびコントラクターに（合意された比率で）分与され、残りの80％は、承認済みの費用回収に充当される。これにより、政府およびコントラクターは、費用回収が完了するまで待つことなく、直ちに生産された石油・天然ガスの一部をプロフィットとして受け取ることが可能となった。

　今回新たに導入された「総生産量分配」方式は、生産物である石油・天然ガスをコントラクターとインドネシア政府の間で、合意された割合に従って単純に分与するものである。この新たな方式の下では、旧来のコントラクターによる費用回収（の優先権）や「第一トランシェ」といった概念はもはやなくなる。

　新しい「総生産量分配」方式においては、旧来の方式（費用回収優先方式ないし「第一トランシェ」の方式）のように、生産した石油・天然ガスを承認済みの費用回収に優先的に割り当てる方式ではなく、コントラクターは、インドネシア政府との間で分与された後の残余生産物から過去に支出した資本コストおよび操業コストを回収する必要が生ずることとなる。前述のとおり、巨額な開発費用について、石油・天然ガスの生産物からこれを回収するためには長期間を要することから、コントラクターは、旧来方式よりも長期間にわたって費用回収のリスクを負うことになる。なお、規則8/2017によっても、インドネシアの生産物分与契約のその他の一般的な特徴（国内供給義務、現地調達率条件、および廃坑資金等）が影響を受けることは想定されていない。また既に締結されている生産物分与契約は、規則8/2017の適用を受けず、その契約期間の満了まで、既存の条件に従って効力を有することになる。

加えて、規則8/2017では、既存のコントラクターは、既存の生産物分与契約を「総生産量分配」方式へ変更することを選択できると定めているが、コントラクターが新しい方式への変更を義務付けられるものではない。

2　最低探鉱作業義務等

　生産物分与契約の期間は、探鉱、開発、生産の各段階にフェーズが分けられており、探鉱段階においてはコントラクターは掘削および地震探査等の探鉱活動を行い、商業的発見がなされた後に開発・生産段階に移行することになる。プロジェクトには巨額の投資が必要であり、契約期間は長期となることが多い（探鉱フェーズは10年前後、開発・生産フェーズは20年から30年という期間になることもある）。他方で、生産物分与契約を締結してコントラクターとなった民間事業者は、かかる長期の契約期間、鉱区について排他的に探鉱開発等する権限を持つことになるから[2]、かかる民間会社が、探鉱活動を怠り、鉱区を放置し、休眠鉱区となってしまった場合には、元来国家に帰属する未採掘の石油天然ガスの探鉱・開発等を促進させ国家の利益を図ろうとした産油ガス国の目的が達成できなくなってしまう。そこで、生産物分与契約では、コントラクターである民間事業者に、最低限行わなければならない探鉱活動や、最低限支出しなければならない探鉱コストが定められているのが通常であり、それらは、最低探鉱作業義務（Minimum Exploration Obligations）、最低支出義務（Minimum Expenditure Obligations）などと呼ばれている。

3　事業運営の手続き

　前述の最低探鉱作業義務等の遂行方法をはじめとする鉱区の操業については、産油ガス国政府および/または国営石油会社の代表者と民間のコントラクターの代表者からなる運営委員会（Management Committee）あるいは操業委員会（Operating Committee）が監督し、作業計画および予算（Work Program and Budget）やその他の重要事項についてはかかる委員会の承認を得る必要があるとされる。

---

[2]　なお、探鉱フェーズ終了時に鉱区の一部（鉱区の一定割合または商業的発見が宣言された鉱区を除く全ての鉱区）について産油国政府への返還義務が課されることが多い。

4　国内供給義務、現地調達義務

その他、生産物分与契約におけるコントラクターの義務として、産油ガス国の国内の労働者の雇用・教育義務、産油ガス国の国内のサービス・材料を用いる義務、生産物を産油ガス国の国内需要向けに優先供給する義務などが規定されることがある。

5　コントラクターの連帯責任

石油・天然ガスの探鉱開発等は巨額の投資となる上、リスク分散の観点からも一つの油ガス田或いは鉱区の全部に単独で投資するよりも分散して投資する必要がある。また、様々な情報、技術、ノウハウが必要とされるため、複数の民間企業が共同で参加するのが通常であり、ひとつの民間企業が鉱区の100％の「権益」を保有し、単独でコントラクターとして生産物分与契約を締結することは稀である。複数の民間企業が所定の持分ずつ「権益」を保有し、いずれもコントラクターとして生産物分与契約の当事者となるのが一般的である。

ただし、上述の最低探鉱作業義務、最低支出義務など、生産物分与契約によりコントラクターに課せられる義務は、各コントラクターが「権益」の持分ごとに分割して負担するのではなく、連帯して負担することになる[3]。

よって、連帯責任を負うコントラクター同士の利害関係や方針の調整が必要になる。かかる観点からコントラクター間で締結される契約が、次節で述べる共同操業契約（Joint Operating Agreement）である。

第3　共同操業契約

1　アンインコ型のJV

石油・天然ガスの探鉱開発等は巨額の投資となる上、リスク分散の観点からも1つの油ガス田或いは鉱区の全部に単独で投資するよりも分散して投資する必要がある。また、様々な情報、技術、ノウハウが必要とされるため、複数の民間企業が共同で参加するのが通常であり、ひとつの民間企業が鉱区の100％の「権益」を保有し、単独でコントラクターとして生産物分与契約を締結する

---

[3]　このことは License、Permit、Concession、サービス契約およびリース契約など他の「権益」の形態の場合も同様に当てはまる。

ことは稀である。

その場合、共同で参加する複数の民間事業者で合弁会社を設立し、当該合弁会社が生産物分与契約のコントラクターとなり、当該合弁会社の株主となる民間事業者間の利害調整や当該合弁会社の意思決定については株主間契約が締結されるという方法もある。

ただし、石油・天然ガスの探鉱開発等の場合には、そのような合弁会社を設立せず、共同で参加する複数の民間事業者がそれぞれの持分ずつ「権益」を直接保有し、連帯してコントラクターとしての責任を負担する一方で、互いの利害関係や方針の調整のために共同操業契約(Joint Operating Agreement)を締結するのが一般である（合弁会社を設立しないことから、アンインコ型(Unincorporated)のJVと呼ばれる)。例えば「権益」が生産物分与契約の場合、共同で参加する複数の民間事業者がいずれもコントラクターとして生産物分与契約の当事者となり、コントラクター間で共同操業契約を締結する。

このように民間事業者が合弁会社を介さず直接「権益」を保有することで民間事業者が鉱区事業の課税主体となる。当該民間事業者が複数の鉱区に参加していれば、ある鉱区の費用や損失と他の鉱区の収益とを課税上相殺できるメリットがあることがアンインコ型のJVを採用する理由の一つである。また、合弁会社の場合、各会社が派遣した役員は当該合弁会社に対して善管注意義務或いは信認義務(Fiduciary Duty)を負うことになり、各民間事業者間の利害が対立した場合にこれらの義務違反のリスクが高まってしまうことも、アンインコ型のJVの方式を採用する背景と言える。

2　共同操業契約（JOA）の主要条項

国際石油契約交渉協会（AIPN (Association of International Petroleum Negotiators)）が公表しているモデル契約[4]を例にとって共同操業契約の主要条項を概説する。

4）　AIPNのJOAモデル契約は最も多く使用されているJOAモデル契約の一つであり、また、AIPNは、JOAの周辺契約（JOAの付属書となる会計手続規定(Accounting Procedure)、生産物の引取契約(Lifting Agreement)、複数の鉱区の共同開発・運営に関する契約(Unitisation and Unit Operating Agreement) 等）のモデル契約も公表している。AIPNモデル契約の他、AAPL (American Association of Professional Landmen)、Canadian Association of Petroleum Landmen (CAPL)、Oil & Gas UK (OGUK) 等が公表しているJOAのモデル契約が存在する。

なお、かかるモデル契約が交渉の出発点として用いられることはあるが、個別のプロジェクトの目的・内容に沿った修正が必要となり、また、各合弁当事者の立場（オペレーター/ノンオペレーター、マジョリティ/マイノリティ等）から慎重に検討され、交渉・修正が行われるべきものである。

(1) **オペレーターの指名、業務、権限および責任**

共同操業契約においてはオペレーターが指名され、オペレーターは共同操業契約の規定に従って鉱区の操業を行い、事業計画および予算（Working Program & Budget）の作成・履行、支出承認（Authorization for Expenditure）取得・履行等の業務を行う。共同操業契約上のコンセプトとして、オペレーターはその立場を引き受けることによって利益を得るものではなく、反対に、損失を被るものでもない。そのため、オペレーターは、例え過失があったとしても、他の共同操業契約当事者や第三者に対して責任を負うものではなく[5]、また、オペレーターが操業に関連して損失を被った場合に、ノンオペレーターがかかる損失を補償する義務が規定されることもある[6]。

もっとも、その例外として、オペレーターの上級管理者（Senior Supervisory Personnel）に故意・重過失（Willful Misconduct や Gross Negligence）があった場合は、オペレーターは責任を負うと規定されることがあり[7]、かかる上級管理者や重過失の範囲は共同操業契約の締結においてオペレーターおよびノンオペレーターの間で激しく交渉される点の一つである。例えば、AIPN モデル JOA においては、「Field Supervisory Tier（探鉱、開発、生産等の活動の現場責任者レベル）」、「Facility Manager Tier（探鉱、開発、生産等の設備の責任者レベル）」、「Functional Manager Tier（当該当事者の当該操業国における探鉱、開発、生産等の活動の責任者レベル）」、「Direct Report Tier（当該当事者の当該操業国における探鉱、開発、生産等の活動の責任者レベル、かつ、次に述べる「Resident Manager Tier」の管理者に直接報告を行う者）」、「Resident Manager Tier（当該当事者の当該操業国における全ての操業および活動の責任者レベル）」、のいずれかから選択し、当該役職と同等またはそれ以上の経営レベルにある者が上級管理者として定義されることとなっている。例えば、

---

5) 例えば、AIPN モデル JOA の 4.6.A 参照。
6) 例えば、AIPN モデル JOA の 4.6.B 参照。
7) 例えば、AIPN モデル JOA の 4.6.D 参照。

「Resident Manager Tier」の者が上級管理者であると定義された場合、より下位の「Field Supervisory Tier」の従業員に故意・重過失があったとしても、上級管理者に故意・重過失が認められなければ、ノンオペレーターはオペレーターに対して責任を問うことができないことになる[8]。すなわち、より役職の高い者が上級管理者として定義されれば、オペレーターに対する責任追及はより困難となり、反対に、より役職の低い者が上級管理者として定義されれば、オペレーターに対する責任追及はより容易になるという関係にある。

なお、オペレーターの上級管理者に故意・重過失がある場合であっても、オペレーターの責任額に上限（Cap）が規定されている場合や、結果損失（Consequential Loss）や環境損失（Environmental Loss）についてはオペレーターは免責されると規定されている場合もあり、ノンオペレーターによるオペレーターの責任追及は限定されるケースが多い[9]。

資源上流開発のM&Aにおいて、買収者は事業に携わらないノンオペレーターとして権益取得する場合も多いと思われるが、かかるオペレーターの責任範囲、上級管理者の範囲等についてはデュー・ディリジェンスにおいて確認することが肝要である。

(2) 鉱区の運営

共同操業契約では、事業計画および予算（Working Program & Budget）の採択等のための会議体として操業委員会（Operating Committee）が設けられて、操業委員会において、各権益保有者は、それぞれの権益保有比率に応じた議決権を有する。操業委員会での採択基準は対象事項毎に定められ、過半数の賛成で決せられる事項もあれば、巨額のコストを要する場合や大きな事業方針の変更など66.7％、70％といった賛成を必要とすることもある。マイノリティーの権益保有者を対象とするM&Aの場合には、操業委員会での採択においてどのような事項に拒否権を有しているのかを確認することが重要になる。後述する単独操

8）　なお、これは共同操業契約当事者間の責任の話であり、例えば、オペレーターの「Field Supervisory Tier」の従業員に故意・過失があれば、不法行為法の代位責任の法理等に基づいて、操業国政府やその他の第三者に対してオペレーターが責任を負う可能性がある。また、このような場合に、共同操業契約の定めに基づいて、「オペレーターが操業に関連して被った損失」であるとして、ノンオペレーターがオペレーターに対して補償する責任を負う可能性もある。

9）　例えば、AIPNモデルJOAの4.6.D参照。

業の場合を除き、操業委員会で採択された事項は全権益保有者を拘束するから、たとえ自己が反対票を投じたとしても他の権益保有者の採択基準を上回る賛成により操業委員会で採択された場合には全権益保有者を拘束することになり、反対票を投じていたとしても、自己の権益保有比率に応じて責任および費用を負担しなければならなくなるからである。

　また、事業計画および予算は通常は年度毎に採択されるが、デッドロックにより操業委員会で事業計画および予算が採択されなかった場合について共同操業契約がどのように定めているかも留意する必要がある。前年度の事業計画および予算を（デッドロックになった）当該年度の事業計画および予算とみなす条項や、単年度の事業計画および予算と並行して三カ年或いは五カ年といった複数年の事業計画および予算の採択を定めており、かかる複数年の事業計画および予算の内容を（デッドロックになった）当該年度の事業計画および予算とみなす条項などある。そして、それら「みなし事業計画および予算」に沿ってオペレーターが操業し、各権益保有者は権益保有比率に応じて費用を負担することになる。デッドロックにより操業委員会で事業計画および予算が採択されない状況には、例えば予想外の油価・ガス価の下落により当該プロジェクトの採算見通しが立たなくなったり、各権益保有者間で利害が激しく対立し始めた場合がある。それ以前の状況下で採択された「みなし事業計画および予算」はデッドロック状況下に適合しない帰結をもたらすことがある。

(3) 権益譲渡の手続

　民間事業者は「権益」（例えば、生産物分与契約）に基づいて産油国に対して連帯責任を負っている。したがって、他の当事者にとって、権益の譲受人がいかなる者か、また、その財務状態等は重大な関心事であるため、共同操業契約において、当事者が権益持分（Participating Interest）を第三者に譲渡する場合の他当事者の優先交渉権や先買権（Preemptive Right、First Refusal Right 等）を規定することが多く[10]、また、当事者の支配権の移転（Change in Control）がある場合にも他当事者の先買権等を規定する例もある[11]。

---

10) 例えば、AIPN モデル JOA の 12.2.F 参照。
11) 例えば、AIPN モデル JOA の 12.3 参照。

(4) 第三者に対する責任（汚濁責任等）

2010年4月にメキシコ湾で発生したDeepwater Horizon号の暴噴事故のように、資源上流開発事業においては、火災、爆発等の事故が起これば、権益保有者が現地の環境法等に基づいて巨額の清掃・除去費用や罰金を負担する必要があったり、また、油濁被害者への損害賠償責任を負うことになり得る。合弁会社が「権益」保有者として探鉱・開発等を行う場合、探鉱・開発等に起因して生じる第三者に対する責任については原則として当該合弁会社が負い、株主である各民間事業者の責任はその出資額の限度となるが（株主有限責任の原則）、合弁会社を設立せずアンインコ型のJVで行われることが多い石油・天然ガス開発事業では[12]、持分に応じて「権益」を保有する各民間事業者が第三者に対して直接の連帯責任を負う可能性がある。共同操業契約や下請会社等との契約においては事故が生じた場合の責任分担を規定しておくこともあるが[13]、第三者に対する責任は現地の法令に基づいて決せられ、権益保有者が直接の連帯賠償責任を負う可能性があり、また、他の当事者に支払能力がない場合には支払能力のある権益保有者が実質的に全額の負担に応じなければならないこともあり得る。

したがって、石油・天然ガス開発においては、かかるリスクも念頭に置き、また、事故等に備えて十分な保険が付保されているか否かの確認も必要である。

(5) 単独操業

上述のとおり、共同操業契約では、事業計画および予算（Working Program & Budget）の採択等のための会議体として操業委員会（Operating Committee）が設けられて、操業委員会において、各権益保有者は、それぞれの権益保有比率に応じた議決権を有する。そして、原則として、操業委員会で採択された事項は全権益保有者を拘束するから、たとえ自己が反対票を投じたとしても他の権益保有者の採択基準を上回る賛成により操業委員会で採択された場合には全権益保有者を拘束することになり、反対票を投じていたとしても、自己の権益保有比

---

12) 合弁事業の設計の柔軟性や各合弁当事者の税務メリット等が理由と考えられる。
13) 例えば、AIPNモデルJOAの4.5.Bでは、ノンオペレーターが第三者から損害賠償請求を受けた場合に、操業委員会の指示に従って防御・和解するものとし、当該当事者の被った費用は共同勘定から補償されるとされている。

率に応じて責任および費用を負担しなければならなくなる。

しかし、共同操業契約の場合、全民間事業者が責任および費用を負担するのではなく、一部の民間事業者だけが責任および費用を分担する仕組みが組み込まれていることがある。一般に、全民間事業者が権益保有比率に応じて責任および費用を負担して行う操業を「共同操業（Joint Operation）」と呼ぶ一方で、このように一部の民間事業者だけが責任および費用を負担して行う操業を「単独操業（Exclusive Operation）」と呼ぶ。

単独操業の仕組みは、大きく分けて二つに分類される。一つは、反対者の不参加権行使による単独操業化であり、もう一つは、提案者・賛成者の単独操業提案権の行使による単独操業化である。

ある鉱区の権益をA社が40％、B社が30％、C社が30％保有しており、操業委員会における事業計画の採決で、A社が特定の井戸の掘削を提案し、B社は反対、C社は賛成し、合計70％（A社の40％、C社の30％）の賛成により採用されたところ、反対票を投じたB社が所定の方法で不参加権を行使することで、当該井戸の掘削はA社とC社の責任および費用負担で行われ、B社は負担しないという仕組みが反対者の不参加権行使による単独操業化である。この場合、当該井戸の掘削の責任および費用を、A社が57.1％（40％＋17.1％）、C社が42.9％（30％＋12.9％）負担する。

他方、上記において、A社の特定の井戸の掘削の提案に対して、B社およびC社が反対し、否決されたところ、提案者であるA社が所定の方法で単独操業提案権を行使することで、当該井戸の掘削はA社の責任および費用負担で行われ、B社およびC社は負担しないという仕組みが提案者・賛成者の単独操業提案権の行使による単独操業化である。この場合、当該井戸の掘削の責任および費用をA社が100％（40％＋30％＋30％）負担する。

このように操業委員会における採決が原則として全民間事業者を拘束するとしても、単独操業の条項が共同操業契約の中に組み入れられ、一部の民間事業者だけが責任および費用を分担する仕組みが組み込まれている[14)][15)]。共同操業契約で形成される権益保有者間の関係が、同じ鉱区内で石油天然ガスの探鉱・開発等を遂行するという点では共通しつつ、単独操業条項の範囲内で独自性を発揮できる背景には、共同操業契約の民間事業者間の関係がパートナーシップ

の関係を形成するものではなく、民間事業者間に後述する信認義務（Fiduciary Duty）が発生せず、各権益保有者は自己の利益を追求しても当該信認義務違反とならないという要請とも整合している。

3 Fiduciary Duty

英米法の概念である Fiduciary Relationship（信認関係）は、「当事者の一方が相手の信頼を受け、その者の利益を念頭において行動、助言しなければならないという関係一般」と説明されるが[16]、石油天然ガスの探鉱・開発等における共同操業契約の各当事者間の関係が Fiduciary Relationship の関係になり、互いに信認義務（Fiduciary Duty）を負うか否かは留意しなければならない。

ある油田内に設定された互いに近接する a 鉱区と b 鉱区のそれぞれに 30％の権益を有している日本企業 X 社がおり、a 鉱区の残り 70％の権益を A 社が保有し、b 鉱区の残り 70％の権益を B 社が保有しているケースを例に説明する。

この場合 a 鉱区については A 社と X 社間で共同操業契約が締結され、b 鉱区については B 社と X 社間で共同操業契約が締結される。この場合、もし、共同操業契約を締結した民間事業者間の関係が Partnership とみなされると、Fiduciary Relationship が成立し、当該民間事業者間に信認義務（Fiduciary Duty）が発生する。即ち、A 社と X 社の関係が Partnership とみなされると、X 社は、A 社に対して Fiduciary Duty を負い、A 社の利益を念頭において行動、助言しなければならなくなる一方で、同様に B 社と X 社の関係が Partnership とみなされると、X 社は、B 社に対して Fiduciary Duty を負い、B 社の利益を念頭

---

14) ただし、単独操業の仕組みが組み込まれている共同操業契約においても、「権益」上の最低探鉱作業義務等の履行に相当する操業については共同操業で行わなければならない旨が定められ、単独操業としては遂行できないのが一般である。また、着手されている他の共同操業や単独操業の遂行を妨げるような単独操業は禁止する旨の定めが入っているのも一般的である。

15) なお、ある操業（例：探鉱井の掘削）を単独操業で遂行したところ成功したので（例：地下の石油天然ガスの貯留層の発見）、次の操業（例：発見された当該貯留層の埋蔵量を評価するための評価井の掘削）をするような場合、最初の操業に参加しなかった民間事業者が、次の操業から参加するための復活権を定めているのが一般である。ただし、復活権を行使して次の操業から参加するためには、先行する操業に参加していたならば負担したであろうコストに加えて、先行する操業に参加せずリスクをとらなかった分のペナルティーを支払うことになる。

16) 田中英夫編「英米法辞典」。

において行動、助言しなければならなくなる。

　石油・天然ガスを含む資源の探鉱・開発等に参加する民間事業者は、リスク分散等の観点から複数の鉱区に分けて投資し、ポートフォリオを形成することがある。その場合、ある鉱区のことだけを最優先に行動するのではない。例えば、b鉱区について、B社は、探鉱開発を積極的に進めるべく、探鉱井を掘削しようと考えているが、X社としてはa鉱区のプロジェクトを先に進めるのが重要と考え、B社の探鉱井の掘削に反対したとする。この場合、もしもB社とX社の共同操業契約に基づく関係がPartnershipとみなされ、B社X社間にFiduciary Dutyが発生すると、上記のX社のB社に反対する行為は、B社に対して負っているFiduciary Duty違反となる恐れが出てくる。これでは資源探鉱開発プロジェクトへの分散投資が不可能になってしまう。

　したがって、共同操業契約については、事業者間の関係がPartnershipとみなされ、お互いにFiduciary Dutyが発生しないように設計される必要がある[17]。例えば、資金の拠出は、予め当該鉱区の事業の見通しに備えて各民間事業者が資金を拠出して、共同体の口座に蓄えるのではなく、個々の作業に必要な費用の見積額の資金を各民間事業者がその都度キャッシュコールに応じて支払う仕組みとなっている。生産された石油・天然ガスの取扱いについても、共同体として売却してその売却益を民間事業者間で分与するのではなく、各民間事業者に現物で分与される仕組みになっている。会計も、鉱区全体の収支を記録することではなく、各作業で発生した費用の金額と採掘・生産された石油・天然ガスの量を記録することが目的となっている。

第4　権益譲渡
――主に探鉱段階で締結されるファームアウト契約

1　ファームアウト契約の意義

　石油・天然ガスのプロジェクトは生産が開始されるまでは収益を生まない。

---

17)　なお、共同操業契約の民間事業者間の関係がPartnershipとみなされないようにする意義には、本文で述べているFiduciary Dutyの回避のほか、税の観点がある。もしPartnershipとみなされると当該Partnershipが独自の課税主体となるが、Partnershipとみなされなければ各民間事業者レベルで課税され、各民間事業者は当該鉱区の費用や損失を損金処理することができる。

探査・探鉱（Prospection, Exploration）しても石油・天然ガスの貯留層が発見できなかったり、発見できたとしても評価（Appraisal）の結果商業的に採算のある埋蔵量が確認できない場合には、結局費用だけがかかって当該鉱区のプロジェクトは終了してしまう。かかる前提のもと、生産が開始されるまでの権益譲渡は、ファームアウト（Farm-Out）契約が締結されて行われるのが一般である。

ファームアウト契約とは、一方当事者が井戸の掘削など特定の作業を遂行する見返りに、他方当事者から「権益」の持分を譲り受ける契約を言う。作業を遂行し「権益」の持分を譲り受ける当事者をファーミー（Farmee）、「権益」を譲渡する当事者をファーマー（Farmor）という。ファームアウト契約では、ファーマーが保有する「権益」の持分の一部がファーミーに譲渡され、残りの一部はファーマーが保持し続けるのが一般である。本稿では、ファーミーに譲渡される持分を「譲渡持分」（Transferred Interest）、ファーマーが保持し続ける持分を「保持持分」（Retained Interest）という。

例えば、ある石油天然ガス鉱区の権益をA社が40%、B社が60%を保有しているところ、A社とX社とがファームアウト契約を締結し、X社が、A社に代わって特定の作業を遂行する見返りに、A社から当該鉱区の権益持分のうち30%を譲り受けることになったケースでは、A社がファーマー、X社がファーミー、X社に譲渡される当該鉱区の持分の30%が譲渡持分、A社が保持し続ける10%が保持持分となる。なお、ファームアウトを別の立場からファームイン（Farm-In）と呼ぶこともある。上記の例では「A社は、権益の30%をX社に譲渡してファームアウトした。」と「X社は、権益の30%をA社から譲り受けファームインした。」とは同義である。

ファーマーの立場からファームアウト契約を締結する事情の主なものとしては以下がある。

① 探鉱段階または評価段階におけるファームアウト契約では、ファーマーは、地震探査や探鉱井或いは評価井の掘削をファーミーに遂行してもらう（あるいはそれらの費用をファーミーに肩代わりしてもらう）ことで、探査や井戸の掘削にもかかわらず、商業的採算が認められるだけの石油・天然ガスの埋蔵量を確認できないリスクを分散することができる。

② 期限の迫っている資金需要を自分だけでは応えることができないファーマーは、ファーミーに作業を遂行してもらったり、作業のコストを肩代わりしてもらうことで、当該資金需要に間に合わせることができる。例えば、上記の例で、権益の60％を保有しているB社と40％を保有しているA社との共同操業契約に基づく方針決定により、来年度当該鉱区の探鉱に100万ドルの費用が発生することになったものの、A社にとって100万ドルの40％に相当する40万ドルを自分だけで負担する見通しが立たない場合に、X社に30％をファームアウトし、30万ドルをX社に肩代わりしてもらうことが考えられる。

ファーミーの立場からファームアウト契約を締結する理由の主なものとしては以下がある。

① ファーミーは、ファームアウト契約によって、入札手続外で、鉱区の権益持分の取得が可能になる。
② 掘削リグを保有するファーミーにおいては、当該掘削リグをファームアウト契約における井戸の掘削といった作業の遂行に活用することで、売買のような金銭的支払いをせずに、鉱区の権益持分を取得することが可能になる。
③ ファームアウト契約における作業の遂行の費用負担であれば、売買で権益持分を取得するために金銭を支払った場合には適用されない税制上のメリットを享受し得ることがある。

なお、元来ファームアウト契約は、ファーミーが特定の作業を遂行する見返りにファーマーから権益持分を譲り受ける取引であったが、今では、ファーミーが作業を遂行するのではなく、ファーマーの作業のコストを肩代わり（carrying）する見返りにファーマーから権益持分を譲り受けるファームアウト契約も一般的になっている。

2 ファームアウト契約の要点

(1) 地震探査

ファームアウト契約上のファーミーの作業に地震探査が含まれる場合、一般に、地震探査を実施する本数を特定するとともに、かかる地震探査によって得られたデータの評価および探鉱井の掘削をするか否かを判断し、探鉱井の掘削を行うまでが、ファーミーの作業義務として定義されるのが一般である。地震探査だけがファームアウト契約におけるファーミーの作業となっている場合は稀で、地震探査の後の探鉱井の掘削まで行ってファーミーが譲渡持分を譲り受ける内容になっているのが一般である。そして、その場合、地震探査の評価をして掘削井の掘削まで進まなかった場合（すなわち、地震探査の結果石油天然ガスの賦存を諦めた場合）には、ファーミーは持分を譲り受けられない内容になっているのが通常である。

なお、ファーミーが（地震探査を遂行するのではなく）、ファーマーの地震探査のコストを肩代わり（carrying）する見返りにファーマーから権益持分を譲り受けるファームアウト契約では、ファーミーの立場からは、無制限に地震探査にかかる費用負担が拡大しないように、肩代わりするコストの金額に上限（cap）を設けるべきである。

(2) 探鉱井・評価井などの井戸の掘削

ファームアウト契約上のファーミーの作業に探鉱井・評価井といった井戸の掘削が含まれる場合には作業対象となる井戸の内容をできるだけ特定することが重要である。

井戸の深度については、掘削の長さ、地質構造、海抜深度などで特定・合意される。なお、探鉱井の場合には、特定・合意した深度に至る前に石油天然ガスの賦存を確認した場合には、その時点でファーミーは作業を遂行したものとみなされる旨のみなし規定を入れるか否かも論点となる。

井戸の位置については、掘削場所を経度緯度で特定するのが一般的である。ただし、井戸の掘削位置については、権益保有者が締結している共同操業契約に基づく方針決定を待たなければならないことがある。先ほどの例でいえば当該鉱区における井戸の掘削位置は、当該鉱区の権益の60％を保有するB社と40％を保有するA社が締結している共同操業契約において定められている操

業委員会（Operating Committee）の決定事項であり、A 社と X 社とで締結されるファームアウト契約では、X 社が掘削する井戸の位置は、当該操業委員会での決定に従った位置となる旨が定められることになる。

井戸の掘削時期については、ファーミーが井戸の掘削を完了しなければならない日のみならず、井戸の掘削を開始しなければならない日も合意するのが望ましい。ファーミーの立場からはできるだけ早くを作業を遂行したいと考える一方で、掘削リグの融通の都合を踏まえて掘削時期を前倒し、或いは後倒しできる柔軟性も確保したいと考えるのが一般的であり、この折り合いをつけた内容を合意する必要がある。ただし、井戸の位置に関しても述べたとおり、井戸の掘削時期についても、権益保有者が締結している共同操業契約に基づく決定を従わなければならないことがある点に留意が必要である。

(3) **代替井の掘削**

井戸の掘削の過程での障害物との遭遇など、ファーミーとファーマーのコントロールできない事情でファームアウト契約におけるファーミーの井戸掘削義務の遂行が妨げられ、当該井戸を廃坑しなければならない場合に、ファーミーが代替井の掘削をしなければ、ファーミーがデフォルトに陥ったものとみなされ、譲渡持分の承継は行われない旨定める場合がある。

ファーミーの立場から見た場合、（障害物との遭遇など、ファーミーでは支配できない事情の発生により）代替井の掘削義務が無限に拡大するリスクを回避する必要がある。1つの解決方法としては、代替井も含めた井戸の掘削によって負担したコストが一定の上限（Cap）に達したならば、ファーミーとしては義務を果たしたものとみなす旨の規定を入れることが考えられる。このことは、ファーミーが（井戸を掘削するのではなく）、ファーマーの井戸の掘削のコストを肩代わり（carrying）する見返りにファーマーから権益持分を譲り受けるファームアウト契約でも同様であり、ファーミーの立場からは、無制限に費用負担が拡大しないように、肩代わりする井戸掘削のコストの金額に上限（cap）を設けるべきである。

(4) **井戸の廃坑**

ファームアウト契約におけるファーミーの義務は井戸の廃坑まで及ぶことがある。その場合、暫定的な廃坑の作業にとどまるのか、恒久的な廃坑の作業も

含むのか、ファームアウト契約で合意した深度に井戸が達しなかった場合の廃坑を対象とするのか、当該深度に達した井戸の廃坑が対象となるのかなど確認する必要がある。

(5) ファーミーがオペレーターの地位も承継するか、ファーマーのコントラクターとなるか

オペレーターが誰であるかは政府等の権益付与者の重要な関心事であるから、ファーマーが元々オペレーターで、ファームアウト契約によりオペレーターの地位もファーミーに承継する場合、政府等の権益付与者の同意が必要になる。そして、ファームアウト契約では、権益においてオペレーターに課せられるのと同等の作業遂行水準が、ファーミーに課せられることになる。かかる作業遂行水準をファーミーが満たすことの担保が取れなければ、政府等の権益付与者はファーマーからファーミーへのオペレーターとしての地位の承継に同意しないからである。

ただしファーマーがそのままオペレーターの地位を保持し、ファームアウト契約によりファーミーがオペレーターであるファーミーのコントラクターとして作業を遂行する場合であっても、同様の作業遂行水準がファーミーに求められる。

他方、ファーミーが（井戸を掘削するのではなく）、オペレーターであるファーマーの作業遂行のコストを肩代わり（carrying）する見返りにファーマーから権益持分を譲り受けるファームアウト契約の場合には、ファーマーがオペレーターとして求められる水準で作業を遂行しなければならない旨がファームアウト契約において定められる。

(6) ファーミーのコスト負担の範囲

前述したとおり、元来ファームアウト契約は、ファーミーが特定の作業を遂行する見返りにファーマーから権益持分を譲り受ける取引であったが、今では、ファーミーが作業を遂行するのではなく、ファーマーの作業のコストを肩代わり（carrying）する見返りにファーマーから権益持分を譲り受けるファームアウト契約も一般的になっている。

この場合、井戸の掘削が成功裏に終わり、当該井戸の掘削に要した費用をファーミーが負担するか、井戸の掘削が終了する前にファームアウト契約で合

意した上限までファーミーが費用を拠出することで、ファームアウト契約上のファーミーの義務は履行完了する。なお、合意した上限までファーミーが費用を拠出したとしても、別途合意した深度まで井戸が掘削されていなければ、譲渡持分のファーマーからファーミーへの承継は行われない旨定められる場合もある。

井戸の掘削の費用をファーミーが肩代わりして負担するとしても、厳密にどの範囲（掘削、コアリング、ロギング、プラギング、キャッピング、仕上げ、廃坑、横堀、リグの改良、リグの撤去などをどの範囲まで負担するか。テスト等ファームアウト締結前の費用を含むか否かなど）のコストを負担するかは当事者間の交渉による。

なお、ファーミーの費用負担が上限まで達した場合には、それ以降の費用は、ファーマーの保持持分とファーミーが譲り受けた譲渡持分の比率で分担するのが一般である。

(7) **譲渡持分がファーマーからファーミーに承継されるタイミング**

基本的に譲渡持分がファーマーからファーミーに承継されるタイミングはファーミーの義務の履行完了時か、ファームアウト契約が締結され且つ政府等の権益付与者の同意が得られた時点のいずれかである。

ファーミーの作業遂行義務（または作業の費用の肩代わり義務）の履行と譲渡持分の承継が対価関係にあることから、譲渡持分の承継はファーミーの義務の履行完了後と合意されるのが一般的ではある。

しかし、権益保有者間で締結されている共同操業契約に基づく作業方針の意思決定にファーミーが先んじて参加できるようにするために、ファームアウト契約の締結および権益付与者の同意が得られた時点で（作業遂行義務の履行完了を待たずして）ファーマーからファーミーに譲渡持分が承継されるように合意されることも珍しくはない。そうすることでファームアウト契約における作業を遂行する際にファーミーも共同操業契約における作業方針の意思決定に参加できるようにする。

なお、ファーミーがファームアウト契約に定めた義務を履行しなかった場合には、一度ファーマーからファーミーに承継された譲渡持分がファーミーからファーマーに再譲渡される旨ファームアウト契約に定められることになる。

(8) 権益契約が定める最低探鉱作業義務との関係

　前述のとおり、石油天然ガスの権益契約では最低探鉱作業義務或いは最低支出義務といった義務を権益保有者に課すのが一般的であるが、当該最低探鉱作業義務或いは最低支出義務が完了するまでは政府等の権益付与者は権益持分の譲渡に同意しないというポリシーを採用している国も珍しくない。最低探鉱作業義務或いは最低支出義務の履行をするに足りる財務的基盤と技術的基盤を有する者に権益を付与したにも拘わらず、当該義務の履行も終了しないうちに第三者に権益持分が承継されては、財務的基盤と技術的基盤を審査の上権益を付与した意味がなくなるからである。

　このような場合、ファームアウト契約においてファーマーからファーミーへ譲渡持分の承継が行われるのは、権益契約における最低探鉱作業義務の履行が完了し、政府等の権益付与者の同意が得られた時点を譲渡持分が承継する時として合意される。

(9) 方針決定へのファーミーの参加

　譲渡持分の承継を受けて権益保有者間で締結されている共同操業契約の当事者に加わるまでは、ファーミーは共同操業契約における作業方針決定に参加する権利がない。

　しかし、ファームアウト契約に基づいてファーマーの代わりに作業を遂行する（あるいは作業の費用を肩代わりする）ファーミーの立場として、作業の方針決定への参加或いは関与を望むのはある意味当然である。

　したがって、ファームアウト契約では、ファーミーは、ファーマーに対して重要な方針決定にあたっては予めファーミーと相談するように求めることができる旨定められることがある。

(10) デフォルト

　ファームアウト契約に基づくファーミーの作業遂行の完了の前に、譲渡持分がファーマーからファーミーに承継される場合、ファームアウト契約には、ファーミーが作業遂行を完了できずデフォルトに陥った場合には、一度譲り受けた譲渡持分をファーマーに再譲渡しなければならない旨の規定が定められている。前述のように、井戸の掘削の過程で障害物に遭遇し、ファーミーが代替井を掘削しなかった場合には、ファーミーはデフォルトに陥ったとみなされる

みなし規定もあり、その場合も、ファーミーは一度譲り受けた譲渡持分をファーマーに再譲渡することになる。ファーミーの義務が作業の遂行ではなく、ファーマーの作業コストの肩代わりの場合、ファーミーが所定の期限までに支払わなかった場合には、当該期限から実際に支払われるまでの利息が発生することになり、かつ所定の期間を経てもファーミーが支払いをしない場合には、ファーマーはファームアウト契約を解除できる旨定められている。

(11) ファーマーの表明保証

ファームアウト契約においてファーマーが表明保証する内容は、権益持分の売買契約において売主が表明保証する内容と同様、大要以下の事項である。
① 権益が有効であり、存続していること。
② ファーマーが権益の持分（譲渡持分および保持持分）の所有者であること。
③ 政府等の権益付与者の関連同意の存在、権益の失効をうかがわせるような事情の不存在。
④ 譲渡持分に担保などの負担が設定されていないこと。
⑤ ファーマーが共同操業契約上のいかなる義務にも違反していないこと。
⑥ 権益持分に関する紛争の不存在。

3 共同操業契約とファームアウト契約の関係

(1) 共同操業契約の Novation

ファームアウト契約に基づいてファーミーが譲渡持分を譲り受け、譲渡持分の範囲で共同操業契約の当事者の一人となるためには、ファーミーも加えた権益保有者間で、共同操業契約の Novation を締結する必要がある。なお、共同操業契約の Novation では、ファーマーは譲渡持分の範囲で共同操業契約上の権利を失う一方で、その分義務を免れ、保持持分の範囲でのみ、共同操業契約上の権利を有し、義務を負う旨の合意もすることになる。

(2) 共同操業契約上の先買権との関係

前述のように共同操業契約には、権益持分の譲渡について他の当事者に先買権が付与されていることがある。ファームアウト契約に基づくファーマーからファーミーへの譲渡持分の譲渡も当該先買権の対象になる。したがって、他の当事者がファームアウト契約でファーミーが合意した義務と同様の義務を履行

することを約束して先買権を行使した場合には、共同操業契約の当該当事者が譲渡持分を取得し、ファーミーは取得できないことになる点に留意が必要である。

第5 LNGの売買契約

1 ターム契約とスポット取引

LNGの売買取引は大別すると、所定の期間にわたって所定の価格算定方法に基づく価格で複数カーゴの引渡し（デリバリー）が想定されているターム（長期/短期）のLNG売買契約と、1回切りの固定価格にて1カーゴのみの引渡しが想定されているスポット取引とに分かれる。

ターム（長期/短期）のLNG売買契約はさらに、①特定のLNG生産プロジェクトで生産されたLNGのみが売買の対象となるプロジェクト固定型の取引と、②複数または不特定のプロジェクトを供給源とするポートフォリオ・サプライ型に分かれる[18]。

これに対して、スポット契約の場合には、引渡条項などは予めMaster Sale and Purchase Agreementと呼ばれる基本契約で合意しておき、価格やカーゴ数量、LNG船の特定、引渡期間、引渡場所（DES条件の場合には揚地、FOBの場合には積地）等については、個別のスポット取引ごとに、「Confirmation Notice」と呼ばれる簡易な発注書を取り交わすことでドキュメンテーションを迅速化する工夫が取られている。

2 LNGの売買契約の概要

(1) 契約期間に関する条項

(ア) **契約期間に関する条項**　長期のLNG売買契約の場合は、確定的な契約期間の定めがあるのが通常である。契約期間は、当事者間の書面による合意によって延長できる場合もあるが、その場合、延長を希望する当事者の事前通知を要求する例が多い。

---

[18] なお、ポートフォリオ供給の場合には、供給源の一つに不可抗力事由が生じたとしても、他の供給源からの調達が可能であるため、契約において不可抗力事由をどう定めるかについて契約交渉における重要なポイントの1つとなる。

(イ)　**契約期間の開始日に関する条項**　契約期間の初日（開始日）について、所定の期間枠（Window）に設定される形態がある。この場合、売主は、買主との協議のうえ、当該期間枠（Window）の中から任意に選択した開始日を、買主に事前に通知する。このように契約期間の開始日を詳細に定めるのは、供給源が特定されている（すなわちポートフォリオ供給ではない）売買契約の場合、売主側でLNG プロジェクトの完工時期や、あるいは買主側の LNG の受入れ態勢（発電事業の進捗状況等）に応じて LNG の供給時期を適切に定める必要があるためであり、契約締結にあたって論点の一つとなる場合も多い。

　(ウ)　**MSPA における契約期間に関する条項**　スポット売買のための MSPA の場合は、基本契約というものの性質上、契約期間を区切る必要性は比較的乏しいため、契約期間の概念が無い例もある。ただし、契約期間の定めがない MSPA であっても、当事者の一方の（合理的な）要請があれば、他方当事者は MSPA の解約に応じる等の、中途解約条項が入ることはあり得る。

　(2)　**契約の発効条件（前提条件）に関する条項**
　(ア)　**長期売買契約における契約の発効条件**　LNG の長期売買契約において、供給源が指定されている（ポートフォリオ供給ではない）場合であって、かつ新規の LNG プロジェクトからの供給である場合、当該 LNG プロジェクトに関する最終投資決定（Final Investment Decision、略して「FID」と呼ばれる）を、契約の効力発生条件（前提条件）とする場合がある。他方、買主側において、購入した LNG を特定の火力発電等のプロジェクトに使用する場合、当該発電プロジェクトに関する買主側の FID を契約の前提条件とする場合もあり得る。いずれも、当事者のニーズに従って契約条項がカスタマイズされる。

　(イ)　**MSPA における契約発効条件**　前記のとおり、スポット売買のための MSPA については、それ自体が売買の効力を生ずるものではなく、LNG の需要が発生する都度、Confirmation Notice（確認通知）を取り交わすことで初めて売買の権利義務が発生することから、長期売買契約におけるような契約の発効条件（前提条件）に関する規定は置かれないのが通常である。

　(3)　**引渡地点および所有権の移転に関する条項**
　売買にかかる LNG の所有権および危険負担の移転に関する条項である。売買の対象となる LNG は、引渡地点（Delivery Point）において、売主から買主に対

して引き渡され、LNGの所有権やすべての損失または損害の危険は、当該引渡地点で売主から買主に移転するものとされる。

上記のとおり、引渡地点（Delivery Point）の定義はLNGの所有権その他の危険負担の移転の時期に関わるものであるため、DES条件[19]の場合には「売主が手配したLNG船の荷揚げラインのフランジと揚地港の荷受けラインのフランジとの接続点」、FOB条件[20]の場合には「積地港の荷積みラインのフランジと買主が手配したLNG船の荷受けラインのフランジの接続点」といったように、明確に定められる。

スポット売買のためのMSPAにおいても、DES条件・FOB条件の別に応じて、上記と同様の規定が置かれる。

(4) LNGの供給源に関する条項

LNGの元となる天然ガスの供給源に関して、LNGの長期売買契約において、特定の供給源を契約書中で指定する場合がある。この場合、当該指定供給源からのLNGの調達が困難な場合には、買主の契約上の権利を害しない限り、売主による代替の供給源からの調達を妨げないとする規定が一般的に見られる。LNGが一種のコモディティであり、熱量等のスペックを満たす限りは、供給源に拘る必要性が乏しいためである（ただし、特に買主側が当該特定の供給源からの供給に拘る合理的な理由があるケースもあり、その場合には、代替供給源の特定方法も含め、契約締結時において重要な論点となる場合もある）。また、一般に供給源の変更はLNGの積地港の変更を意味するところ、FOB条件の場合、買主がLNG船を積込港まで手配し、そこでLNGの引渡を受ける義務を負うため、買主としては手配するLNG船と変更後の積地港との船陸整合について関心がある。

これに対して、スポット売買を前提とするMSPAに関しては、LNGの需要が生じる都度 Confirmation Notice を締結する。特定の供給源からのLNGのスポット売買を前提とするMSPAの場合にはMSPAに供給源が記載されるが、ポートフォリオ供給の場合には、MSPAではなく Confirmation Notice（確認通

---

19) Delivered Ex-ship の略称。物の船上輸送につき、売主（引渡し）側が一切の危険およびコストを負担する貿易条件を言う。
20) Free on Board の略称。物の船上運搬につき、買主（引取り）側が一切の危険およびコストを負担する貿易条件を言う。

知)で供給源・積込港を指定するのが通常である。ただし、DES 条件のスポット売買では、引渡場所は揚地なので、Confirmation Notice（確認通知）で供給源・積地港を指定することは必須ではなくなる。

(5) 仕向地制限条項・転売利益分配条項

(ア) 仕向地（受入基地）の追加に関する条項　　買主は、国内にある基地であってかつ買主の保有であるかあるいはその使用権を有する基地に限って、新たな受入基地として追加することが許容される場合がある。ただし、新たな（追加の）受入基地で引き渡される LNG が、買主の自己使用目的による場合に限定されること[21]や、上記のとおり、追加の受入基地につき買主が使用権を有すること、といった限定が付されることに留意を要する。

さらに、DES 条件の場合には、売主が手配する LNG 船との船陸整合性（compatibility）や、LNG 船の輸送スケジュールに重大な悪影響を及ぼさないことや、追加で発生した輸送コストの買主負担等の条件が付される場合もある。これに対して、FOB 条件の場合には、船陸整合性や LNG 船の輸送スケジュールは専ら LNG 船を手配する買主の責任（および権限）によるものとなるため、売主との売買契約（SPA）においては、これらの制限は課されない場合が多い。

(イ) （狭義の）仕向地制限条項　　上記(ア)の受入基地の追加のケースとは異なり、買主の自己使用目的ではない（すなわち転売目的による）仕向地の変更の場合や、日本国外の基地への仕向地変更については、基本的に、売主の同意[22]を取得しなければ行うことができないという条項が付されている例が多く、(狭義の)仕向地制限条項と呼ばれる。

（狭義の）仕向地制限条項には様々なバリエーションがあるが、そもそも売主の同意がなければ仕向地の変更を認めないとするタイプのものから、仕向地変更は認める代わりに、買主に転売による利益が生じた場合にその一部を売主に

---

21) 場合によっては、当該要件（自己使用目的であること）をクリアするため、一旦買主の保有する受入基地で LNG を荷揚げをした後、さらに他の受入基地へ、内航船等で運搬するといった対応がなされるケースもある。なお、後述する独占禁止法の観点からは、このような買主の自己使用目的に限定することは独占禁止法に抵触する可能性がある。

22) 売主の同意要件に関して、売主は不合理に同意を留保できない旨の条項が入ることがあるが、どのような場合が「不合理」であるの定めはなく、解釈に争いの余地が生じる場合が少なくない。後述する独占禁止法の観点からは、売主の不同意の理由如何では独占禁止法に抵触する可能性がある。

支払うという「転売利益分配条項」が併存している場合もある。転売利益分配条項における転売利益の考え方ついてはいくつかのパターンがあるが、転売（すなわち仕向地変更）によって買主が受領した代金から、原契約に所定の売買価格を差し引いた額に対して、当該仕向地の変更によって発生した輸送費用等の増減額が控除・加算される例が多い。

　(ウ)　**MSPA における仕向地制限条項について**　スポット売買を目的とする MSPA の場合、仕向地は、売買契約の効力発生要件である確認通知（Confirmation Notice）において明確に定められることから（特に、売主が仕向地・揚地港まで LNG 船を手配する責任を負う DES 条件の場合に仕向地の記載は必須である）、長期売買契約におけるように買主の判断によって随時仕向地を追加したり変更したりするといった要請は比較的乏しいと考えられる。したがい、MSPA 自体には、仕向地変更や仕向地制限に関する条項は置かれないことが多い[23]。

　(エ)　**仕向地制限条項の撤廃に向けた政策および競争法の問題**　LNG の流動性を高めるために、仕向地制限条項の撤廃問題が取り沙汰されている。経済産業省が 2016 年 5 月に発表した「LNG 市場戦略」は、「伝統的な LNG 契約では、LNG カーゴの行き先に何らかの制限をかける仕向地条項が付されることが普通であり、これが自由な LNG の取引を阻害している。この点については、例えば欧州においては、競争総局により、域内の仕向地条項を含む地域制限条項は競争法上違法である旨の判断が示されているなど、過去より問題であるとの指摘がなされてきた。経済産業省としても、LNG 産消会議等の場において、LNG 契約における仕向地条項の問題点を指摘してきており、こうした認識は、G7 エネルギー大臣会合や G7 サミットの場でも共有されている。流動的な LNG 市場の実現に際しては、仕向地条項の緩和・廃止が不可欠であると考えられることから、G7 や LNG 産消会議での継続的働きかけに加え、EU、韓国、インド、中国（日本を加えると世界全体の需要の約 8 割）等の大口消費国との連携を強化していくこととする」と述べる。

　また、仕向地制限条項及び転売利益分配条項に関しては、独占取引法の観点から、公正取引委員会による調査が行われていたが、2017 年 6 月 28 日付けで、

---

23)　但し、Confirmation Notice において、Confirmation Notice で特定された仕向地を事後変更する場合の条件を定めることがある。

同委員会より大要、仕向地条項が独占禁止法に抵触する虞がある旨の報告書が発出された[24]。同報告書においては、「今後の対応」において、「LNG の売主においては、本報告書を踏まえ、新規契約締結時や契約期間満了後の更新時において、再販売の制限等につながる競争制限的な契約条項や取引慣行を定めないことが必要である。また、契約期間満了前の既存契約においても、少なくとも、再販売の制限等につながる競争制限的な取引慣行を見直すことが必要である。」「公正取引委員会としては、引き続き、LNG に関する取引の動向に注視していくとともに、独占禁止法に違反する行為に対しては厳正に対処していく。」等と記載されている。かかる公正取引委員会の指摘を踏まえると、仕向地制限条項及び転売利益分配条項の設計については法的観点からの慎重な検討が不可欠と言える。

(6) 年間配送計画（ADP）等の作成に関する条項

㈎ 年間配送計画（ADP）策定　　LNG の長期売買契約においては、契約期間中の各契約年度毎に、当該年度において引き渡される予定の LNG の数量や、運搬に使われる LNG 船に関する取り決め内容を、売主と買主の協議のもとに策定するのが通常であり、これが年間配送計画（Annual Delivery Program、略して「ADP」と呼ばれる）である。

　ADP の策定にあたり、売主および買主は、当該年度における各自の LNG の需要状況等を踏まえ、当該年度に予定される LNG の数量、運搬に使用する LNG 船（特に DES 条件の場合は売主、FOB 条件の場合は買主の義務）等に関する情報を、相互に、所定の期限までに通知することとする例が多い。

　上記の売主および買主間における各契約年度に関する情報交換をもとに、年間配送計画（ADP）が策定される。ADP の策定については、前年度の所定の日（例えば、11 月 1 日）までといった期限が付されるのが通常である。ADP には、LNG の積地港（特に、買主が積地港まで LNG 船を手配して LNG を引き取る FOB 条件の場合）、LNG 船の名称、LNG の仕向地（特に、売主が仕向地・揚地港まで LNG 船を手配して LNG を引き渡す DES 条件の場合）、引き渡される数量、LNG 船の容量、さらに出荷予定日、LNG 船の到着予定日（FOB 条件の場合には、買主が手配した LNG 船

---

24)　http://www.jftc.go.jp/houdou/pressrelease/h29/jun/170628_1.html

が積地港に到着する予定。DES 条件の場合には、売主が手配した LNG 船が仕向地・揚地港に到着する予定)等の詳細情報が記載されるのが通例である。

　(イ)　**90 日計画(Ninety-Day Schedule)**　長期売買契約においては、上記(ア)のとおり策定された年間配送計画(ADP)を基準として、さらに詳細な配送計画が、ローリングベースで、3 か月毎に策定されるのが通常である。これは、90 日計画(90-Day Schedule)等と呼ばれ、実際の LNG の配送の基準となる。

　(ウ)　**MSPA における条項**　MSPA においては、スポット売買を目的とする以上、年間の引渡計画というものは存在せず、これらに関する規定も置かれることはなく、Confirmation Notice(確認通知)において都度定められる。Confirmation Notice(確認通知)においては、引き渡し日に関して、当初は幅のある日程(数日程度のことが多い)が記載され(Delivery Window ないし Arrival Window などと呼ばれる)、さらに引き渡し日が近づいたタイミング(例えば、1 か月前)において、具体的な引き渡し日を双方協議のうえで決定するといったプロセスがとられることが多い。

　(7)　**LNG の数量に関する条項**

　(ア)　**年間契約数量(ACQ)および調整済み年間契約数量(AACQ)**　LNG のターム(長期・短期)の売買契約では、契約期間中の各年度について、年間契約数量(Annual Contract Quantity、略して「ACQ」等と呼ばれる)が定められるのが通常である。年間契約数量(ACQ)を起算として、当該契約年度に固有の調整数量(下記(イ)の Upward Quantity Tolerance 条項および下記(ウ)の Downward Quantity Tolerance 条項に基づく増減)を加減のうえ算出された LNG の量(Adjusted ACQ、略して「AACQ」等と呼ばれる)につき、当該年度における具体的な売買の義務が発生することとなる。

　(イ)　**数量上方弾力性条項(Upward Quantity Tolerance)**　数量上方弾力性条項(略して「UQT」という)とは、ある契約年度において引き渡される LNG 量について、年間契約数量(ACQ)の一定割合(例えば 10％)を増量させることのできる権利を買主に付与する旨の条項である。当該契約年度に需要増が見込める場合には、買主は、この UQT に基づく権利を行使する。ただし、売主の供給能力を大幅に超えるような増量は合理的ではないことから、UQT により増量できる量に上限を設ける場合が多い(例えば、ACQ の 10％〜20％等)。

(ウ) **数量下方弾力性条項（Downward Quantity Tolerance）**　数量下方弾力性条項（略して「DQT」という）とは、ある契約年度に引き渡されるLNGの量について、年間契約数量（ACQ）の一定割合（例えば、10％）を減量させることのできる権利を付与する旨の条項である。買主のみに一方的に権利を与える例が多いが、売主と買主双方にDQTを与える場合も珍しくない。買主側にとっては需要減に備えた条項として機能し、逆に、売主側にとっては供給能力の減少に備えた条項として機能する[25]。なお、買主側がDQTの権利を行使した場合には、次項に述べるMake Good 条項によってバランスを図る場合もある[26]。

(エ) **メイク・グッド（Make Good）条項**　メイク・グッド（Make Good）条項とは、ある契約年度において買主がDQTにより引取数量を削減した場合、買主は、翌年度以降において当該減量分のLNGを上乗せして買い取るよう合理的な努力をする旨の条項である。買主がDQTの権利を行使した場合には、売主側にとっては、生産されたLNGに余剰が生ずるリスクがあるため[27]、かかる売主側のリスクを軽減する趣旨の条項である。ただし、買主の努力義務にとどまり、確定的な義務とはならないケースが多い。

(オ) **MSPAにおける数量調整条項**　スポット売買を目的とするMSPAの場合、Confirmation Notice（確認通知）において売買の対象となるLNG数量が確定的に定められる場合が大半である。したがって、長期売買契約におけるような、年度毎のADPやその調整規定（UQT、DQT等）は置かれないのが通例である。

(8) **買主の引取義務に関する条項**

(ア) **引取義務（Take or Pay）条項**　Take or Pay条項とは、年間配送計画（ADP）で合意された数量[28]のLNGについて、買主が不可抗力以外の買主側の

---

25) また、買主にとってはスポット取引でより安いLNGを調達できる場合に、売主にとってはスポット取引でより高く第三者に販売できる場合の条項としても意味を持つ。
26) DQTを規定している長期売買契約であっても、必ずしもMake Good条項を伴うとは限らない。
27) ただし、買主によるDQTが行使された場合には、当該DQTの行使にかかる分の契約数量について、売主はこれを自由に処分できる（第三者への売却等）と規定されるのが通例である。
28) ここで、「合意された数量」とは、通常、前述の調整済み年間契約数量（AACQ）のことを指す。すなわち、前述の数量調整条項（UQT、DQT、Make Good条項、Make Up条項等）による調整が行われた後の数量である。

理由（売主側の事情によるものは除く）で、当該数量を引き取ることができない場合であっても、買主がその分の代金を支払う義務を負うという条項である[29]。上記(6)に記載のとおり、年間配送計画（ADP）が、売主買主双方の合意の下で策定されたものであり、仮にその後に買主側でLNGの引取りが不要となった場合であったとしても、代金相当分の支払いを義務づける趣旨の規定である。なお、公正取引委員会の2017年6月28日付け報告書は、Take or Pay条項について、「売主の取引上の地位が買主に対して優越している場合に、初期投資回収後において、買主と十分協議することなく一方的に、厳格な引取義務数量を定めた上でTake or Pay条項を課すことは、独占禁止法上問題（優越的地位の濫用）となるおそれがある」と述べている。要件の厳格性から鑑みて独占禁止法上問題となるケースは仕向地制限条項及び転売利益分配条項ほど多くないと解されるが留意が必要である。

　(イ)　メイクアップ（Make Up）条項　　ある契約年度において、上記の引取義務（Take or Pay）条項に基づき買主代金を支払ったLNGの数量について、その後の契約年度において、売主が、当該支払分のLNGを無償で買主に引き渡すよう努力する旨の条項をメイクアップ条項と呼ぶ[30]。上記(ア)のとおり、Take or Pay条項に基づき、買主は、実際には引き取っていない分のLNGの代金をも支払う義務が発生することから、次年度以降においてかかる不均衡状態を是正する趣旨の条項である。ただし、売主の義務は確定的なものではなく、努力義務にとどまるのが通常である。

　(ウ)　MSPAにおけるTake or Pay条項　　MSPAにおいても、Confirmation Notice（確認通知）において合意した数量を買主が引き取らない場合であってもその代金を支払うというTake or Pay条項が定められることがある。ただし、スポット売買であるため、翌年度以降における調整規定であるメイクアップ（Make Up）条項は存在しないのが通常である。

(9)　LNGの輸送に関する条項
　海外からのLNGの日本への輸入は、当然のことながらすべてタンカー船（俗

---

29)　これに対して、売主が不可抗力以外の事由で一定の数量を引き渡すことが不可能な場合に、所定の金額を買主に対して支払う義務を課す条項もあり、「Deliver or Pay条項」と呼ばれる。
30)　必ずしもすべてのMake Upが無償によるものとは限らない。

に「LNG 船」等と呼ばれる）によることとなる。そのため、LNG の長期売買契約および MSPA においては、DES 条件の場合は売主の義務として、FOB 条件の場合は買主の義務として、それぞれ LNG 船の手配やその費用等に関する詳細な規定が置かれるのが通例である。以下、代表的な規定の例を解説する。

　(ア)　**LNG 船のスペックに関する規定**　　LNG 船のスペックに関しては、その容量を含む技術標準が契約おいて詳細に規定されることが多いが、特に重要なものとして、揚地港（DES 条件の場合）または積地港（FOB 条件の場合）との船陸整合性（compatibility）の確保が重要な観点となる。具体的には、当該港湾との整合性等を踏まえ、LNG 船の最大容量、荷揚げの最低速度、背圧値、各種国際標準との適合性、法令および条約等との適合性、十分な金額の保険への加入、国際標準に従った係留機器の設置、熟練された乗組員の手配等々の義務が詳細に規定される。いずれも、原則的に、DES 条件の場合には売主側の、FOB 条件の場合には買主側の義務として規定される。

　(イ)　**ターミナルの設備に関する規定**　　上記(ア)の LNG 船のスペックと同様に、DES 条件の場合には買主の管理する揚地港の設備、FOB 条件の場合は売主の管理する積地港の設備に関する技術標準等も、売買契約において詳細に定められる場合が多い。具体的には、港湾の各種設備に関して、LNG の荷揚げ装置のスペック、LNG 船の停泊に必要な照明器具類の設置、LNG 船の乗組員が安全に上陸するための設備の設置義務等が規定される。いずれも、原則的に、DES 条件の場合には買主側の、FOB 条件の場合には売主側の義務として規定される。

　(ウ)　**港湾使用料・滞船料等に関する条項**　　LNG の輸送に関しては、上記の LNG 船のスペックや港湾の設備に関するものの他、DES 条件の場合の揚地港または FOB 条件の場合の積地港それぞれにかかる港湾施設の使用料（Port Charge）の負担[31]に関する規定や、当該港湾を管理する当局による規制の遵守等の義務が、契約条件に包含される場合が多い。また、LNG 船の入港時に他の船舶とかち合った場合の調整規定や、何らかの事由で LNG 船の停泊期間が長引いた場合の追加費用（いわゆる滞船料）の負担に関する規定が置かれることもあ

31）　いずれも、原則的に、DES 条件の場合には売主側の、FOB 条件の場合には買主側の負担となる。

る。さらに、LNG 船が安全に停泊するために必要とされるタグボート、消防艇や船舶代理店の手配に関する規定が置かれる場合もある[32]。

(10) LNG 価格に関する条項

(ア) 価格フォーミュラ　長期売買契約において、売買の対象となる LNG の価格の定め方（フォーミュラ）にはいくつかのパターンがあるが、日本に輸入される LNG の場合には、「JCC リンク」と呼ばれるフォーミュラが使われることが多い。JCC とは、Japan Crude Cocktail の略称で、日本に輸入された原油の加重平均 CIF 価格である（財務省の通関統計により、月次で公表される）。JCC の他に、北海ブレント原油リンクや JLC リンク（Japan Liquefied Natural Gas Cocktail、日本に輸入された LNG の加重平均 CIF 価格）といった価格指標もある。

上記の価格指標を用いた価格フォーミュラの代表的な例は、「AX＋B」の数式で表される。ここで、「A」および「B」はそれぞれ確定数値（係数）であり、「X」が上記の価格指標のいずれか（例えば JCC 価格。以下本項において同じ）、すなわち変数である[33]。なお、この「AX＋B」の数式によれば、JCC 価格に比例して青天井で、LNG の契約価格が上昇ないしは下降することとなる。そこで、この数式に手を加えて「AX＋B＋C（X1 または X2−X）」とすることにより、上記の「AX＋B」の数式によって算出される LNG 価格が一定の金額以上に上昇しまたは一定の金額以下に下降した場合に、それ以上の価格の上昇または下降を抑制するというパターンもあり、俗に「S カーブ条項」などと呼ばれる[34]。

(イ) 価格見直し条項（Price Review 条項）　上記(ア)に記載の価格フォーミュラによって算出された契約価格に対して、LNG の長期売買契約において特有の規定として、価格見直条項（Price Review 条項）と呼ばれる規定がある。これには、契約期間中、例えば 5 年毎に、上記(ア)で定めた価格フォーミュラを、売主および買主双方の合意のもとで修正する旨の規定もあるが、一定の事由（いずれか

---

32) これらについても、原則的に、DES 条件の場合には売主側の、FOB 条件の場合には買主側の義務として規定される。

33) ここで、変数 X の取り方についても、LNG の出荷（または揚荷）開始日の属する月の 3 か月前の JCC 価格とするか、あるいは同じく 3 か月〜5 か月前の JCC 価格の平均値とするか等、いくつかのパターンがある。

34) S カーブ条項の詳細については、紺野博靖著「LNG 長期売買契約における価格決定条項について」国際商事法務 Vol. 40 No. 1（2012 年 1 月号）を参照されたい。

の当事者の置かれている経済環境の著しい変化等）が発生した場合に不定期に見直しを行うというパターンもある。また、価格フォーミュラの見直しについては、原則として当事者間での合意が必要となるため、当事者同士で所定の協議期間内に見直しに合意できないというケースがあり得る。その場合に、契約所定の仲裁機関等に対して仲裁を申し立てることができる権利を当事者に認める例（あるいは、これを明示的に禁止する例）もある。

(ウ) **MSPAにおける価格条項** スポット売買の場合、Confirmation Notice（確認通知）において価格が決定されるため、MSPAにおいては価格に関する条項は置かれないのが通常である。

(11) **LNGの品質（quality）に関する条項**

LNGの長期売買契約およびMSPAにおいて、LNGのスペック（仕様）に関する規定が置かれる。LNGのスペックの中で重要なのは、熱量である。熱量は、通常Btu（英熱量単位）で表示される。熱量を含むLNGのスペックを確保するため、LNGの売買契約においては、これに関連する詳細な（技術的）規定が置かれるのが通例である。

上記のとおり、LNGのスペックは特に買主にとって重要な意味を有する。そこで、LNGの売買契約（MSPAも含む）においては、売主が引き渡したLNGが契約所定スペックを満たさない（すなわち、オフスペックである）ことが発覚した場合、それによって買主に生じた損害（オフスペックのLNGの処分や代替のLNGの調達に要した費用その他）を、売主に補償させる規定が置かれるのが一般的である[35]。

(12) **不可抗力（Force Majeure）に関する条項**

(ア) **不可抗力事由（Force Majeure）の定義および除外事由** 不可抗力事由の定義は、戦争やストライキ、地震等の天災地変の類から、適用法令の変更等まで多岐にわたることが多いが、特にLNGの長期売買契約およびMSPAにおいて顕著な不可抗力事由として、積地港の施設やLNG船、または買主の受入基地等において生じた事由が含まれることが挙げられる。

---

35) 売主による補償の上限額について、オフスペックであることが発覚した時期（荷揚げ前、荷揚げ中、または荷揚げ後）および、これに対する買主側の対応（オフスペックであることを認識した上で、受入れまたは拒絶の意思表示をしたかどうか）の如何によって、異なる上限額を設定する例が多い。

不可抗力事由の認定について、当該当事者の「合理的な支配」が及ぶ範囲内の事象は不可抗力事由とは見做されない場合が通例である。例えば、DES 条件の場合、前述のとおり受入基地まで LNG を運搬することはすべて売主側の責任であることから、売主が運搬を委託した運送業者（船舶会社等）による債務不履行等の事象は、売主の「合理的な支配」の範囲内にあるものとして、売主の不可抗力事由とは見做されず、したがい、売主は下記(イ)の免責効果を主張できないとするのが一般的である。その他、いかなる事象が当該当事者（売主または買主）の「合理的な支配」の範囲内にあるのか等について、契約の締結交渉においてしばしば議論となることがある[36]。

　(イ) **不可抗力事由が生じた場合の効果**　不可抗力事由が生じた場合の重要な効果として、当該事由の発生した当事者の義務履行が免責されるという点が挙げられる。例えば、不可抗力事由として、買主の受入基地の事故等が規定されている場合、その結果当該受入基地での LNG の受取りが不可能となった場合には、買主は当該事由が生じている期間中は、LNG を引き取る義務を負わない。

　さらに、不可抗力事由が一定期間継続した場合には、もはや LNG の取引自体が実行不能となったものと見做して契約自体を終了する権利（Termination Right）を当事者に与えるという条項も、一般的に見られる。この場合において、当該不可抗力事由が生じた当事者のみに終了権を与えるパターンと、両当事者に与えるパターンとがある。ただし、不可抗力事由は、上記のとおり、いずれの当事者の責めにも帰すべき事由ではないため、安易な契約の終了は、むしろ当事者の予期しない結果を招く場合があり得る（あるいは、不可抗力事由を口実とする契約の終了権の濫用を誘発するおそれがある）。そこで、契約終了の前に当事者同士による一定の協議期間を設けたり、終了権の行使に一定の条件を付するのが一般的である（例えば、契約上で予定された数量の 50％が、2 年以上にわたって引き渡しが不能な場合に限る等）。

36）　例えば、売主側については、積地港の施設のみならず天然ガスの供給に必要なパイプライン等の不具合や、同じく買主側については、受入港の施設のみならず LNG を輸送するためのパイプラインや特定の発電設備等の不具合についても、それぞれの当事者の不可抗力事由として認めるか否かが争いになることがある。

Ⅳ章　エネルギー産業におけるアクセス・分離規制等競争環境整備の法政策

中央大学法学部教授
西村　暢史

1　エネルギー産業の競争化とエネルギー改革の法的課題
(1)　検討の目的と素材

　本章の目的は、エネルギー産業、特に電力と都市ガス（以下、ガス）において進行するエネルギー改革（それぞれ、電力システム改革、ガスシステム改革とする）に関して現時点（章末追記参照）での法規制枠組みの到達点とそれらの法的課題を検討すること、そして、当該改革に対する不断の検証に必要な情報基盤を提供することにある。本章は、それぞれの産業における競争創出維持にとって必須となる競争環境の整備という観点[1]から、これらの作業を行うものである。

　今般のエネルギー改革の枠組みは、主に以下の3つの改正法により構成される。①広域運営推進機関の設立等を内容とする平成25年の第1弾改正電気事業法[2]、②発電・送配電・小売電気という新しい電力産業の事業区分、小売販売レベルでの全面自由化等を内容とする平成26年の第2弾改正電気事業法[3]、③製造・導管・小売という新しいガス産業の事業区分、ガスの小売販売レベルの全面自由化と、電力とガスのエネルギー供給を担う送配電と導管の各事業部門と他部門との分離・中立化を目指して、それぞれ平成32年と平成34年に予定

1）　電気事業法（昭和39年法律170号）とガス事業法（昭和29年法律51号）の各々の目的規定に各産業における競争を直接的に示す文言はない。しかしながら、本章で検討するように各事業法の諸規定や規制改革において言及される諸規定は、競争を深く意識したものとなっている。

2）　電気事業法の一部を改正する法律（平成25年法律第74号）。以下、第1弾改正法とする。以下の改正法を含め、呼び名については、友岡史仁「電気事業の規制改革と電気事業法上の中立性担保規制」日本経済法学会年報58巻26頁（以下、友岡年報とする）に依拠している。

3）　電気事業法等の一部を改正する法律（平成26年法律第72号）。以下、第2弾改正法とする。

されている他部門との組織上の関係整理等を内容とする法的分離関連規制の平成27年の第3弾改正電気事業法[4]である。

最後の法的分離関連規制を一応の到達点とするエネルギー改革は、安定供給の確保、料金の抑制、需要家の選択肢や事業機会の拡大を目的として[5]、上記の通り様々な施策を実施してきた。いずれの施策を実施する上でもエネルギー産業で念頭に置かれている1つの論点は、電力やガスの製造・流通・小売販売のいずれかの事業部門、または、その全部において、エネルギー供給に必須の設備等を保有・運用する事業者に対する規制の在り方である。このような産業構造への法的対応がない場合、消費者は、特に小売販売レベルでの全面自由化により生じうる競争の便益を享受できるのは限定的という問題意識であろう[6]。

本章では、第3弾改正法の成立による改め文を組み入れた電気事業法とガス事業法（以下、条文番号を指摘する際、それぞれを「電気」、「ガス」とする）を素材に、主として規制対象となる事業者を限定している2つの事業法規制を検討対象とする[7]。その中でも、小売販売レベルでの新規参入の事業者が参入時、そして、参入後も競争単位としてビジネス活動の継続という競争環境を整備するための、特定設備等を保有・運用する事業者に対する以下の2つの法規制に着目する[8]。これら法規制の検討対象とすることで、エネルギー改革における競争環境整備の状況把握と今後の検討課題が明確化できるものと考える。

---

4) 電気事業法等の一部を改正する等の法律（平成27年法律第47号）。以下、第3弾改正法とする。
5) 電気事業法等の一部を改正する等の法律附則74条1項。また、電気事業法等の一部を改正する等の法律案に対する附帯決議（第189回国会閣法第29号附帯決議、平成27年5月20日衆議院経済産業委員会）「一」。
6) 松村敏弘「電力全面自由化1年㊤」日本経済新聞2017年3月17日朝刊（経済教室）。
7) 最終需要者である消費者の利益保護の観点からは、エネルギーの小売販売レベルでの全面自由化の実効性確保も必要である。その際、本章では、検討対象から外しているが、他社からの乗り換えを含むエネルギーの小売業者の選択時における適正かつ迅速な手続確保、継続的かつ安定的なエネルギー供給等の安全性確保に関する議論も必須となる。
8) 法規制の効果としては、同時に、エネルギー供給の永続的な基盤の構築等にも資することも期待されている。これは、日本のエネルギー政策の方向性を示すエネルギー政策基本法（平成14年法律71号）では、国と地方公共団体のエネルギー需給施策の策定と実施義務に関する基本方針として、エネルギーの安定供給の確保（2条）、環境への適合（3条）と、この2つの政策目的を十分に考慮した市場原理の活用（4条）が掲げられているからである。本章の検討対象である競争環境整備のための法規制と上記2つの政策目的とは整合的に設計・運用されなければならない（友岡史仁『要説経済行政法』〔弘文堂・2015〕222頁（以下、友岡要説とする））。

第1に、エネルギー産業への新規参入者が、エネルギー供給を行う際に利用が必須となる送配電とガス導管のそれぞれの事業部門における設備等を保有・運用する事業者（一般送配電事業者、一般ガス導管事業者）に対する法規制である。アクセスルールと称されることもある、電力とガスへの新規参入を誘引する1つの規制手法である。本章の問題意識からは、規制官庁の経済産業省（経産省）と競争当局の公正取引委員会（公取委）が共同で電力とガスの取引に対する電気事業法、ガス事業法、独禁法の考え方を示した指針も検討対象とする[9]。

　第2に、仮に、法的分離の対象となる送配電とガス導管設備を保有・運用する主体（一般送配電事業者、特別一般ガス導管事業者）が独占体の場合、法的分離のみで小売販売レベルでの競争の活性化は期待できない。上記アクセスルールの他、独占体に対する当該設備の中立性確保を目指した規制、すなわち、法的分離の趣旨を実効的に機能させるため、法的分離の対象となる（事実上の独占）事業部門と残りの（競争に直面する）事業部門との組織上の関係整理としての兼職規制等を検討する。

(2) **エネルギー改革の方向性と留意点**

　現在のエネルギー改革の目的と内容は、平成25年2月公表の電力報告書[10]と平成26年4月11日閣議決定の「エネルギー基本計画」[11]に基づいている。当該計画では、これまでのエネルギー供給が電力やガス等の産業ごとに区分された法規制から、「市場の垣根の撤廃や、閉鎖的であったエネルギー産業構造に技術革新や異業種における効率的な経営手法」に改革することで、「より付加価値が高く、効率的な産業構造へと変革し、分断されたエネルギー市場を水平的に統合された構造へと転換を図ることが必要」という日本のエネルギー産業の方向性を示した[12]。

　もっとも、この計画には、電力とガスそれぞれ固有の事情が含まれている。

---

9) 公正取引委員会＝経済産業省「適正な電力取引についての指針」（平成29年2月6日）、公正取引委員会＝経済産業省「適正なガス取引についての指針」（平成29年2月6日）。以下、「電力適正取引指針」、「ガス適正取引指針」とする。
10) 経済産業省・総合資源エネルギー調査会総合部会・電力システム改革専門委員会「電力システム改革専門委員会報告書」49頁。以下、電力報告書とする。
11) エネルギー政策基本法12条1項に基づき政府が策定する義務を負っている。
12) 「エネルギー基本計画」52頁、63頁。

第1に、電力報告書は、電力産業に対するこれまでの規制改革は十分ではないと冒頭で指摘する[13]。しかしながら、それ以上に、「東日本大震災がもたらした環境変化」と題する項目において、「低廉で安定的な電力供給」は「これまでと同様の電力システムを維持したのでは」将来において確保できないという懸念を表明している[14]。今般のエネルギー改革は、東日本大震災への対応という側面を強く有している[15]。

　続けて、電力報告書は、「電力システム改革を貫く考え方」の中で、問題意識として、「競争が不十分であるというこれまでの課題や震災を機に顕在化した政策課題に対応するため」の「包括的な改革を行うことが必要」と示した。その上で、電力システム改革の定義を、「料金規制と地域独占によって実現しようとしてきた『安定的な電力供給』を、国民に開かれた電力システムの下で、事業者や需要家の『選択』や『競争』を通じた創意工夫によって実現する方策」とした[16]。災害により惹起した問題点の解決を目指す手法の重要な要素として「選択」や「競争」を、3段階にわたる電力システム改革として電力報告書は提示した[17]。

　第2に、ガスシステム改革が電力報告書の中で言及されたという点である。電力報告書は、電力の小売販売レベルでの全面自由化を指摘するとともに、ガスの小売販売レベルでの競争環境を整備するため、各種参入障壁の撤廃に向けた制度設計を強調した[18]。これを受けて、2015（平成27）年1月公表のガス報告書は、電力システム改革と整合的にガス供給の低廉かつ安定的な実現、需要者の選択肢拡大のためには、競争の活性化、事業者の効率化の努力が必要であると指摘した[19]。結果、第3弾改正法とともに成立した新しいガス事業法は、ガ

---

13)　電力報告書・前掲注10) 4頁。
14)　電力報告書・前掲注10) 5頁。
15)　友岡年報・前掲注1) 25頁、同『ネットワーク産業の規制とその法理』〔三和書籍・2012〕190頁（以下、友岡ネットワークとする）、同「電力システム改革」法教424号46頁（以下、友岡改革とする）、野村宗訓＝草薙真一『電力・ガス自由化の真実』〔エネルギーフォーラム・2017〕38頁〜40頁〔野村宗訓〕。
16)　電力報告書・前掲注10) 6頁。なお、前掲注9) からみても、3つの視点が整合的に関係しあうよう工夫された表現ではないだろうか。
17)　電力報告書・前掲注10) 50頁〜52頁。
18)　電力報告書・前掲注10) 49頁。

ス産業の新しい事業区分とそれぞれに対する新しい規制の下、これまでの規制部門と競争部門を需要家の規模に依拠していた制度を廃止して、小売販売レベルの全面自由化とガス導管事業部門に対する法的分離関連規制を規定した。ガス産業に対する新しい規制枠組みとガス産業の今後を議論する場合、LPガスという競合エネルギーの存在の他、下記の諸事情に注意が必要である[20]。

まず、輸入LNGを発電用燃料としても用いる大手電力会社がLNGの輸入業務を行っており[21]、また、大手電力会社や石油会社が大都市に近い港湾を中心に輸入LNGの貯蔵等を行うLNG基地を保有・運用している[22]。ガス会社間の競争だけを見ていればよいというわけではない。

次いで、ガスの原料となるLNG自体を自由に調達できる市場が構築されていない。LNG入手にはLNG輸入業者である大手電力会社や大手ガス会社にほぼ依存せざるを得ない状況にある。ガス産業でのビジネスがガス供給設備へ強く依存しているという状況に対する法的対応がなければ、ガス供給の小売販売レベルで期待されている競争による便益は限定的となる。

最後に、ガス供給ネットワークとしてのガス導管は、全国土の6％程度の敷設割合にとどまっている[23]。加えて、ガス導管の総延長の半分強は大手ガス会社の東京ガス、大阪ガス、東邦ガスが都市部において保有・運用している。したがって、ガス産業への参入にはガス導管を利用せざるを得ない。新規参入者がLNGを購入すること、ガス導管を利用する料金を支払うこと、その上で既存の大手ガス会社と都市部において競争すること、これらの実行を可能とする環境整備の法的対応が必要となる。

ガス報告書は、今後、電力とガスが一体となった新しいエネルギー供給に関

---

19) 経済産業省・総合資源エネルギー調査会基本政策分科会「ガスシステム改革小委員会報告書」4頁。以下、ガス報告書とする。
20) ガス報告書・前掲注19) 6頁～10頁。古城誠「ガス事業改革の目的と特徴」日本経済法学会年報58巻45頁以下。
21) 輸入シェアでは、東京電力29％、中部電力16％、東京ガス14％、大阪ガス9％、関西電力8％、東北電力6％、九州電力5％等となっている（エネルギーフォーラム編『2020年電力・ガス自由化法令集』〔エネルギーフォーラム・2015〕204頁）。
22) ガス会社が11基地・43タンク、電力会社が8基地・47タンク、両者の共有が6基地・67タンク等となっている（エネルギーフォーラム編・前掲注21) 204頁）。
23) エネルギーフォーラム編・前掲注21) 209頁。

する市場の構築が期待されるとしている[24]。本章の検討対象である特定の事業者に対するアクセスルールと法的分離関連規制に関して、電力とガスの間で極めて似通った内容となっており、この期待に応えたものと考えられる。

2 エネルギー改革の法規制Ⅰ：参入と業務の規制

電力とガスのそれぞれの産業における事業部門ごとの法規制（参入と業務）を整理する。

一般送配電事業者に対する規制の柱は、事業許可の対象となる供給区域での地域独占の下[25]、送配電ネットワークを利用するための制度である託送供給等の諸条件を定める託送供給等約款を作成して認可を受けなければならず、原則として当該約款をすべての託送において使用しなければならない点である（表1）。

表1　電気事業者（電気2条1項17号）に対する電気事業法上の規制枠組み（すべての電気事業者ではない）

事業部門	発電事業（2条1項14号）	一般送配電事業（2条1項8号）	小売電気事業（2条1項2号）
事業者	発電事業者（2条1項15号）	一般送配電事業者[※1]（2条1項9号）	小売電気事業者（2条1項3号）
事業者条件	広域運営推進機関（28条の4）への加入義務（28条の11第1項、第2項）		
事業開始条件	届出（27条の27第1項）	許可（3条）	登録（2条の2）
電力供給関連義務	発電等義務（27条の28）	託送供給（2条1項6号）等義務（17条1項他） 託送供給等約款作成義務・認可（18条1項） 上記約款以外での託送の原則禁止（18条2項）	供給能力確保義務（2条の12第1項） 供給条件等説明義務（2条の13第1項） 小売供給契約の書面交付義務（2条の14第1項）
電力供給計画	広域運営推進機関を経由して経済産業大臣に届出義務（29条1項）		

※1 いわゆる10電（北海道、東北、東京電力パワーグリッド、中部、北陸、関西、中国、四国、九州、沖縄）が許可されている。

---

24) ガス報告書・前掲注19) 6頁。

表2 ガス事業者（ガス2条12項）に対するガス事業法上の規制枠組み（すべてのガス事業者ではない）

事業部門	ガス製造事業（2条9項）	一般ガス導管事業（2条5項）	ガス小売事業（2条2項）
事業者	ガス製造事業者（2条10項）	一般ガス導管事業者（2条6項）	ガス小売事業者（2条3項）
事業開始条件	届出（86条1項）	許可（35条）	登録（3条）
ガス供給関連義務	ガス受託製造約款作成義務・届出（89条1項、2項） ガス受託製造の実施命令（89条5項） 貯蔵設備容量等公表義務（90条1項）	託送供給（2条4項）義務（47条1項） 託送供給約款作成義務・認可（48条1項） 上記約款以外での託送の原則禁止（48条3項）	供給能力確保義務（13条1項） 供給条件等説明義務（14条1項） 小売供給契約の書面交付義務（15条1項）
ガス製造・供給計画	作成義務・届出義務		
	（93条1項）	（56条1項）	（19条1項）

　一般ガス導管事業者も供給区域内での地域独占の下[26]、同様の規制に服している（表2）。

　託送供給の義務は、電力とガスのそれぞれの産業の小売販売レベルでの事業者間の競争を創出するための手段の1つであろう[27]。小売電気事業者やガス小売事業者が継続して小売供給を行うためには、一般送配電事業者の送配電ネットワークや一般ガス導管事業者のガス導管ネットワークの利用が不可欠だからである。この義務を前提にした当該ネットワークの利用に関する様々な諸条件を定める約款とその運用は、下記3と4で検討する。

---

25) 関連する規定として、許可申請の際の経済産業大臣による審査基準、たとえば、供給区域での需要適合性と、当該申請を行った一般送配電事業者の事業開始により当該申請の用に供する電気工作物が著しく過剰とならないこと（電気5条1号・5号）が挙げられる。また、自身の供給区域外での電線路設置による電力供給（電気24条）もそうであろう。
26) 前掲注の電力に対応する規定としては、ガス37条1項3号・ガス55条。
27) 「競争促進的業務規制」と評する友岡要説・前掲注8) 231頁、237頁も参照。

3　エネルギー改革の法規制Ⅱ：アクセスルール

(1)　一般送配電事業者と一般ガス導管事業者

　エネルギー市場に対する新規参入を促し、参入後の事業継続のための一般送配電事業者[28]と一般ガス導管事業者に対するアクセスルールは共通する点が多い（表3）。統一的なエネルギー市場創出に有益と言えるかもしれない。同様の特徴は、下記5においても確認することができる。

　その一方で、それぞれの事業者に対する託送供給約款の認可基準のうち、料金に関して、適正原価と適正利潤を合計する計算式は両事業者で共通しているが、料金の算定条件に次のような違いがある[29]。

　一般送配電事業者の場合、「料金の額の算出方法」の適正さと明確さが求められている。このうち、明確さに関して、電気託送料金要領では、「あらかじめ料金表等」で明確に定められている「料金率、計算式、参照すべき指標（取引所価格等）」が認可の際の審査対象となっている[30]。ガス託送料金要領では、「料金が」明確に定率や定額に基づいていることを求められていることから、「あらかじめ料金表等において明確に定められている定額基本料金、流量基本料金若しくは従量料金又はこれらを組み合わせたものをもって、使用量等に応じた料金が計算可能であるか否かを審査する」としている[31]。

　この2つを比較する場合[32]、電力では、料金そのものよりも、料金を構成す

---

28)　送電事業者に対する規制もほぼ同じであり、検討対象を一般送配電事業者関連に限定する。

29)　なお、特定の者に対する不当な差別的取扱いに関しては、法文上は共通した文言ではあるが、それぞれの具体的運用を示した要領では異なる説明となっている。一般送配電事業者の場合、「正当な理由に基づいて一般的に区別を行う場合を除き、託送供給等の相手方となる全ての者に対して平等であるか否かを審査する」とし（「一般送配電事業託送供給等約款料金審査要領」（平成29年4月1日）第5章第2節（電気託送料金要領））、一般ガス導管事業者の場合、「特定の者に過度に偏った負担を強いる料金になっていないか、合理的な考え方に基づかず公平性の観点から問題のある割引料金を設定していないか等の観点から審査する」としている（「一般ガス導管事業託送供給約款料金審査要領」（平成28年7月29日）第4章第2節（ガス託送料金要領））。
　　いずれも、「正当な理由」や「合理的な考え方」といった文言を使用しているが、ガスでは、割引料金という具体的な料金の多様性を言及しており、差別的取扱いを完全に禁止しているようには解していないため、許容される場合の判断基準に関して議論が生じる。

30)　電気託送料金要領・前掲注29）第5章第1節。

31)　ガス託送料金要領・前掲注29）第4章第1節。

32)　「定率又は定額」よりも「適正かつ明確」が緩やかな表現である等要件の整理として、藤原淳一郎『エネルギー法研究――政府規制の法と政策を中心として』〔日本評論社・2010〕312頁以下参照。

表3. 一般送配電事業者・一般ガス導管事業者に対するアクセスルール（電気事業法・ガス事業法の該当条文番号）

規制事項	一般送配電事業者	一般ガス導管事業者
託送供給等義務	電気17条1項	ガス47条1項
	供給区域において「正当な理由がなければ」託送供給を拒んではならない。	
事業許可の事前の意見聴取義務	電気66条の10第1項4号	ガス177条1項6号
	電力・ガス取引監視等委員会の意見	
約款認可の事前の意見聴取義務	電気66条の10第1項5号	ガス177条1項7号
	電力・ガス取引監視等委員会の意見	
託送供給等約款認可基準（括弧内は一般送配電事業者の場合）	電気18条3項	ガス48条4項
	1号：「料金が能率的な経営の下における適正な原価に適正な利潤を加えたものであること。」	
	2号：「第1項の認可の申請に係る託送供給（等）約款によりガス（電気）の供給を受けようとする（受ける）者が託送供給等を受けることを著しく困難にするおそれがないこと。」	
	3号：「料金の額の算出方法が適正かつ明確に定められていること」	3号：「料金が定率又は定額をもって明確に定められていること」
	4号：「一般ガス導管事業者（一般送配電事業者）及び第1項の認可の申請に係る託送供給（等）約款によりガス（電気）の供給を受ける者の責任に関する事項並びに導管、ガスメーターその他の設備（電気計器及び工事）に関する費用の負担の方法が適正かつ明確に定められていること」	
	5号：「特定の者に対して不当な差別的取扱いをするものでないこと。」	
	6号：「前各号に掲げるもののほか、公共の利益の増進に支障がないこと。」	
託送供給等約款等の変更認可申請命令	電気19条1項	ガス50条1項
	経済産業大臣が「料金その他の供給条件が社会的経済的事情の変動により著しく不適当となり、公共の利益の増進に支障があると認めるとき」	
禁止行為	電気23条1項	ガス54条1項
	1号：「託送供給及び電力量調整供給の業務に関して知り得た他の電気供給事業者及び電気の使用者に関する情報を当該業務の用に供する目的以外の目的のために利用し、又は提供すること。」	
	2号：「その託送供給及び電力量調整供給の業務その他の変電、送電及び配電に係る業務について、特定の電気供給事業者に対し、不当に優先的な取扱いをし、若しくは利益を与え、又は不当に不利な取扱いをし、若しくは不利益を与えること。」	
	3号：「供給業者間の適正な競争関係を阻害するものとして経済産業省令で定める行為」	
禁止行為関連規制	電気23条の4	ガス54条の8
	情報の目的外利用等の禁止行為の前提として、情報の適正管理、業務の実施状況の適切な監視のための体制整備といった電気供給事業者間の適正な競争関係を確保するための体制整備を義務付けている。	

る要素自体を審査対象としている一方で、ガスでは、料金自体を構成する要素が確定的金額となっており、事業者も規制官庁も所与の金額や使用量等料金の構成要素に基づく計算の可否を審査対象としている。電力では料金設定自体に規制官庁の裁量の余地があるとも読める。逆に、ガス導管の敷設状況とガスの卸取引が存在しない状況下では、ガス導管ネットワークへのアクセスを促進して競争につなげる必要があるため、一般ガス導管事業者に対する料金規制を料金の厳密な明確化という形で設計する必要があったのかもしれない。加えて、適正原価と適正利潤を合計する際、認可を受けようとする一般送配電事業者と他の一般送配電事業者の原価等を含めた経営効率化努力の度合いを相対比較して審査するという最も批判の多い点[33]を含め、今後も電力とガスの当該料金に関する議論は継続していくものと考えられる[34]。

(2) **ガス製造事業者とLNG基地**

ガス製造事業者は、他の者のLNGを使って自身の保有・運用するLNG基地において他の者のガス製造を行うガス受託製造義務に服している。これは、ガス産業へ参入を考えている他の者にとってガス供給に必須であるLNG基地へのアクセスに対する法的対応が必須だからである。

そして、ガス製造事業を営むガス製造事業者に対するアクセスルールは、一般送配電事業者や一般ガス導管事業者と以下の点で類似している。たとえば、ガス製造事業者に対する、ガス受託製造に関する諸条件について「経済産業省令で定めるところにより」ガス受託製造約款を作成する義務、当該約款を「経

---

33) 一般送配電事業託送供給等約款料金算定規則(平成28年省令第22号)3条1項に関する指摘(電気託送料金要領・前掲注29)第1章「1.(2)」)、ガス事業法等に基づく経済産業大臣の処分に係る審査基準等の一部を改正する訓令案(ガス訓令)Ⅰ.第1(14)①参照。批判の簡潔な説明は、友岡要説・前掲注15) 171頁以下参照。

34) 電力の託送に関する料金に関しては、消費者委員会・公共料金等専門調査会・電力託送料金に関する調査会「電力託送料金に関する調査会報告書」(平成28年7月)や、「電力・ガス取引監視等委員会・料金審査専門会合」での継続した議論の下、現在、託送料金そのものへの不満のみならず、①人口減少等による需要構造の変化、②分散型電源の普及、③電力系統混雑等の諸問題の発生、④高経年化設備の増加、⑤送配電ネットワークを利用する事業者の多様化と一般送配電事業者が調整力を調達する必要性に基づく託送制度の抜本的見直しの可能性が議論されている。電力・ガス取引監視等委員会・制度設計専門会合(平成27年10月9日)の第1回会合時に議論が開始され、上記①〜⑤は、第6回開催(平成28年4月26日)資料4ではじめて整理記述された。

済産業省令で定めるところにより」経済産業大臣に届出する義務、当該約款の「経済産業省令で定めるところにより」公表義務である[35]。加えて、一般送配電事業者や一般ガス導管事業者と同様に、ガス製造事業者にはガス受託製造によりガスの提供を受ける事業者等の情報に関する目的外利用と、ガス受託製造に関する差別的取扱いの2つの禁止行為[36]が課せられている。

その一方で、ガス製造事業者に対するアクセスルールには次のような特徴も確認することができる。

第1に、ガス受託製造約款が届出制であること[37]、そして、ガス受託製造約款には経済産業大臣による事後的な変更命令が用意されていることである[38]。

第2に、ガス受託製造を委託しようとする事業者のLNG基地の利用を促進する観点から、ガス製造事業者には、LNG基地の容量や自身のLNGの量の見通し等経済産業省令で定める諸事項の公表義務が課せられている[39]。

第3に、ガス製造事業者が正当な理由なくガス受託製造を拒んだときは、経済産業大臣が、当該ガス受託製造事業者に「ガス受託製造を行うべきことを命令することができる」と規定している[40]。一般送配電事業者と一般ガス導管事業者は、託送供給を「拒んではならない」とされているが、ガス受託製造拒絶には強制的な「実施命令」が規定されている。これは、LNGの輸入と貯蔵が可能なLNG基地を利用することができなければ、LNG自体の入手、LNG卸供給やガス導管ネットワークの利用が機能しなくなり、ガス産業における小売販売レベルでの全面自由化の実効性が崩れることとなるからであろう[41]。

---

35) ガス89条1項、4項。
36) ガス92条1項1号・2号。
37) 平成29年4月3日、電力会社が、単体またはガス会社等と共有等により、LNG基地に関する当該約款の届出を行ったことが経産省ホームページ上で確認することができる。
38) ガス89条3項1号〜3号。変更命令の対象となる場合としては、「届出に係るガス受託製造約款によりガス受託製造の役務の提供を受けようとする者が当該役務の提供を受けることを著しく困難にするおそれがない」、「料金の額の算出方法が適正かつ明確に定められていること」、「特定の者に対して不当な差別的取扱いをするものでないこと」である。なお、約款認可制と約款届出制については、友岡ネットワーク・前掲注15)144頁以下参照。
39) ガス90条1項。これらの情報に基づいたガス受託製造の拒絶等に関する紛争とその解決ルールの提案に関して、草薙・前掲注15)123頁〜124頁。
40) ガス89条5項。違反に対する罰則(「三百万円以下の罰金」)も規定されている(ガス199条1号)。

なお、ガス事業法が定義するガス製造事業者とは、「経済産業省令で定める要件に該当」する「自らが維持し、及び運用する」LNG基地を「用いてガスを製造する事業」を営む事業者となる。経済産業省令で定められたLNG基地自体のスペック要件と、当該LNG基地を保有・運用してガスを製造する事業者という要件である[42]。いずれかの要件を充足しない場合は、ガス事業法上のガス製造事業者に該当せず、ガス受託製造に関する諸規制を受けない。同時に、当該要件を充足しないLNG基地に対するアクセスルールの必要性を含めた在り方は、上記のとおりガス産業における小売販売レベルでの関連事業者間の競争を創出するという目的に照らした制度設計が求められる[43]。

4 エネルギー改革の法規制Ⅲ：適正取引指針
(1) 準備作業
(ア) エネルギー改革と適正取引指針　平成29年2月6日に電力とガスそれぞれにおける適正な取引の在り方を示す指針が改定された。電力適正取引指針の主要な改定内容は、基本的に第2弾改正法における小売販売レベルでの全面自由化と、メガワット取引と卸売分野における競争環境の整備に関する内容となっている[44]。ガス適正取引指針においても小売販売レベルでの全面自由化に焦点が当てられている[45]。両指針が作成された背景には、特に小売販売レベルでの自由化による競争の範囲の拡大とあわせて、新規参入事業者が事業活動に必須の設備等を保有・運用している事業者に依存せざるを得ない状況への法

---

41) 古城・前掲注20) 50頁。
42) ガス事業法施行規則5条がLNG基地のタンク容量を20万kl以上とし、ガス事業の用に供する導管と接続していると規定する。特に後者については、大手電力会社のLNG基地のタンクの事業経営上の位置付け如何によりガス製造事業者に該当しない場合が出てくるであろう。
43) ガス適正取引指針は、ガス受託製造義務に服するガス製造事業者に該当しないLNG基地を保有・運用する事業者にも、LNG基地の利用の趣旨を踏まえた「当事者間の相対交渉を通じて適切な条件で」利用に応じることが望ましいとする（第二部Ⅲ-1(1)③）。
44) 井堀治＝有本喜之＝高原悠輔「『適正な電力取引についての指針』の改定について」公正取引788号7頁以下、土井謙太朗「『適正な電力取引についての指針』の改定について」公正取引798号30頁。
45) 土井謙太朗「『適正なガス取引についての指針』の改定について」公正取引798号24頁、井堀治「ガスの小売全面自由化に伴う『適正なガス取引についての指針』の改定」NBL1094号30頁。

的対応としてのアクセスルールの実効性確保[46]、そして、事業法と独禁法のそれぞれの限界[47]という認識があったと言える。

そして、両指針の作成に関しては、規制官庁と競争当局が「それぞれの所管範囲について責任を持ちつつ、相互に連携することにより」[48]、独禁法上問題となる行為、電気事業法やガス事業法に基づく変更命令や業務改善命令等の発動基準を明らかにし、事業法と独禁法「と整合性のとれた適正な」取引を取りまとめるというプロセスを経るとしている[49]。両指針の構成は、それぞれの産業を事業分野ごとに区分して[50]、事業分野ごとに、総論として、独禁法と事業法上の関連する諸規定と該当すると考えられる典型的に問題となる行為を示し、各論として、「公正かつ有効な競争の観点から望ましい行為」と「問題となる行為」を列挙した。

(イ) **問題となる取引の行為主体からみた適正取引指針**　まず、電力適正取引指針の場合、問題となる取引の行為主体として、ほぼ圧倒的シェアを有する既存の大手電力会社を指摘している。すなわち、電気事業法上「問題となる行為」については、電力のほぼすべての事業分野とも「区域において一般電気事業者であった」事業者をその行為主体として位置付けている[51]。独禁法上「問題となる行為」の箇所でも、「区域において一般電気事業者であった」者が行為主体として整理されている[52]。

なお、たとえば、電気事業法上、地域独占下での発電や小売供給を行ってき

---

46) 表3が示すように、一般送配電事業者に対する禁止行為の文言自体からは個別具体的に問題となる行為の詳細は不明である。
47) 事業法の限界として、ガス適正取引指針は、「ガス市場におけるこれまで以上の競争促進や公正な取引の確保に向けた要請が高まり、(執筆者注：ガス事業) 法のみでは対応できない場面が現出することが想定される」という電力適正取引指針にはない指摘を行っている。
48) 適正取引指針の今般の改定の際、経産省と公取委はそれぞれの立場で意見募集と審議決定を行っている。電力・ガス取引監視等委員会・制度設計専門会合 (第15回) 事務局提出資料「『適正なガス取引についての指針』改正案に係るパブリックコメント募集の結果について」(平成29年1月26日開催) では、「(注) 独禁法に関する部分については公正取引委員会において審議・決定される。」という記述が確認される。
49) 最初の電力適正取引指針作成時の状況説明は、白石忠志「事業法と独禁法の共同ガイドライン」中里実＝石黒一憲編著『電子社会と法システム』〔新世社・2002〕275頁参照。
50) 電力は、小売分野・卸売分野・ネガワット取引分野・託送分野等・他のエネルギーと競合する分野、ガスは、小売分野・卸売分野・製造分野・託送供給分野である。

た事業者も、従来の事業者区分が廃止されたことを受けて、自身の供給区域外で新規参入を行う場合を想定することができる。この場合、「区域において一般電気事業者であった」事業者は、区域内外によって、それぞれ既存事業者と新規参入者という異なる事業者の顔を持つこととなる[53]。したがって、電気事業法と独禁法は、問題視する取引の行為主体を、供給区域内での既存事業者にほぼ限定するという姿勢を示していると考えられる[54]。

次いで、ガス適正取引指針の場合、特に、小売分野は、自己のガス導管を有する従前のいわゆる一般ガス事業者が、同じガス供給区域において有力な地位にあるとは言えない点に留意が必要である。これは、従来の一般ガス事業者であったガス小売事業者には様々な事業規模の事業者が存在しており、その多くが中小規模であること、また、電力等の他分野において事業規模が大きくLNG基地等ガス供給設備を有する事業者がガス産業に参入することを根拠としている[55]。この場合、ガス事業法と独禁法において問題となる取引に関する行為主体の特徴に違いを設けないことになる[56]。たとえば、ガス小売事業分野においては、単に「ガス小売事業者」と記述している[57]。

その一方で、ガス産業の卸売分野、製造分野、託送供給分野においては、問題となる取引の行為主体を限定している[58]。これは、一部の大規模なガス小売

---

51) もっとも、電力の小売分野においては、電気使用者の利益保護の観点からは、不当な解約制限や競合相手を市場から退出させる目的での不当に安い価格による小売供給などの行為の場合、上記事業者に限らずすべての小売電気事業者が行為主体として位置付けられている(第二部Ⅰ-1-(1)④)。誰に向けた行為なのか、その行為の影響を考える上で特に行為主体の特徴を考えるべきか否かという違いであろう。

52) 第二部Ⅰ-1-(1)③。

53) 井堀他・前掲注44) 9頁。

54) なお、電力適正取引指針では、小売分野(第二部Ⅰ-1-(1)②)、卸売分野(第二部Ⅱ-1)、託送分野(第二部Ⅳ-1-(1))、他のエネルギーと競合する分野(第二部Ⅴ-1)において、「区域において一般電気事業者であった発電事業者や卸電気事業者であった発電事業者」、「一般送配電事業者」、「送電事業者」を問題となる取引の行為主体としているが、いずれも実質的に供給区域内での独占体であるとも言える。

55) 第二部Ⅰ-1(1)②。井堀・前掲注45) 28頁、井堀治「公正かつ自由な競争実現へ改訂『適正取引指針』をひも解く」エネルギーフォーラム2017年4月号101頁。

56) 第二部Ⅰ-1(1)③。

57) 消費機器調査等では、「一般ガス事業者であったガス小売事業者」を行為主体としている。

58) 井堀・前掲注45) 28頁〜29頁。

事業者を除いてガス小売事業者が事業活動を行う上でガス供給元である卸売事業者に依存せざるを得ないこと、LNG基地の特徴を含めてガス製造に必要な設備等の入手等が困難であること、そして、託送供給料金とガス導管ネットワーク運用に対する透明、公平、迅速、合理的な諸条件の設定が求められていることが根拠となっていると考えられる。なお、大手電力会社のガス産業の小売等各事業分野への新規参入を考えると、当該新規参入者も問題となる取引の行為主体となりうる点は今後留意すべきであろう。

2つの適正取引指針では、電力とガスの事業部門ごとの特徴を踏まえて問題となる取引を行う行為主体を特定している。エネルギー供給のための流通段階の設備等を独占的に保有・運用している本章の検討対象でもある一般送配電事業者と一般ガス導管事業者の託送供給に関する業務は、エネルギー産業における小売販売レベルでの競争に対して多大な影響を与える。以下、送配電ネットワークとガス導管ネットワークに対する適正なアクセスルールに関して、電気事業法、ガス事業法、独禁法の考え方を整理する。

(2) 電力の託送分野等について

(ア) 電気事業法と独禁法　電力適正取引指針は、「公正かつ有効な競争の観点」から、「一般送配電事業者自身の内部取引と同一の条件の下に、全ての小売電気事業者や発電事業者に対し、ネットワークが開放されることが不可欠」との認識を示し、送配電ネットワークの運用に関する規制枠組みを提示している[59]。この認識については、「同等性確保措置」と表現することで的確に規制の趣旨を捉えるができるとする見解がある[60]。

同時に、この認識に基づくと、電気事業法に基づく規制のみで十分に担保されていると見ることも可能ではないだろうか[61]。まず、託送供給料金を含めた託送供給に関する諸条件全般を定めた託送供給等約款の作成義務と経済産業大臣の認可制によって、託送内容の事前の監視対応が可能となっている。次いで、一般送配電事業者は、正当な理由なく託送供給等を拒否することはできないこと、託送供給等において知り得た情報の目的外利用や提供、託送供給等の不当

---

59) 第二部IV-1-(1)。
60) 舟田正之編著『電力改革と独占禁止法・競争政策』〔有斐閣・2014〕64頁〔舟田正之〕。
61) 第二部IV-1-(1)①、②が電気事業法上の規制の概要を示している。

な差別的取扱いが禁止されており、約款認可後に問題となる行為に対する監視も可能となっている。

すなわち、電気事業法のみに依拠するとしても、託送供給等約款に不当な差別的取扱いが含まれている場合、当該約款の認可は認められないだけでなく、その後の運用時において禁止行為に該当する場合、経済産業大臣による停止等命令、当該命令不遵守には罰則も課せられる。当該約款の認可時のみならず、その運用時においても電気事業法が監視しうる意味で実効的な規制枠組みとの評価が可能かもしれない[62]。

そうすると、電力適正取引指針が、電気事業法上の禁止行為に該当する行為への追加的な独禁法の適用にも言及している理由が問われる。電力適正取引指針は、「電気事業法上の託送供給等約款の認可・変更命令のスキーム、行為規制及び広域機関に係る制度により担保されるものであるが、公正かつ有効な競争の観点から」、一般送配電事業者に対する適切な対応が必要としている[63]。2つの法の重畳適用を示唆しているとも読める。このことは同時に、問題となる行為ごとに電気事業法上の禁止行為に関する「不当」の解釈と独禁法上の違法性判断基準との異同を整理する必要があるという批判も考えられる。

　(イ)　**公平性の確保に向けた託送供給等料金**　　託送供給等の料金に関して、電気事業法の規制は、料金の算出方法の適正さと明確さを主たる内容としている。電力適正取引指針は、料金自体の額の適正さを確保する枠組みとして、以下を「望ましい行為」として提示している[64]。託送収支に関する諸情報の公開、一般送配電事業者が取引先である小売電気事業者からの料金等の問い合わせに適切に対応すること、対応の際には一般送配電事業者の内部において託送供給等業務部門と自己やグループ内の特に小売事業部門との厳格な情報遮断等の措置である。

「問題となる行為」には、たとえば、一般送配電事業者による料金設定行為に関して、電気事業法上の経済産業大臣による変更命令の対象となる料金設定が具体例として挙げられている。もっとも、ここで言及されている変更命令（電気

---

62)　他にも、舟田・前掲注60) 64頁参照。
63)　第二部Ⅳ-1-(2)。
64)　第二部Ⅳ-2-(1)ア①、②。

18条6項)は、一旦認可された託送供給等約款の内容を一定の場合に変更できる制度の下(電気18条4項)、一般送配電事業者に課される変更後の内容の経済産業大臣への届出義務(電気18条5項)とともに、当初の認可基準の各要件(電気18条3項1号～6号)とほぼ同一の要件(電気18条6項1号～5号)に合致しない場合に発動されるものである。電力適正取引指針は、特に「託送供給等約款により電気の供給を受ける者が託送供給等を受けることを著しく困難にするおそれ」(電気18条6項1号)に該当する場合として、「不当に高い料金水準を設定する場合や料金以外の供給条件が不当に厳しく設定されている場合」を挙げている[65]。

なお、電力適正取引指針は、電気事業法の変更命令に基づく説明のみで、独禁法に関する記述はない。上記の変更命令の対象となる行為は、独禁法では取引拒絶をはじめ差別的取扱いを軸に法律構成が可能であろう。2つの法の重畳適用が総論として掲げられている中、独禁法規制への言及の必要性は従来から主張されている[66]。

(ウ) ネットワーク運営の中立性確保に向けた託送供給等に関する禁止行為

第1に、託送供給等業務での情報の目的外利用の禁止である[67]。

電力適正取引指針は、「望ましい行為」に関して、一般送配電事業者内の託送供給等業務と他の発電や小売業務との間の情報遮断に関する具体的措置を数多く列挙している[68]。

「問題となる行為」に関しては、まず、「託送供給及び電力量調整供給の業務に関して知り得た他の電気供給事業者及び電気の使用者に関する情報」を、「他の事業者が知り得た場合に当該事業者の行動に影響を及ぼし得る情報」と定義付けた[69]。そして、該当する具体的情報を多数列挙している。これらの情報の作成は一般送配電事業者の通常業務内であり、託送供給等約款に記載する必要

---

65) 第二部Ⅳ-2-(1)イ①。変更命令の対象となる詳細な具体的行為を1号から5号それぞれについて挙げている電気事業法に基づく経済産業大臣の処分に係る審査基準等(平成28年資第1号)第2(12)も参照。
66) 舟田・前掲注60) 121頁。初期の段階の紹介として、白石・前掲注49) 283頁。
67) 電気事業法に禁止行為として規定される以前の議論として、白石・前掲注49) 281頁～283頁参照。
68) 第二部Ⅳ-2-(2)-1-1 ア①～⑧。
69) 第二部Ⅳ-2-(2)-1-1 イ。

のある情報と大差ないであろう。ただし、ネットワーク運営の中立性確保という目的の下で、これら情報の厳格な管理とそのための体制整備により生じるコストは一般送配電事業者にとって大きなものになると予想される。電力産業における託送供給等業務の諸情報が適正取引にとって重要であるとする規制官庁の姿勢が確認される。

次いで、電力適正取引指針は、「当該業務の用に供する目的以外の目的のために利用し、又は提供する」具体的な行為を5つ挙げている。①「他の電気供給事業者の経営状況の把握」、②「他の電気供給事業者に対抗した電力供給の提案」、③「他の電気供給事業者の特定の需要家を特に対象とした営業活動」、④「他の電気供給事業者の需要家を自己又は自己の関係事業者に転換させ、又は他の電気供給事業者の契約変更を阻止する等のために利用すること」、⑤「電力市場において自己又は自己の関係事業者に有利な取引結果を現出させるために利用すること」である。

①ないし③は特定の行為のみを挙げているだけであるが、④と⑤は、他の電気供給事業者に生じ得る影響を目的とした利用等行為を記述している。特に⑤は、これらの行為が禁止される理由の説明とも考えられる。

以上の電気事業法に関する記述とは逆に、独禁法に関する言及箇所は簡素である。一般送配電事業者は、自己やグループ内の小売電気事業者にとってライバルである他の電気供給事業者が獲得した情報を知ることができる立場にあるという認識の下、他の電気供給事業者の顧客情報を自身のために「不当に利用すること」で他の事業者の「競争上の地位を不利にし、その事業活動を困難にさせるおそれがある」場合に私的独占や取引妨害等に該当すると説明するだけである。

独禁法の観点から、考えうるだけの個別事例を事前に想定して、独禁法に違反するおそれがある場合の具体的で詳細な解釈運用を記述することは困難である。ただし、独禁法に違反するおそれのある行為類型を挙げている以上、当該類型のこれまでの解釈運用において法的に重要とされる考慮要素を示すことを指針の役割として位置付けてもよいと考えられる[70]。

---

70) 舟田・前掲注60) 66頁は、電気事業法上望ましい行為としての情報遮断措置は社内システムの構築であり、これを外から監視するという独禁法の役割は大きいとする。

IV章　エネルギー産業におけるアクセス・分離規制等競争環境整備の法政策　*115*

　第2に、託送供給等業務に関する不当な差別的取扱いの禁止である。

　電力適正取引指針は、「望ましい行為」として、一般送配電事業者が取引先の電気供給事業者すべてに適用されるルールを作成・公開して遵守すること、そして、中立的観点から兼業が不適切な事業部門との取引の際には、後述の法的分離関連規制の中の兼職規制の内容と同様の措置を挙げている[71]。

　「問題となる行為」としては、①「一般送配電事業者の個別ルールの差別的な適用」、②「一般送配電事業者が保有する情報の差別的な開示・周知」、③「需要家への差別的な対応」、④「託送供給料金メニュー・サービスの提供等における差別的な対応」、⑤「代表契約者制度における差別的な対応」を列挙し、さらにこれらに当てはまる具体的行為を計19示している[72]。いずれの行為に関しても、比較対象は、「中立的な観点から兼業が不適切な部門」と「他の電気供給事業者」である。電気事業法は認可を受けた約款以外の供給条件での託送供給等を原則として許していない。供給条件という内容面のみならず、禁止行為が規定する「不当」の意味は、託送供給等約款の運用が公平・平等ではない場合と考えられる。

　その中で独禁法が問題視する行為は、「自己又はグループ内の発電部門や小売部門と他の発電事業者、小売電気事業者やネガワット事業者を差別的に取り扱うこと」で、当該事業者の「事業活動を困難にさせるおそれがある」場合としている。より具体的な行為と独禁法解釈は示されておらず、個々の事例に基づく判断という通常の独禁法の運用となるが、上記の電気事業法上の「問題となる行為」を想定すべきと考える。

　なお、2つの法の重畳適用可能性を前提とすると、2つの禁止行為が電気事業法に規定されていないのであれば格別、電気事業法に加えて事後的に市場における競争への悪影響の可能性を問う独禁法規制が指針において記述されるべきとする批判は常に生じうる[73]。ただし、将来における電力とガスの総合的なエネルギー市場の下、需要家に応じたサービスや料金プランの多様化の進展や、

---

71)　第二部IV-2-(2)-1-2 ア。
72)　第二部IV-2-(2)-1-2 イ。
73)　電気通信分野ではあるが、公取委の対応とその後の指針での組み入れについて、白石・前掲注49) 295頁注27参照。

都市部や郊外といった需要家の所在する地理的特徴がエネルギー供給の制約要素となる場合を含めてエネルギー市場における独禁法規制の発動要件である「市場画定」と「市場支配力分析」に関して、事前に指針で適切に組み込むことは極めて困難であると予想する。指針自体は独禁法リスクの注意喚起という姿勢の下で、考慮すべき法的に重要な事実を最低限指摘するにとどめるという認識も必要かもしれない。

(3) ガスの託送供給分野について

(ア) **ガス事業法と独禁法** ガス適正取引指針は、託送供給分野に関して、既存事業者でもある「ガス導管事業者自身の内部取引と同一の条件の下に、全てのガス小売事業者に対し、ネットワークが開放されることが不可欠」として、以下の2つの観点から、「透明、公平、迅速かつ合理的な条件による対応」[74]を求めている。託送供給料金と、ガス導管ネットワークを利用した託送供給に関する諸条件である。なお、ガス事業法と独禁法の重畳適用の可能性に関する言及は、上記(2)(ア)と同じである[75]。

(イ) **公平性の確保に向けた託送供給料金** ガス適正取引指針は、ガス事業法上の規制を紹介した後、「望ましい行為」として、託送供給料金に関する情報公開、料金自体の額の適正さを確保する枠組みとしての託送収支に関する諸情報の公開、ガス導管事業者が取引先であるガス小売事業者からの料金等の問い合わせに適切に対応すること、ガス導管事業者の内部において託送供給等業務部門と自己やグループ内の他事業部門の特にガス小売部門との厳格な情報遮断等の具体的措置を列挙する[76]。「託送供給料金等についての公平性を確保するため」としている。

なお、ガス適正取引指針は、「問題となる行為」に関して、ガス事業法と独禁法いずれの観点からの指摘も行っていない。ガス事業法上の諸規制で説明等は担保されているとして特に記述する必要はないと判断したのかもしれない[77]。しかしながら、たとえば、「望ましい行為」として列挙した情報提供が内容や運

---

74) 第二部Ⅳ-1-(1)。
75) 第二部Ⅳ-1-(2)。
76) 第二部Ⅳ-2-(1)。
77) ガス事業法上問題となる場合の具体的行為は、ガス訓令・前掲注33) 第2(19)参照。

用の面で適切に行われなかった場合へのガス事業法に基づく対応の必要性[78]、加えて、指針全体として独禁法との重畳適用の可能性を指摘している以上、上記理由は、ガス事業法と独禁法の両法に基づく「問題となる行為」の指摘がないことの合理的な説明とは言えないであろう。

　㈦　**託送供給に関する禁止行為**　　第1に、託送供給等業務での情報の目的外利用の禁止である。「公正かつ有効な競争の観点」から「望ましい行為」として、電力適正取引指針と同様のガス導管事業者の他事業部門との情報遮断を基本とし、当該措置の実効性を確保するための措置を列挙している。ただし、ガス産業において特徴的とされる中小規模のガス事業者の存在等にも考慮した結果、ガス導管事業者の規模に基づいて情報遮断措置を柔軟に設定できるようしている点が特徴的である[79]。

　「問題となる行為」に関しては、ガス産業での託送供給の際に必要となる諸情報の具体的内容を列挙している。その一方で、ガス事業法上禁止対象となる具体的行為に関しては、電力適正取引指針が列挙した中の⑤「電力市場において自己又は自己の関係事業者に有利な取引結果を現出させるために利用すること」に対応する項目だけがない。この具体的行為が当該禁止行為の趣旨を表していると解する場合、一般論として、仮に「ガス市場において自己又は自己の関係事業者に有利な取引結果を現出させるために利用すること」を記述したとしても大きな支障はないと考える。また、特別一般ガス導管事業者に限定されない事業規模が様々なガス導管事業者が行為主体という場合であっても、一般論として上記行為が想定されえないと判断した結果であれば問題であると考える。

　独禁法の観点から「問題となる行為」は、電力適正取引指針での文言をガス産業に置き換えただけであり、その具体的行為や独禁法のこれまでの解釈運用に関する記述はないことも同じである。

　第2に、託送供給業務に関する不当な差別的取扱いの禁止である。「望ましい行為」としては、「関係情報の積極的な公表」、「導管網への接続検討における望ましい対応」を掲げている。ガス適正取引指針が、ガス導管ネットワークへの

---

78)　後掲注81)参照。
79)　第二部Ⅳ-2-(2)ア⑧。

アクセス時に必要な情報自体とその公開を重要視していることが確認される。この趣旨は、「事業者間の公正かつ有効な競争を促進する観点」と考えられるが、電力適正取引指針が言及する「中立的観点から兼業が不適切な部門」との関係整理という趣旨との関係は明確ではない。なお、ガス市場におけるガス導管事業者の事業規模に沿った柔軟な対応は認めている[80]。

「問題となる行為」は、①「託送供給関連業務部門による個別ルールの差別的な適用」、②「託送供給関連事業部門が保有する情報の差別的な開示・周知」、③「託送供給料金メニュー・サービスの提供における差別的な対応」、④「その他託送供給に関連した需要家への差別的な対応」と分類して、それぞれに該当する具体的行為が計12列挙されている[81]。具体的行為の類型については、電力適正取引指針とほぼ同じ構成と内容であるが、異なるのは、ガス適正取引指針が、不当な差別的取扱いの比較対象としての有利な側として電力での「中立的観点から兼業が不適切な部門」を示す文言を用いずに、単に自己やグループ内の製造部門や小売部門という文言で止めている点である。この点は、些少な違いとしてことさら指摘する意味もないとの批判があるかもしれないが、差別的取扱いの場面で有利となる対象事業者の範囲に影響を与える可能性が想定される[82]。たとえば、電力とガスの小売供給レベルは、登録制によって様々な事業者が送配電ネットワークやガス導管ネットワークにアクセスすることから、「自己又はグループ内」ではカバーしきれない一般送配電事業者や一般ガス導管事業者と関係する事業者の案件が登場することも考えられる。同じ法的分離関連規制を予定している中で、指針というレベルにおいても何故異なる表現を用いたのか、可能な限り2つの適正取引指針において調整が図られる必要がある。

独禁法の観点から「問題となる行為」は簡潔に記述されているため、電力適

---

80) 第二部Ⅳ-2-(3)ア②。
81) 第二部Ⅳ-2-(3)イ。なお、ガス適正取引指針の改定時に募集した意見の中に、導管への接続の検討に必要な情報提供が「望ましい行為」に列挙されている一方で、情報の提供や開示の拒否が「問題となる行為」に規定されない点、また、情報提供等に関しては、正当な理由のない導管への接続拒否として項目立てされていない点が確認される(電力・ガス取引監視等委員会第69回(平成29年2月3日)資料4別紙2「『適正なガス取引についての指針(改定案)』に対する意見の概要及びそれに対する考え方」No. 11、No. 12)。これらに関しては、託送供給義務違反を構成するとの考え方が示されている。
82) 友岡年報・前掲注1) 39頁注41。

正取引指針と同様、少なくとも問題となりうるガス導管事業者の市場シェア等考慮要素を示す必要があると考えられる。

　(エ) **ガス受託製造について**　ガス産業に関しては、LNG基地の取扱いの議論が重要である。ガス適正取引指針では、「製造分野における適正なガス取引の在り方」として、「LNG基地の第三者利用」の項目を用意した[83]。

　まず、小売供給の対象となるガスの原料であるLNGを日本では輸入に依存していることが規制官庁等の現状認識となっている。また、ガスの卸売市場の活性化にLNG基地の取扱い方が極めて重要な位置を占めている点も重要視されている[84]。

　「望ましい行為」として、LNG基地でのLNGタンクの容量に基づいた第三者との共有とその活用のために積極的なガス受託製造に言及している[85]。

　「問題となる行為」には、「LNG基地の第三者利用」を大項目として、ガス事業法に基づきガス製造業者に課せられているガス受託製造に関する「第三者利用の正当な理由がない拒否」、「関連した情報の目的外利用」、「差別的取扱い」といった禁止行為を挙げている[86]。これらは、単に、ガス事業法上の該当条文の文言を忠実に記述しただけであるが、「第三者利用の不当な拒否」に関しては、唯一独禁法への言及もあり、下記の点に注意を要する。

　第1に、正当な理由なくガス受託製造を拒絶した場合には「実施命令」が用意されており、関連事業者にとって「正当な理由」の解釈運用が重要となる。ガス適正取引指針では当該命令の対象となる具体的行為は示されていない。参考となるのは、今般のガス適正取引指針の改定の際、「LNG基地の利用を拒む行為について、どのような場合に正当性が認められるのか具体例を示していただきたい。」という意見に対して示された経産省と公取委のそれぞれの考え方等である[87]。LNG基地の余力を超えている、第三者のLNGの品質が著しく異なる、災害発生時において拒絶する場合が「正当な理由」に該当するとされる[88]。

　第2に、現時点においては独禁法で問題となる場合の行為主体を限定してい

---

83)　第二部Ⅲ-1-(1)。
84)　古城・前掲注20) 50頁。
85)　第二部Ⅲ-2-(1)ア①。
86)　第二部Ⅲ-2-(1)。

る。当該拒絶行為の行為主体をガス製造事業者一般ではなく、一定規模要件を充足した「LNG 基地事業者」としている[89]。そもそもガス事業法に基づくガス受託製造義務は経済産業省令の要件を充足した LNG 基地を保有・運用する一定のガス製造事業者にのみ課せられる。したがって、独禁法上問題となる行為の具体例も一般論としては示されているが、その行為主体はガス事業法と経済産業省令[90]の解釈運用に依拠することになる。独禁法の観点からは、実質的に問題となりうるのは上記の限定された事業者であろうが、基本的にはすべての LNG 基地を保有・運用する事業者を対象として判断すべき場面も想定されなければならないものと考えられる[91]。

5 エネルギー改革の法規制Ⅳ：法的分離関連規制

　一般送配電事業者に対する参入と業務の規制、そして、アクセスルールは、第3弾改正法の法的分離関連規制に先行して規定された。現状では、一般送配電事業者とガス産業の特別一般ガス導管事業者[92]に対する法的分離関連規制の施行と法的分離の実現を待つこととなる。2つの事業者をあわせて「該当事業者」とする。

　一般送配電事業者に対する法的分離関連規制の端緒は、送配電ネットワーク

---

[87] 経済産業省・電力・ガス取引監視等委員会・第15回制度設計専門会合（平成29年1月26日）資料3「『適正なガス取引についての指針』改正案に係るパブリックコメント募集の結果について」No.7、経済産業省・第69回電力・ガス取引監視等委員会（平成29年2月3日）資料4別紙2「『適正なガス取引についての指針（改定案）』に対する意見の概要及びそれに対する考え方」No.7、公取委（平成29年2月6日）別紙3「『適正なガス取引についての指針（改定案）』に対する意見の概要及びそれに対する考え方」No.11。

[88] LNG 基地のタンクの容量共有による貸し借りといった状況における拒絶は「正当な理由」に該当しないとしている（同上）。以上の整理としては、草薙真一「ガスシステム改革」木船久雄他編『エネルギー政策の新展開―電力・ガス自由化に伴う課題の解明―』〔晃洋書房・2017年〕27頁～30頁、草薙・前掲注15）122頁。他にも、ガス訓令・前掲注33）第2⑸参照。

[89] 第二部Ⅲ-2-⑴イ①。

[90] ガス事業法施行規則5条は、「一の製造所におけるその容量の合計が二十万キロリットル以上のものであつて、ガス事業の用に供する導管と接続しているもの」としている。

[91] 前掲注87）の公取委の考え方では、独禁法の適用に関して、「具体的にどのような場合に問題となるかは、個別の事案の状況を総合的に考慮して判断することとな」るとしている。

[92] 該当する事業者は、既存のガス大手事業者の東京ガス、大阪ガス、東邦ガスである。古城・前掲注20）54頁注9参照。

の中立性確保措置として法的分離の実施を原則とすると規定した第1弾改正法附則11条2項である[93]。ここでは、法的分離を「同一の者が、送配電等業務及び電気の小売業のいずれも営み、又は送配電等業務及び電気の卸売業のいずれも営むことを禁止する」と定義し[94]、その具体的手段として、送配電等業務を営む者の役員の兼職等に言及していた[95]。

法的分離関連規制は、主として、①法的分離の中心的な規定としての該当事業者に対する特定の事業部門との間での兼業規制、②該当事業者と特定関係事業者との組織上・取引上の関係整理を内容とする諸規制、そして、③該当事業者および特定関係事業者の各々に対する禁止行為等により構成されている（表4）[96]。

第1に、一般送配電事業者の場合、兼業が原則として禁止されているが、省令で定めるところにより経済産業大臣の認可で一定規模の事業を営むことができるため、法的分離関連規制の趣旨との整合性が問われる[97]。その一方で、特別一般ガス導管事業者の場合、ガス事業法の該当条文に同様の但書はなく、兼業の全面禁止となっている点に留意しなければならない。

なお、規制官庁での議論の際に使用される資料等によれば、「法的分離の方法としては、主として①持ち株会社法式、②発電・小売親会社方式」を想定していることが明らかとなっている[98]。持株会社方式では、持株会社の下に発電、送配電、小売のそれぞれの会社を設置し、発電と小売を同一会社とすることが可能としている。また、発電・小売親会社方式では、発電と小売を一体又は別々

---

93) あわせて、法的分離が困難であると判断された場合は、広域運営推進機関が送配電等業務の機能の一部を担う機能分離の実施も言及されていた。
94) 友岡ネットワーク・前掲注15) 189頁は、たとえば、法的分離―電力では究極的に「発送電分離」論―に関して、「電力事業の構造に含まれる送配電線からなる"自然独占"的性格を有するネットワークから構成された独占的分野とそれ以外の競争的分野に属する部門との"分離（unbundling）"に関わる議論」と指摘する。
95) 第1弾改正法附則11条3項1号から3号。
96) その他、一般送配電事業者や特別一般ガス導管事業者が兼業禁止規定に違反した場合、「一年以下の懲役もしくは百万円以下の罰金に処し、又はこれを併科する。」（電気117条の2第4号、ガス196条4号）という罰則規定も含まれる。
97) 友岡改革・前掲注15) 51頁。
98) たとえば、2017年3月31日開催第16回制度設計専門会合資料9。これ以降の諸資料も同様である。

表 4. 一般送配電事業者・特別一般ガス導管事業者（ガス 54 条の 2）に対する法的分離関連規制（電気事業法・ガス事業法の該当条文番号）

規制事項		一般送配電事業者				特別一般ガス導管事業者		
会計上の関係整理		電気 22 条				ガス 53 条（一般ガス導管事業者）		
兼業の原則禁止		電気 22 条の 2 第 1 項				ガス 54 条の 2		
兼業の認可 ：経済産業省令で定めるもの		あり				なし		
兼職の原則禁止		取締役等	特定送配電等業務に従事する従業者	その他の従業者		取締役等	特別一般ガス導管等業務に従事する従業者	その他の従業者
特定関係事業者	取締役等	電気 22 条の 3 第 1 項※				ガス 54 条の 4 第 1 項※		
	重要な役割を担う従業者		電気 22 条の 3 第 2 項※ 電気 23 条の 2 第 1 項※				ガス 54 条の 4 第 2 項※ ガス 54 条の 6 第 1 項※	
	その他の従業者							

※経済産業省令で定める供給事業者間の「適正な競争関係を阻害するおそれがない場合」に兼職の許容

		一般送配電事業者	特別一般ガス導管事業者
原則禁止の諸行為	行為主体(1)	一般送配電事業者	特別一般ガス導管事業者
	特定関係事業者との一定の取引	電気 23 条 2 項	ガス 54 条の 5 第 1 項
		例外：「やむを得ない事情がある場合」に経済産業大臣の事前承認	
	特定関係事業者との一定の業務の受委託	電気 23 条 3 項～5 項	ガス 54 条の 5 第 2 項～4 項
		例外：経済産業省令で定める供給事業者間の「適正な競争関係を阻害するおそれがない場合」	
	行為主体(2)	特定関係事業者	特定関係事業者
	禁止行為の要求等	電気 23 条の 3 第 1 項	ガス 54 条の 7 第 1 項

(出所)電気ガス取引監視等委員会・制度設計専門会合各資料より本章執筆者作成

の会社として、その又はいずれか一方の子会社として送配電会社を設置する方式とされている。いずれも方式においても再度第1弾改正法附則に示された法的分離の定義との整合性は議論の余地があろうかと考えられる。持株会社を採用する場合でも親子会社を採用する場合であっても、個々の組織体の意思決定過程とその意思決定主体に対して十分な独立性が保持される点が求められることとなる[99]。この点においても、一般送配電事業者とは異なり、特別一般ガス導管事業者の具体的な組織形態は明示されていない[100]。

第2に、一般送配電事業者と特別一般ガス導管事業者に対する兼職の規制内容は同一であるため、共通して検討すべき点が3つ（下記①～③）ある[101]。

①「特定関係事業者」の範囲である。「特定関係事業者」の定義は、実質的にはいわゆるグループ内の小売電気事業者や発電事業者であって、㋐一般送配電事業者の親会社、㋑一般送配電事業者の子会社、㋒㋐の子会社で一般送配電事業者以外のいずれかに該当する者、そして、㋓上記小売電気事業者や発電事業者の「経営を実質的に支配していると認められる者として経済産業省令で定める要件に該当する者」とされている[102]。第1弾改正法附則の趣旨との関係では、上記法的分離の方式と特定関係事業者の定義は整合的と評される。

---

99) 電気6条の2は、一般送配電事業者が株式会社として、取締役会や監査役等の機関を設置する義務を負っているという規定であり、これが本文の兼職規制の前提事実となっている。また、特別一般ガス導管事業者も同様である（ガス54条の3）。

100) 20項目にわたる「政府は、電力・ガス・熱供給システムの改革を着実に推進するため、本法の施行に当た」って留意すべき諸事項を掲げた「電気事業法等の一部を改正する等の法律案に対する附帯決議」（前掲注5）の附帯決議15項では、ガス産業に限定した形で、ガス導管部門の法的分離の対象となる事業者の範囲は、「法的分離が公益的観点から導管部門の公正中立な開放を担保するものであるとの趣旨を踏まえ、欧米の動向等も参考にしつつ、適切な基準」の設定が必要としている。ただし、電力と異なり、ガス導管ネットワークの極めて低い全国敷設割合と既存ガス導管の全国分布には留意しなければならない。エネルギー小売全面自由化により、電力とガスの間で相互に有効かつ実質的な競争関係を全国または特定地域において期待する場合、ガス導管の新規敷設に対する継続的かつ安定的な投資確保がガス産業全体の競争力の基盤となる。ガス導管の法的分離の議論では、この投資確保の観点と中立性確保という法的分離の趣旨との整合性が問われることになろう。

101) 兼職規制違反への経済産業大臣の是正措置命令（電気22条の3第3項・23条の2第2項、ガス54条の4第3項・54条の6第2項）と、当該命令違反への「三百万円以下の罰金」（電気118条1号、ガス199条1号）も共通している。

102) 電気22条の3第1項。ガス54条の4第1項も同じ内容である。

もっとも、実際には、発電、送配電、小売電気という事業部門ごとの規制枠組みを採用し、中でも送配電事業部門に対するアクセスの公平・平等等を求めている点からは、発電や小売電気の各レベルでの競争関係に悪影響がでないように、「特定関係事業者」の範囲に関して、個別事案に対応した決定が必要となる場面が想定される。たとえば、発電事業の届出、小売電気事業の登録を考えると、一般送配電事業者のグループ内の異業種もそれまで発電事業や小売事業を行っていなくても発電と小売に参入することも可能であるという場面である[103]。

　②「特定送配電等事業」が、「電気供給事業者間の適正な競争関係の確保のためその運営における中立性の確保が特に必要な業務として経済産業省令で定めるもの」と定義されている点である[104]。小売電気事業と発電事業の各々の市場における競争環境の確保を念頭に置いていることを確認することができる。

　③兼職規制に但書が用意されていることである。すなわち、「電気供給事業者間の適正な競争関係を阻害するおそれがない場合として経済産業省令で定める場合」に関しては例外的に兼職を認めている。経済産業省令が定めるそれぞれの場合の検討が求められよう[105]。

　第3に、(1)該当事業者および(2)該当事業者の特定関係事業者に対する禁止行為と、禁止行為に該当する行為を行った場合の法執行の諸規定である[106]。

　(1)は、さらに、㋐「通常の取引の条件と異なる条件であって電気供給事業者間の適正な競争関係を阻害する恐れのある条件」での取引の原則禁止と㋑該当事業者の託送業務等を特定関係事業者等に委託することの原則禁止、特定関係事業者の業務を当該特定関係事業者から受託することの原則禁止に分けられて

---

103)　友岡年報・前掲注1) 35頁は、「適正な競争関係」を念頭に置いた「経営を実質的に支配している」意味が問われるとする (同・39頁注41も参照)。

104)　電気22条の3第2項、ガス54条の4第2項の「特別一般ガス導管等業務」がこれと対となる概念である。

105)　友岡年報・前掲注1) 35頁、友岡改革・前掲注15) 51頁は、この文言の意味が明確ではないことから、同じ流通段階の電気供給事業者間という横の関係における差別的行為であると現時点では位置付けて、個別対応と十分な事例の蓄積を提案する。

106)　禁止行為への停止等命令 (電気23条6項・23条の3第2項、ガス54条の5第5項・54条の7第2項)、当該命令違反への「三百万円以下の罰金」(電気118条1号、ガス199条1号) が共通している。

いる。そして、㋐には、「当該取引を行うことにつきやむを得ない事情がある場合において、あらかじめ経済産業大臣の承認を受けた」場合、㋑には、「電気供給事業者間の適正な競争関係を阻害するおそれがない場合として経済産業省令で定める場合」という但書が規定されている。いずれについても規制官庁の対応を注視する必要がある。

以上の規制枠組みに関して、電力とガスの両産業における法的分離関連規制を統一的に行うという点では有効に機能すると考えられる。

6 法的分離関連規制の具体化とエネルギー改革の継続的検討
(1) 法的分離関連規制の展開

2017年3月31日に電力・ガス取引監視等委員会(制度検討委員会)が本格的かつ具体的に法的分離関連規制の具体化(経済産業省令化)を目指した議論を開始した[107]。

現在、上記委員会では、電力産業に限定した形で、大きく6項目((1)兼職(取締役等)に関する規律、(2)兼職(従業者等)に関する規律、(3)業務の受委託等に関する規律、(4)グループ間の利益移転等(通常の取引条件)に関する規律、(5)社名・商標・広告宣伝・建物・システムの分離等に関する規律、(6)その他)に分けて法的分離関連規制を議論している。

たとえば、(1)と(2)の議論[108]において、これらの法的分離関連規制の目的は、電気供給事業者間の適正な競争関係を阻害しないことを目的として設定し、この目的を達成するために一般送配電事業者の中立性を確保することと明確化された[109]。その上で、兼職という行為により適正な競争関係を阻害するような行為、すなわち、中立性阻害行為を誘発するか否かが問われるとした。ここでいう中立性阻害行為は、基本的には電力供給に関して重要な情報の目的外利用や

---

107) 電力・ガス取引監視等委員会・制度改革専門会合(第16回)資料9(平成27年3月31日)。これ以降の資料では、法的分離を「兼職規制」として括弧書きで表現している。
108) 前掲注5)・附帯決議19項は、兼職規制に関して、「労働者の権利の制約」や「従業者の職業選択の自由」、「安定供給及び保安の確保等に不可欠な人材の育成等」といった観点から、「兼職禁止の対象や範囲については、中立性確保の観点から必要かつ合理的な限度にとどめる」としているが、兼職規制の憲法上の問題は解消されているという認識で議論は進行している。
109) 制度改革専門会合(第回)資料(平成27年12月26日)。

差別的取扱いといった禁止行為と同じ状況を想定しているように見える[110]。これらの行為を誘発する兼職の具体的範囲とその判断枠組みが問われていることになる。依然として独占体である大手電力会社の送配電に関わる業務が中立性確保の対象となっていることを前提に、送配電分野の中立的な業務遂行へ影響を及ぼしうる意思決定（役職等）と関連業務（業務に関する「一定の権限」や「重要な非公開情報」など）への関与を可能とする兼職の範囲で規制が行われると理解することになろう。

ただし、(1)、(2)、(3)に関しては、例外的に許容される場合の制度設計に特に留意しなければならない。いずれの場合も、例外的に許容される範囲に関しては、「電気供給事業者間の適正な競争関係を阻害するおそれ」がないものを抽出するという議論が展開されている。

以上のようなエネルギー産業における競争環境を人為的に創出して確保するという観点から法的分離関連規制としての様々な行為規制が規定されていく過程は、エネルギー産業以外の事業法に基づく事前規制の歴史的変遷とも整合的であると同時に、今後は競争の進展等を加味しつつ規制の事後検証の必要性も想定されることになる。

そして、本章の検討対象である一般送配電事業者と（特別）一般ガス導管事業者に対するアクセスルールや法的分離関連規制の大半の条文は、原則規制・例外許容を軸に構成されている。将来においてもこれらの事業者が依然として独占体であることから、例外とされる「正当な理由」に該当する場合や「不当」ではない場合の解釈を示すことに大きな意味があると言える。

(2) 法規制の精緻化に向けた検討と検証

安定的なエネルギー供給の確保[111]や環境への適合を踏まえた市場原理の活用を目指す今般のエネルギー改革の中で、エネルギー供給に必須の設備等を保有・運用する事業者に対する規制の在り方が問われた。

---

110) その他の(3)、(4)及び(5)においても規制対象となる行為により生じる影響を、本文のような文脈で説明している。

111) 託送供給に関わる同時同量原則（電気2条1項4号、5号、ガス2条4項、ガス事業法施行規則2条）の議論にも波及する。エネルギー量の調整による安定供給、新規参入者にとって確実なエネルギー確保という意味では、送配電やガス導管の各事業者が作成する供給計画、特に電力では広域運営推進機関の役割の継続した検討の必要性を示唆する。

第2弾改正法後、電力産業とガス産業では、小売市場の自由化による新電力やガス事業者等を含め既存のサービス提供地域を超えたそれらの間での競争と協調、送配電事業部門の法的分離の実施を待たずに（また、再生可能エネルギー政策との関連でも）議論が開始されている大手電力会社間の送配電部門間の連携とそれに伴う需給調整市場の創設と当該市場において市場支配力事業者とされる一般送配電事業者を念頭に置いた規制枠組み、そして、発電部門における既存の地域枠を超えた大手電力会社らによる火力発電所に関する共同事業体の誕生といった状況が確認される。今般のエネルギー改革の重要な目標は、このような発電・送配電・小売の各事業分野における国及び関係各社の戦略的行動の中で、これらの分野が障害なく安定的につながり、エネルギー供給に関する付加価値を高めることであろう。そのためにも、エネルギーの安全性確保や安定的供給の観点に加えて、エネルギー市場全体の競争環境の確保の観点から、発電と小売をつなぐ送配電分野への法的対応の継続的検討と検証が重要となる。

　最後に、継続的検証の遂行においては、平成29年4月5日、電力・ガス取引監視等委員会が公表した「電力市場における競争状況の評価」が参考となる。この競争評価の目的は、大手電力会社間の競争や大手ガス会社等異業種からの新規参入の拡大といった一定の効果を確認するためとされる。電力産業全体が競争的市場への移行段階にあることから、電力システム改革の目的達成に向けて、「自由化後の電力市場において競争が実現されているか、その状況をきめ細かく分析し、小売・発電・送配電それぞれにおいて、競争が不十分となる要因を取り除き、競争環境の実現を図る必要がある」という認識の下で、各種データに基づいた「電力市場に関する競争評価を行うこと」としている。今回の競争評価は、今後、アクセスルールと法的分離関連規制も含めた競争評価の定着とガス産業における同様の検証にもつながるものとして注視する必要がある。

＜追記＞

　本章の検討は2018年1月末までに入手した素材に基づいている。そして、同年11月末までには、一般送配電事業者等の法的分離関連規制（本章5、6）、LNG基地の第三者利用促進（本章4(3)(エ)等）に関する具体案が公表されている。本章の内容と大きな齟齬はないと考えられるが、兼職規制等行為規制の具体的内容

と当該規制の例外（検討素材として、たとえば、下記①〜③）、ガス適正取引指針改正（同④）等の個別論点の詳細な検討が今後必要となる。

①電力・ガス取引監視等委員会「一般送配電事業者及び送電事業者の法的分離にあわせて導入する行為規制の詳細について（案）」(2018年6月)

②制度設計専門会合（第33回）資料9「法的分離（兼業規制）後の人事交流等に関する規律について」(2018年9月20日)

③電力・ガス基本政策小委員会（第12回）資料9「第3弾改正法施行前検証〜法的分離に向けた事業者の対応状況」(2018年11月8日)

④閣議決定「規制改革実施計画について」(2018年6月15日)

第3編　エネルギー産業の競争化に伴う具体的な法課題

V章　小売全面自由化に関する法制度の概要および法的・制度的課題

森・濱田松本法律事務所
弁護士　伊藤　憲二
弁護士　市村　拓斗

2016年4月に電力の小売全面自由化が、2017年4月にガス[1]の小売全面自由化がそれぞれスタートした。

本章では、小売全面自由化に至る経緯ならびに小売分野における電気事業法・ガス事業法および独占禁止法上の規制について触れた上で、小売全面自由化により生じる法的・制度的課題、その対応の方向性や将来的な課題を明らかにすることを目的としている。

そこで、まずは、電力・ガスの小売全面自由化に至る経緯について、簡単に振り返ってみたい。

1　小売全面自由化に至る経緯

(1)　部分自由化の実施（東日本大震災前）

電力分野における最初の自由化の波は、1995年に電気事業法が改正されたことに端を発する。同改正により、①卸電気事業分野における参入許可が原則として撤廃されるとともに、②特定電気事業制度を創設し、特定の供給地点の需要家に対し、自前の発電設備と送配電設備を持つ事業者が、直接電力供給をす

---

1) 本稿においては、ガス事業法の適用がある都市ガスを対象とし、液化石油ガス（以下「LPガス」という）は対象には含まないこととする。

ることが可能となった。そして、2000年には、大規模工場等の特別高圧(2000 kW以上)の需要家を、2004年には、中小ビルや中規模工場等の高圧のうち500 kWの需要家を、2005年には、小規模工場等も含めた全ての高圧(50 kW以上)の需要家を対象とした部分自由化が段階的に実施された。これにより、高圧および特別高圧の需要家の分野が自由化され、我が国の販売電力量の約6割が自由化の対象となった。

一方、ガス分野においては、1995年に大規模工場等の年間契約ガス使用量200万m^3以上(46 MJ換算)の大口需要家を対象とした部分自由化が実施され、部分自由化自体は、電力分野よりも5年早く実施されたことになる。その後、1999年には、大規模工場等の年間契約ガス使用量100万m^3以上(46 MJ換算)の需要家を、2004年には、中規模工場等の年間契約ガス使用量50万m^3以上(46 MJ換算)の需要家を、2007年には、小規模工場等の年間契約ガス使用量10万m^3以上(46 MJ換算)の需要家を対象とした部分自由化が段階的に実施された。これにより、中圧および高圧の需要家の分野が自由化された。

(2) 小売全面自由化の実施(東日本大震災後)

その後、東日本大震災を契機として、①安定供給の確保、②電気料金の最大限の抑制および③需要家の選択肢や事業者の事業機会の拡大を目的として、電力システム改革専門委員会(総合資源エネルギー調査会総合部会)などにおいて、電力システム改革の議論が行われ、電力システムに関する改革方針(2013年4月2日閣議決定)に基づき3回に分けて国会に電気事業法の改正法案が提出され、それぞれ可決した。電力の小売全面自由化は、第2段階の改正法であり、2014年6月11日に可決した。今回の全面自由化により新たに開放された市場は、約8兆円といわれている。

電力システム改革の概要については、以下の**表1**をご覧いただきたい。

なお、上記電力システム改革専門委員会の報告書(2013年2月公表)においては、同じエネルギー供給システムであるガス事業においても電力システム改革と整合的であるべきとされていた。これを受けて、総合資源エネルギー調査会基本政策分科会の下にガスシステム改革小委員会が設置され、同委員会における議論を踏まえて、ガス小売の全面自由化が電気事業法の第3段階の改正法において併せて措置された。これは、電力・ガス等のエネルギーシステムの一体

表1　電力システム改革の概要

	成立時期	施行時期	概要
第1段階	2013年11月13日	2015年4月1日	広域的運営推進機関の創設（改革プログラムも併せて規定）
第2段階	2014年6月11日	2016年4月1日	小売全面自由化の実施
第3段階	2015年6月17日	2020年4月1日	法的分離の実施

改革により制度的な「市場の垣根」を撤廃し、エネルギー企業の相互参入や異業種参入を進めることで総合エネルギー市場を創出することが目指されたものである。ガスシステム改革の目的は、①安定供給の確保、②ガス料金の最大限の抑制、③利用メニューの多様化と事業機会拡大および④天然ガス利用方法の拡大である。今回の全面自由化により新たに開放された市場は、約2.4兆円と言われている。

ガスシステム改革の概要については、以下の**表2**をご覧いただきたい。

表2　ガスシステム改革の概要

	成立時期	施行時期	概要
①	2015年6月17日	2017年4月1日	小売全面自由化の実施
②		2022年4月1日	導管分離の実施（大手三社）

2　小売分野における電気事業法・ガス事業法上の規制

(1)　電気事業・ガス事業の相違点

電気事業とガス事業については、法律の体系は基本的には同様である一方で、以下のような実態面での違いがある。

①電力の送配電網は全国を網羅している一方、ガス導管網は、国土面積の6％弱であること
②全面自由化前に地域独占が認められていた旧一般電気事業者が10

> 社である一方、旧一般ガス事業者は、全面自由化実施時点で203社にものぼり、かつ中小事業者が大半であること
> ③電力は、ほぼ全ての世帯で使用し、競合が少ない一方、ガスは、LPガスやオール電化など他の財との競争が激しいこと
> ④電力とは異なり、ガスにおいては、消費者の保安に対する関心が高いこと

　そのため、以下では、電力・ガス両方について合わせて説明をしつつ、必要に応じて上記実態を前提とした法規制上異なる点について説明をすることとしたい。

(2) 小売事業実施の際の規制

(ア) 小売事業者登録

　まず、小売電気事業またはガス小売事業（以下総称して「小売事業」という）を営むためには、経済産業大臣の登録を受けることが必要となる（電気2条の2、ガス3条。以下、当該登録を受けた、小売電気事業を営む者を「小売電気事業者」といい、ガス小売事業を営む者を「ガス小売事業者」という。また、これらを総称して「小売事業者」という）。そして、登録の要件としては、登録取消や罰金等が科されてから2年を経過していること等の欠格要件の他に、「使用者の利益の保護のために適切でないと認められる者」に該当しないことが必要となる（電気2条の5第1項4号、ガス6条第1項4号）。

　この「使用者の利益の保護のために適切でないと認められる者」に該当しないためには、

> ①小売供給の相手方の電気の需要に応ずるために必要な供給能力を確保できる見込みがあること
> ②反社会的な事業を営んでいないこと

等が求められる（電気事業法に基づく経済産業大臣の処分に係る審査基準等（平成12・05・29資第16号、以下「電気審査基準」という）およびガス事業法等に基づく経済産業大臣の処分に係る審査基準等（平成12・09・28資第8号）第1(1)）。

　なお、ガスと異なり電力の分野においては卸電力取引市場[2]が存在し、当該

[2) 一般社団法人日本卸電力取引所をいう。

市場において電力を調達することができるが、上記①の要件と関連して、登録審査実務においては、当該市場から100％調達をする旨の計画であったとしても、そのことのみで直ちに①必要な供給能力を確保できる見込みがないことにはならないが、当該市場からの調達量を供給能力として「過大」に見込んでいる場合は、当該見込みがないことになるとされている（電気審査基準第1(1)参照）。また、中小規模の小売電気事業者は、毎年提出する供給計画において中長期的な供給力のうち多くが「調達先未定」として提出されているが、現在はそのことのみによっても①「必要な供給能力を確保できる見込み」がないとは考えられていない。ただし、後述する全面自由化後に開催された、電力システム改革貫徹のための政策小委員会（総合資源エネルギー調査会 基本政策分科会、以下「貫徹小委員会」という）においては、将来の供給力を早い段階から確保することを目的とした容量市場を創設をすることとされ、小売電気事業者は当該市場から中長期的な供給力の確保をすることが想定されている。そのため、今後容量市場の具体的な制度設計を踏まえて、小売電気事業者による供給力確保の在り方も変わることになる点は、留意が必要となる。

小売電気事業の登録を受けた者は、2019年1月22日現在559社となっている。一方、ガス小売事業への新規参入は、一般電気事業者を中心に、大都市圏およびその周辺エリアで一定程度みられるが、新規参入が進んでいないエリアも存在し、後述のように新規参入促進案が課題となっている。

　(イ)　**法令・ガイドラインの遵守**　小売事業を営むにあたっては、法令を遵守することは当然であるが、各種ガイドラインの遵守も不可欠となる。具体的には、電力の小売営業に関する指針（経済産業省、以下「電力小売ガイドライン」という）またはガスの小売営業に関する指針（経済産業省、以下「ガス小売ガイドライン」といい、電力小売ガイドラインと合わせて「小売ガイドライン」という）および適正な電力取引についての指針（公正取引委員会・経済産業省、以下「電力適取ガイドライン」という）または適正なガス取引についての指針（公正取引委員会・経済産業省、以下「ガス適取ガイドライン」といい、電力適取ガイドラインと合わせて「適取ガイドライン」という）である。

これらのガイドラインにおいては、原則として、①各事業法上「問題となる行為」および②需要家の利益の保護や電気事業の健全な発達を図る上で「望ま

しい行為」を示すこととされている。

①「問題となる行為」は、「業務改善命令または業務改善勧告が発動される原因となり得る行為」(小売ガイドライン序(1)、1頁)とされており、小売事業者にとっては、必ず遵守すべき事項となる。他方、②「望ましい行為」は、とくにこれらのガイドライン上明確な記述はないものの、従来は、適取ガイドラインにおいて、その対象となっていた旧一般電気事業者や旧一般ガス事業者（以下総称して「既存事業者」という）が遵守すべき規範を構成してきたという実態がある。ただし、望ましい行為の内容については、多岐にわたる。このため、小売事業者としては、望ましい行為であっても、少なくとも需要家の保護といった観点から重要な内容については、可能な限り遵守することが求められるといえ、例外的に遵守できない場合や遵守しない場合、その合理的な理由を説明することができるようにしておくことが実務上求められるといえよう。

(3) 説明義務・書面交付義務

(ア) 説明義務・書面交付義務が課される理由　小売全面自由化前においては、電力・ガスの供給契約を結ぶ際に、その条件を確認した経験のある人はごく少数と思われる。むしろ、例えば引っ越しの際は電話一本で済ませることの方が多かったのではなかろうか。これは、小売全面自由化前は、基本的には料金を含めた電力・ガスの供給条件が記載されている約款を国（経済産業大臣）が、その認可の際に、料金その他の供給条件の適切性・妥当性を確認することとなっていたためであり、むしろ供給を受ける際にその条件の確認をすることは基本的には想定されていなかったといえる。

しかしながら、小売全面自由化により、経過措置料金規制が残る部分を除き、供給条件の認可が行われない。他方、小売電気事業者は自由に料金メニューを作ることが認められていることから、需要家にとっては、多様な事業者による多様なメニューをきちんと理解することが電力・ガスの供給契約を締結する前提として不可欠となる。そのため、小売事業者および、その媒介、代理・取次事業者（以下「小売事業者等」という）に対しては、説明および説明の際の書面交付ならびに契約締結後の書面交付（遅滞なく）が義務付けられているのである（電気2条の13・2条の14、ガス14条・15条）。

なお、当該説明義務・書面交付義務は、従来このような義務がなかった自由

化分野（高圧・特別高圧）においても、今回自由化された低圧と同様に課されている点には、留意する必要がある。

　(イ) **具体的な内容**　小売事業者等に求められる供給条件の説明事項は、電力の場合は25項目（電気事業法施行規則〔以下「電気省令」という〕3条の12第1項）、ガスの場合は27項目（ガス事業法施行規則〔以下「ガス省令」という〕13条1項）と多岐にわたる。具体的な内容としては、需要家が知っておくべき、または関心の高い、料金やその支払に関する事項、解約の際の違約金、小売事業者等の連絡先等に関する事項などである。

　(ウ) **履行方法**　説明義務および書面交付義務の履行方法に関しては、実務的には関心が高いところである。この点については、低圧の家庭用を中心に供給条件の詳細を規定する約款とは別に法令上求められている説明・書面記載事項を抽出して分かり易く説明するための書面（以下便宜的に「重要事項説明書」という）を準備し、当該書面に基づき説明するという実務が定着している。

　また、どのような「説明」であれば、説明義務が履行されるといえるかについては、小売ガイドライン上、「『説明』とは、単に小売事業者等が説明すべき事項に関する情報を需要家が入手できる状態とする、あるいは需要家に伝達するだけでは不十分であり、需要家が当該事項に関する情報を一通り聴きあるいは読むなどして、その事項について当該需要家の理解の形成を図ることが必要」（電力小売ガイドライン【参考】1(2)、48頁、ガス小売ガイドライン【参考】1(2)、28頁）とされている。そのため、例えば、対面による説明の場合、需要家に対し申込書だけを手渡して、小売供給に関する約款がホームページにある旨を伝えるといった対応だけでは不十分であるが、例えば、小売事業者およびその媒介、代理または媒介を業として実施する者が説明を行うにあたり、申込書および小売供給に関する約款に加えて重要事項説明書を用いて、料金や解約制限等特に重要な事項については口頭で説明し、その他の重要な事項は読んでもらうなどした上で、供給条件の内容を理解した旨の署名または確認を求めるといった方法も考えられるところである。なお、重要事項説明書において小売供給に関する約款を引用する場合、需要家による確認が可能となるよう、具体的な約款の該当箇所を示した形とすることが望ましいと言える。

　また、Webのホームページで閲覧する方法は、書面に代わる方法として認め

られている（電気省令3条の12第12項2号、ガス省令13条11項2号）が、最後までスクロールをしないと申込みボタンを押せないような仕組みとしたり、説明内容を理解した旨のチェック項目を設けるなどの工夫をすることが望ましいとされている（電力小売ガイドライン【参考】2(2)ウⅱ）②55頁、ガス小売ガイドライン【参考】2(2)ウⅱ）②35頁）。

なお、契約の更新や変更などの場合は、説明し、書面に記載すべき内容について一部簡略化したり、説明や書面交付を省略することが認められている（電気省令3条の12第3項〜5項、6項2号および3号、9〜11項、3条の13第1項・3項・4項、ガス省令13条2〜4項・5項2号および3号・8〜10項・14条1項・3項・4項）。

(4) 供給条件を設定する際の留意点

以下では、小売ガイドラインおよび適取ガイドラインの記載を踏まえつつ、供給条件を設定する際の留意点について説明することとしたい。

(ア) 違約金・解約手数料（以下「違約金等」という）[3]の設定　小売事業者としては、需要家と一旦契約した以上は、可能な限り需要家からの解約を制限すべく、契約期間中に需要家が解約を希望する場合に、一定額の違約金等を求めることが考えられる。もっとも、違約金等については、以下の①〜③の行為については、問題となる行為となる点に留意が必要である（電力小売ガイドライン3(2)アⅰ）、38頁、ガス小売ガイドライン3(2)アⅰ）、20頁）。

①需要家からの小売供給契約の解除を一切許容しない期間を設定すること
②小売供給契約の解除に関して、不当に高額な違約金等を設定すること
③需要家からの申出がない限り、契約期間終了時に契約を自動的に更新するという小売供給契約において、更新を拒否できる期間を極めて短い期間に設定するなどによって、需要家が更新を不要と考えた場合に、容易に更新を拒否することができないような契約条項を設けること

なお、不当に高額な違約金等か否か（上記②）の具体的な基準については、小売ガイドラインでは示されておらず、電力・ガス取引監視等委員会（以下「監視

---

3) 違約金等とは、需要家からの申出による小売供給契約の変更又は解除に伴う違約金その他の需要家の負担（小売供給契約の変更又は解約に伴い、消費機器のリース契約等、別個の契約に係る違約金・精算金その他の需要家の負担となるものがある場合には、当該負担を含む。）となるものをいうとされている（小売ガイドライン序(3)、2頁）。

等委員会」という）における制度設計専門会合の議論においても、「総合的な事情を勘案して、事実上消費者の解約が制限されているかどうかという観点から総合的に判断する。」とされている。

この点については、いわゆる携帯電話の契約において2年間の契約期間中に中途解約をした際に支払う違約金の額が、消費者契約法9条1号に該当するなどとして争われた大阪高裁の2つの裁判例（①大阪高判平成25年3月29日判時2219号64頁、②大阪高判平成24年12月7日ジュリスト1467号90頁）が1つの参考となる。消費者契約法9条1号においては、「平均的な損害の額」を超えた場合に当該超えた部分につき無効となるとされているが、その「平均的な損害の額」の考え方について簡略化すれば、①の判決は逸失利益を損害とし、②の判決は解約に至るまでの割引累計額を損害と判断しておりそれぞれ判断が分かれている。制度設計専門会合においても、違約金の考え方について、逸失利益、累積割引額いずれかの考え方が不適切または適切ということはないというのが監視等委員会の基本的なスタンスであり、電気通信における審議会等の議論の動向も注視する必要があるが、実務的には、少なくともいずれかの考え方に照らして問題のない水準に違約金等を設定することが求められるといえる。

なお、転居を理由とする場合で、その転居先で転居前に契約をしていた小売事業者からの供給を受けることができない場合は、契約期間中の解約となる場合であっても違約金等の負担なく解除を認めることが望ましいとされている（電力小売ガイドライン3(2)イ、39頁、ガス小売ガイドライン3(2)イ、21頁）。

　(イ)　**料金**　　小売供給に係る料金については、多くの需要家にとって最も関心の高い事項であるため、小売事業者等としても契約締結時のみならず、その後の料金請求にあたっても、丁寧な対応が求められるところである。

この点については、①料金請求の際に、その根拠を需要家に示さないこと、②「時価」などといった不明確な料金の算出方法とすることが問題となる行為とされている（①につき小売ガイドライン1(1)アⅰ）、4頁、②につき電力小売ガイドライン3(1)、38頁、ガス小売ガイドライン3(1)、20頁）。②に関しては、電力分野において、卸電力取引市場の取引価格に連動して料金を決定することは、料金自体は変動するものの、電気料金の算出方法自体は明確であることから、許容されるといえる。

上記のほか、特定の競争相手を市場から退出させる目的での不当に安い価格を設定する場合は、問題となる行為となる（電力小売ガイドライン3(3)、39頁、ガス小売ガイドライン3(3)、21頁）。この点については、独禁法上の不当廉売等の判断基準と異なるのかが論点となるが、不当廉売とは「特定の競争相手を市場から退出させる目的」が必要となる点で判断要素は異なるものの、両者共に競争制限的な行為に対する規律であることからすれば、不当廉売等の判断基準と大きく異なることはないと考えられる。不当廉売等の判断基準については、以下の3(2)アにて触れることとしたい。

　なお、①低圧需要家向けの定型的なメニューを「標準メニュー」として公表すること、②低圧需要家向けの平均的な月額料金を公表することおよび③託送料金相当額を示すことが望ましいとされている（①につき小売ガイドライン1(1)イⅰ）、4頁、5頁、②につき小売ガイドライン1(1)イⅱ）、5頁、電力適取ガイドライン第2部2(1)①ア、5頁、ガス適取ガイドライン第2部2(1)ア①、6頁、③につき小売ガイドライン1(2)アⅱ）①、7頁、電力適取ガイドライン第2部2(1)①ア、5頁、ガス適取ガイドライン第2部2(1)ア②、6頁、7頁）。

　(ｳ)　セット販売について　　セット販売については、現在数多くの事業者が実施し、さまざまな商品メニューが出てきており、分かり易い説明などの適切な対応が求められる。

　セット販売時の料金説明および書面記載のポイントは、①値引き前の電気料金に関する表示は必要となるものの、②セット割引額の電気料金への配分額を明示することは不要、という点である（小売ガイドライン1(2)アⅱ）①、7頁）。セット販売に関する独禁法上の論点については、Ⅶ章をご参照いただきたい。

　また、セット販売時においては、以下の事項を説明し、書面に記載しない場合、問題となる行為となる（小売ガイドライン1(2)アⅱ）②、7頁、8頁）。

　　①セット販売される商品・役務と電気の小売供給とで契約先が異なるときはその旨（適切な説明が前提となる）
　　②料金割引などの適用条件（どの商品・役務とセットで購入することで料金割引が適用されるのか、セット販売される商品の一部の商品・役務に係る契約を解除した場合に適用が無くなるのかなど）
　　③キャッシュバック（現金還元）などを行うときは、誰が責任を持ってどの

ような手続で行うのか
　これらは、厳密には、供給条件そのものではないものの、消費者が適切に理解していないことによるトラブルが予想されることから、小売ガイドライン上必要な説明・書面記載事項とされていると考えられる。
　なお、セット販売における契約解除に関しては、セット販売に係る各契約の契約期間が個別に設定されている場合、複数の契約の更新時期が異なり同時に解除すると常に違約金などが発生する事態が生じる場合が出てくる。この場合は、以下の行為を実施することが望ましいとされている（電力小売ガイドライン1(2)イⅴ)、10・11頁、ガス小売ガイドライン1(2)イⅲ)、9・10頁)。
　①セット販売にかかる複数の契約を解除すると常に違約金が発生することについて適切に説明すること
　②新規にセット販売を行う際には、セット販売に係る各契約期間を同じに設定すること、または最も長期の契約期間満了時には違約金などの負担なく解除することを認めること
　消費者トラブル防止といった観点からは、少なくとも上記①の適切な説明および重要事項説明書への記載は実務上重要といえる。
　(エ)　供給停止　　需要家による料金の不払いが発生した場合、小売事業者としては、供給を停止して、支払いを促したいと考えるのが通常である。もっとも、供給停止については、ガス小売事業者がこれを行うことは認められているものの、小売電気事業者が行うことは認められていない。
　そのため、小売電気事業者としては、料金の不払いが発生した場合はできる限り早急に解除をすることが必要となる。
　もっとも、ガスにおいて供給を停止する場合、小売供給契約を解除する場合いずれにおいても、電力・ガスのライフライン性に鑑み、供給停止事由や解除事由が生じた場合に直ちに供給停止や解除をすることができず、15日程度前までに解除日を明示した予告通知が必要となる点は留意が必要である（電力小売ガイドライン5(2)、45頁、ガス小売ガイドライン5(2)、(3)、26・27頁[4]）。当該供給停止または解除予告通知の際には、無契約となった場合には電力・ガスの供給が止まる

---

4) ガスにおいては、更に5日程度前にも再度同内容で予告通知をすることが求められている。

ことや、最終保障供給（経過措置期間中は規制料金である特定小売供給）を申し込む方法があることを説明することなどが求められる。

(5) **業務提携による販路の拡大**

小売事業者としては、自己の販路を拡大するためには、他の事業分野において顧客を有する者と提携することは極めて重要となる。小売事業者が実施する提携モデルとしては、電気事業法およびガス事業法上、「媒介」「代理」「取次ぎ」（以下総称して「媒介等」という）の3つのモデルが想定されている（電気2条の13第1項、ガス14条1項）。

以下では、小売事業者が提携をする際の一般的な留意点と共に、実際に事業を実施するにあたり、より注意が必要な取次ぎモデルにおける留意点およびガス小売分野において認められているワンタッチ供給について説明する。

(ｱ) **業務提携における一般的な留意点**　最終需要家に対する電力またはガスの供給を事業として行う者に、原則として、小売事業者としての登録が必要となる[5]（電力小売ガイドライン2(1)ア、29頁参照）。そのため、最終需要家に代わって需要家として、小売事業者等と小売供給契約を締結し、最終需要家に電気またはガスを供給する行為は、原則として、問題となる行為であって、小売電気事業者ではない者が行うこれらの行為は、無登録小売営業として罰則の対象となり得る（電気117条の2第1号、ガス196条1号）。

当該規律には資本関係を有する場合などにおける一定の例外[6]が認められるが、需要家ではない事業者が需要家として小売事業者または小売事業者の取次店との小売供給契約の主体となり、電力またはガスの供給を受けて資本関係等のない最終需要家に電力またはガスを供給し、供給した電力またはガスの対価を請求するようなビジネスモデルは、この例外には該当せず認められない。なお、電力においては、このようなモデルは、既に全面自由化前の自由化部門（特別高圧・高圧部門）で実施されていることから、是正までの間に一定の猶予期間が

---

5) 小売供給契約が小売事業者との間で締結されていることは求められていない（2(5)(ｲ)「取次ぎモデル」参照。）。

6) この他、電力においては、いわゆるマンション一括受電として、需要家以外の者が受電設備を所有し、または維持・管理を行っている場合、当該者が受電の実態を有していることを理由に、当該者が小売電気事業者から需要家として電力の供給を受けて、最終需要家へ供給することが認められている（電力小売ガイドライン2(3)、35頁）。

認められている（以上につき、電力小売ガイドライン2(1)、29・30頁）。

　また、小売事業者の媒介等を行う事業者（以下「媒介等業者」という）は、自己が媒介等を行っていることを説明しなければならず、媒介等業者の営業活動も含め総合的に判断してあたかも自己が電力またはガスの小売供給を行うかのような営業活動を行うことは問題となる行為となる。そして、小売事業者の指導・監督が適切ではない場合、小売事業者自身の行為が問題となる行為となるため、小売事業者は、媒介等業者の営業活動についても、営業方法の指示や定期報告を求めるなどの監督を行うことが求められる（以上につき、電力小売ガイドライン同2(2)イⅱ)、33頁、ガス小売ガイドライン同2(2)イⅱ)、15頁、16頁）。

　(イ)　**取次ぎモデル**　媒介等の中で一番慎重な対応が求められるのが、取次ぎモデルである。「取次ぎ」とは、自己の名義をもって、他人の計算（他人に経済的効果を帰属させる意図）において、法律行為をすることを引き受ける行為をいい、小売事業者ではない者が需要家との間で小売供給契約を締結することとなる点に特徴がある。

　このような小売事業者側の取次ぎの場合、図1を例にすると、取次委託者(A)に販売の目的物の所有権が残り、取次店(B)には当該目的物を販売する権利（処分権）が与えられているにすぎないと解されている。したがって、小売供給自体はAから最終需要家へ直接行われているものと整理され、Aにつき小売事業者登録が必要となる一方、Bは、小売事業者登録は不要と整理されている（電力小売ガイドライン2(2)ア、31・32頁、ガス小売ガイドライン2(2)ア13～15頁）。

図1　取次モデルについて

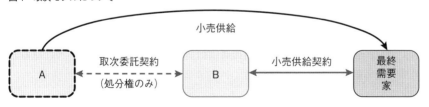

　取次ぎについては、小売ガイドライン上、以下のとおり、遵守すべき事項が列挙されている（電力小売ガイドライン2(2)イⅲ)、34頁、ガス小売ガイドライン2(2)イ

ⅲ)、16・17頁)。
　①託送契約を小売事業者が締結すること
　②電気またはガスの供給を小売事業者が行っていることを担保すること
　③小売事業者としての義務は小売事業者が負うこと
　④取次委託契約の解除による不利益を需要家に負わせないよう措置すること
　⑤契約内容の変更・解約等について、取次事業者に迅速に対応させること
　⑥小売事業者に直接小売供給契約の変更や解約等の申出があった場合、取次業者と連携して迅速に対応を実施すること
　⑦取次ぎの取次ぎ・需要家側の取次ぎを行わないこと
　このうち特に重要な点が、④である。具体的には、小売事業者と取次店との間の取次委託契約が解除された場合、小売事業者が従前と同等の契約を需要家と直接契約することを契約上担保することなどが求められ、取次委託契約(および需要家との関係では小売供給契約)において、取次契約の終了時における需要家保護策について、小売事業者と取次店との間で明確に取り決めておくことが必要となる。

　(ウ)　**ワンタッチ供給**　　ワンタッチ供給とは、ガス小売事業者が需要場所において他の事業者からガスの卸供給を受け、当該需要場所において当該ガスによる小売供給を行うことをいう(ガス小売ガイドライン2(3)、18頁)。電力分野においては、認められていない[7]。ワンタッチ供給のメリットは、<u>ガス小売事業者が託送供給契約を締結せず</u>に日々の払出計画作成等の業務は卸売事業者が実施することになる点であり、ガス小売に参入する新規参入者としては、このようなワンタッチ供給を活用することも1つの選択肢となる。

　なお、ワンタッチ供給については、需要家から小売供給契約解除の通知を受けた際に、卸ガス事業者等との間の卸供給契約を解除することを不当に怠ると、問題となる行為となる(ガス小売ガイドライン2(3)、18頁)。

---

7) 両分野で結論に差異が生じている合理的な理由を見出すことは困難であり、これまでの実運用の中で差異が生じ、法制度に反映されたものと思われる。

3 独占禁止法上の規制

(1) 小売全面自由化と独占禁止法

　上記のとおり、電力・ガス市場においても、数次にわたる電気事業法およびガス事業法の改正により、段階的に参入規制が廃止され、競争原理が導入されて来た。これに伴って、電力・ガス市場においても、公正かつ自由な競争を保護する一般法である独占禁止法の役割が重要性を増している。

　公正取引委員会は、こうした小売全面自由化への動きを受けて、電気事業法とガス事業法を所管する経済産業省と共同して、2016年3月に電力適取ガイドラインを改定、2017年2月にはガス適取ガイドラインも改定した（ガス取引ガイドラインは、2019年1月に再度改定されている）。また、需要家が需要を抑制することにより得られる電気を転売することができる「ネガワット取引（特定卸供給）」が制度化されたことを受けて、平成29年2月電力適取ガイドラインを再度改定している。

(2) 独占禁止法上留意すべき行為

　独占禁止法は、市場での競争を不当に制限または排除する行為を広く規制対象としており、個別具体的な行為態様や市場の状況等に即して違法性を判断することが基本である。

　しかし、各市場には、歴史的背景や特有の商慣習、過去の競争状況や市場環境の特性等から、問題となりやすい行為類型が存在し、適取ガイドラインでは、電力・ガス市場の特徴を踏まえ、それぞれ独占禁止法上留意すべき行為を列挙している。

　電力市場とガス市場は、別個の市場であり実態が異なる点はあるものの、いずれもエネルギー供給に係わる分野であり、歴史的にも許可を得た事業者による地域独占から段階的な部分自由化を経て全面自由化に至ったという点で共通している。

　したがって、独占禁止法上留意すべき点は重なる部分が多く、以下では、電力・ガス市場で共通して問題となりやすい行為のうち、価格や提携に関係する行為類型をとり上げて解説する。

　　㋐　**単独での不当な安値設定**　　電力・ガス市場において、新規参入者や既存事業者が他の事業者と競争する場合、電気料金やガス料金を引き下げて顧客

獲得を図ることが考えられる。競争者を意識して価格を引き下げる行為は、まさに価格競争そのものであり、基本的に競争原理を導入する小売全面自由化の目的に適うものである。

しかし、廉売行為を行う事業者と同等またはそれ以上に効率的な事業者の事業活動が困難になり、市場から排除されてしまうおそれがあるような場合には、廉売行為によって、かえって市場の競争機能が阻害・制限されてしまうことがある。そのため、独占禁止法は、正当な理由がないのに「供給に要する費用を著しく下回る対価」で継続して供給し、他の事業者の事業活動を困難にさせるおそれがある低価格販売は、法定不当廉売として規制しており（独禁2条9項3号）、過去10年以内に2回違反すると課徴金の対象となる（独禁20条の4）。

不当廉売については、公正取引委員会より「不当廉売に関する独占禁止法上の考え方」（平成21年12月18日公表〔直近改正平成29年6月16日〕。以下「不当廉売ガイドライン」という）が示されている。これによると、不当廉売規制の目的の1つは、廉売行為者自らと同等またはそれ以上に効率的な事業者の事業活動を困難にさせるおそれがあるような廉売を規制することにある（不当廉売ガイドライン2および3(1)ア(イ)）。すなわち、廉売行為者がその費用すら下回る価格で供給を行えば、他の事業者も廉売行為者と同じ価格で供給せざるを得なくなり、仮に廉売行為者と同じ価格での供給が可能だとしても、早晩撤退または参入断念を余儀なくされることになる。したがって、商品・役務の供給が継続すると損失が拡大するような価格設定行動は、特段の事情がない限り、経済合理性のない不当な廉売行為であり、規制の対象になることになる。概念的には、廉売価格が「平均回避可能費用」を回収することができないような場合には、供給を継続すれば損失が拡大するという意味において経済合理性を欠くことが明らかであるとする。そして、実務的には「平均回避可能費用」に相当する費用として、「可変的性質を持つ費用」を下回るかどうかにより、法定不当廉売の要件である「供給に要する費用を著しく下回る対価」か否かを判断するとする（不当廉売ガイドライン3(1)ア(エ)）。

例えば、電気料金について見ると、一般に、その構成要素としては、①電源固定費（発電設備の減価償却費等発電量にかかわらず発生する費用）、②電源可変費（発電に要する燃料費等発電量に応じて変動する費用）、③託送コスト（託送約款に基づき支払

われる託送料金)、④販売費（営業人員の人件費等)、⑤事業報酬がある。不当廉売ガイドラインの考え方によれば、②、③および④の一部が「可変的性質を持つ費用」に該当するものと考えられる。

　もっとも、①については、既にサンクしたコストであるからといって費用の計算において完全に除外してよいかは議論があり得る。欧州では、初期投資額が極めて大きい市場においては、例えば、平均長期増分費用といった長期の投資額をも勘案できる基準を採用する方が、同等に効率的な競争者に対する排除効果をより適切に評価できるという考え方がある。かかる考え方を採用した場合、少なくとも①の一部についても、費用として算入すべきということになる。

　また、「可変的性質を持つ費用」以上の価格であれば、「供給に要する費用を著しく下回る対価」には該当せず、法定不当廉売には該当しないものの、廉売対象商品・役務の特性、廉売行為者の意図・目的、廉売の効果、市場全体の状況等からみて、公正な競争秩序に悪影響を与えるときは、一般指定6項の不当廉売に該当する余地があることには留意する必要がある。

　我が国の電力・ガス市場は、歴史的に地域独占が認められて来たことから、既存事業者の力が強いという特徴があり、既存事業者が新規参入者の排除など何らかの競争制限的意図をもって廉売行為を実施した場合には、法定不当廉売の価格・費用基準を満たさなくとも、一般指定6項違反として独占禁止法上問題となることがあり得る。

　(イ)　**セット販売での不当な安値設定**　　小売事業者が、自らまたは他の事業者と組んで、電力・ガスと他の商品・役務をセットで販売し、単品での販売より割安の料金プランを設定するということがある。こうした手法は、光回線や携帯電話の通信サービス等の分野で一般的に見られるものであるが、電力・ガスの小売全面自由化後は、同分野についても様々なパターンのセット販売が行われることが想定される。

　様々な組合せのセット販売がなされることで、需要家には多様な選択肢が提供されることになる。また、セット販売に伴う割引は、値下げの一種と捉えられ、消費者利益に資することが多い。更に、複数の商品・役務に共通費用がある場合には、コスト削減効果が見込め、新規参入時の顧客獲得策としても有効である。このようなことから、一般にセット販売には、競争促進効果があると

考えられている。

　他方、セット販売の割引による価格差を大きくすることで、実質的に需要者がセット購入を強制されるという場合には、一方の商品・役務市場において同等に効率的な競争者が市場から排除されるということがあり得る。すなわち、A商品市場において有力な事業者が、A商品とB商品を割引価格でセット販売し、それぞれの商品を単独で販売する場合と大きな価格差を設ける場合、B商品のみしか販売していない事業者が、B商品市場では同等に効率的な事業者だとしても、セット販売する事業者に打ち勝つことが困難となり、市場から排除されてしまうおそれが生じることがある。

　セット割引を過剰に規制することは事業者の創意工夫や価格競争を阻害することになるため、法適用は慎重であるべきであるが、他方で、セット販売による価格差が大き過ぎて、同等に効率的な競争者が排除されてしまう事態は避ける必要がある。

　適取ガイドラインは、独占禁止法上問題となり得る場合として、小売事業者がセット割引を行い、「供給に要する費用を著しく下回る料金」で供給することにより、他の小売事業者の事業活動を困難にさせるおそれがある場合を挙げる。「供給に要する費用を著しく下回る料金」という文言は、法定不当廉売の成立要件である「供給に要する費用を著しく下回る対価」と同様の表現であり、法定不当廉売と同様の価格・費用基準を採用しているように読める。

　セット販売において、「供給に要する費用を著しく下回る料金」か否かを判断する場合、2つの商品・役務の費用の合算を「供給に要する費用」と捉え、セット価格がこれを上回っていればよい(不当廉売とならない)とするのか、それぞれの商品・役務の価格が費用を上回っていなければならないのかという問題がある。

　この点、適取ガイドラインでは、注記において、「電気(ガス)と併せて他の商品または役務を販売する場合、一般的には、電気(ガス)と他の商品または役務それぞれについて、その供給に要する費用を著しく下回る対価で供給しているかどうかにより判断することとなる」と記載されており、個々の商品・役務ごとに判断することが原則とされている(電力適取ガイドライン第二部Ⅰ2⑴①イ(i)(注)5頁、6頁、ガス適取ガイドライン第二部Ⅰ2⑴イ①(i)(注)7頁)。

　一方で、担当官解説によれば、一般的にはそれぞれの商品・役務について検

討するとしながらも、セットで販売する商品や役務の特性等を踏まえて個々の事案の状況に応じて判断すると説明されている。

　市場においてセット商品が基本となっており、事業者も同等のセット商品を容易に市場に投入できるような場合には、セット商品自体をめぐって競争が成り立ち、セット商品を一体として見た上で価格・費用基準を満たすかを検討することが適当な場合もあろう。

　もっとも、全面自由化が実現して未だ日が浅い我が国の電力・ガス市場を前提として考える場合には、現時点において、新規参入事業者が既存事業者と同等のセット商品を容易に市場に投入できるとは限らないため、少なくとも当面の間は、それぞれの商品・役務について価格・費用基準への該当性を検討せざるを得ないのではないかと思われる。

　次に、セット商品のそれぞれについて価格・費用基準を検討するとしても、具体的にセット料金として割り引いた部分を、いずれの商品・役務の価格に配賦するのかという問題がある。この点について、適取ガイドラインに特段の言及はない。しかし、一般的には割引を伴うセット販売の場合、セット販売を行う事業者が一方の商品・役務（A商品）について市場支配力を有しているような場合には、他方の商品・役務（B商品）の価格からセット販売の割引額全体を控除した額が、当該商品・役務（B商品）の費用を下回れば、B商品を単独で提供する事業者は、同等またはそれ以上に効率的な事業者であってもセット販売する事業者に対抗することは困難であり、そうした事業者が市場から排除されるおそれがあることが指摘されている。かかる観点からは、セット販売の割引額全体を競争的商品（B商品）の価格に全て割り当て、これを差し引いた価格を前提に費用割れの有無を判断することが、独占禁止法上問題となる事例を絞り込む上で有益とされる。我が国の電力・ガス市場においては、既存事業者が特定地域において市場支配力を有している場合もあることから、上記のような指摘が妥当する場面が実際にもあり得るものと考えられる。

　(ウ)　**他の小売事業者のセット販売に係る業務提携に対する不当な介入**　　適取ガイドラインでは、小売事業者が、他の事業分野の事業者と業務提携を行うことにより自己の電力・ガスと併せて他の商品または役務を販売する場合において、当該業務提携を行う事業者に対して、他の小売事業者との業務提携を行わ

ないことまたはその内容を自己との提携内容よりも不利なもの（例えば、自己との業務提携の際よりも他の商品または役務の割引額を低く抑えるなど）とすることを条件とすることにより、他の小売事業者の事業活動を困難にさせるおそれがある場合には、独占禁止法上違法となるおそれがあるとする（電力適取ガイドライン第二部Ⅰ2(1)①イⅰ(ⅱ)6頁、ガス適取ガイドライン第二部Ⅰ2(1)①イ(ⅱ)7頁、8頁）。

　小売全面自由化後においては、様々な形態での業務提携が実施され、需要家に多様な選択肢が提供されることが期待される。もともと取引先を不当に拘束することは、独占禁止法上、排他条件付取引、拘束条件付取引、または取引妨害として問題となり易い行為類型であるが、電力・ガス市場でそのような行為が行われると小売全面自由化の効果を減殺しかねないことから、適取ガイドライン上も明記されたものと思われる。

　(エ)　**特定の需要家に対する不当な安値設定等**　適取ガイドラインでは、小売事業者が、他の小売事業者から自己に契約を切り替える需要家または他の小売事業者と交渉を行っている需要家に対してのみ、供給に要する費用を著しく下回る料金を提示することにより、他の小売事業者の事業活動を困難にさせるおそれがある場合には独占禁止法上違法となるおそれがあるとされている（電力適取ガイドライン第二部Ⅰ2(1)①イ(ⅱ)6頁、ガス適取ガイドライン第二部Ⅰ2(1)イ②8頁）。

　事業者が、他の事業者との顧客獲得競争の中で対抗的な価格設定をすることは珍しいことではなく、そのこと自体が独占禁止法上直ちに問題となるわけではない。しかし、有力な事業者が効率的な競争者への対抗手段として相当規模の廉売行為を行う場合には、当該効率的な競争者の事業活動が困難となり、市場の競争機能を害することとなり、独占禁止法上問題となる。

　また、適取ガイドライン上は「供給に要する費用を著しく下回る」場合に限定しているが、前述のとおり、独占禁止法上は、廉売対象商品の特性、廉売者の意図・目的や廉売の効果等によっては、そのような価格・費用基準を満たさなくとも、一般指定6項の不当廉売により違法となり得る点に留意する必要がある。

　(3)　ネガワット取引

　2017年2月6日の電力適取ガイドラインの改定では、新たに「ネガワット取引分野における適正な電力取引の在り方」という章が設けられた。ネガワット

取引については、エネルギー基本計画（平成26年4月閣議決定）において、ディマンドレスポンスの次の段階として、複数の需要家が需要を抑制することにより得られる電気を束ねて取引するネガワット事業者を介するなどして、小売電気事業者等の依頼に応じて需要家が需要を抑制し、その対価として当該需要家に報酬を支払う仕組み（ネガワット取引）の確立に取り組むこととされていたが、2017年4月に類型1②のネガワット取引が制度化されたこと等に伴い、改定が行われたものである（ネガワット取引の類型については、4(1)(イ)(a)を参照）。

　独占禁止法の文脈では、旧一般電気事業者が、不当にネガワット取引の実施を妨げ、ネガワット事業者の事業活動を困難にさせるおそれがある行為が、問題となる行為として列挙されている。具体的には、①旧一般電気事業者であった小売電気事業者が不当にネガワット事業者とのネガワット調整契約の締結を拒絶する行為、②ネガワット事業者と需要抑制契約を締結しようとする自己の需要家に対して不利益な取扱いを行うまたは示唆する行為、③ネガワット事業者と需要抑制契約を締結しないことを条件に不当に低い料金で電気を小売供給したりする行為、④発電事業者が小売電気事業者に対して不当にネガワット事業者とのネガワット調整契約の締結を拒絶させる行為が挙げられている。

　ネガワット取引は、現時点では、一般送配電事業者の調整力（電源Ⅰ´）として活用されている場合が多いのが実情である。今後ネガワット取引がどの程度拡大するか（特に小売電気事業者の供給力として）は現時点では未知数であるが、公正かつ自由な競争環境が整備されなければ、ネガワット取引分野が活性化することもないと思われるため、今後同分野においても独占禁止法の重要性が高まることも予想される。

(4) 小　　括

　今後電力・ガス市場において独占禁止法の役割は一層重要性を増すと考えられ、同市場において事業活動を行う事業者にとって、適取ガイドラインは有益な指針となるものである。

　しかし、実際の事業活動において、競争を制限または排除する行為は多種多様であり、適取ガイドラインに記載されていない行為であっても、独占禁止法上問題となる場合はあり得る。事業者としては、ガイドラインの形式的な記載にこだわるのではなく、基礎にある趣旨を十分理解した上で、個別具体的な行

為や市場状況に応じた適切な分析・判断を行うことが求められる。規制当局としても、事業者間で新たに独占禁止法上問題となり得る行為が発生した場合には、適宜ガイドラインに組み入れるなど、適正な競争環境を維持するための努力を継続することが期待される。

4　全面自由化後の法的・制度的課題・現状
(1)　電気事業分野
(ア)　更なる競争活性化策・公益的課題への対処
　上記のとおり、小売電気事業者の登録者数は、500社を超えている。また、全販売電力量に占める新電力のシェアは、全面自由化直後は約5％だったが2018年9月時点で、約14.1％となっている。このような小売全面自由化後の状況については、着実に自由化が進展してきていると評価できる一方で、競争活性化を通じた更なる電気料金の抑制や需要家の選択肢の拡大も期待されるところである。そして、経済合理的な電力供給体制と、競争的な市場を実現していくといった観点からは、卸電力取引市場の取引を含む、卸電力取引の更なる活性化を進める必要がある。

　また、併せて日本のエネルギー政策の基本である、3E＋S[8)]を実現するためには、市場原理のみでは解決困難な自由化の下で生じる公益的課題への対処、具体的には、安全性・安定供給の確保や再生可能エネルギーの推進を含む環境適合、需要者間での公平性の確保といった課題についての対処も必要となる。

　以上の課題に対処するため、2016年9月から貫徹小委員会が設置され、2017年2月に中間とりまとめ（以下「貫徹小委員会報告書」という）が公表され、その方向性が示された。そして、貫徹小委員会報告書を受けて具体的な制度設計を議論する場として、総合資源エネルギー調査会電力・ガス事業分科会電力・ガス基本政策小委員会の下に制度検討作業部会が設置され、議論が進められている。

　貫徹小委員会および制度検討作業部会においては、後述するkW価値、kWh価値、ΔkW価値や非化石価値など従来電力取引において必ずしも明示的に分けて取引されてこなかった価値をそれぞれ明確にして議論が進められ、制度的

---

8)　エネルギーの安定供給（Energy Security）、経済効率性（Economic Efficiency）、環境への適合（Environment）および安全性（Safety）を確保することをいう。

図2 電力システム改革と各種制度的措置との関係について

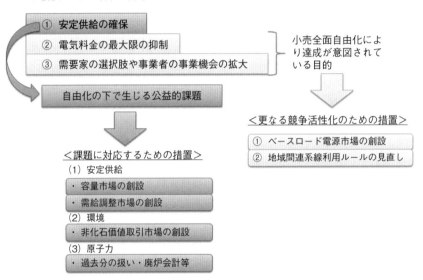

　以下では、紙面の都合上上記図2に記載の各制度的措置のうち、
　　①ベースロード市場の創設
　　②地域間連系線利用ルールの見直し
　　③容量市場の創設
について、要点を解説する。

　　(a) ベースロード市場の創設　　ベースロード電源とは、主として、中長期断面でみた需要家のベース需要に対応する、安定的な供給量として位置づけられるものである。石炭や大型水力、原子力等の安価なベースロード電源については、旧一般電気事業者がその大部分を保有し、または長期契約で締結している。このため、新規参入者のアクセスが限定的となり、それにより、新規参入者はベースロード電源で賄うべき電力の大部分をミドル電源で代替しており、

このことが競争を更に活性化するための障害となっているといわれている[9]。

このため、主として新規参入者のベースロード電源へのアクセスを確保することを目的としたベースロード市場を創設することが示されている。この市場は、2019年に取引を開始し、2020年に受渡しを開始することが予定されている。

ベースロード市場は、当初は1年を受渡単位とした先渡し市場の一種として位置付けると共に利用者の利便性向上の観点から、スポット市場の分断発生頻度を踏まえ、①北海道エリア②東北・東京エリア③西エリアの3つの市場を設定することが予定されている。

また、ベースロード市場における取引の実効性を確保する観点から、旧一般電気事業者（沖縄電力株式会社を除く）および電源開発株式会社（以下総称して「旧一般電気事業者等」という）が保有するベースロード電源により発電された電力の一部を、適正な価格で、ベースロード市場に供出することを制度的に措置することとされている。この供出を求める量については、総需要（kWh）×全国エリア離脱率（％）×ベースロード比率（56％）×調整係数とされている。調整係数は、新電力等のシェアが拡大に応じて1〜0.67まで、徐々に引き下げることが予定されているが、シェアが15％に達する迄は、調整係数が1となるよう設定されている（制度検討作業部会中間とりまとめ（平成30年7月）2.2、1(1)③ 20-21頁）。

このような民間企業である旧一般電気事業者等に対する制度的に供出を求める措置については、財産権との関係で補償の要否（憲法29条3項）が問題となりうる。この点について、貫徹小委員会報告書においては、ベースロード電源の1つである原子力に関する費用の一部を託送料金により回収することを認めることなどの制度的措置を講じていることを理由として補償措置不要と整理されている（貫徹小委員会報告書2、2.2(2)脚注10、7頁）[10]。

また、買い手側も一定の要件が課されている。すなわち、スポット市場等への転売を目的としてベースロード市場で取引することを防ぐ観点から、購入可能な量は、買い手の実需に見合った量とし、転売を禁止することを要件としている。

なお、取引所取引では補足できない事業者のニーズなどに対応するため、新

---

9) 特に負荷変動の小さい産業用等の分野において十分な競争力を有しないといわれている。
10) 必ずしも精緻な法的議論が展開されている訳ではないため、憲法上の財産権の問題として捉えた場合は、この結論に対しては議論がありうるところと思われる。

電力等(旧一般電気事業者等の子会社・関連会社を除く。)と旧一般電気事業者等が締結するベースロード市場と同等の価値を有する相対契約については、その取引量を旧一般電気事業者のベースロード市場への供出義務量などから控除する方向性で議論されている。相対契約による控除可能量は、新電力間の公平性に配慮し、当初は、供出義務量の10％に限るとされている。また、控除対象となる相対契約は、①70％以上の負荷率かつ②受給期間が6か月以上であることとし、③価格についてもベースロード市場への供出上限価格と著しくかい離がないかを確認することとされている。なお、負荷率については、95％に満たない場合、未達量(kWh)を減算して控除することとされている(制度検討作業部会中間とりまとめ2、2.1、③、25、26頁)。なお、ベースロード市場において当初は受渡期間1年の商品が先行する予定であることから、より長期の期間に渡る相対契約を締結するニーズが生じることなどが考えられる。この場合の相対価格は、必ずしもベースロード市場価格と同じにする必要はなく、長期固定のメリットを踏まえた価格設定も許容されるとみられる。

　また、目的が重複する、常時バックアップおよび部分供給のうち、前者については、ベースロード市場からの調達を促す為、旧一般電気事業者の供出義務量から控除すること、後者は需要家ごとに供給形態が異なる点に配慮し供出義務量から控除しないこととされている。また、これらの各制度について、ベースロード市場の創設により直ちに廃止することはせず、事業者が、足下どのような運用を行っているのか、更に分析を進めつつ、検討を深めることとされている(制度検討作業部会中間取りまとめ2、2.1(1)④、33〜36頁)。

　(b) 地域間連系線利用ルールの見直し[11]　現行の地域間連系線(以下「連系線」という)の利用については、「先着優先」[12]と「空おさえの禁止」[13]を原則として利用計画が管理されている。このような「先着優先」を継続する場合、一刻一秒を争って申込みを行うといった不毛な競争が生じる恐れがあり、また、

---

11) 詳細は、制度検討作業部会および広域機関の下で開催されていた「地域間連系線の利用ルール等に関する検討会」の議論をご参照いただきたい。
12) 連系線の利用について、申込み順に容量登録がされ、連系線に混雑が生じた場合、容量登録された時刻が遅い順に抑制することをいう。
13) 容量登録された連系線利用計画を実際の利用量が下回ることが見込まれた段階で、計画値を減少させることを求めることをいう。

先着の事業者は半永久的に連系線の容量の確保が可能となり、先着事業者と後着事業者との間の公平性を欠くという問題がある。更には、先着優先で確保している電源は発電効率が悪いものも含まれており広域メリットオーダーを実現するためには、連系線利用ルールの見直しが不可欠といえる。

このため、広域機関の検討会における議論を踏まえ、貫徹小委員会報告書において、全ての連系線利用を卸電力取引市場におけるスポット市場を介して行う（スポット市場の落札者に対して、間接的に連系線を利用する権利または地位が割り当てられるとする）間接オークション方式を導入することとされた。

もっとも、間接オークション方式を利用した場合、現在相対で契約している電源であっても、連系線を利用して電力を供給する場合は全てスポット市場を利用することが求められるため、電力の販売価格・調達価格が市場価格に依拠することとなるが、スポット市場を利用することによって生じる「①電力の販売価格・調達価格の変動リスク」「②市場分断した場合の市場間の値差リスク」に関する手当てができれば、相対契約を締結していた場合と同様の効果を得ることができる。

①の手当てとしては、相対契約を結んでいた発電事業者と小売電気事業者との間で特定契約を締結することが考えられる。特定契約とは、売り手と買い手が同一価格で市場取引を行った上で、あらかじめ合意した固定価格（特定価格）との差額を精算することにより、実質的に特定価格で電気の売買を行った場合と同様の経済的な効果を得る仕組みをいう。

具体的には、(ア)スポット市場を介して電力を売渡すこと(イ)特定価格(ウ)特定価格の一部（市場価格）が取引所で決済されること(エ)特定価格と市場価格の差額を直接支払うことを内容とした契約を言う（制度検討作業部会中間とりまとめ2.2(2)脚注41、39、40頁）。特定価格は、従来の受給契約における電力量料金（kWh）単価が１つの基準になると思われる。この他、相対を維持したまま①に対応する手法としては、電力の供給を受けた事業者が供給元エリアで売り入札を行うとともに、供給先エリアで買い入札を行うという方法も考えられる。

また、②の手当てとして間接送電権の導入が予定されている。間接送電権とは、市場分断が発生した場合に、スポット市場で実際に約定した電力量の範囲内で、市場間の値差を卸電力取引市場と受け払いする権利を言う。事業者は卸

電力取引市場が発行する間接送電権を保有することで、市場間値差リスクの手当てができるようになる。

なお、現行の連系線利用ルール上、連系線を利用している事業者は10年間の連系線を利用する権利を付与されていたと評価することができることから、かかる権利を保護するため、現在連系線の利用登録をしている小売電気事業者に対し、2016年4月から10年間、一定の条件の下で市場間値差リスクをヘッジする権利を付与することとされている。これは、上記②の手当ての1つであるが、この権利が付与されるためには、小売電気事業者と発電事業者の相対取引が従来と等価になっていること、つまり①の手当てが前提となる。

間接オークション方式は10月に開始され、卸電力取引市場の取引量が1.5倍に拡大した2018年10月には、総需要の25％以上の電力が、卸電力取引市場で取引されており、全面自由化直後は約3％であったことを踏まえると競争環境の整備という観点から1つの大きな成果といえよう。エリア間値差ヘッジ商品の導入については2019年度が目安とされている。

(c) **容量市場の創設**　　従来は、規制料金の下では電源投資に対して確実な投資回収を見込むことができるため、旧一般電気事業者等により供給力が不足することのないよう、計画的な電源投資が行われていたが、今後規制料金の撤廃に伴い、全ての発電事業者は卸電力取引市場の価格等を反映した収益見通しに基づいた投資判断を行うことが必要となる。このため、卸電力取引市場の価格に基づく指標から中長期の投資回収の予見性を確保できない限り、電源投資を控えることが予想される。そして、固定価格買取制度等を通じて再エネが拡大しつつあるため、今後稼働率や卸電力取引市場価格の低下により、売電収入が低下し、その結果、適切なタイミングにおける発電投資意欲を更に減退させる可能性がある。

そこで、貫徹小委員会報告書においては、最も効率的に中長期的に必要な供給力等を確保するための手段として、kW（容量）価値を取引する市場である容量市場を導入する方向性が示された。併せて、容量市場を小売電気事業者が負う供給力確保義務に関する、中長期的な供給力確保義務履行のための手段として位置付けることとされている。

容量市場は、2020年度に取引を開始することを目安としている（但、本脱稿時

点、レジリエンスの観点から2019年度とする方向性で議論がされている）が、広域機関が市場管理者として、一括で調達する集中型を前提として議論が進められている。そのため、具体的な制度設計を検討することを目的として広域機関においても議論が行われている[14]。

このkW価値は、電源建設費や維持管理費などの固定費に相当する。従来の相対契約（受給契約）においては、基本料金や、従量料金の一部に含める形（従量料金のみの場合）で支払われてきたものである。

容量市場の導入後は、kW価値を提供している対価として発電事業者が広域機関から支払いを受ける額を、これらの料金から控除することが必要となる。実際に電力を供給するkWh価値については、引き続き受給契約に基づき取引をすることが可能となっている。

ただし、発電事業者がkW価値の提供を希望したとしても、容量市場で落札できない場合（ケース①）がありうる。また、実需給の断面において、電源の計画外停止が生じるなど実際に電気を供給できない状態にある場合は、発電事業者が広域機関から受け取る額が減額されるといった金銭的なペナルティーが課される場合（ケース②）がありうる。こうした場合に発電事業者と小売電気事業者のどちらがリスクを取るのか、原因や従来の受給契約におけるリスク分担の在り方などを踏まえた協議が必要となる。

例えばケース②については、ペナルティーの原因が発電事業者にあるなら（受給契約と同様に）発電事業者が負担することが適切と考えられる。つまり、相対契約の料金から控除すべき額は、ペナルティーによる減額前の額になるということだ。ただし、この点は現在議論されている、どのような要件（リクワイアメント）を満たさなければペナルティーが課されることとなるのかといった点も踏まえた検討が必要となる。

　(イ)　ネガワット取引の拡大

　　(a)　ネガワット取引の類型　　ネガワット取引については、小売電気事業者が需要抑制により得られた電力を調達するもの（類型1）と、一般送配電事業者が需給調整のために需要抑制により得られた電力を調整力として調達するも

---

14)　広域機関の下で「容量市場の在り方等に関する検討会」が開催されている。

の（類型2）の大きく2つの類型が存在する。そして、類型1は、小売電気事業者が自己の需要家の需要抑制により得られた電力を調達するもの（類型1①）と、小売電気事業者が他の小売電気事業者の需要家の需要抑制により得られた電力をネガワット事業者を介して調達するもの（類型1②）の2つの類型に分類される。類型1①は自己の需要家に需要の抑制を求めるだけであるため、基本的には小売電気事業者とその需要家との相対契約となり、他の事業者との間での電力の取引は発生しない。他方、類型1②はネガワット事業者がその契約する需要家に需要抑制を依頼し、その依頼の結果抑制されたことにより発生した電力を依頼を受けた需要家の小売供給を受けている小売電気事業者から調達をすることとなる。小売電気事業者としては、このネガワット事業者が他の小売電気事業者から調達した電力を調達することになるため、需要抑制の結果発生した電力の取引が発生する（電気事業法上、ネガワット事業者を「特定卸供給を行う事業を営む者」と定義しているのは、このためである）。

類型1②については、2017年4月から、第3段階改正電気事業法のネガワット取引に関する部分が施行されることに伴い、他の小売電気事業者（以下「供給元小売電気事業者」という。）の需要家が生み出したネガワットを、ネガワット事業者を通じて取引を行うことで、別の小売電気事業者が供給力として利用するネガワット取引を制度上明確に位置づけることにより、新たに認められたものである。

類型1②の取引関係については、以下の図3をご参照いただきたい。

(b) **全てのネガワット取引に共通する事項**　電力適取ガイドラインにお

図3　類型1②について

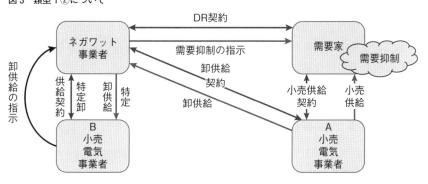

いては、①ネガワット取引の公正かつ有効な利用、②小売電気事業者に求められる説明義務および書面交付義務に準じた説明ならびに書面の交付の実施および需要家からの問合せなどに対する適切かつ迅速な対応や相談窓口を設置することなどが望ましい行為とされている（電力適取ガイドラインⅢ2ア、31、32頁）。なお、問題となる行為については、上記4(3)をご覧いただきたい。

　　(c)　**類型1②について**　　類型1②におけるネガワット事業者は、現状はネガワットの取引量がさほど多くないことなどを踏まえ、電気事業法上、小売電気事業者のように登録等の許認可や届出が必要な事業者とは位置づけられていない。

　もっとも、適正な電力取引の確保や需要家保護の観点から、一定の規律は必要であり、「特定卸供給」の定義に関する電気省令において、需要家保護の観点から適切な情報管理体制を維持することなど一定の要件を満たす卸供給を「特定卸供給」と位置付けることにより、類型1②のネガワット事業者となるための要件を限定している。この結果、充実した情報管理体制の維持等ができない者は、「特定卸供給を行う事業を営む者」ではないこととなり、託送供給等約款に基づき一般送配電事業者との間で締結される電力量調整供給契約を締結することはできなくなる。なお、電力適取ガイドラインにおいても、「特定卸供給を活用してネガワット取引を行うための要件」として、同様の規律が求められている（同ガイドラインⅢ1(1)、29頁）。

　また、類型1②におけるネガワット取引においては、ネガワット取引に関する諸条件について、ネガワット事業者、供給元小売電気事業者および需要家が事前に協議するパターン（直接協議スキーム）、第三者がネガワット事業者と供給元小売電気事業者の間の仲介を行うパターン（第三者仲介スキーム）ならびに供給元小売電気事業者および需要家があらかじめ供給したとみなす電力量を確定させる確定数量契約を締結するパターン（確定数量契約スキーム）の3つに分かれる。

　このうち、2017年4月1日からスタートするのは、直接協議スキームである[15]。当初2017年中の導入を目途とされていた第三者仲介スキームについては、関係事業者間で実務面も含め導入にあたって必要な論点を整理・検討すべきと

---

15)　前述の電力適取ガイドラインにおいて規定されている「特定卸供給を活用してネガワット取引を行うための要件」も直接協議スキームのみを対象としている。

の意見が多かったため、(他のスキームを含め)広域機関の下で開催する実務者会合を組織し、引き続き検討することとされた。この点については、実態として、旧一般電気事業者である小売電気事業者の需要家の需要を抑制したことにより得られた電力をネガワット事業者が調達してくるケースが多くなることが見込まれるところ、直接協議スキームにおいては、求められる情報提供の中身次第ではあるものの競争情報（どの需要家がどのアグリゲーターと契約しているかなどの情報）が旧一般電気事業者である小売電気事業者が全て把握できる結果となるという問題点がある。そのため、現時点では、第三者仲介スキームの導入に向けた動きはないが、将来的には具体的なニーズを踏まえ、建設的な議論が行われることが期待されるところである。

(d) 類型2について　各一般送配電事業者において実施される調整力公募においては、ネガワットについても一般送配電事業者の調整力の1つ（電源Ⅰ′）として位置付けられている。そして、2018年は、厳しい寒さと猛暑が連続したこともあり東京電力パワーグリッド管内で年間の発動予定日数の12回を超えた発動が実施されており、その果たす役割の重要性が増しているといえる。

(e) 今後の見通し　ネガワット取引については、現時点において、必ずしも競争環境が十分に整備されているとまではいえず、ネガワット取引が十分に活性化している状況にはないといえる。

　もっとも、容量市場における取引にネガワット取引を含めることが示されており、一般送配電事業者の調整力としての需給調整市場における活用などと併せてネガワット取引の更なる活用が期待されているところである。また、自然災害発生時における、ネガワット取引の積極的な活用やネガワット取引そのものではないものの、余剰の自家発電設備の調整力や供給力としての活用といった点についても、デマンドレスポンスビジネスといった観点からは1つの重要な視点となる。このような広い意味を含め、ネガワット市場の今後の拡大が期待されるところである。

　また、今後ネガワット取引が拡大するにつれて、ネガワット事業者を電気事業法上明確に位置付け、一定の義務をネガワット事業者に課すことの要否などについても、議論が必要となるものと思われる。

(2) **ガス事業分野**

前記のとおりガスの小売全面自由化以降も、ガス小売市場への新規参入が十分に進んでいないといった課題がある。

この点に関して、2018年6月に閣議決定された「規制改革実施計画」においても、ガス小売市場における競争を促進する観点から、①ガス卸取引の促進、②一括受ガスによる小売間競争の促進、③熱量バンド制への移行、④LNG基地の第三者利用の促進等について検討し、必要に応じて措置を講じることが求められているところである。これを受けて、同年9月、電力・ガス基本政策小委員会の下でガス事業制度検討ワーキンググループが新たに設置にされ、上記各課題について議論が進められている。新規参入者に対する相対卸取引の制度的措置などガス小売事業の新規参入促進のための実効的な仕組みづくりが期待されるところである。

5　今後の課題および見通し

電力・ガス分野に共通する課題は、全面自由化の下で今後どのようにして競争を活性化していくか、という点である。もっとも、競争が活性化すること自体が目的ではなく、競争により料金の抑制や需要家の選択肢の拡大など需要家の利益に結びつくことが重要といえる。競争活性化という点に関しては、電力・ガス取引監視等委員会において同委員会事務局長の私的懇談会としてではあるが「競争的な電力・ガス市場研究会」が開催され、2018年8月に中間論点整理が示されている点が注目される。そこでは、経過措置料金の解除基準の他、長期契約、セット割等の小売市場における競争政策上の課題や、卸市場における競争政策上の課題に対する考え方等が示されており、今後の政策の動向を知る上で、参考になるといえる。

なお、電力については、平成24年9月に公正取引委員会から、「電力市場における競争の在り方について」と題して、旧一般電気事業者の発電と小売（販売）分野を分離するいわゆる発販分離についての提言が出されている。もっとも、発販分離の目的は、卸電力市場の活性化であり、貫徹小委員会の提言に基づく一連の制度的措置と同一といえる。そのため、送配電部門と発電小売部門との別会社化を求める法的分離と同様の措置を取ることは、少なくとも現時点では考え難く、将来的な検討課題といえよう。

VI章　電気事業のユニバーサル・サービスに関する法的課題

一般財団法人　電力中央研究所
主任研究員　佐藤　佳邦

1　電力の小売全面自由化とユニバーサル・サービス

(1)　はじめに：事業法とユニバーサル・サービス

ユニバーサル・サービスとは、一般に、国民生活に不可欠な役務（サービス）とされる。伝統的な公益事業である電気[1]・ガス[2]・水道[3]のほか、電気通信（テレコム）[4]や郵便[5]がその典型例とされるが、近年では金融サービス[6]やブロードバンド接続サービスにまでその概念を拡張する動きもある。

---

1) 電気事業のユニバーサル・サービス確保策について検討するものとして、丸山真弘「電気事業における供給義務とユニバーサル・サービス」公益事業研究51巻1号15頁、古城誠「電力自由化とユニバーサル・サービス」八田＝田中編著『電力自由化の経済学』211頁〔東洋経済新報社・2004〕、佐藤佳邦＝丸山真弘『競争環境下における電力需要家保護制度の検討―米国及びEU諸国の現状と課題―』〔電力中央研究所・2007〕などがある。
2) 低所得者保護策を中心に英米のガス事業のユニバーサル・サービス確保策を検討するものとして、友岡史仁「ガス事業におけるユニバーサル・サービスの英米比較―低所得者層に対するPublic Serviceの確保を中心にして」公益事業研究54巻3号81頁がある。
3) 鈴木文彦「水道民営化あるいは官民連携のメリットと課題」大和総研コンサルティングインサイト（2011年3月9日）（http://www.dir.co.jp/consulting/insight/public/110309.html）は、水道民営化後の不採算事業の維持を、ユニバーサル・サービス確保の問題と位置付けて検討している。
4) 電気通信事業について検討するものとして、青木淳一「電気通信分野の市場自由化とユニバーサルサービス」法学研究81巻12号1頁などがある。
5) 郵便事業について検討するものとして、全逓信労働組合『郵政事業におけるユニバーサルサービスの理論と実践』〔全逓総合研究所・1999〕、北清広樹「最近の英国郵便事業の動向について―2000年郵便サービス法を中心に―」郵政研究所月報2001年5月38頁、桜井徹「郵便事業の民営化・自由化とユニバーサルサービスの確保」公益事業研究54巻4号1頁、桜井徹「郵便事業自由化と社会的規制―ドイツにおける最低賃金導入問題を中心に―」立命館経営学46巻6号69頁などがある。
6) OECD, LIBERALISATION AND UNIVERSAL ACCESS TO BASIC SERVICES—TELECOMMUNICATIONS, WATER AND SANITATION, FINANCIAL SERVICES, AND ELECTRICITY (2006).

政府規制下の事業では、通常、独占を認められた既存事業者が供給義務を負い、ユニバーサル・サービスの維持を担う。すべての需要家に均一の料金を設定すると、離島や山間地域など需要密度が低いエリアに居住する需要家向けのサービスは、費用割れ（赤字）で提供されることとなる。その場合の赤字分は内部相互補助、すなわち、料金を通じた都市部などの需要家から離島などの需要家への補助により補填される。しかし、自由化により競争が導入されると、通常、新規参入者は都市部などを狙って参入する（いわゆるクリーム・スキミング現象）。既存事業者はこれに対抗するためこれら需要家向けの料金を引き下げる必要があるが、上記の赤字を補填する原資を失ってしまう。

以上が、自由化後にユニバーサル・サービス確保が問題となることのおおまかな説明である。

電気事業に先駆けて競争導入が図られた電気通信分野では、ユニバーサル・サービスが法律上の位置付けを有している。電気通信事業法（昭和59年法律86号）は、「国民生活に不可欠であるためあまねく日本全国における提供が確保されるべきものとして総務省令で定める電気通信役務」（同7条）を基礎的電気通信役務と位置付けている。そして、これを提供する適格電気通信事業者（同106条）としてNTT東日本・同西日本が指定され、基礎的電気通信役務支援機関（同107条）によりユニバーサル・サービス基金制度が運用されている[7]。

このような制度的な背景や、ユニバーサル・サービス（universal service）という言葉が元々は米国の電気通信事業で用いられたという経緯からが[8]、我が国のユニバーサル・サービスを巡る議論も同分野に関するものが多かった。これに対して電気事業では、ユニバーサル・サービスは法律上の明確な位置付けを有していない。

しかし、ユニバーサル・サービスの維持が、規制下の時代から電力会社（旧一般電気事業者）にとって重要な責務と認識されていたことは疑いがない[9]。また、

---

7) 基礎的電気通信役務支援機関として、一般社団法人電気通信事業者協会が指定されている。

8) もともと米国の電話会社AT&Tの広告宣伝用キャッチコピーにすぎなかったユニバーサル・サービスという言葉が、政策的含意を含むものに変容していった過程については、依田高典『ネットワーク・エコノミクス』〔日本評論社・2001〕147頁以下を参照。

9) 例えば、旧一般電気事業者の社長の対談記事である、「ユニバーサルサービスの完遂こそ沖縄電力の企業価値」エネルギーフォーラム2004年10月号40頁を参照。

今般の電力システム改革の議論の過程では、電力供給はユニバーサル・サービス（「国民生活や産業活動になくてはならない必需的なサービス」）に含まれると整理され[10]、その維持確保策として各種の需要家保護策が採用された[11]。

(2) **本章のねらいと構成**

今般のシステム改革に伴って採用された一連の需要家保護策のうち、政府審議会で明示的に「ユニバーサル・サービス」の名の下に整備されたのは、離島での電力供給の平準化措置のみであった。

しかし筆者は、電気事業のユニバーサル・サービスを離島問題に限定することは、本来のユニバーサル・サービスの範囲を矮小化するおそれがあり、不適切だと考えている。同時に、ユニバーサル・サービスの意義を十分に検討しないままに制度設計を行えば、その無制限な拡大にも繋がりかねない。

そこで本章では、電気事業におけるユニバーサル・サービス確保のための諸制度が、小売全面自由化や送配電部門のアンバンドリングといった諸改革によってどのように変容したのか、残された課題はなにかなどについて論じる。

そのため、まず次節（第2節）において、電力システム改革に伴い採用されたユニバーサル・サービス確保のための諸制度とその課題を指摘する。そして第3節では、内外の法令などを参照し、ユニバーサル・サービスが意味する範囲を可能な限り明らかにした上で、残された論点を指摘する。

2 全面自由化後におけるユニバーサル・サービス確保策

(1) **規制下のユニバーサルサービス確保策と小売自由化**

小売全面自由化前には、電気事業におけるユニバーサル・サービスの維持・確保は、各供給区域の大手電力会社（旧一般電気事業者）が担っていた。旧一般電気事業者は、その供給区域内の独占的供給を認められることの引き換えとして、家庭用を含めた非自由化対象の需要家への供給約款による供給を義務付けられていた（電気旧18条1項）[12]。その場合の料金その他の供給条件は、経済産業大臣が認可する供給約款に基づく、いわゆる規制料金であった（同旧19条1項）。そ

---

10) 総合資源エネルギー調査会総合部会 電力システム改革専門委員会（第2回）事務局資料。
11) 政府審議会における議論にそって論点を検討したものとして、古城誠「『ユニバーサルな電力供給』のためのセーフティネットのあり方」都市問題2013年7月号92頁を参照。

の料金はいわゆる総括原価主義に基づき算定され（同旧19条2項1号）、特定の需要家を不当に差別的に扱うことなども禁止されていた（同旧19条2項4号）。

また、主として家庭用需要家を対象とした契約種別（いわゆる料金プラン）には、各月の電気の使用量に応じて従量料金単価が段階的に高くなる、いわゆる「三段階料金」が採用されていた。この三段階料金の下で120 kWh/月までに適用される低廉な電気料金単価は、国民生活に不可欠で国が保障すべき最低生活水準に対応する、「ナショナル・ミニマム」を確保するためのものであると説明されてきた。

このように、かつての規制下では、旧一般電気事業者の供給義務と料金規制によって、ユニバーサル・サービスの維持をはかってきた。

しかし、すでに第V章で見たように、電気事業法（昭和39法170）の改正（平成26法72）により、電力の小売部門が全面自由化され、2016年4月から家庭用を含むすべての使用者に小売自由化範囲が拡大された[13]。この自由化には、二つの側面がある。

第一は、小売電気事業への参入の自由化である。自由化前は、一般の需要に応じ電気を供給する一般電気事業（上記改正前の電気事業法 旧2条1項1号）は、経済産業大臣による許可を受けた各地域の一般電気事業者（同旧2号）にのみ認められ、PPS（Power Producer and Supplier）や新電力と呼ばれた特定規模電気事業者（同旧8号）による供給は特定規模需要（2004年4月からは契約電力50 kW以上）に限って認められていた。自由化後は、家庭用を含むすべての使用者に対する電気の供給が、登録制の小売電気事業者（電気2条1項3号）に認められることとなった。第二の側面は、料金の自由化である。従前の電気料金はいわゆる規制料金であったが、自由化により料金の認可制は撤廃され、小売電気事業者は料金その他の供給条件を自由に決定できることとなった。

参入の自由化で、かつての一般電気事業者の小売部門に相当する、小売電気事業者には、従来のような供給義務は課されないこととなった。しかし、電気はその利用者、とりわけ一般家庭の生活に不可欠なサービスであり、その供給

---

12) このほか、自由化対象の需要家に対しても、最終保障約款による供給が義務付けられていた（電気旧19条の2第1項）。

13) 都市ガス事業についても、2017年4月から全面自由化が実施されている。

が途絶えると重大な不都合が生じる。そこで、従来の供給義務が消滅した後にも需要家への供給を担保する制度が必要となった。

(2) 小売自由化に伴い採用されたユニバーサル・サービス確保策

そこで、小売自由化後においても需要家に対するユニバーサルな電力供給を担保するために採用された電気事業法上の制度が、㋐特定小売供給、㋑最終保障供給、㋒離島供給である。

㋐ 特定小売供給（経過措置期間の規制料金）　1つ目の制度が、競争が十分に進展するまでの時限的措置として採用された、特定小売供給である。

自由化により需要家は自ら供給者（小売事業者）を選択することが可能となるが、その開始直後は既存の大手電力会社（旧一般電気事業者の小売部門）以外に十分な数の新規事業者が参入する保証はない。とりわけ、大都市を多く抱える地域以外への参入は、しばらく時間を要すると思われる。新規参入による既存事業者に対する競争圧力が不十分だと、小売の料金規制が撤廃されているため[14]、既存事業者が市場支配力を行使し、小売電気料金を大幅に引き上げるおそれが生じる。

このような、自由化開始直後のいわゆる「規制なき独占の問題」[15]に対処するため、電気事業法は、「小売電気事業者間の適正な競争関係が確保されていないことその他の事由により、当該供給区域内の電気の使用者の利益を保護する必要性が特に高いと認められる」（平成26年改正法の附則16条1項）地域については、全面自由化後も当面の間、既存事業者に供給義務を課すこととし、その料金その他の供給条件についても、「特定小売供給約款」による認可制を採用することとした。

この特定小売供給の制度は改正法の附則に規定されており、自由化開始後の時限的なものであり、これが実施される期間は、経過措置期間と呼ばれている。したがって将来競争の進展が確認された時点で撤廃が予定される。その判断は、日本全土一律ではなく、事業者ごと（厳密には「指定旧供給区域ごと」）に判断することとなっている（上記附則16条2項）。

---

14)　ネットワーク部門（一般送配電事業者）の託送料金については、引き続き認可制となる。
15)　佐藤＝丸山・前掲注1)は、日本の特定小売供給制度に相当する、諸外国（米国諸州・英独仏）の規制料金制度を調査・整理している。

(イ)　**最終保障供給（ラスト・リゾートの確保）**　次に、自由化後にどの事業者からも電力供給が受けられない需要家が生じないための最終保障供給（電気2条1項8号イ）の制度がある。本制度は、その内容から、ラスト・リゾート供給などと呼ばれることもある。

　自由化後には、電気事業者がどの需要家に供給を行うかは、電気事業者の経営判断に委ねられることとなる。事業者は利潤率の高い需要家に向けた営業や供給を優先することから、いずれの電気事業者からも電力の供給を受けられない需要家が生じるおそれがある。とりわけ、信用力が低い低所得者層に該当する需要家などは、このようなおそれが高いと言える。また、自由化後の競争環境では、事業者が経営破綻などにより突如として事業を停止するおそれがあるが、そのような事業者から電気の供給を受けている需要家を保護する必要もある[16]。

　このような事態が生じぬよう、電気事業法は平成12年の部分自由化開始時から、最終保障供給の制度を設けていた。すなわち、当時の一般電気事業者に対して、経済産業大臣に対する最終保障約款の届出と、それに基づく供給義務を課していた。平成28年に開始した家庭用など低圧部門の自由化においても、最終保障供給約款の制度が維持されているが、その義務主体が旧一般電気事業者から一般送配電事業者に変更されている。ただし、いわゆる経過措置期間においては、家庭用を含めた低圧部門の需要家に対する供給確保は上述の特定小売供給が担っている。

　(ウ)　**離島供給(離島ユニバーサル・サービス)**　電力システム改革でユニバーサル・サービスの名の下に制度設計がなされたのは、離島の電気料金水準の平準化措置（離島ユニバーサル・サービス）である。

　需要密度が高い都市部などを含む地域では、大規模電源の建設による効率化などで発電費用を低廉に抑え、これを大規模系統を通じて供給することが可能である。また、山間地域や離島であっても、電力系統が主要系統と連系してい

---

[16]　佐藤＝丸山・前掲注1）は、諸外国における最終保障供給制度について、整理検討している（ただし同報告書は、ここでいう最終保障（ラストリゾート）を米国にならってデフォルト・サービスと呼び、供給事業者が破綻した場合の継続的供給確保策をラストリゾートと呼んでいることに注意）。

る限り、発電費用は本土地域と変わらない。しかし、系統から切り離されている離島では、ディーゼル発電などの内燃力に依存せざる得ず、発電費用は本土地域よりも高額となる。にもかかわらず、全面自由化前には、同一電力会社の域内では均一の電気料金メニューが適用されていた。この場合に離島供給に要する費用は、総括原価の下で発電費用として計上されていた。それを供給区域内の需要家全体で負担していたのである。

しかし、本章の冒頭で述べたように、自由化後も系統から切り離された離島地域に従来通り本土と同程度の水準の電気料金で供給することは困難である。

そこで、2016年の小売全面自由化に際して、離島供給（電気2条1項8号ロ）の制度が導入された。同制度は、旧供給区域内の離島に対する電力の供給をそれぞれの一般送配電事業者に対して義務付けるものである（電気17条2項）。これは、最終保障供給約款による供給義務が旧一般電気事業者から一般送配電事業者に変更されたのに伴い、一般送配電事業者の義務として合わせて規定されたものである。

離島供給は、離島供給約款によるものでなければならない（電気21条1項）。同約款は最終保障供給約款と同様、認可制ではなく変更命令付きの届出制となっており、域内に多くの離島を抱える九州電力や沖縄電力など計7社が離島供給約款を経済産業大臣に届け出ている[17]。

離島供給制度の趣旨が離島における供給の確保と料金水準の平準化にあるため、一般送配電事業者が経済産業大臣に届け出る離島供給約款は、「料金の水準がその供給区域……において小売電気事業者が行う小売供給に係る料金の水準と同程度のものであること」（電気21条3項1号）が求められている。また、その趣旨から当然ではあるが、自由化以前の供給約款や経過措置期間の特定小売供給約款とは異なり、いわゆる原価主義は採用されてはおらず、いわゆる政策料金と言える。

一般送配電事業者が離島供給に要した費用は、託送料金を通じて回収される[18]。したがって、電気通信におけるユニバーサル・サービス料金のように、そ

---

17) 中部電力、関西電力及び四国電力の3社は、系統が本土と連系していない離島を有さないため、離島供給約款の届出を行なっていない。経済産業省平成27年12月28日付けプレスリリース（「電力会社の最終保障供給約款及び離島供給約款の届出を受理しました」）を参照。

の費用を別立てで回収するスキームが採用されているわけではない。
　以上でみた、小売自由化後に採用されたユニバーサル・サービス確保のための制度を、**表1**に示す。

表1　小売自由化により採用されたユニバーサル・サービス確保策

制度	供給主体・特徴など
(ア)特定小売供給	・みなし小売電気事業者に供給義務。 ・小売全面自由化直後の経過措置。競争進展を待って廃止。
(イ)最終保障供給	・一般送配電事業者に供給義務。 ・いずれの事業者とも契約が成立しない需要家向けの例外的な措置。
(ウ)離島供給	・一般送配電事業者に供給義務。 ・離島における供給確保と料金平準化が目的

出典：各種資料から筆者作成

(3)　ユニバーサル・サービス確保策の課題

　小売全面自由化にあわせて採用されたユニバーサル・サービス確保のための制度、すなわち、特定小売供給、最終保障供給、離島供給について述べた。ここでは、これらの制度が有する課題について、個別に述べたい。

　(ア)　**特定小売供給の課題**　　特定小売供給の義務を負うのは、みなし小売電気事業者(旧一般電気事業者の小売部門)である。これは、最終保障供給と離島供給の義務がいわゆるネットワーク部門を運営・管理する一般送配電事業者に課せられているのとは対照的である。

　みなし小売電気事業者は、特定小売供給を実施する経過措置期間においても、規制のない自由料金プランによる供給も並行して行う。これを一般の需要家から見ると、同一の事業者が規制料金(特定小売供給約款)と自由料金を提示するのは、制度的にわかりにくい可能性がある。

　のみならず、特定の事業者が政府が関与する規制料金を提供しているという事実が、需要家からの信頼感などにつながる可能性は否定できない。これは新

---

18)　一般送配電事業託送供給等約款料金算定規則(平成28年経済産業省令22号) 9条以下。

規参入者と既存事業者の公平な競争環境整備の観点からは、必ずしも好ましくはない。ただし、特定小売供給で供給を受ける需要家もいずれは自由料金に移行することが想定されており、もしも特定小売供給に関連する業務を一般送配電事業者に負わせるとすると、時限的措置にすぎない業務を担当する人員その他のリソースの整備を強いることになり、現実的ではなかったとも言える。

移行措置期間に実施される特定小売供給をめぐる最大の課題は、その廃止のタイミングである。改正法（平成26年法律72号）の附則16条2項は、「経済産業大臣は、指定旧供給区域について前項に規定する指定の事由がなくなったと認めるときは、当該指定旧供給区域について同項の規定による指定を解除するものとする」としており、この指定解除により、みなし小売電気事業者による特定小売供給約款に基づく供給義務も廃止される。経済産業大臣は、「小売電気事業者間の適正な競争関係が確保されていないことその他の事由により、当該供給区域内の電気の使用者の利益を保護する必要性が特に高いと認められる」（同条1項）地域を指定するのであるから、指定を継続することが適当か判断するため各地域の競争状況の把握が必要となる。そこで、経済産業省では全面自由化後の競争状況についてレビューを実施することとなっている。レビューの実施にあたっては、市場構造、市場動向、事業者行動、需要家行動の4つの側面から判断するとの方向性が示されており、それぞれについての細目もすでに示されている（**表2**を参照）。

ところで、競争レビューを実施する電力・ガス取引監視等委員会は、競争進展状況の判断に際して、みなし小売電気事業者の規制料金から自由料金にどの程度の需要家が移行しているかも考慮するとの方針を述べている[19]。しかし、すでに電力自由化を実施した諸外国の経験からは、移行期に存置される規制料金の存在そのものが競争の進展を妨げるおそれが示唆される。すなわち、規制料金の料金水準が比較的低廉であり、需要家にとって魅力的なものであると、わざわざ自由料金プランに切り替えるインセンティブは必ずしも高くない。その結果として規制料金から自由料金への離脱が進まないと、競争レビューにお

---

19) 電力・ガス取引監視等委員会「電力市場における競争状況の評価に関する基本方針」（平成28年11月9日）11頁は、「(2) みなし小売電気事業者における規制料金・自由料金間の変更件数」を競争状況の判断要素の1つとして挙げている。

表2 電力市場で実施される競争評価のポイント

市場構造	①市場シェアの状況 ②卸電力取引活性化の状況 ③ネットワークの中立的かつ競争促進的な運営 ④需要家のスイッチングの環境/構造
市場動向	①価格の動向 ②消費者利益の状況
事業者行動	①プレイヤーの数・種類 ②競争的な事業活動の状況 ③ビジネスモデル・技術革新の創出
需要家行動	①スイッチングの動向 ②需要家の意識

出典:電力・ガス取引監視等委員会「電力市場における競争状況の評価に関する実施細目（案）」（第58回・平成28年11月8日）7頁

図1 移行措置期間の規制料金存置による問題

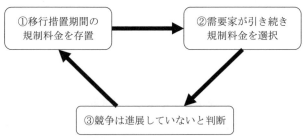

出典:各種資料から筆者作成

いて競争がいまだ進展していないと判断されかねない。その結果、規制料金が引き続き存置される。このようなある種の「悪循環」を簡潔に描いたのが図1である。

確かに、従前通り原価主義が採用されている我が国の特定小売供給とは異なり、諸外国における移行期の規制料金は政治的に安く据え置かれ、場合よっては原価割れとなっている例もあり、そのことが需要家が規制料金に停滞する原

因になっていることは確かである[20]。しかし、家庭用需要家はそれなりの料金削減効果がない限りわざわざ料金プランを変更しない可能性もある。そのため、日本の特定小売供給も同様の効果を持つ懸念はあるだろう。

また、規制料金を存置した場合に、需要家がいったん自由料金へ切り替えたあと、再び規制料金への復帰を認めるかどうかが問題となる。諸外国の電力小売自由化の事例では、いちど規制料金から自由料金へ切り替えた需要家が再び規制料金を選択することを認めない立法例もある[21]。しかし、日本の特定小売供給約款には、一度自由料金で供給を受けた需要家との再契約を禁止するような制約はかけられてはいない。このことは、かりに自由料金が高騰した場合においても、規制料金というある種の「保険」があることになり、需要家の自由料金への切り替えを促す効果があると思われる。

(イ) **最終保障供給の課題** 最終保障供給は現在、高圧以上の需要家にのみ届け出られており、家庭用を含めた低圧需要家については届け出はなされていない。その理由は、経過措置期間においてはみなし小売電気事業者による特定小売供給の制度が存在するため、最終保障供給により需要家を保護する必要がさしあたり存在しないからである。

経過措置期間が終了し、家庭用を含む低圧需要家に向けた特定小売供給約款の廃止後には、最終保障供給約款に基づき一般送配電事業者が供給を行うことになるが、その際、低圧向けの最終保障供給約款、特にその料金水準が問題になるだろう。

移行措置期間に提供される特定小売供給約款は、自由化前の供給約款と同様に、経済産業大臣の認可の要件として「料金が能率的な経営の下における適正な原価に適正な利潤を加えたものであること」という原価主義が採用されてい

---

20) 筒井美樹ほか『欧州の電力小売全面自由化と競争の実態——規制料金の現状・需要家の選択行動・供給者の対応』〔電力中央研究所・2013〕7-10 頁は、フランスとドイツの実態を例にあげて、規制料金プランの水準が低廉に抑えられることにより、需要家による規制料金から自由料金への切り替えが進まず、競争が進展しない現状を紹介している。
21) 2007 年に家庭用の全面自由化を実施したフランスでは、家庭用の自由開始当初は、規制料金から自由料金へ切り替えた需要家については、規制料金への復帰は認められていなかったが、2008 年法改正により、自由料金への切り替え後 6ヶ月を経過したときは規制料金を選択することが認められることになった。しかし、2010 年 10 月 30 日以降は、規制料金への復帰が認められない制度に、再度改められた。以上につき、筒井ほか・前掲注 20) 9-10 頁を参照。

る[22)]。他方で、最終保障供給約款には、そのような厳密な原価主義は要求されていない。実際に、現在の高圧以上の需要家向けの最終保障供給約款では、一般的な料金プランよりもおよそ2割ほど高く料金が設定されている[23)]。そのような割高な料金設定を経過措置期間解除後の低圧需要家向けにも適用した場合、とくに家庭用需要家保護の観点から、批判が起きることが予想される。

そのような場合、最終保障供給約款の経済産業大臣による変更命令の要件である、「社会的経済的事情に照らして著しく不適切であり、最終保障供給約款により電気の供給を受ける者の利益を著しく阻害するおそれがあるものでないこと」(電気20条3項4号)に該当するかどうかが問題になるであろう。

　(ウ)　**離島供給の課題**　　離島供給は、電力システム改革の議論において「離島ユニバーサル・サービス」の確保の問題として取り上げられ、制度設計がなされた。

離島におけるラスト・リゾートとしての電力供給の担い手を指定し、供給を義務付けることはあり得るとしても、料金の平準化措置、すなわち料金水準を本土並みとすることを保障することが本当に必要なのか、また適当であるのかは、議論のわかれるところである。これら離島供給に要する費用は、一般送配電事業者(旧供給区域)によって大きく異なるものの、エリア内に離島を多く抱える事業者では、かなりの金額となる[24)]。

このような多額の支出を伴う離島の料金の平準化については、かねてより経済学的な観点からの批判があった。

本章の冒頭で述べたように、電気通信(テレコム)分野では離島におけるサービス提供費用などを捻出するためのユニバーサル・サービス制度が創設・運用されている。しかし、テレコム分野と電気事業分野は同じネットワーク産業では

---

22)　これと同一の文言は、引き続き原価主義が採用される託送供給約款の認可の条件にも用いられている(電気18条1項)。

23)　最終保障約款による電気の供給が例外的かつ短期的なものであることを前提に「臨時電力(工事等のための1年未満の契約)」の単価と同等に設定されている。第5回電力システム改革専門委員会(平成24年5月18日)事務局提出資料「～小売全面自由化の具体策～」を参照。

24)　例えば、最も多くの離島を抱える九州電力が平成28年10月に届け出た離島供給約款の申請書(九州電力株式会社「託送供給等約款認可申請書」(平成28年10月31日))では、総離島供給費としておよそ833億円が計上されている。

あるものの、ネットワーク外部性の有無という違いがある。

　ネットワーク外部性とは、あるネットワークに接続される利用者の数が増えてネットワークの規模が拡大することが他のユーザーにとって便益となることである。電話回線網をはじめとする電気通信ネットーワークは、ネットワーク外部性が生じるネットワークの典型例とされる[25]。離島を含めネットワークに接続される利用者が増えると、都市部に住む利用者にとっても、相互通信可能な相手の数が増えるため、ネットワーク全体の価値は増加する。したがって、離島におけるサービス提供費用の負担を都市部などの利用者に求めることが、一応正当化され得る。

　しかし、電気事業においては、そのようなネットワーク外部性は存在しない。つまり、離島における電気供給が確保されたとしても、島外に居住する需要家にとって直接的な便益はない。もちろん、都市部の住民が旅行などで離島を訪れた際には便益を受けることになるが、それはあくまで当該離島における電力利用者としての便益と考えるべきものである。そのため、電気通信分野とは異なり、電力分野ではネットワーク外部性の観点から都市部の住民に離島供給にかかる費用を負担させることはできず、本来は別個の正当化根拠が必要となるはずである[26]。しかし、この点について、必ずしも明確になっているとは言えない（表3を参照）。

　また、かりに離島供給になんらかの公共的な意義があるとしても、費用回収の方法についてはさらに議論の余地がある。現状の離島供給の制度は、各地域の一般送配電事業者ごとに費用を計算し、当該地域の需要家から託送料金の一部として回収している。しかし、離島供給に要する費用が公共的な意味があるのであれば、当該地域の需要家のみならず、全国の需要家に負担させるべきではなかったのかと思われる。この点については、自由化前との整合性を優先したものであるが、制度論としてはなお検討の余地があろう。

　また、ユニバーサル・サービス料金として別立てでその費用が回収される電

---

[25] ネットワーク外部性については、依田・前掲注8)、浅井澄子「ネットワークの経済的特性と規制改革」塩見英治編『現代公益事業　ネットワーク産業の新展開』〔有斐閣・2011〕33頁などを参照。
[26] 八田達夫「電力自由化後のユニバーサルサービス論」月刊エネルギーフォーラム2001年1月号94頁を参照。

表3 離島補助策における電気通信事業と電気事業の比較

	電気通信事業	電気事業
ネットワーク外部性の有無	ネットワーク外部性が存在する。 ＊ネットワークに接続されるユーザーの数が増えれば、他のユーザーにとっても便益となる。	ネットワーク外部性は存在しない。 ＊離島における供給が確保されても、都市部のユーザーにとっては直接的な便益はない。
他の使用者による費用負担	ネットワーク外部性の存在が、離島などに対する供給費用を都市部等の需要家に負担させることの根拠の一つとなる。	離島供給費用を都市部等の需要家にも負担させるための根拠が、別途必要である。

気通信と異なり、託送料金と一体として回収する現在の方法では、需要家がその費用を認識することも困難となるが、このことは、費用負担の可視化の観点からは改善の余地があると言えよう。

3 残された課題：低所得者層の保護とユニバーサル・サービス
(1) 法令等に見るユニバーサル・サービスの定義とその要素

本節では、ユニバーサル・サービスというものの定義をある程度明確にしておく。ユニバーサル・サービスには明確な定義があるわけではなく、事業分野・地域・時代によって変容する概念と言える。しかし、様々な定義を並べて共通する要素を見つけることで、おおよその外縁を示すことは可能であろう。そして、その定義に照らして、現在の日本の電気事業におけるユニバーサル・サービス確保策の問題点や不足している点を示す。

表4には、国内外の法令や各種文書に示された、ユニバーサル・サービス（universal service）の定義ないし説明を示している。これらからは、ユニバーサル・サービスの要素として、㋐利用可能性、㋑価格の妥当性、㋒非差別性が挙げられる[27]。なお、これらの要素はかならずしも独立のものではなく、それぞれ関連し、またはある程度重なり合うものである。

　㋐ **利用可能性**　　ユニバーサルサービスの要素の1つ目が、サービスの

---

27) これに近い整理をするものとして、経済協力開発機構（OECD）による報告書（前掲注6））を参照。

表 4 法令などにみるユニバーサル・サービスの定義

	出典	定義
①	電気通信事業法「基礎的電気通信役務」	「国民生活に不可欠であるためあまねく日本全国における提供が確保されるべきものとして総務省令で定める電気通信役務をいう。」（第7条）
②	電力システム改革専門委員会、事務局提出資料（2012年3月）	「ユニバーサル・サービスとは、国民生活や産業活動になくてはならない必需的なサービスをいい、採算性が合わない地域あるいは所得階層に対してもサービスを提供することが社会的に要請される。」「『電気の供給』は国民生活及び産業活動に不可欠であるとともに代替性の乏しい基礎エネルギーであるため、ユニバーサル・サービスに該当する。」
③	物価安定政策会議特別部会基本問題検討会「公共料金の構造改革：現状と課題」（2002年6月）	「ユニバーサル・サービスとは、国民生活に不可欠なサービスで、誰もが利用可能な料金など適切な条件で、全国で公平かつ安定的な提供の確保が図られるべきサービスを指す。」
④	東京電力「『電力自由化』について」（2002年）	「ユニバーサルサービスとは、すべてのお客さまに一律の料金体系でサービスが確保されることなどをいいます。」
⑤	電力システム改革専門委員会報告書	「(2)離島の電気料金の平準化の措置（ユニバーサルサービス）」
⑥	EU「第3次電力自由化指令」（2009年）	ユニバーサル・サービスの享受とは、「合理的、容易かつ明確に比較可能・透明・非差別的な価格で、特定品質の電力供給をその領域内において受ける権利」である。
⑦	EU「電気通信ユニバーサルサービス指令」（2002年）	ユニバーサル・サービスの確保とは、「定められた最低限度のサービスを、すべての最終利用者に対して、妥当な価格（affordable price）で提供すること」 妥当な価格→「地域によらない統一的な料金を設定することや、低所得需要家のニーズに答えるための特別の料金オプションを設けることも可能」。
⑧	米国連邦通信委員会・ユニバーサルサービスに関するウェブサイト	ユニバーサル・サービス政策の目的は、「高品質のサービスを、公正・合理的・妥当（affordable）な料金ですべての需要家に利用可能（available）とすること」。

出典：各種資料から筆者作成

利用可能性である。あるサービス（役務）がユニバーサル・サービスであると主張される場合には、それが時間的・地理的な制約なく、利用可能性が確保されなければならないことが含意される。例えば、今日、電気は（災害による停電などの場合を除き）24時間・365日利用可能であるが、かりに夜間に利用が不可能というような状態であれば、ユニバーサル・サービスが達成されているとは言えないであろう[28]。

電気通信事業法のユニバーサル・サービスの定義（表4の①）に含まれる「あまねく日本全国における提供が確保されるべき」という文言は、当該サービスがいかなる場所に所在する需要家にも利用可能とされるべきものであることを示している。今般の小売全面自由化が議論された電力システム改革専門委員会[29]においても、「採算性が合わない地域……に対してもサービスを提供することが社会的に要請される」（表4の②）ものとされている。

また、都市部などにおいて利用可能であっても、人の居住する山間僻地や離島などにおいて利用できないとすれば、それもユニバーサル・サービスが確保されているとは言えないだろう[30]。

(イ) **価格の妥当性** かりにサービスが利用可能であったとしても、その価格（料金）があまりに高額であれば、実質的に利用不可能となってしまう。

そのため、あるサービスがユニバーサル・サービスであると言われるとき、その価格（料金）が適正ないし妥当な水準であるべきことがしばしば含意される。今般の電力システム改革の議論の過程（表4の②）でも、ユニバーサル・サービスについて、「採算性が合わない（……）所得階層に対してもサービスを提供することが社会的に要請される」としており、暗に価格水準についても言及している。また、やや古い資料であるが、物価政策安定会議に設置された検討会の報告書（表4の③）も、「誰もが利用可能な料金」であることをユニバーサル・サービスの要素として挙げている。海外の例ではあるが、米国の連邦電気通信

---

[28] 橘川武郎『日本電力産業発展のダイナミズム』〔名古屋大学出版会・2004〕310頁が挙げる例によると、九州電力域内における離島の24時間電力供給がほぼ達成されたのは1960年度末のことであったとされる。

[29] 総合資源エネルギー調査会総合部会 電力システム改革専門委員会（第2回）事務局資料。

[30] 小坂直人「離島の灯りと公共性」北海学園大学経済論集52巻4号67頁は、離島における戦後の無灯火地域解消政策の歴史をまとめている。

委員会（表4の⑧）が価格の妥当性について言及しているほか、電力や電気通信に関するEUの各種指令も価格の妥当性ないし類似の概念に触れている（表4の⑥、⑦）。

しかし、妥当な価格の水準は極めて主観的な価値判断とならざるを得ない。また、価格の妥当性という考え方から、低所得者層などの社会的弱者向けの特別の割引料金の導入などが主張されるが、公共料金を通じたそのような政策の実現の当否については議論の余地があろう。

　㈦ **非差別性**　最後に、ユニバーサル・サービスに含意される要素として、需要家間の平等な扱いを求める、非差別性を挙げることができる。小売規制料金時代のものではあるが、旧一般電気事業者である東京電力のユニバーサル・サービスに関する説明（表4の④）は、「すべてのお客さまに一律の料金体系でサービスが確保されることなど」を指すとしていた[31]。また、日本の電力システム改革専門委員会の報告書（表4の⑤）は、離島ユニバーサル・サービスについて、離島における利用可能性の確保だけでなく、電気料金の平準化のための措置として、離島供給を位置付けていた。

　海外の例であるが、欧州連合（EU）が2009年に発した第3次電力自由化指令（表4の⑥）は、加盟国に対して、家庭用の電力需要家がユニバーサル・サービスを享受できるようにすることを求めているが、その際に、これが非差別的でなくてはならないとしている。また、同じくEUが発した2002年の電気通信ユニバーサル・サービス指令（表4の⑦）も、上述㈣の価格妥当性を説明するなかで、地域によらない統一的な料金設定することも可能であるとしており、ユニバーサル・サービスに需要家間での非差別性が含まれることを示唆している。

　では、今般採用された措置をこれらの側面から眺めてみると、まず、経過措置期間における特定小売供給制度は、競争が進展しない段階での既存事業者による「規制なき独占」による弊害を防ぐための措置と考えれば、上記㈣の価格の妥当性を担保を主たる目的としたものと言えよう。次に、最終保障供給制度は、いずれの小売事業者とも契約できない需要家が生じぬようにするための制度であるので、㈠の利用可能性を担保するためのものという性格が強いだろう。

31）　東京電力「『電力自由化について』」TEPCOレポート平成14年6月特別号10頁。

最後に、離島供給制度は、通常であれば事業者による参入が難しい地域である離島での電力供給を確保するという意味では(ｱ)の利用可能性を担保するためのものと言えるが、それに止まらず、いわゆる本土地域との料金水準の平準化を図っている点に着目すれば、(ｳ)の地域によらない非差別性の確保を目指したものと言えるであろう。

(2) **電気事業のユニバーサル・サービス確保の今後の課題**

以上では、現状の電気事業法の下で採用されている、ユニバーサル・サービス確保に関連する制度とその課題などについて触れた。

電気事業では、2016年4月の電力小売自由化という大きな変化を迎えたが、今後予定される送配電部門の法的分離など、依然としていくつかの課題を有している。電気事業のユニバーサル・サービス確保についてこれまで検討してきた筆者なりに、今後も課題となりそうな点を3つ挙げておきたい。

(ｱ) **低所得者等の社会的弱者の保護の問題** まず第1が、低所得者に代表される社会的弱者の保護の問題である。実際、諸外国のユニバーサル・サービスに関する議論では、この点に着目したものが多い。これは上述の価格妥当性の観点から提唱されるものであるが、今回の小売自由化に際しては、特段の議論はなされなかった。

しかし、いわゆる経過措置期間の終了により特定小売供給制度が廃止されることになる段階で、この問題が社会的にクローズアップされる可能性は高い。そのため制度面でどのような対応が必要か、または不要かをあらかじめ検討しておくことは有効であると思われる[32]。

経過措置期間である現時点では、既存事業者がみなし小売電気事業者として特定小売供給を行なっている。各社の特定小売供給約款は規制下のものを引き継ぎ、引き続き三段階料金制を採用している。三段階料金制の下では、毎月120kWhまでは比較的低廉な従量料金単価が適用されるが、これは国民生活に不可欠な「ナショナルミニマム」に対応するものであると位置付けられている

---

32) 低所得者層における電気料金支払いが困難化している実情については、阿部彩『弱者の居場所がない社会 貧困・格差と社会的包摂』〔講談社・2011〕38頁、及びそこで引用されている、『2007年社会保障・人口問題基本調査 社会保障実態調査 結果の概要』〔国立社会保障・人口問題研究所・2009〕を参照。

ことはすでに述べた通りである。

　そのため、競争が進展し経過措置が終了した場合、家庭用需要家、とりわけ社会的弱者の保護を重視する立場からは、経過措置期間満了後もナショナルミニマムに相当する部分に対するなんらかの手当てを求める声がだされ、制度的対応が論点になり得る。その場合、最終保障供給約款にその役割を求めることも考えられるが、最終保障はあくまでも例外的な措置であるという位置付けに鑑みると、必ずしも適当ではないだろう。

　またそもそも、現行の三段階料金が低所得者保護という目的にかなっているのかについては疑問がある。というのも、電気使用量の少ない需要家が必ずしも低所得者層とは言えず、また、低所得者層が必ずしも電気使用量が少ないとは限らないからである[33]。加えて、いわゆる固定価格買取制度などを利用し太陽光パネルを屋上に設置している世帯は、比較的所得の高い家計だと思われるが、その自家発電分により、見かけ上の電気使用量は少なくなる。現行の三段階料金制度をそのまま継続すると、そのような世帯をも優遇することとなる。

　反対に、低所得世帯は、最新型の省エネ家電などに買い換えることも困難であるとすると、買い替えを実施した世帯に比較して電気使用量は多くなる。そうすると、所得の少ない世帯から多い世帯への「逆配分」が行われることになる。

　したがって、現行の三段階料金制度は、富裕層を含む多数の人々ナショナル・ミニマムを支援するものではあるものの、決して、少数の弱者を支援するものではなく、それどころか低所得者などの負担となっている可能性さえある。

　それでは、現行の三段階料金ではない他の電気料金体型を制度的に導入することで、低所得者などの社会的弱者の保護をはかることはどうであろうか。当然、電気料金を通じた社会福祉（低所得者などの弱者保護）の実現を期待する立場もあり得る。例えば、岸井教授は、「市場メカニズムだけでは適正な供給量・価格のサービスが提供されない場合には、一定の方法で『所得再配分』を行うことが必要」であり、必要に応じて、自由化後の公共料金も社会福祉目的を担う

33）後藤久典『家庭用小売電力市場の競争状況の分析と評価——小売全面自由化後の電気料金と需要家の選択行動』〔電力中央研究所・2017〕28頁以下は、低所得者世帯と低使用量世帯が不整合である実態を明らかにしている。

べきとされる[34]。

　しかし、電気料金などの公共料金を通じた社会福祉目的の実現には、数多くの問題点が指摘されている。筆者は過去に、英国が電力・ガス自由化後に採用した電気・ガス料金の割引制度について調査した。その結果、実際に低所得世帯を電気事業者が把握することが困難である、保護を必要とする世帯と割引料金が適用される世帯を一致させることが実務的に困難である、割引に要する費用を電気・ガス料金を通じて回収すると、割引対象ではない需要家の負担が増加するなど、数多くの問題点が指摘されていることが明らかとなった[35]。

　また現行の電気事業法がそのような制度の採用を許容しているかについても、議論の余地がある。経過措置期間満了後は、家庭用需要家に対しても最終保障供給約款が適用されることになるが、同約款による供給はあくまで例外的なものであるという制度本来の位置付けに鑑みると、これにそのような政策的配慮を盛り込むことは必ずしも適当ではないだろう。

　日本でも、今後、電気料金に低所得者保護などの役割を期待する声が生じると思われる。しかしその際には、実効性やデメリットなどにも配慮した上で、「電気の使用者の利益を保護」するという、電気事業法1条の目的規定に照らして必要かつ合理的な範囲に限定するべきであろう。

　(イ) **非家庭用需要家に対するユニバーサル・サービスの確保**　ユニバーサル・サービスの対象として、一般には家庭用の需要家が想起されるが、これに産業用・業務用の非家庭用の需要家も含めるべきであろうか。

　今般の全面自由化に際して採用されているユニバーサル・サービス確保策は、家庭用だけではなく、産業用・業務用の需要家にも適用される[36]。たしかに今般新たに自由化対象となった低圧需要家には、いわゆる零細企業などが含まれる。そのため、ユニバーサル・サービスについて家庭用需要家と同様の配慮・措置が必要との考え方もあろう[37]。

---

34)　岸井大太郎「事業法と消費者—『競争的公益事業』とユニバーサルサービス—」日本経済法学会年報51巻48頁。

35)　佐藤佳邦『イギリスの全面自由化後の低所得者向け電気料金—2008年-2011年の「社会福祉料金」の経験—』〔電力中央研究所・2012〕。

36)　電気通信事業法のユニバーサル・サービス（基礎的電気通信役務）も、その利用者が家庭であるか、それ以外であるかについて、区別を設けていない。

しかし、電気は不可欠な財であるといっても、その途絶が文字通り死活問題となる家庭用需要家とそれ以外の需要家では、その持つ意味は異なろう。また、離島に対する料金の平準化措置を企業などに適用することは、その生産コストの一部を本土地域の企業に負担させているとも言え、企業競争の公平性の観点からも疑問がある。

この点は今般の制度改革でも十分に議論されなかった点であるが、将来的なユニバーサル・サービスの範囲を検討する際には議論があってもよいだろう。

(ウ) **地域別の配電料金制度の是非**　最後に、配電料金の問題を指摘しておきたい。離島を除く大規模系統で連系されている地域では、発電に要する費用は基本的に同一である。しかし、ネットワークに関する送配電費用、とりわけ配電費用は、その地形や需要密度などに応じて地域ごとに大きく異なる。配電費用が異なる需要家に均一の配電料金を課すことは、都市部など需要密度が高く1件あたりの配電費用が低い需要家に、山間部などの需要家の配電費用を負担させていることになる。

このような均一の料金について八田教授は、費用が高い地域から低い地域への資源の移動を妨げるから社会的な無駄を生じるとして、批判される[38]。今後、日本の地方においてはより一層の過疎化・高齢化が進むと予想されるが、そのような地域においても、将来、現在のような均一の配電料金を維持することが妥当であるか検討の余地があろう。

4　おわりに：ユニバーサル・サービスの将来

本章では、現在、電気事業法が採用しているユニバーサル・サービス確保のための仕組みとその課題、将来的な論点を提示した。

---

37) 諸外国でも、一般的にユニバーサル・サービス確保は家庭用の問題と認識されているが、非家庭用需要家にもその考え方を拡張することが否定されているわけではない。例えば、EU加盟国における家庭用を含めた全面自由化を決定した、EUの第二次電力自由化指令では、加盟国は自由化後も家庭用需要家向けのユニバーサル・サービス確保策を実施可能としているが、必要に応じて、家庭用需要家以外の小規模需要家（従業員数50名未満、かつ、年間売上額または資産が1,000万ユーロ未満のもの）に対してもその対象を拡大することができるとしている。以上の点につき、佐藤＝丸山・前掲注1) 14頁を参照。

38)　八田・前掲注26) 95頁。

今後、総合エネルギー企業による電力とガスの一体化や、情報通信技術（いわゆるIOT技術）の発展により、その供給形態の変化が起きる可能性がある。また、技術革新により分散型電源の普及が進み、系統電力と遜色のない水準まで費用が低下する可能性もある。そうすると、電力系統の維持・管理を担う一般送配電事業者に、あわせて、大規模送配電線網を通じたユニバーサル・サービスの維持の義務を担わせるという体制が今後も適当である保証はない。

電気が国民生活に不可欠な財であることは、今後も変わらない。であるからこそ、電気のユニバーサル・サービスとして確保されるべき範囲や[39]、政府・自治体と事業者の役割分担のあり方などについて、国民的な合意形成をはかることが必要であろう。それを前提として、より効率的なユニバーサル・サービス確保の技術・方法・体制があるにもかかわらず、制度的障壁のために非効率なものが選択されることのなきよう、法制度面でも不断の検討が求められよう。

---

39) 電気通信分野では、その内容を法律ではなく省令に委任することで、社会や技術の変化に合わせて、ユニバーサル・サービスとして確保すべき対象を柔軟に変更することを可能としているとされる。髙嶋幹夫『実務 電気通信事業法』〔NTT出版・2015〕410頁を参照。

Ⅶ章　公益事業分野におけるセット割販売と独占禁止法の規制*

立教大学法学部准教授
早川　雄一郎

1　公益事業分野におけるセット割販売の活発化と独占禁止法上の課題

昨今、電力分野などにおける一連の規制改革もあって、電力やガス、通信といった公益事業分野において、複数の異なる商品・サービスを合わせて購入する場合にそれぞれの単独価格の合計額からの値引きを受けられるような販売方法（いわゆる「セット割販売」ないし「バンドル・ディスカウント」）が、活発に用いられている[1)2)]。

かかる行為には、「値引き」を提供することで価格競争を促進する側面もあるが[3)]、他方では、とりわけセットを構成する複数の商品のうちの一部の商品において市場支配力を有する事業者によって行われる場合、商品範囲の少ない競争者に対する排除効果をもたらすおそれもあり、独禁法上、問題となりうる。

＊本稿は、筆者がこれまでに公表してきた一連の論稿（セット割販売の米国の先例に関する検討につき、後掲注34）、関連するテーマである抱き合わせ販売や忠誠リベート、排除行為規制の問題につき、後掲注17）、後掲注10））における関連する検討を基礎としつつ、本稿のテーマに即して整理し直したものである。
1) 具体例につき、公正取引委員会競争政策研究センター・バンドル・ディスカウントに関する検討会「バンドル・ディスカウントに関する独占禁止法上の論点」〔2016〕（以下、「バンドル・ディスカウント論点報告書」という）8頁参照（なお、同検討会へは、筆者も検討会委員として参加した。もちろん、本稿は、筆者の個人的な見解を示すものである）。
2) 本稿では、複数の商品ＰとＱがあったとして、ＰとＱをそれぞれ単独で（ばらで）購入することも可能だが、ＰとＱをセットで合わせて購入すると、ＰとＱそれぞれの単独価格の合計額からの値引きを受けられるような販売方法を想定して議論を行う。なお、セット割を提供する主体として、単一の事業者がＰとＱのセット割を提供する場合のほか、Ｐを供給する事業者ＡとＱを供給する事業者Ｂの業務提携を通じて、ＰとＱのセット割が提供される例も見られる。セット販売の外延につき、バンドル・ディスカウント論点報告書・前掲注1) 2-3頁も参照。

セット割販売の独禁法上の問題については、公正取引委員会（以下、「公取委」という。）などがこれまでに公表してきたガイドライン等において、いくつもの言及が見られる[4]。もっとも、それらのガイドライン等においては、様々な適用条項との関係で様々な指摘が五月雨式になされてきており[5]、その考え方はそれほど明確ではない[6]。

そこで、本稿では、セット割販売に対する独禁法上の規制についての基本的な考え方の整理を試みる。セット割販売に関連して論じられるべき独禁法上の問題は多岐に渡るが、近時、国内外において、セット割販売の違法性の有無を判断する際の一つのテストとして「割引総額帰属テスト（Discount Attribution Test）」と呼ばれるテストが注目を集めていることから、本稿では、特に、同テストに関係する一連の理論的な問題を中心に検討を行う。なお、セット割販売の問題に関しては、公益事業分野で問題となる場合と公益事業分野以外で問題となる場合との間で、独禁法上の考え方としては共通する部分も多いと考えられることから、本稿では、公益事業分野独自の問題に必ずしも限定することな

---

3) なお、セット割引が存在しない反事実的想定の状況と比べて、セット「割引」が本当に「真の値引き」であると言えるのか、それとも、単独価格が引き上げられているにすぎず、実態は、単独で購入しようとする顧客に対する「ペナルティ価格」ではないのかという問題はある。バンドル・ディスカウント論点報告書・前掲注1) 2 頁本文注1参照。See Einer Elhauge, *Tying, Bundled Discounts, and the Death of the Single Monopoly Profit Theory*, 123 Harv. L. Rev. 397, Ch. Ⅵ（2009）.

4) 例えば、公正取引委員会＝経済産業省「適正な電力取引についての指針」〔2017〕第二部Ⅰ2(1)①イi、公正取引委員会＝総務省「電気通信事業分野における競争の促進に関する指針」〔2018〕Ⅱ第3の3(2)、公正取引委員会「排除型私的独占に係る独占禁止法上の指針」〔2009〕（以下、「排除型私的独占ガイドライン」という）第2の4(1)最終段、公取委事務総局「公益事業分野における相互参入について」〔2005年2月〕第3の3(1)参照。

5) 独禁法上問題となる可能性のある条項に関し、前注のガイドライン等では、私的独占（独禁2条5項）、不当廉売（独禁2条9項3号、一般指定6項）、不当な利益による顧客誘引（一般指定9項）、取引強制（抱き合わせ販売）（一般指定10項）が挙がっている。なお、バンドル・ディスカウント論点報告書・前掲注1) 19頁では、それらの条項に加えて、差別対価（独禁2条9項2号、一般指定3項）や取引妨害（一般指定14項）も指摘している。岸井大太郎「『セット割引』と独占禁止法」Nextcom 26号34頁〔2016〕も参照。

6) 例えば、排除型私的独占ガイドラインでは、セット割販売の問題を「抱き合わせ」の項目のなかで取り上げ、「抱き合わせによって組み合わされた商品の価格が行為者の主たる商品及び従たる商品を別々に購入した場合の合計額よりも低くなるため多くの需要者が引き付けられるときも、実質的に他の商品を購入させているのと同様であると認められる」としているが、それに当たるのがどのような場合なのか、明らかではない。

く、セット割販売全般についての独禁法上の問題を論じることとする。

　本稿の議論の順序は、以下のとおりである。まず、2で、セット割販売に対する独禁法上の規制を考える際に重要となるいくつかの視点を整理する。次いで、3で、セット割販売に関する議論が活発に行われている米国法とEU法の議論を簡潔に紹介する。最後に、4で、セット割販売にかかる日本の独禁法の下での考え方を検討する。

2　セット割販売にかかる分析の視点の整理：法的観点と経済的観点

　セット割販売は、値引き行為と抱き合わせ販売の双方に類似する側面を指摘されてきた[7]。セット割販売は、複数の異なる商品を合わせて購入する顧客に対して値引きを提供する行為であるところ、値引きを提供する点に注目すれば、まさに値引き行為の一種と言いうるし、他方、顧客の側で複数の異なる商品を合わせて購入することが前提となる点に注目すれば、抱き合わせ販売に類する側面も見出しうる。もっとも、独禁法においては、値引き行為と抱き合わせ販売との間で、違法性の判断枠組みが大きく異なる。そのため、セット割販売の違法性を判断する際に、その両者のどちらの枠組みにより引きつけて考えるべきか、重要な問題となる。

　以下、本項では、議論の出発点として、まず、(1)において、値引き行為と抱き合わせ販売にかかる独禁法上の考え方を簡潔に確認する[8]。その後、(2)において、セット割販売がどのようなメカニズムで反競争効果をもたらしうるのかを、特に典型的な抱き合わせ販売との異同を中心に整理する。最後に、(3)において、近時、セット割販売の違法性を判断する際の一つの基準として、「割引総額帰属テスト」と呼ばれる基準が国内外で注目を集めているところ、後記3以降の議

---

7) See *Cascade Health Solutions v. PeaceHealth*, 515 F. 3d 883 (9th Cir. 2008), at 900. See also ⅢA Phillip E. Areeda & Herbert Hovenkamp, Antitrust Law：An Analysis of Antitrust Principles and Their Application (3d ed. 2011), ¶749d2. バンドル・ディスカウント論点報告書・前掲注1) も参照。

8) セット割販売は、形式的には独禁法の様々な条項との関係で問題が生じる可能性があるが（前掲注5))、形式的にはどの条項で問題となるにせよ、不当廉売に関する議論と、抱き合わせ販売に関する議論とが、セット割販売にかかる議論の出発点となすべき2つの基本的な視点を構成するものと考えられる。

論の前提として、同基準の内容を紹介する。

(1) **値引き行為と抱き合わせ販売にかかる独禁法上の基本的な考え方**

値引き行為と抱き合わせ販売にかかる独禁法上の基本的な考え方の相違点として、特に次の2つの点を指摘できる。

(ア) **排除効果が問題となる場合における競争手段としての人為性の認識枠組みの相違** 第1に、値引き行為と抱き合わせ販売は、いずれも、独禁法の競争者排除型行為規制[9]において問題となりうる典型的な行為類型の1つである。それらの行為を通じて他の事業者の事業活動の継続を困難にさせたり、新規参入者の事業開始を困難にさせたりする場合(以下、これらの効果のことを「排除効果」という)や、そのおそれをもたらす場合には、独禁法上の問題が生じうる行為類型である。もっとも、排除効果やそのおそれをもたらす場合であっても、この両者に対する独禁法の規制態度は、同じではない。というのも、競争者の事業活動の継続が困難になること自体は、正常な競争過程の中でも生じうる。そこで、独禁法の競争者排除型行為規制においては、規制の前提として、競争者に対する排除効果だけでなく、当該行為が競争手段としての不当性ないし人為性を有することが必要とされてきた[10]。

値引き行為と抱き合わせ販売との間では、特に、人為性の評価において顕著な相違が見られる。値引き行為は、本来的に競争的な行為そのものなので、値引き行為を通じて競争者を排除しても、原則として、人為的な手段による排除とは評価されない。値引き行為による排除が人為的な手段による排除と認められるのは、典型的には、費用割れの低価格によって競争者を排除する場合である。これに対して、抱き合わせ販売は、排除効果(ないしそのおそれ)を生じさせる場合には、人為的な手段による排除であることを原則として肯定される行為

---

9) 本稿では、排除型私的独占ならびに、不公正な取引方法のうち競争排除型の自由競争減殺が問題となる行為類型を、「競争者排除型行為」と総称する。

10) 排除型私的独占の排除行為要件に関し、JASRAC事件・最判平成27年4月28日民集69巻3号518頁、NTT東日本事件・最判平成22年12月17日民集64巻8号2067頁参照。問題の行為が競争手段としての人為性を有することが規制の前提となること自体は、排除型私的独占の場合だけでなく、競争者排除型行為が不公正な取引方法で問題となる場合も共通する(不公正な取引方法の場合、しばしば、行為形式の要件に当該行為が人為的な手段であることが組み込まれている)。拙稿『競争者排除型行為規制の目的と構造』(商事法務・2018)第1章参照。

類型である。

このように、この両者の行為類型の間には人為性の評価に相違が存在するが、その理論的基礎として、次の点が重要である。

(a) 不当廉売の人為性の根拠：経済的不合理性（略奪）と同等効率性基準

まず、値引き行為については、一定の基準費用を下回るような低価格販売を通じて競争者の事業活動を困難にさせるおそれがあるような場合に、「不当な」廉売と評価されうるが、費用割れ廉売が不当であることの根拠として、次の2つの視点が持ち出されてきた[11]。①問題となる低価格の経済的不合理性の観点と、②問題となる低価格が当該企業自身の効率性を反映する低価格かどうかという観点である。

①の経済的不合理性の視点に関しては、しばしば、問題の廉売行為が「採算を度外視」するようなものであることも問題にされてきたが[12]、要するに、事後に競争者の排除等を通じた反競争的な利益を獲得しない限り当該低価格販売それ自体としては行為者の利益にならないようなものであるという点に、換言すると、（事後に反競争的な利益を得られない限り）経済的合理性＝利潤最大化の観点から逸脱するような（すなわち、短期的には利潤を犠牲にするような）低価格を設定しているという点に、その人為性を見出す発想である[13]。

これに対して、②の当該企業自身の効率性を反映する低価格かどうかという視点は、当該企業自身の効率性や企業努力を反映しないような低価格が設定される場合、その点に人為性を見出す発想である。つまり、少なくとも当該企業自身の効率性を反映する低価格を設定している限りにおいては、（仮に競争者に対する排除効果をもたらしたとしても）当該低価格販売は許容されるべきと考えるのに対し[14]、自己の効率性を反映しないような低価格を設定し、当該企業と同等又はそれ以上に効率的な競争者への脅威をもたらすような場合には、その点

---

11) 以下の議論の詳細につき、金井貴嗣ほか編『独占禁止法（第5版）』〔弘文堂・2015〕301頁以下〔川濵昇執筆〕、川濵昇「不当廉売規制における費用基準とその論拠」川濵昇ほか編『根岸哲先生古稀祝賀　競争法の理論と課題』〔有斐閣・2013〕209頁参照。公正取引委員会「不当廉売に関する独占禁止法上の考え方」〔2009〕2（以下、「不当廉売ガイドライン」という。）や、排除型私的独占ガイドライン第2の2(1)も、以下の2つの観点の双方を取り入れていると解される。
12) 不当廉売ガイドライン2参照。
13) 国内外の議論において、しばしば「略奪」といわれる問題である。

に人為性を見出される。海外の議論においてしばしば「同等効率性基準」と呼ばれる考え方である[15]。

不当廉売の不当性の根拠にかかる以上の①と②の2つの視点は、相互に排他的なものではなく、むしろ補完的なものである[16]。いずれにせよ、とりわけ平均可変費用を下回るような低価格販売は、①採算を度外視し、経済的に不合理であることも、②当該企業自身の効率性を反映していないことも、いずれも自明である。

(b) **抱き合わせ販売の人為性の根拠：取引の強制、力の梃子を通じた競争者の費用引上げ**　これに対して、抱き合わせ販売は、排除効果（またはそのおそれ）をもたらす場合、原則として、競争手段としての人為性・不当性を有すると考えられる行為である。抱き合わせ販売は、主たる商品において行為者が有する力を梃子として買手に従たる商品の購入を強制する行為であり、その行為の性質として、従たる商品にかかる買手の商品選択の自由を侵害する側面を有する[17]。したがって、かかる行為を通じて競争者を排除することは、特段の事情がない限り、人為的な手段による排除であると考えられてきた[18][19]。

(c) **小括**　以上のように、値引き行為と抱き合わせ販売との間では、

---

14) 不当廉売ガイドライン4(1)は、一般指定6項の問題となる場合も、総販売原価すなわち平均総費用を下回る価格であることを規制の前提としているが、少なくとも平均総費用を上回る場合には、当該企業自身の効率性を反映する低価格であることは確実と言えよう。

15) 例えば、欧州の規制当局である欧州委員会は、欧州競争法における市場支配的地位の濫用規制に関して2009年に公表した優先的な執行事項に関するガイダンスにおいて、価格を利用する排除行為については、「問題の行為が、問題の市場支配的事業者と同等に効率的と考えられる競争者らからの競争を阻害し、または阻害し得る場合」に、介入すると述べる。European Commission, Guidance on the Commission's Enforcement Priorities in Applying Article 82 of the EC Treaty to Abusive Exclusionary Conduct by Dominant Undertakings [2009] OJ C 45/2, ¶23.

16) 川濱・前掲注11) 220頁参照。しばしば指摘されるように、①の視点だけでも②の視点だけでも不十分なことがある。例えば、経済的不合理性にとって、問題の低価格が平均可変費用（回避可能費用）割れであることはその十分条件だが、必要条件ではない。独占企業が独占均衡価格を下回るが費用を上回る低価格を設定する場合、機会費用をベースとして利潤最大化活動からの逸脱という意味での経済的不合理性テストは満たし得るが、なおも当該独占企業の効率性を反映する低価格ではあろう。

17) 拙稿「抱き合わせ販売の規制根拠—競争プロセスと消費者保護(1)(2・完)」民商153巻2号61頁、3号〔2017〕第2章、川濱昇「独禁法上の抱合せ規制について(1)(2)」論叢123巻1号1頁、2号1頁〔1988〕参照。

競争者に対する排除効果が問題となる場合においても、その人為性に関する基本的な認識枠組みに相違が存在する。セット割販売の問題を考えるに当たっても、不当廉売や抱き合わせ販売との間でいかなる点にその類似性を見出すのかが、重要となる。

　(イ)　**公正競争阻害性の捉え方の異同**　　不当廉売と抱き合わせ販売との間の第2の重要な相違点として、不公正な取引方法において問題となる場合の公正競争阻害性の捉え方の相違も指摘される。

　不当廉売も抱き合わせ販売も、排除型私的独占として問題になる場合であれば、いずれにせよ、排除効果と競争の実質的制限（市場支配力の形成・維持・強化）とが要件となり、最終的にはそれらの行為を通じて市場支配力を形成・維持・強化することが問題となる。

　ところが、不公正な取引方法として問題になる場合、反競争効果の捉え方は、両者の間で必ずしも同じではない。まず、不当廉売（独禁2条9項3号、一般指定6項）は、①競争の排除を通じて自由な競争を減殺するおそれのあること（以下、「自由競争減殺」という）にその公正競争阻害性が見出される類型である。実際に、独禁2条9項3号も一般指定6項も、規制の前提として、「他の事業者の事業活動を困難にさせるおそれ」のあることを要件としている。これに対して、抱き合わせ販売（一般指定10項）は、①不当廉売と同様に自由競争減殺が問題となる場合のほか、②顧客の選択の自由を歪める競争手段であり、それを通じて価格・品質・サービスを中心とした能率競争を可能とする秩序を侵害するおそれがあること（競争手段としての不公正さの観点）が問題となる場合もあるとされ、むしろ、②の点に公正競争阻害性の主たる側面が見出されてきた類型である[20]。したがって、抱き合わせ販売の場合、「他の事業者の事業活動を困難にさせるおそれ」

---

18)　抱き合わせ販売の人為性については、本文で述べた点を踏まえていわゆる「ライバル費用引上げ理論」によって理論的に説明されることが多い。すなわち、固定費用ないし参入費用の存在する市場において、既存事業者の側が抱き合わせ販売を通じて従たる商品市場の実質的な部分を囲い込む（閉鎖する）ことによって、競争者らや参入者らが規模の経済に到達するのに十分な販売量を確保できなくし、それによって、競争者らや参入者らの競争費用を引き上げるという理論である。拙稿(1)・前掲注17) 72〜74頁参照。

19)　なお、抱き合わせ販売においても、(a)の不当廉売の箇所で述べた経済的不合理性の観点（略奪の観点）が問題にならないわけではも必ずしもない。拙稿(2・完)・前掲注17) 注198の引用文献参照。

や、自由競争減殺の立証が要求されることなく規制対象となることもありうる。セット割販売に関しても、仮に一般指定10項の下で問題となる場合もあると解する立場によるならば、同様の問題が生じうる[21]。（なお、自由競争減殺の立証まで要求されず、競争手段としての不公正さの観点から問題とされることがありうることに関しては、一般指定10項のほかに、一般指定14項の競争者に対する取引妨害として問題になる場合や、一般指定9項の不当な利益による顧客誘引として問題となる場合においても、やはり同様の問題が生じうる）。

いずれにせよ、不公正な取引方法として問題となる場合、セット割販売の公正競争阻害性そのものをいかなる点に見出すのかも、重要な問題となる。

(2) セット割販売の主要な反競争的メカニズム：抱き合わせ販売との類似性[22]

セット割販売について、最も頻繁に指摘されてきた反競争的メカニズムは、簡潔に言うと次のようなものである[23]。

異なる製品PとQを製造する企業Aと、製品Qのみを製造する企業Bが存在するとし、製品Pは、企業Aの独占市場であったとする。この場合、企業Aは、PとQのセット割販売を行うことによって、そのうちの1つの製品Qしか

---

[20] 実際問題として、日本のこれまでの抱き合わせ先例の多くは、②の競争手段としての不公正さの側面に公正競争阻害性を見出されたと解される事例であった。抱き合わせ販売の公正競争阻害性をめぐる議論につき、拙稿(1)・前掲注17) 65～68頁、同(2・完) 第4章参照。なお、①の自由競争減殺の観点から公正競争阻害性が肯定されたと考えられる事例として、日本マイクロソフト事件・勧告審決平成10年12月14日審決集45巻153頁。なお、以上のような従来の議論に対して、平成29年6月に改正された公取委の流通・取引慣行ガイドラインでは、抱き合わせ販売についての記述が新設され、同第1部第2の7本文において、抱き合わせ販売によって「従たる商品市場において市場閉鎖効果が生じる場合」に違法となるとしつつ、同注10において、「抱き合わせ販売は、顧客の選択の自由を妨げるおそれがあり、価格、品質、サービスを中心とする能率競争の観点から、競争手段として不公正である場合」にも違法となるとしている。

[21] なお、抱き合わせ販売の一種として独禁法上問題となる場合に低い基準で規制されうることは、日本法だけではなく、抱き合わせ販売についていわゆる「当然違法原則」が存在する米国反トラスト法においても生じうる問題である。後記3(1)参照。

[22] なお、セット割販売については、反競争効果だけでなく競争促進効果も数多く指摘されており（バンドル・ディスカウント論点報告書・前掲注1) 3頁参照）、実際に、競争促進的に使われる場合が多いと思われるが、紙幅の関係上、本稿では、反競争効果に焦点を当てる。

[23] バンドル・ディスカウント論点報告書・前掲注1) 6頁参照。See U.S. DOJ, COMPETITION AND MONOPOLY: SINGLE-FIRM CONDUCT UNDER SECTION 2 OF THE SHERMAN ACT (2008) (Withdrawn on May 11, 2009) ("SECTION 2 REPORT"), at 96; Antitrust Modernization Commission, REPORT AND RECOMMENDATION (2007), at 96（以下、「反トラスト現代化委員会報告書」という）。

製造しないライバルのBを排除しうる。要するに、独占的な製品Pと競争的な製品Qという複数の製品を製造する企業Aが、PとQを横断的な値引きを提供することによって、Pにおいて有する独占力を梃子とする形で、本来は競争的な製品であるQも企業Aから購入するよう顧客らを誘引し、ライバルのBに対する脅威をもたらしうるという構造である。これが、主たる商品Aにおける力を梃子として従たる商品の購入を顧客らに強制し、競争者を排除しうるという抱き合わせ販売との類似性を指摘されてきた問題である。

この問題点をより具体的に説明するため、米国の議論では、しばしば、米国のOrtho判決[24]においてKaplan判事が用いた次の著名な仮説例が取り上げられる。

> （仮設例）ヘアケア製品にはシャンプーとコンディショナーという2つの製品が存在し、洗髪するためには双方の製品が必要であるとする。ヘアケア製品の製造業者AとBの2社が存在し、Aは双方の製品を、Bはシャンプーのみを製造している（つまりコンディショナーはAの独占）。Aは、シャンプーとコンディショナーの両製品を単独でも販売しているが、両製品をセットで購入する消費者に対しては値引きを提供する。すなわち、Aは、ばら売りでの単品価格をコンディショナー5ドル、シャンプー3ドルに設定しつつ、セットで購入する場合の値引き価格をコンディショナー3ドル、シャンプー2.25ドルに設定している（つまりセットでの合計価格は5.25ドル）。Aの平均可変費用は、コンディショナー2.5ドル、シャンプー1.5ドルである。

この仮設例において指摘される問題点は、次のようなものである。Aが設定した値引き価格は、セットを構成する各製品それぞれの値引き価格も、セット全体の値引き価格も、いずれもAの対応する費用を上回る[25]。ところが、Aがこのようなスキームを実施した場合、シャンプーしか製造していないためA同様のセット販売を実施できないBは、Aに対抗して消費者にシャンプーを販

---

24) *Ortho Diagnostic Sys., Inc. v. Abbott Labs., Inc.*, 920 F. Supp. 455 (S.D.N.Y. 1996).
25) 前者につき、コンディショナーの値引き価格3ドル＞2.5ドル、シャンプーの値引き価格2.25ドル＞1.5ドル。後者につき、セットでの合計値引き価格5.25ドル＞合計費用4ドル。

売しようとすると、シャンプーを 0.25 ドル未満の価格に設定しなければならなくなる[26]。そのため、仮に、B がシャンプーの製造に関して A よりも効率的で、B のシャンプーにかかる平均可変費用が 1.25 ドルであったとしても、B はシャンプー市場から排除されてしまう。ある製品において独占力を有する A が、当該独占的な製品と他の非独占的・競争的な製品をセットにして値引きを提供することによって、後者の市場から効率的な競争者 B を排除しうるという問題である。

以上のようなメカニズムで生じうる反競争効果をどのように評価するべきかが、セット割販売の独禁法上の問題を考えるに際しての議論の中心となっている[27]。

(3) 割引総額帰属テスト（"Discount Attribution Test"）

上記(2)で述べた反競争的メカニズムに関連して、近時、セット割販売の反競争性を識別するための一つの基準として、「割引総額帰属テスト」と呼ばれる基準が、国内外で注目されている[28]。

まず、議論の前提として、上記のようにセット割販売は一定の場合に抱き合わせ販売との類似性を有しうるものの、では、具体的にどのような場合であればこの行為を抱き合わせ販売と同様の方法で評価することが正当化されるのかは、それほど単純ではない。

両極の考え方として、一方の極の考え方は、少なくとも複数の異なる商品を合わせて購入することを条件として双方の購入を誘引している以上、常に抱き合わせと同様に評価しうるというものであろうし、他方の極の考え方は、セッ

---

26) 消費者は、シャンプーとコンディショナーの双方をともに A から購入すると、合計支出は 5.25 ドルで足りる。ところが、B からシャンプーを購入する場合、コンディショナーは、A からばら売り価格 5 ドルで購入することになる。B のシャンプー価格が 0.25 ドルを超えると、シャンプーとコンディショナーをともに A から購入する場合の合計価格を超えてしまう。

27) なお、以上が、セット割販売に関して最も頻繁に指摘される反競争的メカニズムであるが、セット割販売によって生じうる競争上の問題は、これに尽きるものではない。特に米国で議論を呼んでいるもう一つの問題として、セット割販売は、顧客の間での価格差別を効果的に行うための手段として用いられうるところ、それによって（全体としての）消費者余剰が減少しうることを問題視する議論もある。See Elhauge, supra note 3). バンドル・ディスカウント論点報告書・前掲注1) 4 頁本文注 8 参照。

28) このテストの概要につき、バンドル・ディスカウント論点報告書・前掲注) 11 頁以下参照。

ト割販売はあくまで値引きを提供しているにすぎず、そもそも各製品を単独で購入するという選択肢自体は（少なくとも形式的には）残されていることから、抱き合わせと同様に評価するのは常に適切でないというものであろう[29]。しかし、明らかに、このいずれの考え方も極端である。とはいっても、以上の両極の中間的な立場を取ろうとする場合、何を基準にするべきか、問題となる。

　そこで、次のような考え方が登場した。

　まず、セット割販売は、確かに値引き行為の一種としての側面は有する。そして、上記(1)で述べたように、値引き行為の反競争性を評価する際には、価格と費用を比較するのが通例である。とはいっても、セット割販売の場合、単にセット販売全体の単純な値引き価格をセット販売全体の費用と比較し、あるいは、セットを構成する各商品それぞれの（形式的な）値引き価格を各商品の費用と比較するような方法では、必ずしも十分ではない。なぜなら、上記(2)で述べた「独占の梃子」による懸念に対処できないためである[30]。

　そこで、その懸念に対処するために提唱されたのが、「割引総額帰属テスト」である。このテストの下では、価格と費用を比較する際に、製品 P と Q のセット全体で提供された割引額の全額を製品 Q のみに割り付けるという操作を行う。つまり、セット全体で提供された割引額全額が競争的な製品 Q のみにおいて提供されたとした場合に、当該競争的な製品 Q の費用を下回ることになるかどうかを問うテストである。上記(2)で取り上げた Kaplan 判事のシャンプーの例でいうと、セット全体での合計 2.75 ドルの値引き（8 ドル − 5.25 ドル）全額を競争的な製品シャンプーのみに割り当てて算出したシャンプーの実質価格 0.25 ドル（3 ドル − 2.75 ドル）を、行為者 A のシャンプー費用[31] 1.5 ドルと比較するという方法であり、この例では費用割れとなる。

　次の3で述べるように、この基準は、米国のいくつかの控訴裁判所裁判例や、EU の規制当局である欧州委員会が公表したガイダンスにおいて、取り入れら

---

29) See X Phillip E. Areeda & Herbert Hovenkamp, Antitrust Law : An Analysis of Antitrust Principles and Their Application (3d ed. 2011), ¶1758a, at 354, ¶1758b, at 359.
30)　上記(2)の Kaplan 判事の例では、これらはいずれも費用割れではなかった。
31)　価格との比較に供されるのは、行為者自身の費用であって、競争者の費用ではない。バンドル・ディスカウント論点報告書・前掲注1) 13頁注18参照。

れている。

　この基準の理論的意義や位置付け、問題点等に関して、様々な議論が存在するが、それらの点については、次の3の海外の議論を踏まえて検討することとしたい。

3　米国法とEU法におけるセット割販売をめぐる議論

　以下、本項では、米国法とEU法におけるセット割販売をめぐる議論を概観する。

(1)　米国法の議論

　米国では、セット割販売に関し、連邦控訴裁判所レベルでいくつかの重要な判断が下されており、しかも、複数の控訴裁判所の間で考え方が分かれている。米国の控訴裁判所裁判例では、セット割販売の反競争性を判断する際の1つの基準として前述した割引総額帰属テストを採用した裁判例も複数存在する一方で、そもそも価格費用テストを利用すること自体を否定した裁判例も存在する。

　以下、(ア)から(ウ)において、米国の控訴裁判所の裁判例のうち、特に重要な3つの事件を簡潔に紹介し、(エ)以降において、関連する検討を行う。

　なお、以下で紹介する3つの事例で問題となった反トラスト法の条項は、シャーマン法2条または（かつ）シャーマン法1条である。シャーマン法2条は、独占力の獲得・維持（やその危険な蓋然性）をもたらす反競争的な排除行為を規制する条項であり、基本的には、我が国の独禁法の排除型私的独占に対応する。これに対して、シャーマン法1条は、反競争的な協定を広範に捕捉する条項であり、価格カルテルなども対象に含む条項であるが、何らかの「協定」が存在し、それが反競争的であれば、シャーマン法1条の規制対象となりうることから、垂直的な協定も含め様々な「協定」が規制対象に含まれる。抱き合わせ販売も、売手と買手との間の取り極めによって行われることから、シャーマン法1条の対象とされており、しかも、シャーマン法1条で問題となる場合、いわゆる「当然違法原則」が存在する。すなわち、主たる商品市場において市場支配力を有する事業者が、その力を利用して顧客らに対して、（主たる商品とは別個の）従たる商品の購入を強制し、従たる商品市場における取るに足りないことはない部分への（量的な）影響を与える場合、当該抱き合わせ販売は違法となる。

したがって、米国では、抱き合わせ販売に関し、シャーマン法2条の下で反競争的な排除行為として問題となる場合には、排除効果ないし独占力の獲得・維持（あるいはその危険な蓋然性）の立証が必要となるのに対し、シャーマン法1条の下で問題となる場合には、抱き合わせ販売を行う主体が市場支配力を有する事業者であって、顧客に対して従たる商品の購入を強制し、量的な影響を生じさせる場合、「当然違法」とされ、問題の行為による排除効果や独占力の獲得・維持などの立証は要求されていない[32]。

　㋐　*LePage's v. 3M* 判決[33]（第三巡回区控訴裁判所、2003年）　セット割販売に関して大きな議論を呼び起こすこととなった重要判例が、*LePage's v. 3M* 判決である。この判決は、被告3Mの行ったセット割販売がシャーマン法2条に違反すると判断し、その際、価格費用テストを利用することそのものを拒絶した事例である。

　この事件では、米国の透明テープの市場において市場シェア90％を超え、スコッチテープ（小売業者にとって必要不可欠）とプライベートブランドテープの双方の販売を行い、製品ラインの非常に広い事業者であった被告3Mが、顧客である小売業者らに対して様々な製品ラインを横断的なリベートを提供して、製品ラインの狭いプライベートブランドの製造業者原告LePage'sを排除した行為のシャーマン法2条適合性が争われた。

　被告3Mが、被告の行為は値引きの一種であるとして価格費用テストに基づいて判断するべきと主張したのに対し、第三巡回区控訴裁判所は、「3Mが提供したようなバンドルリベートの主な反競争効果は、独占者によって行われる場合、同等に多様な種類の製品を製造しておらず、それゆえ同等のオファーを行うことのできない潜在的競争者から、市場の一部を閉鎖しうることである」などと述べて、独占者がかかるセット割販売を利用してライバルを排除したことを問題視し、価格費用テストを行わずに違法性を肯定した。

---

32) なお、米国の学説では、シャーマン法1条における抱き合わせ販売の当然違法原則そのものの当否をめぐる議論も活発であり、学説では、抱き合わせの当然違法原則そのものに対する反対説（＝抱き合わせがシャーマン法1条の下で問題となる場合にも排除効果の立証を要求するべきとする立場）が多数の見解である。拙稿（2・完）・前掲注17）第3章参照。この問題は、セット割販売をめぐる議論にも関連する。

33) *LePage's Inc. v. 3M*, 324 F. 3d 141（3d Cir. 2003）(en banc).

(イ) *Cascade Health Solutions v. PeaceHealth* 判決[34] (第九巡回区控訴裁判所、2008年)　シャーマン法2条の文脈において、控訴裁判所レベルで初めて明示的に上記「割引総額帰属テスト」を採用した判決が、2008年の *Cascade Health Solutions v. PeaceHealth* 判決である。なお、この事件では、シャーマン法1条適合性も争われていたが、同条の文脈では、割引総額帰属テストを採用するべきかどうかについて判断されていない。

　この事件では、医療サービスの市場が問題となったが、医療サービスには、一次・二次医療(基礎医療)と三次医療(高度医療)という大きく2種類の医療サービスが存在した。被告PeaceHealthは、一次・二次医療、三次医療の全てを提供していたのに対して原告McKenzieは、本件当時、一次・二次医療のみを提供し、三次医療は提供していなかった。本件では、被告PeaceHealthが、顧客である保険業者らに対して一次・二次医療と三次医療とのセット割販売を行い、原告McKenzieを排除したことが問題となった。

　原告McKenzieは、被告PeaceHealthの行為がシャーマン法2条と1条に違反すると主張し、①2条の文脈では、被告がセット割販売を用いて一次・二次医療の市場の独占化を企図したこと、②1条の文脈では、被告が三次医療(主たる商品)と一次・二次医療(従たる商品)を違法に抱き合わせたことを主張した。

　まず、第九巡回区控訴裁判所のシャーマン法2条の文脈での判断のポイントは、次の3点である。第1に、控訴裁判所は、セット割販売が値引きの一種であることも踏まえ、その反競争性の有無を判断する際に価格費用テストを採用するべきとしつつ、他方、セット割販売の特殊性(上記2(2)参照)にも配慮し、上記割引総額帰属テストを採用して本件を地方裁判所に差戻した[35]。その際、割引総額帰属テストは、「バンドルされた製品のうちの競争的な製品の仮定的に同等に効率的な生産者を排除する潜在性を有しない限り、当該バンドル・ディスカウントを適法とするもの」と述べている。第2に、控訴裁判所は、競争的

---

34)　*Cascade Health Solutions v. PeaceHealth*, 515 F. 3d 883 (9th Cir. 2008). 事案や判旨の詳細は、拙稿「複数製品リベート・セット割引規制における"Discount Attribution"基準」公取770号54頁参照。

35)　被告側は、セット全体についての値引き価格と費用を比較するべき等主張していたが、否定された。

な商品にかかる（実質的な）値引き価格との比較に供される基準費用につき、本件では平均可変費用であるとした。第3に、米国の略奪的価格設定の事案では、反トラスト法違反の要件として、①費用割れ価格に加えて、②いわゆる埋め合わせ要件が課されているが[36]、控訴裁判所は、判決の注において、セット割販売の事案では埋め合わせ要件を不要とした[37]。その理由として、一般的な略奪的価格設定の事案と異なり、セット割販売の場合には必ずしも利潤の損失を伴わないとしている。

　これに対して、シャーマン法1条の抱き合わせの文脈では、控訴裁判所は、従たる商品を別々に購入する顧客がより高価格を支払わされるという事実（＝セット割販売の事実）単独では、必ずしも顧客に対する強制があるとは言えないものの、本件では、「経済的強制（economic coercion）」に関する追加的な証拠があるとして、審理を尽くさせるために原審に差戻した。その際、「経済的強制」に関する「追加的証拠」として、次のような証拠を摘示している。①別々の購入を行っていた保険業者は全体のわずか14%であったところ、この事実は、一定程度の強制の存在を推認させる。②一次・二次医療に関する原告 McKenzie の価格は PeaceHealth よりも低かったところ、抱き合わせがなかったならば合理的な顧客は PeaceHealth の高価格品を購入しないだろうというのは、許容される推認である。③ある保険業者の PeaceHealth との間の排他的関係が経済的に不合理だったとする専門家証言が存在し、これも強制の証拠となりうる。なお、控訴裁判所は、セット割販売の事例で抱き合わせの「強制」要件を立証するために割引総額帰属テストの要否が問題となりうること自体は認識しつつ、本件では、1条の文脈ではその問題は争点化していなかったとして、その問題について判断していない。

　(ウ)　*Collins Inkjet v. Eastman Kodak* 判決[38]（第六巡回区控訴裁判所、2015年）

---

36)　問題の略奪的価格設定が競争水準を上回る価格をもたらし、それが、当該略奪的価格設定のために費やした額を埋め合わせるのに十分である見込みのあることを立証する必要がある。See *Brooke Group Ltd. v. Brown & Williamson Tobacco Corp.*, 509 U.S. 209 (1993), at 224-225. 埋め合わせ要件の位置付けと問題点に関し、中川寛子『不当廉売と日米欧競争法』〔有斐閣、2001年〕116頁、川濱・前掲注11）注33と注61参照。

37)　なお、反トラスト法現代化委員会報告書・前掲注23）は、セット割販売のケースでも埋め合わせ要件を要求することを主張していた。

この事件は、前記 Cascade Health 判決が判断しなかった問題、つまり、セット割販売がシャーマン法1条における抱き合わせの強制要件を満たすかどうかを判断する際に割引総額帰属テストを採用する必要があるかどうかという問題が争点化し、それを肯定した事例である。

　本件の被告 Kodak は、印刷事業者向けの Versamark プリンターを製造していた。Versamark プリンターの構成部品にプリントヘッドがあり、プリントヘッドは定期的な交換を必要としていた。被告 Kodak は、再生プリントヘッドの唯一の生産者であり、また、Versamark インクも生産していた。他方、原告 Collins は、Versamark インクにかかる Kodak の競争生産者であった。そして、本件では、被告 Kodak が、顧客らに対して請求するプリントヘッドの料金に関し、インクを Kodak から購入しているかどうかで価格差を設けた行為（＝プリントヘッドとインクとのセット割販売）の適法性が争われた。

　本件では、被告 Kodak がシャーマン法1条に違反してプリントヘッド（主たる商品）とインク（従たる商品）の抱き合わせを行ったのかどうかが争われたところ、第六巡回区控訴裁判所は、抱き合わせにおける「強制」要件の識別基準として、割引総額帰属テストを採用し、その際、次のように述べた。「Kodak が顧客らに対して Collins よりもよい取引条件を提供したことは、それ自体では、違法な抱き合わせ取り極めを構成しない。Kodak の設けた価格差が違法となるのは、より効率的な競争者の退出を余儀なくさせたかもしれない場合のみである。…価格差を設ける行為を違法な抱き合わせと同じように評価できるのは、値引きが従たる商品の価格に適用されたとしたときに、実質的に、従たる商品の価格が売手のコストを下回ることになる場合である。…価格差を設ける行為がこのテストを満たす場合、それは、違法な抱き合わせ取り極めに存在する強制と、機能的に同等である。」[39]「買手が売手から従たる商品も購入するよう『強制される』のは、主たる商品における値引きを諦めることをオフセットするのに十分に低い価格で、従たる商品を他の事業者から購入することができない場合のみである。」[40]

---

38) *Collins Inkjet Corp. v. Eastman Kodak Co.*, 781 F. 3d 264 (6th Cir. 2015).
39) Id. 270-271.
40) Id. 272.

(エ) **以上の裁判例の整理**[41] 以上で紹介した一連の裁判例の要点は、以下のように整理できる。

第1に、割引総額帰属テストを採用した判決が複数存在するが、同テストの位置付けには注意を要する。すなわち、このテストは、あくまで、セット割販売の違法性を判断する際の基準の1つを構成するものであって、このテストの下で費用割れとなるようなセット割販売が直ちに違法となるわけではない[42]。このテストは、シャーマン法2条の文脈では、「反競争的行為」要件、つまり問題のセット割販売が反競争的な行為と言えるのか、それとも当該事業者の能率に基づく正当な競争的な行為であるのかを識別するための基準であり[43]、また、シャーマン法1条の文脈では、抱き合わせの「強制」要件を識別するための基準である[44]。シャーマン法2条の場合も1条の場合も、他の要件（2条：独占力の獲得・維持ないしその危険の蓋然性、1条：別個の商品性、主たる商品における市場支配力など）も存在する以上、当然、他の要件の立証は必要である[45]。したがって、このテストは、いわばセーフハーバー的な位置付けとなる。問題のセット割販売を通じて行為者が独占力を獲得・維持したとしても、あるいは、問題のセット割販売が主たる商品において市場支配力を有する事業者によって行われたとしても、少なくとも割引総額を帰属させたうえでの従たる商品の実質的な値引き価格が費用を上回る限り、違法とはされないという趣旨である。

第2に、シャーマン法2条と1条のそれぞれに関し、*Cascade Health* 判決は、2条の文脈で割引総額帰属テストを採用する一方で、1条の文脈ではその採否は争点化していないとして判断せず、しかしながら、実質的に、同テストを要求することなくセット割販売による「経済的強制」を認める余地を残していた[46]。他方、*Collins* 判決では、1条のみが問題となり、1条の文脈で同テストを採用

---

41) 以上で取り上げた3つの事件のほかに、*SmithKline Corp. v. Eli Lilly Co.*, 575 F. 2d 1056（3d Cir. 1978）や *Ortho*, supra note 24）も、セット割販売をめぐる議論においてしばしば言及される。特に、*Ortho* 判決は、行為者でなく競争者の費用を基準にする方法を提唱したとされるが、そのような方法は *Cascade Health* 判決によって否定されている。
42) バンドル・ディスカウント論点報告書・前掲注1）15頁も参照。
43) See *Cascade Health*, at 893-903.
44) なお、取引相手に対して「強制」的な行為が行われることは、シャーマン法2条の文脈においても、排除の不当性を基礎付ける事情となろう。
45) *Cascade Health* 判決注13ならびに *Collins Inkjet* 判決参照。

した。

　Cascade Health 判決における 2 条と 1 条にかかる各判断に関しては、いくら 2 条の文脈で割引総額帰属テストを採用しても、同テストの下での検討を要することなくセット割販売が 1 条違反とされる余地が残るのであれば、2 条において正当な価格競争かどうかを識別するために同テストを採用した意味がなくなりうるため、学説からは 2 条と 1 条の判断の間での整合性への疑問を呈されていた[47]。最新の *Collins* 判決が 1 条の文脈で同テストを採用したことは、それらの学説にとっては望まれていた判断と言えよう[48]。

　最後に、割引総額帰属テストの採否にかかる理論的根拠が重要である。

　価格費用テストを実施すること自体を否定した *LePage's* 判決は、独占者によってセット割販売が行われ、排除効果が生じることを問題視していた。それに対して、割引総額帰属テストを採用した *Cascade Health* 判決と *Collins* 判決は、いずれも、その理論的視点として、上記 2⑴で述べたいくつかの視点のうち、同等効率性基準と独占の梃子という 2 つの視点を重視している。すなわち、セット割販売は、一方では、セットを構成する商品 P、Q のうち商品 P で市場支配力を有する事業者によって行われる場合、当該力を「梃子」とする形で商品 Q のみを生産するライバルの脅威となることがありうるものの、他方では、値引き行為の一種として競争的な側面も有することから、独禁法において不当

---

46) *Cascade Health* 判決が摘示した一連の「追加的な証拠」は、いずれも、仮に割引総額帰属テストを適用したならば反競争的行為には当たらないとされるようなスキームにおいても生じうるようなものである。

47) Nicholas Economides & Ioannis Lianos, *The Elusive Antitrust Standard on Bundling in Europe and in the United States*, 75 Antitrust L.J. 483, 531-534 (2009); X AREEDA & HOVENKAMP, *supra* note 29), ¶ 1758b.

48) 同判決自身、同テストを採用しなければ経済的に同じ行為が 1 条と 2 条との間で異なって扱われてしまうことを指摘している。

　なお、1 条の下で割引総額帰属テストを採用する場合、抱き合わせ販売が同条の下で当然違法原則によって厳格に規制されてきた根拠との関係での問題は残りうる。すなわち、抱き合わせ販売が、その排除効果だけでなく消費者に対する諸々の不利益をもたらす点も含めて 1 条の下で問題視されてきたのだと解する立場からは (See Elhauge, *supra* note 3))、1 条の文脈で割引総額帰属テストを採用することが当然違法原則の根拠との間で整合的なのかについて、疑問を呈されている。米国の学説では、割引総額帰属テストを支持する論者の多くは、抱き合わせにかかる当然違法原則そのものに対して批判的であり、抱き合わせについても競争者に対する排除効果の立証を要求するべきとする論者が多い。前掲注 32) 参照。

な行為と考えられる場合を、商品Qにおいて（仮定的に）同等に効率的な競争者にとって脅威となる場合に限定しようとする発想である。

ただし、両判決とも、上記2(1)で述べたうちの経済的不合理性（利潤犠牲）の視点は考慮に入れていないようである。特に *Cascade Health* 判決は、割引総額帰属テストの下で商品Qの実質価格が費用割れとなる場合でも商品PとQのセット全体では必ずしも費用割れとならないことを指摘し[49]、埋め合わせ要件を否定している。

(オ) **まとめ並びに学説の議論** 　以上のように、米国では、セット割販売の違法性を判断する際に何らかの価格費用テストを利用するべきかをめぐって、いくつかの控訴裁判所の間で判断が分かれている。もっとも、直近の2つの控訴裁判所判決が相次いで割引総額帰属テストを採用していることに鑑みると、このテストを採用する動きが強まっていると言えよう。米国の学説においても、同テストの利用を支持する立場が非常に有力化している[50]。ただし、これに対しては、①この行為が抱き合わせ同様に「梃子」を利用して競争者の競争費用を人為的に増大させうる行為であるとすると[51]、同等効率性基準に基づいて判断するのは相当ではないこと、②価格差別の手段として利用されることで消費者に対する不利益が生じるおそれのあることを理由に、このテストに反対する学説も存在する[52]。

---

49) なお、このことは、セット割販売の下で、「利潤の犠牲」がありえないことを意味するわけではない。*Cascade Health* 判決の判示は、セット全体として赤字が発生するかどうかの観点に関わるものと思われるが、仮に、「利潤の犠牲」を機会費用概念の下で、利潤最大化活動からの逸脱として把握するならば、（全体としての赤字が出ていなくても）利潤の犠牲は生じうる（バンドル・ディスカウント論点報告書・前掲注1）11頁が、「経済合理性のない行為」と指摘するのも、この趣旨であろう）。

50) E.g., ⅢA AREEDA & HOVENKAMP, supra note 7), ¶749；Ⅹ AREEDA & HOVENKAMP, supra note 29), ¶1758. 抱き合わせにおける「強制」の存否を識別するためのその他のありうる基準として、例えば、当該事業者からセットで購入した顧客が実際にどの程度存在するのかを検討する方法や、セットで購入することが顧客にとって「唯一の生存可能な選択肢」であったのかを検討する方法なども指摘されている。もっとも、前者については、セット割販売が値引き行為の一種であることを考慮すると、セット割価格が顧客にとって魅力的であるがゆえにセットで購入したにすぎない場合との区別ができないし、後者については、抱き合わせと認められる場合を限定しすぎではないかと言われている。See Ⅹ AREEDA & HOVENKAMP, ¶1758b, at 362；Elhauge, supra note 3), at 467.

51) 前掲注18）。

52) See Elhauge, *supra* note 3).

なお、米国において、値引きの関係する事例において価格費用テストを利用することが多くから支持される実際上の理由として、しばしば指摘されるように、米国では、陪審制や三倍額賠償といった独自の法制度が存在するため、値引き行為のような競争促進的に利用されうる行為が反トラスト法上違法とされる余地を広めに残してしまうと、（本来は競争促進的な行為であるのに）反競争的であると誤って判断されてしまって高額の賠償を課せられてしまう危険性が非常に大きく、事業者らを過度に委縮させることのないよう、明確なセーフハーバー的な基準がより望まれてきたという事情が存在することも看過できない。

　(カ) **市場支配力をもたない商品間でのセット割販売について**　以上で議論してきた割引総額帰属テストが利用されるのは、あくまで、上記「梃子」の問題が生じうる場合、つまりセットのうちの少なくとも1つの商品について市場支配力を有する事業者によって行われる場合である[53]。米国の学説では、市場支配力をもたない商品間でのセット割販売の場合には、「梃子」の問題が存在しない以上、単純な略奪的価格設定一般と区別する根拠はなく、したがって、同テストのような特殊なテストを用いるのでなく、単に、セット全体にかかる値引き価格がセット全体を提供するのに要する費用を下回っているかどうかを検討すれば足りるとする見方が有力である[54]。

(2)　**EU法の議論**

　EU競争法において、セット割販売は、市場支配的地位の濫用を規制する欧州機能条約（TFEU）102条との関係で、特に議論されている[55]。

　セット割販売に関し、欧州裁判所の立場は必ずしも明確ではないものの[56]、規制当局である欧州委員会は、いわゆる「効果ベースのアプローチ」を採用した2009年公表のガイダンスにおいて、上記割引総額帰属テストに類するテストを採用した[57]。

　欧州委員会ガイダンスにおけるセット割販売にかかる考え方の主な特徴は、

---

53)　なお、バンドル・ディスカウント論点報告書・前掲注1）・1頁が指摘するように、ある事業者が単独で市場支配力を有する場合のほか、協調的な寡占状況にある市場において、複数の事業者が集合的に市場支配力を有する場合も考えうる。
54)　See Herbert Hovenkamp, *Discounts and Exclusion*, 3 Utah L. Rev. 841（2006）.
55)　なお、反競争的な協定を規制するTFEU101条との関係で問題が生じえないわけではない。

以下のとおりである。

第1に、割引総額帰属テストが適用されることになるのは、やはり、問題の行為者のライバルの製品範囲が狭く、同等のパッケージを提供できない場合である。ライバルが同等のパッケージを提供している場合や、追加的な費用を負担することなく適時にそれを提供できるような場合には、セット全体の値引き価格が全体として略奪的な水準に設定されているのかどうかを問うとされる。

第2に、欧州委員会ガイダンスにおける割引総額帰属テストにおいては、基準費用として、長期平均増分費用[58]が採用されている。

第3に、欧州委員会が同テストを採用した理論的根拠について、ガイダンスは、一方では、セット割販売を抱き合わせ販売の一形態として論じており、セットを構成する1つの商品市場において支配的地位を有する事業者によって行われ、他の商品市場において競争者を排除しうることを問題にしている[59]（上記「梃子」の問題）。他方、ガイダンスは、価格競争が一般論として消費者にとって利益

---

56) See FAULL & NIKPAY, THE EU LAW OF COMPETITION（3d ed. 2014）, ¶4519.

なお、欧州の市場支配的地位の濫用規制にかかる判例法理には、最近、重要な動きがあった。

まず、従前の伝統的判例法理においては、市場支配的事業者には域内市場における歪められていない競争（undistorted competition）を阻害する行為を行ってはならないという「特別の責任」があるという考え方の下で、一般論として、市場支配的事業者の行為が厳しい規制を受ける傾向にあった。そして、抱き合わせ販売は、TFEU102条が市場支配的地位の濫用行為の例として例示列挙する同条（d）項に掲げられているところ、排他的取引や忠誠リベートにかかる欧州の伝統的判例法理のリーディングケースであった Case 85/76 *Hoffmann-La Roche v. Commission* [1979] ECR 461, ¶111 において、申立人 Hoffmann-La Roche が様々な種類のビタミン（なお、ビタミンの種類ごとに市場画定されている）を横断的にリベートを提供した行為について、102条（d）項の抱き合わせにも当たると判断されており、同判決をセット割販売に関する先例として挙げる文献も見られた（Richard Whish & David Bailey, Competition Law（8th ed. 2015）, at 779）。

これに対して、2017年9月に下された *Intel* 事件上訴審判決（Case C-413/14P, *Intel v. Commission*, EU：C：2017：632）は、忠誠リベートに関する事例ではあるが、同等効率性基準に依拠しつつ、*Hoffmann-La Roche* 判決の射程を限定し、事案の状況を踏まえた分析を要求するなどした（詳細は、拙稿「EU の Intel 事件司法裁判所判決」公取 809 号 78 頁）。*Intel* 判決はセット割販売の問題を扱った判決ではないものの、同判決の判示は、セット割販売をめぐる議論にも影響しうる。

57) See European Commission, Guidance on the Commission's Enforcement Priorities in Applying Article 82 of the EC Treaty to Abusive Exclusionary Conduct by Dominant Undertakings [2009] OJ C 45/2, ¶59-61.

58) See id. ¶26.

59) Id. ¶49.

となることを踏まえ、価格を利用する濫用行為全般について、通常は、行為者と同等に効率的な競争者からの競争を阻害し得る場合にのみ介入するとし、同等効率性基準に依拠している[60]。セット割販売についても、問題のセットを構成する商品のうちの一部のみを販売する同等に効率的な競争者が問題のセット割販売に対して対抗できないのかどうかを問題にしている[61]。

最後に、割引総額帰属テストの位置付けに関し、セットを構成する各商品の実質価格が当該商品にかかる長期平均増分費用を上回る場合には通常は介入しないとしていることから、上記米国法の議論と同様に、やはり、（当局が優先的に介入するかどうかにかかる）セーフハーバー的な意味合いが強いと言える[62]。他方、同テストの結果、基準費用割れという結論が得られた場合も、それだけで違法とされるわけではなく、事案の状況を総合的に考慮して、問題の行為が競争者らを排除し、消費者厚生にマイナスの影響を与えるおそれがあるのかどうかを検討されることになる[63]。

(3) 小　括

以上のように、近時、セット割販売の違法性を判断する際の第一段階のテストとして割引総額帰属テストを採用する立場が、米国においてもEUにおいても増えつつある。

その理論的説明として、米国・EU双方において多く見られる考え方は、①

---

60) Id. ¶23.
61) なお、ガイダンスが、セット割販売の文脈で、経済的不合理性（利潤犠牲）の観点を織り込んでいるのかどうかは、明確ではない。

ガイダンスは、価格行為のうち略奪的価格設定に関しては、利潤の犠牲ないし経済的不合理性を明示的に問題にしているのに対して、略奪的価格設定以外の価格行為に関しては、必ずしも利潤の犠牲を問題にしてはおらず、特に忠誠リベートに関しては、必ずしも犠牲を伴わないので、その評価は略奪的価格設定とは異なるとさえ述べている（Id. ¶37 & n.3）。もっとも、セット割販売に関しては、理想的なテストは、行為者の「増分収入」が「増分費用」をカバーできるかどうかであるとしつつ、現実問題として増分収入の計算が複雑であることを理由に、「増分価格」を「増分収入」のよい代理変数として利用するとして、割引総額帰属テストを導出している。本来の問題である「増分収入」と「増分費用」との比較が機会費用を問題にしているのだと見れば、利潤犠牲の観点を問題にしていると解する余地もあろう。

62) ただし、ガイダンスの場合、同テストの結果、費用を上回るからといって、常に当局が介入しないとは限らない。See id. ¶60, 24.
63) Id. ¶60, 27, 19-21.

セット割販売が、市場支配力を有する事業者によって行われる場合には、市場支配力の「梃子」を通じた反競争性を有しうる一方で、②この行為が値引きの一種として消費者への利益ももたらしうるという両面性を有することも踏まえ、問題のセット割販売が、セットのうちの一部の商品のみを生産する（仮定上の）[64] 効率的な競争者にとってさえ脅威となるような場合に、その点に不当性を見出す（反対に、仮定上の効率的な競争者にとって脅威にならないような場合には、競争的な値引き行為と考える）ものと言える[65]。また、同テストを正当化するもう一つの論拠として、競争的な行動に対する委縮効果を避けるという観点（上記(1)オ）も看過できない。

4　日本の独禁法の下での考え方の整理

以下、本項では、日本の独禁法の下でセット割販売の問題を考える際の議論のポイントを整理する。なお、紙幅の関係上、いくつかの主要な問題に議論の対象を限定する。

(1)　セット割販売を通じた排除の人為性の根拠と割引総額帰属基準について

第1に、セット割販売は、日本の独禁法の下では様々な条項との関係で問題が生じる[66]。もっとも、本質的な問題は、具体的な適用条項はさておき[67]、問題のセット割販売が仮に競争者の事業活動の困難化（またはそのおそれ）をもたらすような場合において、どのような場合であれば人為的な手段による排除と評価され、どのような場合であれば正当な競争手段による排除と評価されるのか、という問題であろう。

既述のように、近時、海外で有力な割引総額帰属テストは、それを識別するための1つの有力なテストとして提唱されている。しかし、同テストには、理

---

64) この点に関し、後記4(2)参照。
65) なお、セット割販売の文脈で経済的不合理性（利潤犠牲）の観点をどう位置付けるのかについては、十分に議論されてはいないように思われる。これまでの本文並びに、特に前掲注49) と61) 参照。
66) 前掲注5) 参照。
67) もちろん、個々の条項の解釈論に即した整理も重要ではあるが、いずれにせよ、個々の条項の枠を超えた本質的な問題は、この行為が、どのような場合であれば、競争的な行為として、あるいは、反競争的な行為として評価されるのか、という問題である。

論上の観点、実際上の観点の双方の観点からの課題がいくつも残されている。

第1に、理論的観点における最大の問題として、問題のセット割販売スキームがこのテストの下で基準費用[68]を上回る限り、(排除効果をもたらす場合であっても)当該スキームを正当なものとして扱ってよいのか、という点が問題である。

そもそも、不当廉売の事案でしばしば用いられる価格費用テストは、基準費用を上回る場合には消費者厚生への悪影響がおよそ生じないというものではない。効率性の劣る競争者が重要な競争上の制約となることはありえ、基準費用を上回る値引きによって効率性の劣る競争者を排除し、消費者厚生を害するということは、ありうる[69]。したがって、不当廉売規制一般の文脈において、しばしば、少なくとも平均総費用(総販売原価)割れであることが規制の前提とされるのは、平均総費用を上回るならば消費者厚生への悪影響が生じえないためではない。当該事業者自身の効率性を反映する行為は許容されるべきという考え方(同等効率性基準)、また、事業者による競争的な行動を委縮させる危険を最小化するという考え方に基づくものである[70]。

もっとも、以上の点に関し、セット割販売の文脈では、上述した反競争的メカニズムに照らすと、典型的な不当廉売の場合と比べてより慎重な考慮を要するように思われる[71]。とりわけ、米国の一部学説でも指摘されているように(上記3(1)(オ)参照)、この行為が抱き合わせと同様に1つの商品における市場支配力を「梃子」として他の商品における競争者の競争費用を人為的に増大させうる(=競争者の効率性の発揮を人為的に妨げうる)側面のある行為であるとすると、同等効率性基準に基づいて評価し、割引総額帰属テストの下で他の商品の実質価格

---

[68] なお、不当廉売規制の文脈では、しばしば複数の基準費用、つまり①当該費用を下回る価格を通じて競争者の事業活動を困難にさせるおそれがある場合、原則違法となるタイプの基準費用(平均可変費用や回避可能費用)と、②当該費用を上回る場合には適法とされるセーフハーバー的な基準費用(総販売原価ないし平均総費用)とが問題となるが、セット割販売にかかる海外の議論(上記3)において主としてセーフハーバーの観点から論じられていることに鑑み、以下の本文では、後者のタイプの基準費用を念頭に置く。ただし、セット割販売の議論では、①の問題と②の問題が時として混線しているようにも思われる。

[69] 川濵・前掲注11) 230-231頁参照。

[70] 川濵・前掲注11) 230-231頁、川濵昇「市場秩序法としての競争法(3)」〔2010〕民商139巻6号1頁、14-16頁参照。

[71] 岸井・前掲注5) 39頁も参照。

が基準費用を上回る場合には自身の効率性を反映する行為だとして正当視することがどこまで妥当なのかについては、より慎重に検討することが求められよう[72]。また、委縮効果の懸念をどう捉えるべきかも、この問題と密接に関連する。委縮効果の問題にどこまで配慮するかは、それと逆方向の問題である過小規制の問題と表裏を成す。すなわち、事業者側への委縮効果に配慮して適法とされる範囲を広げるほど、本来は規制されるべき行為を見過ごしてしまう過小規制に陥る危険は大きくなる[73]。それゆえ、元々反競争的に利用される危険の大きい行為であるほど[74]、委縮効果の懸念よりも、過小規制の懸念の方が相対的に大きくなりうる。

結局、割引総額帰属テストを（特にセーフハーバー的なテストとして）利用することの当否に関しては、セット割販売という行為が同等効率性基準に依拠して評価するのが適切な行為類型なのかどうかという点が大きなポイントとなるが、この行為が抱き合わせに類する側面も有することを踏まえると、少なくともセットのうちの一部の商品において市場支配力を有する事業者によって行われ、排除効果がもたらされるような場合には、「自己の効率性を反映した排除」として正当視してよいのか疑問が残る状況はありうるように思われる[75][76]。

なお、割引総額帰属テストは、実際上の問題として、テストの具体的な実施に際しての難題も生じうる。例えば、しばしば指摘されるように、セット割販売は2つの商品だけで行われるとは限らず、3つ以上の商品で行われるケース

---

[72] 割引総額帰属テストの下で実質価格が基準費用を上回る場合であっても、「梃子」の構造自体は残る。忠誠リベートの文脈でのこの問題に関する議論につき、拙著・前掲注10）第3章、第6章参照。

[73] 岸井・前掲注5) 39頁参照。

[74] セット割販売という行為そのものが反競争的に利用される危険が一般的に大きいと主張するつもりは毛頭ないが、ここで想定されているのは、セットのうちの少なくとも一方の商品において市場支配力を有する事業者がセット割販売を行い、当該市場支配力を梃子とする形で排除効果を引き起こしているという状況である。

[75] あるいは、公益事業分野等において規制法等によって特に参入が要請されているような市場で行われる場合、同等効率性基準に基づいて評価するのが適切なのかどうか、特に問題となりうる。

[76] 他方、このテストに全く参照価値がないというわけでは必ずしもなく、例えば、同テストの下で費用割れの程度が著しく（極端な場合、個々の商品の単品価格とセット価格が同じ、あるいは後者の方が低いこともありうる）、かつ、排除効果（またはそのおそれ）をもたらしているような場合には、問題がより大きいとは言えるのかもしれない。

もあり、そのような場合、割引額をどのように割り付けるのか[77]。あるいは、問題のスキームが個々の商品の使用量について顧客の側での自己選択型のスキームをとっており、顧客ごとに使用量が異なるような場合、顧客によって値引き金額自体が異なりうる。そのようなケースにおいて個々の顧客ベースで割引総額帰属テストを実施すると、値引き額の大きいある顧客との関係では費用割れとなるのに対して、値引き額の小さい別の顧客との関係では費用を上回るといったことにもなりうる[78]。仮に割引総額帰属テストを利用する場合には、このような実際上の問題に対して、（理論的観点も踏まえつつ）どのように対応するのかというのも、検討を要する課題となろう。

(2) 競争者の事業活動の困難化（またはそのおそれ）要件と、同等効率性基準の位置付け

第2に、仮に割引総額帰属テストを何らかの形で利用する場合においても、同テストにおいて問われるのは、あくまで、問題のセット割販売が、セットを構成する商品のうちの一部の商品のみを生産する「仮定上の」同等に効率的な競争者にとって脅威となるかどうかであって、「現実に」排除される（おそれのある）具体的な競争者が当該行為者と同等に効率的であるかどうかを問われるものではない点には、注意を要する。

同等効率性基準は、あくまで、当該行為が、当該行為者と同等に効率的な「仮定上の」競争者にとってさえ脅威となると評価できる場合に、当該行為者自身の効率性を反映しない行為として非難の根拠とするものにすぎない。費用を上回る安売りによって効率性の劣る競争者を排除することは、自己の効率性を反映する正常な競争手段と言えるであろうが、他方、費用割れの安売りによって効率性の劣る競争者を排除することは、自己の効率性を反映する正常な競争手段とは言えまい。不当廉売にかかる独禁2条9項3号や一般指定6項の「他の

---

77) 岸井・前掲注5) 39頁参照。実際に、米国の *Ortho* 事件や *SmithKline* 事件は、3つ以上の商品のセット割販売の事案であった。

78) バンドル・ディスカウント論点報告書・前掲注1) 18頁も参照。この種の問題（顧客の中にタイプの異なる顧客が存在し、それぞれで値引き額が異なる）を検討する稀少な論稿として、Herbert Hovenkamp & Erik Hovenkamp, *Complex Bundled Discounts and Antitrust Policy*, 57 Buff. L. Rev. 1227 (2009). 当該事業者の全販売ベースで割引総額帰属テストを実施する方法と、個々の顧客ベースで同テストを実施する方法とが考えうる。

事業者の事業活動を困難にさせるおそれ」要件においても、事業活動を困難にさせられるおそれのある他の事業者自身が、行為者と同等に効率的であることを要求されるわけではなかろう[79]。

したがって、セット割販売の反競争性に関して仮に同等効率性基準を理論的基礎として評価する場合であっても、現実に排除される（またはそのおそれのある）競争者の効率性が劣っていたのかどうかを改めて問題にする必要はない[80]。

(3) 「独占の梃子」と能率競争侵害？

最後に、不公正な取引方法として問題となる場合の公正競争阻害性の捉え方についても、注意を要する。セット割販売をめぐる議論においては、基本的には、競争排除型の自由競争減殺による悪影響の場合を想定して議論されることが多いように思われるが[81]、仮に一般指定9項、10項、14項といった条項で問題となる場合には、価格・品質・サービスを中心とする能率競争の観点からみた競争手段としての不公正さの観点から問題とされる可能性もある。

実際に、これまでの公取委の文書の中でも、独占分野の独占力を活用した不当な利益による顧客誘引・取引強制にかかる問題が指摘された例は存在するし[82]、おそらくかなり極限的な場合ではあろうが、一定の場合、独占分野の力を他の分野に転用して優位性を発揮することそれ自体を競争手段として不公正とするような発想自体は、これまでにもおよそ見られなかったわけではない[83][84]。過度な一般化は禁物ではあるが、公益事業分野は、その種の発想が特に現れがちな分野でもある。いずれにせよ、不当な顧客誘引や取引強制等の規制の趣旨も踏まえた考察も求められよう。

---

79) 以上の点に関し、金井ほか・前掲注11) 314頁、川濵・前掲注11) 219頁参照。
80) この点に関連しうる問題として、費用テストを実施する際に「誰の」費用と比較するのかという点が議論になることもあるが、基本的には、行為者自身の費用が想定される。バンドル・ディスカウント論点報告書・前掲注1) 13頁本文注18参照。
81) 例えば、バンドル・ディスカウント論点報告書・前掲注1) 10頁本文注16参照。
82) 「公益事業分野における相互参入について」・前掲注4)。例えば、電力会社がガス事業分野に参入するに際して自己のガスの購入者に限って電気の料金を割り引くような行為につき、「電力会社が、電力市場を地域的にほぼ独占している状況を踏まえると、ガスの販売に当たって電気料金の割引が不当な利益に当たる場合には、不公正な取引方法のうちの不当な利益による顧客誘引に該当する可能性が高い」としていた。

結　語

　以上、本稿では、セット割販売にかかるいくつかの基本的な問題点についての検討を行ってきた。本稿は、あくまでセット割販売の独禁法上の規制にかかる序論的考察を行ったにすぎず、課題は数多く残されている。例えば、個々の条項の解釈論との関係での整理、別個の商品性の問題、割引総額帰属テストを利用する場合に基準費用をどう考えるのか、正当化の問題（なお、現実に観察されるセット割販売の多くはそもそも反競争的でさえないものであろう）など、議論を要する点は多岐に渡る。それらの点については、引き続き検討することとしたい。

---

83)　典型的なセット割販売の問題からは離れるが、関電オール電化警告事件に関し、川濱昇ほか「最近の独占禁止法違反事件をめぐって」公正取引668号2頁、18頁〔川濱昇発言〕参照。公益事業分野における不当な利益による顧客誘引又は取引妨害による警告の例として、東日本電信電話・西日本電信電話警告事件・平成13年12月25日も参照（上杉秋則ほか「最近の独占禁止法違反事件をめぐって」公正取引620号8頁以下も参照）。

84)　なお、既述のように、米国においても、抱き合わせ販売がシャーマン法1条の下で問題となる場合、「当然違法」原則の根拠との整合性をめぐる問題が生じうる。

Ⅷ章 エネルギー・鉱物資源の効率的、安定的な調達に果たす競争法の役割とその射程

西村あさひ法律事務所
弁護士 藤井 康次郎[1]

第1 はじめに

　天然資源の分野には競争法の問題が生じやすいいくつかの特徴を指摘することができる[2]。まず、開発に適した天然資源の埋蔵は地理的に偏在していることが多い。また、企業活動という側面からみると、天然資源の開発、生産には、多額の資金調達、特殊な技術、長期にわたるリスクの引き受けが必要となるところ、これに耐え得るのは少数の有力企業や資金力やノウハウのある複数の企業によるコンソーシアムである。さらに、天然資源は、精練過程により一定に品質に仕上げることができ、比較的均一な製品として市場で取引されるコモディティであり、生産者により生産コストが異なっていたとしても製品の価格が近似する傾向にある。そのため、優良な鉱山等を有している低コスト生産者は、供給量を調整することで、高コスト生産者を排除し、新規参入を妨害することができる。また、資源国にとっては、資源の開発、生産は重要な富の源泉であるところ、資源の開発、生産はしばしば国有企業により行われ、また、外資規

---

[1] 筆者は、企業の代理人として、本稿中に紹介する BHP ビリトンとリオティントの企業結合案件、日本の公正取引委員会による液化天然ガスの取引実態調査、鉱物資源の共同調達案件に関与し、経済産業省の政府内弁護士として、中国レアアース事件に係る WTO 紛争解決手続に関与したが、本稿に存在する意見は、すべて筆者個人に帰属するものである。

[2] かかる検討の重要な先行例として、松下満雄「天然資源等輸出制限に関連する競争法の問題点」国際商事法務 Vol.36, No.11（2008）1407-1408 頁、Jane Korinek and Jeonghoi Kim, Export Restrictions on Strategic Raw Materials and Their Impact on Trade and Global Supply,（OECD Trade Policy Studies 2010 所収）等が存在する。

制等の資源国政府の厳格な許認可制度の対象となる。こうした背景もあり、実際にも鉱物資源の供給市場においては企業による寡占化が進んでいる。かかる寡占化を背景として、天然資源の市場における競争法の適用が要請される場面も増えてきている。

ただし、天然資源の分野における競争法の適用には課題もある。まず、天然資源の消費国としては、独占、寡占やカルテルによる弊害を予防、排除するために競争法を適用する必要性を感じる。一方で、資源生産国においては生産者の利益の拡大、規模の拡大、合理化や交渉力の拡大によるメリットも大きく、必ずしも競争法の適用に積極的ではなく、さらには輸出カルテルについては適用除外が設けられている場合もある。そのため消費国による競争法の域外適用が問題となりやすい。また、新興国を中心として、天然資源の供給者が政府に近い国有企業により運用されている場合や、天然資源の生産や供給について政府の介入が問題となることもある。かかる主権的な色彩を持つ行為者や行為に対して、競争法を適用することに、執行上のハードルがあるのではないかも問題となる。

もっとも、これらの課題は、競争当局の強固かつ柔軟な執行姿勢や競争当局間での国際協力、もしくは、競争当局が通商当局等の他の政府機関と連携・役割分担することにより、乗り越えることができるものと思われる。実際にも、近時、外国供給者間での国際カルテル、有力な天然資源供給者間での統合や協業といった企業結合、複数の有力な供給者が意思の連絡なく競争制限的な商慣行を維持する場面などで、競争法の適用について積極的な方向での事例が積み重なるに至っている。また、輸出カルテルに政府が関与するような場面や、国家の行為としての天然資源の輸出規制等については、輸入国の通商当局がWTO紛争解決手続を利用することにより是正措置が実施された事例も現れた。

天然資源の効率的、安定的調達にあたり競争法を活用していくこと、競争法の射程から外れる場合には通商法による是正も積極的に図っていくことは、殊に天然資源の大半を外国からの輸入に依存する日本としては、天然資源の安定供給や公正な条件での取引を確保する観点から、非常に重要なものである。本稿では、かかる観点から、国内外の天然資源の分野において競争法の適用が問題となった事例についてその意義を解説する。また、競争法の射程を意識する

第2　自国市場への波及効果を捉えた競争法の域外適用

1　国際カルテル——米国ポタシュ国際カルテル民事損害賠償事件

　米国では、農業用肥料に用いられる天然資源であるポタシュ(カリウム)についての国際カルテルが民事訴訟において問題となった。この事案では、米国独禁法の国際的適用範囲を画する米国国内法である Foreign Trade Antitrust Improvements Act (FTAIA) の解釈が問題となった。FTAIA によれば、米国独禁法は、輸入取引を除く外国に関連する取引には、原則として適用されない(裏を返せば、輸入取引には適用される)。ただし、米国内の取引及び米国への輸入取引に、直接的、実質的かつ合理的予見可能な弊害をもたらす行為には適用される(米国弊害例外)。

　原告ら、米国に所在するポタシュの購入者の訴えの概要は以下のとおりである。ポタシュの世界埋蔵量の半分以上がカナダと旧ソ連に集中しているところ、カナダ、ロシア、ベラルーシに所在する世界の主要なポタシュの製造業者である被告ら7社は、2008年時点において世界シェアのおよそ71％を占めていた。かかる状況下で、被告ポタシュ製造業者が、カルテルにより、中国、ブラジル、インド市場におけるポタシュの価格を引き上げたところ、これらの市場の価格が国際ベンチマーク価格として機能し、米国市場におけるポタシュの価格も上昇した。カルテルが行われていた2003年から2008年の間に、米国におけるポタシュの価格はおよそ600％も上昇した。これに対し、被告らは、仮に原告の主張するとおりのカルテル行為が存在したとしても、カルテルの対象となったのはあくまでも、中国、ブラジル、インドであり、原告の主張するカルテル行為は、米国に「直接的」に弊害を生じさせておらず、FTAIA の定める米国弊害例外には該当しないと反論した。

　第一審(イリノイ地裁)においては、被告らの反論は認められず被告らのカルテル行為は米国独禁法の国際的適用範囲内にあるとされた[3]。しかし、控訴審(第七巡回区)は、米国弊害例外の「直接的」との文言について、外国主権免除法の

---

3) In re Potash Antitrust Litig., 667 F. Supp. 2d (N.D. Ill. 2009)

類似の文言について解釈をした最高裁の解釈を参照し、「直接的」とは「被告らの行為の結果として直ちに（an immediate consequence of the defendant's activity）」という意味であると狭く解し、被告らの行為が「直接的」に米国に弊害をもたらしたとはいえないとし、被告らの行為は米国独禁法の適用範囲外であるとした[4]。

もっとも、第七巡回区控訴裁判所は、事件の重要性を考慮し、裁判官全員参加の大法廷（en banc）[5]において再検討することとした。2012年6月に出された大法廷判決[6]は、以下のとおり控訴審判決の内容を覆した。まず、FTAIAの柱書において「輸入取引を除く」とされていることから、輸入取引についてはFTAIAの定める特殊な要件を満たすまでもなく米国独禁法の適用範囲となる。したがって、被告らが直接米国内の需要者に販売している輸入取引については、アルコア事件やハートフォード火災保険事件最高裁判決で示された、米国外で行われた行為であっても、米国に効果を与える意図（intentionally）をもってなされ、かつ実質的（substantially）に効果を与える行為について米国独禁法は適用されるという効果理論の原則に沿って判断されるべきである。その上で、大法廷判決は、被告らはポタシュの世界供給の大半を占めていること、ポタシュ市場は世界的に均一（homogeneous）であること、米国は世界でも1、2を争うポタシュの需要地であること、2003年から2008年にかけてポタシュの価格は600％以上上昇したといった客観的外形的事情を根拠に、米国独禁法の適用範囲内であるとした。ここでは、アルコア事件で示された「意図的」（intentionally）との主観的要件につき、予見可能性や目的を窺わせる客観的外形的事情を積み上げて認定しており、かなりの程度客観的要件に置き換えられている点が着目される。大法廷判決は、かかる法的操作により被告らが主観的には米国市場をカルテルの対象からあえて排除していたとの事情を克服している。

次に、大法廷判決は、ポタシュを直接米国内の需要者に販売していない被告らとの関係ではFTAIAの米国弊害例外を満たすかが問題となるところ、「直

4）　Minn-Chem, Inc. v. Agrium Inc., 657 F. 3d（7th Cir. 2011）
5）　大法廷には、判決を起案したウッド判事をはじめ、ポズナー判事、イーストブルック判事等競争法の分野でも著名な判事を含む。
6）　Minn-Chem, Inc. v. Agrium Inc., 683 F. 3d 845（7th Cir. 2012）

接的」との要件につき、外国主権免除法の「直接的」との文言の解釈である「被告らの行為の結果として直ちに (an immediate consequence of the defendant's activity)」をそのまま採用することは適切ではないとした。なぜならば、外国主権免除法においては、「実質的」「予見可能」といった要件が存在しないことを前提に「直接的」との要件につき狭く解釈をして絞りをかけたものである。しかるに、FTAIA には、「実質的」、「予見可能」といった要件が明文上存在するところ、「直接的」との要件を外国主権免除法のごとく狭く解釈すると、FTAIA の米国弊害例外の適用場面が想定以上に狭くなってしまうからである。大法廷判決は、「直接的」との要件は、あくまで、外国で行われた行為が米国の輸入取引ないし米国内通商に生じた影響の遠因 (remote) に過ぎない場合に、当該行為を米国独禁法の適用範囲から除外する趣旨に過ぎないとし、「合理的に近接した (reasonably proximate)」と解釈すべきとした。その上で、大法廷判決は、中国、ブラジル、インド市場における価格がベンチマークとして利用されており、実際にも中国、ブラジル、インド市場における価格の上昇の直後には米国における市場価格の上昇も認められたこと、被告らは規制の構造その他の理由によりこれら米国外市場の価格の上昇が米国市場に波及しないとの事情を主張できていないことなどを根拠に、被告らのカルテル行為と米国への輸入取引ないし米国内通商への影響は「合理的に近接した (reasonably proximate)」ものであるとした。

　このとおり、大法廷判決においては、カルテルが米国市場への供給を対象としていなくとも、カルテルの対象となった商品役務の市場間の価格連動性が高く、カルテル参加者の占める市場シェアや米国市場における需要の規模が大きいといった事情があれば、米国市場に効果が波及しないような特殊な事情がない限り、効果理論の原則ないし FTAIA の米国弊害要件に該当し、米国独禁法の適用対象となり得ることを明らかにした。大法廷判決は、判決末尾において、天然資源のカルテルについては、輸出カルテルについては適用除外になっているなど天然資源輸出国においてはこれを取り締まるインセンティブがない一方で、被害を受けるのは輸入国の需要者であり、輸入国の競争法を適用することが正当であることを強調している。なお、大法廷判決が示した「直接的」との要件についての解釈論は、米国競争当局（司法省及び連邦取引委員会）から裁判所

に提出された意見書の内容に沿ったものとなっている。米国の競争当局が米国市場への波及効果についても米国独禁法を適用する意欲を示し、これに裁判所がお墨付きを与えたともいえる。

2 企業結合規制――BHP ビリトンとリオティントの企業結合案件

2007 年 11 月にオーストラリアの資源メジャーの BHP ビリトンは、同じくオーストラリアの資源メジャーであるリオティントを買収する旨を表明した。当時、海上貿易で取引される鉄鉱石について、BHP ビリトンとリオティント及びブラジルのヴァーレの 3 社で 7 割近くのシェアを有していたところ[7]、日本及び欧州等の鉄鋼業界は、鉄鉱石等の原料の供給につき競争が著しく制限されることとなるとして重大な懸念を表明した。米国やオーストラリアの競争当局が買収につき早々に承認する中で、これらの懸念を受け、EU や日本の競争当局は積極的かつ厳格に、同買収提案を審査し、2008 年 11 月に EU は EU 競争法上許容されないおそれがあるとして異議告知書（Statement of Objection）を発出した[8]。その直後、BHP ビリトンはリオティントの買収を断念する旨を決定、発表した。

もっとも、翌 2009 年 6 月に、BHP ビリトン及びリオティントは西オーストラリアに鉄鉱石の生産ジョイントベンチャーを設立する旨を発表した。これを受け、再び日本や EU の鉄鋼業界が懸念を表明、EU、ドイツ、日本、韓国等の競争当局が積極的かつ厳格な審査を行い、2010 年 9 月には日本の公取委が、翌 10 月には EU、ドイツ及び韓国の競争当局が各競争法に照らして問題がある旨を指摘した[9]。その直後にジョイントベンチャー設立計画は放棄された。

実は、ここで問題となった企業結合の当事者である BHP ビリトンとリオティントの主要な取引先は、日本、韓国、中国といった東アジアの鉄鋼メーカーであった[10]。そのような状況の中、公取委や韓国の競争当局は、それぞれの法

---

7) 川合弘造「域外企業の企業結合に対する日本の独占禁止法の適用-BHP Billiton-Rio Tinto 事件を題材として」NBL No. 905（2009 年 5 月 15 日）48-49 頁参照。

8) クリスバン・ホフ＝ポーターエリオット＝亀岡悦子「グローバル経済における EC 企業結合規制-BHP Billiton/Rio Tinto 買収提案事件を例に」NBL No. 905（2009 年 5 月 15 日）45 頁参照。公正取引委員会事務総長定例会見（2008 年 11 月 19 日）も参照。

域の需要者を保護する観点から、史上初ともいえる域外適用を前提とした厳格な審査を行ったものであり、その歴史的意義は大きい。

　もっとも、EU 競争当局の取り組みは、質的にさらに一歩踏み込んだものであった。すなわち、両社の EU 市場における売り上げ、シェア、競争関係の重複といったプレゼンスは東アジアに比べれば、はるかに小さなものであった[11]。しかし、過去に、EU 競争当局は、プラチナ等の天然資源を生産、輸出する南アフリカ企業の企業結合に関して、企業結合当事者の EU 向けの供給が必ずしも大きくないものの、世界市場で弊害が生じることで EU の需要者も被害を受けるとしてこれを禁止し[12]、EU 裁判所（CFI）はかかる結論を支持した[13]。そして、EU は、BHP ビリトンの案件においても、東アジアにおける鉄鉱石の価格と EU における鉄鉱石の価格は連動しており、東アジアにおける鉄鉱石の価格の上昇は、EU 市場における価格の上昇ももたらすという「波及効果」を問題視した[14]。EU は、かかる問題意識を競争法上の枠組みに巧みに昇華し、「世界海上貿易市場」を画定し、BHP ビリトン及びリオティントの統合やジョイントベンチャーの設立が EU へもたらす波及効果を正面から問題としたものと思われる[15]。敷衍すれば、「かりに EC 所在需要者にとって実際に豪州から輸入する鉄鉱石が多くないとしても、本件株式取得計画（筆者注：BHP ビリトンによるリオティントの買収計画を指す）によって豪州の鉄鉱石の供給が単独事業者にほぼ集中す

9）　公取委報道発表（2010 年 10 月 18 日）、韓国公正取引委員会報道発表（2010 年 10 月 19 日）、リオティント報道発表、"Rio Tinto and BHP Billiton end plans for iron ore production joint venture"（2010 年 10 月 18 日）等参照。公取委による審査の詳細については、公取委平成 22 年度における主要な企業結合事例中、事例 1「ビーエイチピー・ビリトン・ピーエルシー及びビーエイチピー・ビリトン・リミテッド並びにリオ・ティント・ピーエルシー及びリオ・ティント・リミテッドによる鉄鉱石の生産ジョイントベンチャーの設立」を参照。また、その解説として、東條吉純「BHP ビリトン/リオ・ティント事件Ⅰ・Ⅱ」（『電力改革と独占禁止法・競争政策』所収有斐閣、2014）224 頁参照。

10）　前掲・川合 NBL No. 905 47 頁によれば、両者の供給する鉄鉱石の 9 割が東アジア向けであったとされる。

11）　前掲・クリスパン・ホフ他 NBL No. 905 41 頁参照。

12）　Gencor/Lonrho, M. 619, OJ 1997 L11/30

13）　Case T-102/96, Gencor v. Commission,［1999］ECRⅡ-753

14）　同上 45 頁、ポーター・エリオット＝ヨハン・バンアッカー＝亀岡悦子「グローバル経済における EC 競争法戦略～BHP ビリトン/リオ・ティント合弁事業計画事件を例に～」国際商事法務 Vol. 39, No. 3（2011）325 頁参照。

ることとなって、「世界海上貿易市場」における反競争性が生じ世界的な統一価格が高くなるとすれば、それが結局はEC所在需要者にも影響を及ぼす」[16]ことを問題とした。

ところで、BHPビリトンとリオティントの事案は、域外適用の事案における執行の担保という問題について議論を深める契機ともなった。国際法上の執行管轄権の問題や国外犯処罰規定を含む関連する国内法の整備の必要性が指摘され[17]、実際のところ競争当局の判断の実効性を外国企業に対して担保するためには有効な制裁、巨大な市場が必要との指摘もなされた[18]。一方で、BHPビリトンとリオティントの事案は、消費国競争当局による協調が巨大な外国企業に対する抑止力として有効に機能することも示した。日本の公取委は、当初の買収案件においてはEUや韓国、その後のジョイントベンチャー設立案件においては、EU、ドイツ、韓国といった消費地の競争当局と連携しながら審査を進めたとされる[19]。消費国の連携により制裁や市場の規模といったレバレッジを高め、競争法の適用の実効性を高めることができる。

むろん、容易でないとしても、生産国当局との協調も模索されるべきである。生産国であるオーストラリアの競争当局（ACCC）は、当初の買収案件についてはEUや日本の動向を横目に早々にこれを承認したものの[20]、その後のジョイントベンチャー設立案件においては先行して判断を出すことを控え[21]、最終的

---

15) 世界海上貿易市場の画定には先行例がある。同じく鉄鉱石が問題となったCase No. COMP/M. 2420-Mitsui/CVRD/Caemi（2001）paras. 150-163参照。BHPビリトンの件においても、EUと連携しながら審査を進めた日本の公取委も世界海上貿易市場を画定している（公取委平成22年度企業結合主要事例集3頁）。

16) 白石忠志「独禁法事例の勘所（第2版）」有斐閣（2010年）357頁の説明を借用した。

17) 前掲・川合NBL No. 905、川合弘造「公取委の企業結合審査の課題」公正取引No. 711（2010年1月）参照。

18) 松下満雄「天然資源保有国による輸出制限に対する法的対応」(下)国際商事法務Vol. 40, No. 11（2012）1645頁。

19) 稲熊克紀「企業結合規制における競争当局間の協力について」NBL No. 905（2009年5月15日）62頁参照、前掲・公取委リリース2010年10月18日参照。

20) ACCC, Public Competition Assessment-BHP Billiton Ltd-proposed acquisition of Rio Tinto Ltd and Rio Tinto plc.（2008年10月1日）。

21) ACCC, ACCC delays decision on proposed BHP Billiton/Rio Tinto joint venture at request of parties（2010年9月15日）参照。

には競争法上問題が生ずる旨を表明した模様である[22]。これには、世界的な金融危機を受け期待していた生産能力拡張や新規参入が延期されたこと等の事情の変更が影響したことが窺われるが[23]、ジョイントベンチャー設立案件においてはACCCと公取委などの消費国当局の密接な連携が行われたことも影響したものと思われる[24]。一般論としては、生産国当局としては、消費国との協調に加わることで、企業結合当事者を直接監督する立場から具体的な問題解消措置の設計、監視のあり方に影響力を行使し、消費国当局による過剰な問題解消措置や企業結合の禁止といった極端な結論が出ることを抑止し得るというメリットもあるように思われる[25]。

3 小　括

このとおり、近時、米国、EUともに、法的な解釈論を巧みに操作することで、自国の市場にもたらされる波及的効果を競争法の域外適用の射程に含める姿勢を打ち出している[26]。こうした波及効果を捉えるということは、天然資源消費国競争当局間の連携を可能とする下地ともなる。反面、複数の競争当局が介入することにより、企業側のコストが増加し、制裁や問題解消措置が過剰になるという問題が生じかねず、制度設計や運用面での配慮が必須となる。なお、競争当局間の連携には、競争当局間で締結される協力協定の果たす役割も大きいものと思われる。

第3　国有企業や外国政府の関与と域外適用

1　国家主権と競争法の適用

米国では反競争的行為に外国政府の関与が見られる場合、競争法域外適用を

---

22) 前掲・リオティント報道発表（2010年10月18日）参照。
23) ACCC, Statement of Issues-BHP Billiton Limited and Rio Tinto Limited-proposed iron ore production joint venture in Western Australia（2010年3月25日）5-6頁参照。
24) 前掲・公取委リリース2010年10月18日参照。一方で、当初の買収案件では公取委とACCCとの間で十分協力ができなかったとされる（前掲・稲熊NBL905号62頁参照）。
25) BHPビリトンの事案でも、オーストラリア競争当局や裁判所が、BHPビリトンやリオティントが有する鉄道インフラを新規参入業者に開放することを命ずるかどうかが着目されていた。
26) 厳密に言えば、ここで取り上げたのは異なる地理的市場間における同一商品役務の価格連動の問題、いわば水平的な波及効果である。

制限する原理として、国家行為の理論や外国政府の強制の理論、国際礼譲等といったものが発展している。過去に OPEC による原油の生産調整行為をめぐっては、国家行為の理論による競争法の域外適用の制限は商業的行為にも適用されるのか、さらには原油の生産調整行為は商業的行為といえるかといった点につき司法判断は分かれており[27]、また、OPEC 問題は高度に外交的政治的なものであり権力分立の観点からは少なくとも裁判所主導の競争法の域外適用によりこれを解決することはまだ現実味を帯びていない[28]。しかし、以下に述べるような事案では、欧米において、近時、外国政府の関与があった場合や政府に近い国有企業の反競争的行為について自国の競争法を適用できないかが改めて問われるに至っている。

2　政府介入の問題──中国企業による輸出カルテル事件

(1)　ビタミンC輸出カルテル事件

2005 年、米国所在のビタミンCの購入者が、中国のビタミンC原料の輸出者が、ビタミンC原料のおよそ世界シェアの 80％を占めていたものであるが、2001 年から米国向けを含む世界に輸出するビタミンCに関して、事業者団体の会合において価格及び供給量を合意したとして、ニューヨーク連邦地方裁判所に民事損害賠償請求訴訟を提起した。これに対し、被告らは、数量や価格を合意したのは自発的意思によるものではなく、中国政府による強制によりなされたものであり、米国独禁法上の責任は負わないと反論した。

米国司法省のガイドラインは、米国で発達した外国政府による強制理論を踏まえ、外国政府が刑罰を含む制裁を背景に反競争的行為を強制しており、当該強制が外国政府の政府権限においてなされている場合には、米国独禁法上の責

---

27) 比較的近時のものとして域外適用に肯定的なものとして、Prewitt Enterprises v. OPEC, 2001-1 Trade Cas. (CCH) H 73,246 (D. Ala. 2001) (ただし、送達の失敗により意見は無効となった)、従来の路線を踏襲し域外適用に否定的なものとして、In re Refined Petroleum. Products, 649 F. Supp. 2d 572, 581 (S.D. Tex. 2009) 及びその控訴審判決である Spectrum Stores,. Inc. v. Citgo Petroleum Corp., 632 F. 3d 938 (5th. Cir. 2011) 等参照。

28) 米国議会では、外国政府や関連機関による石油の生産・輸出カルテルを違法とし、これに主権免除や国家行為の理論は適用されないことを規定した NOPEC 法案が提出されるも、大統領、行政府の支持が得られる見込みは立っていない。

任を問わない旨説明している[29]。

　訴訟提起を受け、中国商務省は、被告らの主張を支持する意見書[30]を米国の法廷に提出し大きな着目を集めた。中国政府は、商務省の積極的な指揮監督下にある事業者団体を通じて被告らに対して米国市場においてダンピングとなることを避ける観点から、最低価格を合意し輸出するように指示し、取り決めた最低価格に違反した場合については、輸出ライセンスの取消等の制裁が課されると説明した。しかし、同連邦地裁は、中国政府はダンピング（コスト割れ）回避に必要な範囲を超えて価格設定をするようには強制しておらず、また、関連資料によれば中国の輸出者は自発的合意（self-regulated agreement）により最低価格を合意していたとあり、政府による強制は認められないとした[31]。なお、判決は、中国政府が、WTOにおいて、2002年1月にはビタミンCの輸出管理行政を廃止しており、2008年5月には最低価格に違反したものに制裁を課すことを廃止したとの表明をしたことにも触れている。

　引き続き行われた陪審員参加での審理においては、ビタミンC原料の輸出を監督していた元商務省職員が、最低価格の遵守を確認した上で、輸出を承認していた旨証言するも、陪審員は米国独禁法の適用を肯定し、総額およそ5400万米ドル（三倍賠償制度により自動的に1億6200万米ドルとなる）の賠償を命ずる評決を下した。

　これに対し、上訴審である第二巡回区控訴裁判所は、国際礼譲の観点から、本件民事損害賠償訴訟を却下するとの判決を下した[32]。すなわち、同判決は、中国法の解釈については中国政府の見解を尊重すべきであるところ、中国法の下では、中国の生産者は海外に輸出するビタミンCの価格を設定し、輸出量を

---

[29] Antitrust Enforcement Guidelines for International Operations (2017) §4.2.2参照。ただし、反競争的行為が米国内で行われている場合には、外国政府の強制の理論は適用されないとしており、同理論はもっぱら域外適用の事案において問題となる。

[30] Brief of Amicus Curiae the Ministry of Commerce of the People's Republic of China in Support of the Defendants' Motion to Dismiss the Complaint, Dkt. No. 69, In re Vitamin C Antitrust Litig., No. 06-MD-01738-BMC-JO（E.D.N.Y. Sept. 22, 2006）.

[31] In re Vitamin C Antitrust Litig., 810 F. Supp. 2d（E.D.N.Y. 2011）. もっとも、中国商務省は、中国法の文化に照らすと、完全な自発性を意味するのではなく、中国政府のエージェンシーともいえる事業者団体の監督による規制に由来するものであると説明していた。

[32] In re Vitamin C Antitrust Litigation, 837 F. 3d 175（2d Cir. 2016）.

制限すべき義務を負うのであり、中国法と米国独禁法の双方を同時に遵守することはできない状況にあったとして、国際礼譲の観点から米国の裁判所は管轄権を行使すべきではないとした。

もっとも、2018年6月、米国最高裁は、外国法の解釈について外国政府の意見書を尊重すべきとしつつも、必ずしもそれに拘束されるものではないとして、控訴審判決を覆した[33]。最高裁は、外国政府の意見を尊重する程度は案件毎に異なっており、その際の考慮要素としては、意見の明確性、包括性、文脈や目的、当該外国法制の透明性、意見を述べる組織や役職員の役割や権限、当該外国政府の過去の姿勢との一貫性等を挙げている。

(2) ボーキサイト輸出カルテル事件

2006年、米国所在のボーキサイトの購入者は、中国のボーキサイト輸出者が米国向けのボーキサイトの価格につき合意していたとしてペンシルバニア連邦地方裁判所に損害賠償請求訴訟を提起した。被告らは、政府の指揮監督下にある事業者団体が被告らに輸出価格を合意するよう指示したものであり、米国独禁法上の責任を負わず、即時却下されるべきと申し立てた。

本件の審理には、米国通商代表部が、中国によるコークスやボーキサイトといった天然資源についての輸出数量制限や最低輸出価格制度につきWTO紛争解決手続の利用を開始したことが影響を与えた。WTO紛争解決手続においては政府に帰属する措置のみを問題とすることができるところ[34]、仮に最低輸出価格制度が中国政府に帰属する措置であるとすれば、問題となっている最低輸出価格の合意が完全に被告らの自発的な意思決定によるとは言いにくくなるという関係にあるからである。

同連邦地裁は、当該WTO紛争解決手続の結果が出るまで裁判手続を停止した[35]。裁判所は、米国通商代表部が最低輸出価格制度につき中国政府に帰属する措置であるとWTOで主張している中、裁判所がこれと矛盾する判断をする

---

33) Animal Science Products, Inc. v. Hebei Welcome Pharmaceutical Co. Ltd., 585 U.S., 138 S. Ct. 1865 (2018)
34) WTO紛争解決了解3.3条、6.2条等。
35) Resco Prods, Inc. v. Bosai Minerals Group Co., Ltd., No. 06-235, 2010 LEXIS 54949 (W.D. Pa. June 4, 2010).

ことは権力分立との関係で問題が生じ得、さらに、WTO 紛争解決手続における結論は、中国政府の関与の有無、程度を判断する上で参考となるものであり、その帰趨を待つべきであるとした。

その後、当該 WTO 紛争解決手続では、最低輸出価格制度につき、第一審にあたるパネルにおいて判断が示されたものの、最終審にあたる上級委員会において手続違背から当該判断は取り消された。結局、同連邦地裁は、米国民事訴訟手続においては、WTO 紛争解決手続では入手できない証言等の証拠も入手し得ること等を根拠に、被告らの即時却下の申立てを棄却し、さらなる審理に踏み切った。証拠開示手続（ディスカバリー）を経て、同連邦地裁は、中国のボーキサイト輸出者ではなく、中国商務省がボーキサイトの輸出数量割当に責任を有しており、ボーキサイト輸出者は輸出数量割当や輸出価格の水準を決定する能力を有していなかったとして、原告らの請求を棄却した[36]。原告らは第三巡回区控訴裁判所に上訴をしたが、最終的には和解により解決した模様である。

(3) マグネサイト輸出カルテル事件

2005 年、米国所在のマグネサイトの購入者は、中国のマグネサイト輸出者が米国向けのマグネサイトの価格につき合意していたとしてニュージャージー連邦地方裁判所に損害賠償請求訴訟を提起した。ここでも被告らは、政府の指揮監督下にある事業者団体が被告らに輸出価格を合意するよう指示したものであり、外国政府による強制の理論により米国独禁法上の責任を負わず、即時却下されるべきと申し立てた。

2010 年 4 月、同連邦地裁は、中国商務省がビタミン C 訴訟において提出した意見書及び通商当局である米国通商代表部が天然資源の最低輸出価格制度につき政府に帰属する措置であるとして WTO に提訴したことを重視した。そして、WTO 紛争解決手続の結論を待たずして[37]、当該事業者団体が中国政府の関連機関であることや最低輸出価格制度の違反には制裁が準備されていたといった事情を認定し、外国政府による強制理論が認められる余地を認めつつも、中国の輸出者が中国法下で求められる最低輸出価格を超える価格で輸出価格を合意

---

36) Resco Prod., Inc. v. Bosai Minerals Grp. Co., 158 F. Supp. 3d 406（W.D. Pa. 2016）.
37) 純粋な権力分立の観点からは WTO パネルや上級委員が何を認定したかよりも米国通商代表部がいかなる主張をしているかの方が重要とされるのであろう。

した可能性について改めて詳細に審理する姿勢を示した[38]。本件は、その後、控訴裁判所に上訴をされるも、その後の論点の中心は、外国政府による強制理論の適用から、それ以前の問題として、原告らが適切に請求原因を設定したのかという問題へと移っていたところ、和解により解決した模様である。

3　国有企業——ガスプロムによる独占的地位の濫用事件（EU）

EU 競争当局は、2012 年 9 月に、ロシア政府が持ち分の過半を有する世界最大級のエネルギー企業であるガスプロム[39]に対して、中央及び東ヨーロッパの国々に対する天然ガスの供給につき独占的地位を濫用した疑いがあるとして、正式に調査を開始した。ガスプロムは EU の天然ガスの消費量のおよそ 25％ を供給しているところ、中央及び東ヨーロッパといった旧ソ連圏の地域では独占的な供給者である[40]。これに関連して、エネルギーにつき競争が機能している西ヨーロッパとガスプロムによる支配下にある中央及び東ヨーロッパとで EU 域内のエネルギー市場が分断されていることが問題視されてきた。

EU の発表[41]等によれば、EU 競争当局は、ガスプロムが、①ユーザーに対し他国へ天然ガスを再販売することを禁止する条項を課し、EU 加盟国間の自由な天然ガスの流通を阻害した、②ガスプロムの支配するパイプラインネットワークに他の天然ガスの供給者がアクセスすることを拒絶し、ユーザーが調達先を多様化することを妨げた、③天然ガスの価格を石油の価格と連動させる長期契約を利用することにより、ユーザーに不当な価格を課しているとの 3 つの被疑事実により調査を開始した。なお、石油価格連動が不当な価格設定として問題となった背景には、近時米国で起きたシェールガス革命による天然ガス価

---

38) Animal Sci. Prods., Inc. v. China Nat'l Metals & Minerals Imp. & Exp. Corp., 702 F. Supp. 2d 320, 435 (D.N.J. 2010).

39) ガスプロムの前身はソビエト時代のガス工業省である。民営化後も引き続きロシア政府が支配権の過半を有している。ガスプロムが世界有数の巨大なエネルギー企業に成長する過程にはロシア政府の積極的な関与がある。特に、2006 年には、ロシア政府の刑事捜査により事実上解体された巨大石油会社 Yukos の資産を統合した。かかる経緯とそれに伴う国際投資紛争については、藤井康次郎＝菅悠人「暫定的適用-Yukos Universal Limited v. The Russian Federation」「エネルギー投資仲裁・実例研究」（有斐閣、2008）所収を参照。

40) ENI, World Oil & Gas Review 2012, 66, 85-87 頁参照。

41) EU リリース "Commission opens proceeding against Gazprom"（2012 年 9 月 4 日）。

格の急落があるものと思われる。また、欧州には天然ガス独自の市場が形成されており、石油連動価格以外にも、大陸ではオランダのTTFやベルギーのゼーブルッヘ等の市場価格を価格指標とした市場価格連動方式が増加しており、英国向けの天然ガスの現物取引においてはNBP価格を価格指標とする市場価格連動方式が採用されているといったことも石油連動価格のみを利用することを問題視する下地となったものと思われる。これに対し、ロシア政府は、ガスプロムを含むロシアの戦略的事業分野に従事する企業が国際機関や外国政府からの要求に応じて情報を提供する場合や、外国企業等との間の契約の改定を行う場合には、あらかじめロシア政府の承認を必要とする対抗立法を早々に行い、対決姿勢を示した[42]。

外交政府の関与がEU競争法の域外適用を排除するかにつきEUの先例は必ずしも多くないが、外国政府が法律等により反競争的行為を行うことを義務づけている場合にのみ排除されるという制限的な先例[43]と、外国政府の重要な利益が害されこれがEUの利益を上回る場合[44]や、外国の決定的に重要な経済的商業的利益に影響する場合にも域外適用が制約され得ることを示唆する先例[45]とがある。後者の先例の流れに沿えば、ロシアはガスプロムをはじめとする石油・天然ガスに国家の歳入の多くを依存しており、また、ガスプロムはロシア外交の重要な一端を担っている[46]といった事情がEU競争法の域外適用を排除するのではないかが問題となる。もっとも、EU域内の統一的エネルギー市場の構築はEUにとっても重要な政策であり、実際にもEUは西ヨーロッパのエネルギー大手に競争法を積極的に適用してきたという背景もある[47]。

実際にも、2017年3月に、EU競争当局は、ガスプロムに対して厳格な調査を継続し、ガスプロムから大幅な自主的改善策を引き出し、ガスプロムに対す

---

[42] ロシア法人の外国における経済活動に関するロシア連邦の利益を保護するための措置についての大統領令（2012年9月11日）。
[43] ウッドパルプ事件ECJ判決（ECR 5193 ECJ）§19-20。
[44] European Commission, *Eastern Aluminum*（1985）OJ L92/37, 48頁。
[45] 前掲・Gencor v. Commission, §105。
[46] ただし、外交ツールとして、天然ガスの供給を止めるといった制裁を活用してきたことが問題視されてきた。
[47] 競争担当委員アルムニア氏スピーチ、Perspective from the European Commission：Competition as a tool for sustainable recovery（2012年9月19日）5頁参照。

る調査を和解的に終了させる意向を発表した[48]。ガスプロムからの改善申出は、東欧、中欧においては、天然ガス価格について、競争的な価格指標を反映したものとすること、また、転売利益分配条項を含む需要者が購入したガスを国境をまたいで転売することを妨げ、又は需要者がそのような転売を行うことに対する経済的なインセンティブを削ぐ、全ての直接又は間接的な契約条項を撤廃し、また今後も導入しないものとされており、EU競争当局の懸念の解消に大幅に手当てしたものと評価できる。

4　政府による輸出規制——中国レアアース輸出規制事件
(1) 経　緯

　近時、資源の輸出規制が大きく着目されるきっかけとなったのは、中国によるレアアースをはじめとする戦略的鉱物資源[49]の輸出規制措置である。中国は、2010年下半期に尖閣問題を契機に対日レアアースの輸出を一時停止し、その後レアアースの輸出割当数量を大幅に削減するなどし、レアアースの国際価格の高騰を招くなど国際市場に大きな混乱をもたらした。レアアース利用国である日米欧は、事態の改善を見ぬまま2012年3月に共同で、世界貿易機関（WTO）紛争解決手続の利用に踏み切り、まずは協議による解決を図るもこれが困難であると判断し、同年7月にパネルという司法的手続を開始した。2014年3月にパネルは、中国のレアアース等に対する輸出数量制限及び輸出税の賦課はWTO協定に整合しないとの判断を公表、中国はパネルの判断の一部を不服として最終審であるWTO上級委員会に上訴するも、上級委員会は同年8月中国側敗訴の判断を公表し、ひとまずの決着をみた[50]。中国のレアアース政策は、鄧小平の資源政策に起源があり、その設計や運用には行政機関の頂点にある中国国務院も関与していたものであるところ、WTOの場における国際司法的な

---

48) http://europa.eu/rapid/press-release_IP-17-555_en.htm
　　和解の詳細については、http://ec.europa.eu/competition/antitrust/cases/dec_docs/39816/39816_10148_3.pdf
49) そのほか、モリブデン、タングステンの輸出規制措置が問題とされた。
50) 経緯については、2014年8月6日経済産業省プレスリリース「中国のレアアース等原材料3品目に関する輸出規制がWTO協定違反と確定しました」を参照（http://www.meti.go.jp/press/2014/08/20140808001/20140808001.html）。

Ⅷ章　エネルギー・鉱物資源の効率的、安定的な調達に果たす競争法の役割とその射程

手続によりその是正が迫られたことで資源分野における WTO 協定の果たし得る役割がにわかにクローズアップされることとなった。

(2) 競争法との関係

もっとも、中国のレアアース資源の輸出規制の問題には、以下の事情があり、競争法的な文脈においても問題となり得る状態ではあった。当時、中国は世界のレアアース資源の供給の 90％以上を掌握しており[51]、文字通り独占的地位を有していた。かっては、米国やオーストラリアもレアアースの生産を相当規模で行っていたが、1990 年代に入り、中国は低価格供給により世界中でシェアを拡大し、独占的地位を築いた。その後、2010 年から 2012 年にかけてレアアースの価格は急騰した。WTO パネル手続の開始に先立つ WTO 協議では、レアアース等について中国の最低輸出価格制度についても取り上げられたが[52]、米国では、ボーキサイトやマグネサイトといった天然資源につき同様の中国の最低輸出価格制度が輸出カルテルであり米国独禁法に違反するとして民事訴訟が提起されたことは先に解説したとおりである。さらに、現在中国政府は、政府関与の下、レアアース生産者の再編を進めており、レアアース資源に関して企業による寡占化が急速に進むとの観測があり[53]、将来は競争法の企業結合規制の適用が問題となるかもしれない。

(3) 高付加価値化政策等の資源の国内供給優先政策

中国によるレアアース等の輸出規制の背景にあるのは自国産業の高付加価値化政策であると思われる。すなわち、資源国としては、自国の資源開発を進めることだけではなく、自国の資源を用いたより付加価値の高い川下産業の育成や川下産業の国際競争力の強化を図る観点から、資源の自国内での優先的利用を実現すべく輸出規制を実施する場合がある。加えて、輸出規制は、資源のユー

---

51)　U.S. Geological Survey Mineral Commodity Summaries（2012）：Rare Earths, 129 頁。
52)　日本政府による協議要請書（G/L/984；WT/DS433/1 2012 年 3 月 15 日）2 頁参照。
53)　中国国務院「レアアース業界の持続的かつ健全な発展促進に関する若干の意見」（2011 年）においては、近い将来に大企業を主導とする産業構造に構築し、特に中国の独占が根強い重レアアースについて南部のイオン型レアアース企業トップ 3 社のシェアを 80％以上に引き上げる方針が示された。報道によれば、すでに、中国内上位 10 社によるレアアース資源の支配は約 99％であり、製錬・分離生産能力については 81％と 61.5％に達しているとされる（中国証券報（中証網）2013 年 5 月 7 日）。さらに、中国政府関係者から、中国内のレアアース企業を 2～3 社の大企業に統合するとの発言もある（中国証券報（中証網）2013 年 4 月 11 日）。

ザーである外国企業の生産拠点や研究開発拠点の資源国内への移転を促進することにもつながり、投資誘致の側面も持つ。

　なお、石油、天然ガスの分野においても、高付加価値化の流れが生まれつつあるように思われる。産油国についていえば、原油や石油の輸出による収入の確保に加えて、サウジアラビア等自国内で川下産業である石油化学工業を育成する動きも見られ始める[54]。天然ガスについていえば、ロシアのWTO加盟交渉において、ロシアの独占的天然ガスの供給者であるガスプロムが、国内の天然ガスの価格を輸出価格及び国際市場価格よりも不当に低く設定しており、国内のユーザーに対する不当な支援策となっているのではないか問題とされた経緯がある[55]。また、米国の天然ガスの輸出は米国エネルギー省（DOE）の許可制にかからしめられているところ[56]、過去の許可制の運用を検討するに、考慮事項として天然ガスの国内供給の十分性、米国産業への影響、雇用創出なども考慮されている模様である[57]。2017年7月には、豪州も自国内での天然ガス価格の高騰を懸念し、LNGの輸出を規制するのではないかが取り沙汰されている[58]。このとおり、石油や天然ガスは電源ともなり、その調達条件は各国の産業競争力の基盤となるところ、資源国による輸出に何らかの条件が課されたり、内外差別的な供給がなされることも増えるおそれがある。

　以下に解説するとおり、かかる高付加価値化政策の観点から採られる輸出規制は基本的にWTO協定という国際ルールとは整合しない。競争法の適用にさまざまな障害があり得ることを踏まえると、端的にWTO協定違反として対応をしていくことの意義が大きいことが中国レアアース事件では明らかになったともいえる。日本が資源を依存する国々の多くもWTO加盟国であり、WTO

---

[54]　JX日鉱日石エネルギー石油便覧「世界の石油化学工業の動向」（http://www.noe.jx-group.co.jp/binran/part 06/chapter01/section01.html）等参照。

[55]　経済産業省通商政策局編「不公正貿易報告書（2014年版）」170頁参照。

[56]　米国天然ガス法3条等参照。

[57]　テキサス大学ロースクールエネルギーセンターwebsite掲載の「Lessons from the DOE's LNG Export Approvals」（http://www.utexas.edu/law/centers/energy/blog/2014/10/lessons-from-the-does-lng-export-approvals/）等を参照。

[58]　報道として、http://www.abc.net.au/news/2017-06-20/government-will-intervene-to-restrict-gas-export：-turnbull/8634674；http://www.naturalgasintel.com/articles/110845-australia-to-restrict-lng-exports-beginning-jan-1 等参照。

協定による規律に服する。エネルギー原料である石油、天然ガス、石炭の日本の主要な輸入先の大半がWTOに加盟していることがわかる[59]。

(4) 資源の輸出規制とWTO協定の規律

資源の輸出規制との関係でもっとも重要なWTO協定の規律といえるのが、関税及び貿易に関する一般協定（GATT）11条1項（数量制限の一般的廃止）である。GATT11条1項は、「締約国は、他の締約国の領域の産品の輸入について、又は他の締約国の領域に仕向けられる産品の輸出若しくは輸出のための販売について、割当によると、輸入又は輸出の許可によると、その他の措置によるとを問わず、関税その他の課徴金以外のいかなる禁止又は制限も新設し、又は維持してはならない」と規定する。

この規定は、貿易の制限は透明性や予測可能性の高い関税の形で行うべきであるとしつつ、関税については通商交渉（いわゆるラウンド交渉）の過程で漸次引き下げていくことで、世界貿易の自由化を進めるというWTO（及びその前身のGATT）の建て付けを反映する重要なものである。

GATT11条1項の規定のポイントは、輸出入の数量を具体的に定めて行う制限のみならず、輸出税や課徴金以外の形式での輸出入制限を幅広く一般的に禁止している点である。過去には、裁量的・恣意的な許可性[60]、輸出入価格制限[61]、輸出入均衡を求める措置[62]、輸出入のコストを事実上引き上げるような措置[63]についてもGATT11条1項違反と判断されている。これら一連の判断からは、GATT11条1項は、実際の貿易量の確保を保護するためのものではなく、自国と外国との産品の間の競争機会の確保を保護するものと理解される。

実際に、中国のレアアース輸出規制措置は毎年の輸出数量の上限を定める措置であったが、実際に輸出数量の上限に至るまで輸出が行われたかどうかは関係なく数量枠を設けること自体がGATT11条1項違反とされた[64]。

WTO協定は加盟国による正当な国内政策の実施を妨げるものではなく、輸

---

59) 経済産業省通商政策局編「不公正貿易報告書（2014年版）」255頁参照。
60) インド-数量制限事件（DS90）、アルゼンチン-輸入制限的事件（DS445）。
61) EEC-輸入最低価格制度事件（BISD25S）、日本-半導体事件（BISD35S）。
62) インド-自動車事件（DS175）、アルゼンチン-輸入制限的事件（DS445）。
63) コロンビア-入港規制事件（DS366）。
64) 中国-レアアース、タングステン、モリブデン輸出規制事件（DS433）。

出入規制措置であっても GATT の認める一定の例外・正当化事由に該当する場合には、WTO 協定違反とはならない。資源の輸出規制措置との関係では以下の正当化事由が問題となることが想定される。

まず、GATT11 条 1 項の輸出数量制限の禁止の例外として、GATT11 条 2 項(a)は「輸出の禁止又は制限で、食糧その他輸出締約国にとって不可欠の産品の危機的な不足を防止し、又は緩和するために一時的に課するもの」を掲げる。ただし、「危機的な不足」及び「一時的に課する」との要件については厳格に解釈される傾向にあり、輸出規制措置を採っている側において立証の負担を負う[65]。

次に、資源の輸出規制措置との関係では、GATT20 条 b 項が規定する環境保護に必要な措置、GATT20 条 g 項が規定する有限天然資源の保護に関する措置（ただし、この措置が国内の生産又は消費に対する制限と関連して実施される場合に限る）といった正当化事由が援用されることも想定される。ただし、GATT20 条柱書は、正当化事由の援用の濫用を防止する観点から、これらの条項による正当化がなされるためには、輸出規制措置が「正当と認められない差別待遇の手段となるような方法」、「国際貿易の偽装された制限となるような方法」で適用されないことが条件となることを規定する。

中国-レアアース事件やそれに先行する中国-原材料事件においては、中国の鉱物資源の輸出数量割当や輸出税[66]が環境保護に必要な措置ないし有限天然資源の保護に関する措置に該当し、正当化されるかが WTO の司法的解決手続の過程で激しく争われ、その結果として、いくつかの重要な判断がなされた。

まず、輸出規制措置を採る国は、かかる措置がいかに環境保護や天然資源の保護に資するのか、措置の客観的な設計、構造、運用から十分な立証を行わなければならず、それは全く容易なことではないことが明らかとなった。環境の保護や天然資源の保全を達成するのであれば、国内規制を実施することがより直截的であり、輸出規制措置はかえって国内の消費や生産活動を活発化させかねずそれらの目的を損ねるのではないか疑問が呈された。また、貿易量の変動

---

65) 中国-原材料輸出規制事件（DS394）参照。
66) 先述のとおり中国は WTO 加盟議定書パラグラフ 11.3 においてレアアース等に課す輸出税の撤廃を約束していたため問題となった。

は、措置の客観的な設計等に生来的に由来する範囲でしか考慮されず、景気や国際市況等、輸出規制措置とは離れた事情での貿易量の変動は輸出規制措置を正当化する事情としては必ずしも考慮されないとされた。

次に、輸出規制措置がGATT20条g項の天然資源の保護に関する措置として正当化されるためには、輸出数量制限が国内の生産または消費制限と関連して実施されていることを示す必要があるところ、かかる国内生産消費制限がみせかけのものではなく「真に」制限となっていることにつき、国内規制措置の設計や実施のあり方に照らして詳細に立証を行わなければならないとされた。また、天然資源の保全に向けて輸出規制措置と国内制限措置とが互いに補完、補強する関係にあることについても詳細に立証を行わなければならないとされた。

さらに、輸出規制措置と国内生産または消費制限により外国の資源ユーザーが被る負担と国内の資源ユーザーが被る負担とがバランスを失している場合には、正当と認められない差別待遇となることが示唆された。

これらを踏まえると、輸出数量割当や輸出税等の輸出規制措置がGATT20条で正当化される余地は狭いといって差し支えないと思われる。特に、輸出規制措置を、国内のユーザーに資源を優先的に配分する観点から採用することは極めて困難となったといえ、中国レアアース事件のWTOパネル及び上級委員会の判断は、冒頭に記載したような資源ナショナリズムへの重要な牽制となることが期待される。

(5) 資源と経済連携協定等の新しいルール

また、経済連携協定においては、GATT11条1項の輸出数量制限禁止を手続的に補完するルールの導入も進んできている。たとえば、日本は資源国であるインドネシアやブルネイ、インドとの間で、輸出規制導入時の通報義務ないし協議義務を規定することに成功してきており、オーストラリアとの間の経済連携協定において充実した事前通報義務及び協議義務を規定している[67]。かかる通報及び協議の意義としては、WTO協定に違反するような輸出規制導入の抑止となることが期待され、加えて、場合によっては、日本側の資源の消費計画

---

67) 日豪経済連携協定第8章「エネルギー及び鉱物資源」8.4条。

の見直しや資源の効率的利用の支援、リサイクルの支援等の引き換えに、資源国側において、資源の輸出規制の導入を見送ることや、輸出規制の程度を軽減し、期間を短くするといった解決をすることにもつながるかもしれない。また、仮に輸出規制が最終的に実施されたとしても、通報や協議を通じて、日本のユーザーは調達の代替先を探したり、消費計画を修正するなどの準備を進めることもできる。

　資源の開発、生産、輸出を行う企業は資源国の国有企業であることも想定される。WTO協定は、国有企業に対しても一定の規律を有している。具体的には、GATT17条は、国有企業による輸出入について、国による差別をしてはならないこと、GATTの規定に妥当な考慮を払いつつ商業的考慮のみに基づいて行動することを求めている。GATT17条は先例の乏しい分野であるが、国有企業が重要な経済活動を担う新興国の台頭が著しい中、今後TPPの国有企業規律などと並んでさらなるルール形成が期待されるところである[68]。

5　小　括

　上記のとおり、中国政府の関与により輸出カルテルが行われたとされる事案において、米国裁判所は、国際礼譲や外国政府による強制の理論の適用の余地を認めており、外国政府の関与がある場合には、自国の競争法の域外適用により問題を解決することには一定のハードルがあることを意識させるものとなっている。もっとも、これらの事案においては、中国政府が米国裁判所に明示的に意見書を出していたり、同じ問題について米国通商当局が中国政府による輸出規制としてWTO紛争解決手続を利用し、最終的に是正に成功しているとの事情があることに留意すべきである。また、米国最高裁は、外国法の解釈についても、外国政府の意見書を鵜呑みにする必要はないことを明確にした。

　一方で、EU競争当局は、ロシア政府とも近い国有企業であるガスプロムに対する調査を、ロシア政府側の抵抗にもかかわらず、強行に遂行し、最終的にはガスプロム側から大幅な改善策を引き出すに至っている。同様に、EU競争当局は、液化天然ガス（LNG）の輸入契約中の転売制限効果を有する仕向地制限

---

68) TPPの国有企業規律の解説として、米谷三以＝藤井康次郎＝根本拓「TPPと政府・企業法務［第13回］　国有企業」NBL No.1088（2016年12月15日号）を参照。

条項についても、アルジェリアやナイジェリアの国有企業に対して調査を敢行し、これらの条項の撤廃を引き出してきた[69]。

このとおり、欧米においては天然資源の分野において外国政府の関与がある場合や国有企業の行為が問題となる場合にも競争法の適用が問題となる事案が増えている。どの程度の外国政府の関与があれば競争法の域外適用を控えるべきかという問題については鋭い意見の対立もあろう。権力分立や国際礼譲を尊重し、外国政府の関与がある場合にはなるべく競争法の域外適用による解決を回避し、WTO協定等国際法の枠組みで解決すべきという考え方もあれば、輸出カルテル、外国政府や国有企業主導の反競争的行為に対する国際的なルール形成が不十分である現状においては、域外適用を積極活用せざるを得ないという考えもあろう。

外国政府の行為を直接是正することに焦点をあてるのであれば、国際法であるWTO協定等の方が筋がよいということには疑いはない。実際にも、中国のレアアース輸出規制事件については、最低輸出価格制度や事業者毎の輸出枠の割当といった米国では輸出カルテルとして競争法の適用が問題とされた行為も問題となったが、日米欧はWTO紛争解決手続を利用し、中国の輸出規制の是正に成功した。

このとおり外国政府の行為の規律には、WTO協定をはじめとする国際法により解決されるのが通常であると思われるが、競争法の域外適用はあくまでも自国需要者の保護に必要な範囲で行われ、これに伴い外国政府の行為が反射的に一定程度制約されるに過ぎないとも説明できる。機能的観点からは、競争法とWTO協定では、そもそもの保護法益、運用当局、訴権者、証拠の収集・提出手続、賠償の有無といった救済の違いがあり、両者の射程に一定程度重複があったとしても直ちに不合理とはいえない。法律解釈の問題としても、WTO協定の解釈上、政府が私人に一定の行為を行うようインセンティブを与えるソフトな行為もWTO協定の射程に入り得るところ[70]、欧米の競争法の解釈とし

---

69) これらの事件の紹介、解説として、東條吉純「グローバルLNG市場の形成過程における競争法の役割」(『電力改革と独占禁止法・競争政策』所収有斐閣、2014) 621-624頁、紺野博靖「欧州委員会が天然ガス取引の地域制限を競争法違反と決定した事件を振り返る」(2015年1月「石油・天然ガスレビュー」Vol. 49, No. 1) を参照。

ては、外国政府が反競争的行為を一義的に義務づけるというハードな行為に該当しない限り競争法の域外適用は排除されないとされる[71]。したがって、両者の中間の位置するような政府関与の場合には、WTO協定と競争法の域外適用の双方が問題となる。競争法、通商法の運用において、一定程度のオーバーラップを前提に、相互に矛盾が生じないように配慮しながらも、双方の観点から問題解決に適したアプローチを取ることが肝要であると思われる。

第4 効率的で柔軟な市場の形成に向けた競争法の役割
―― 日本の公取委による液化天然ガスの取引実態に関する調査

1 公取委報告書が出されるまでに至る経緯

2017年6月に公正取引委員会は、アジア市場における液化天然ガス（LNG）の取引の実態について調査し、LNG供給契約に含まれる仕向地制限条項や転売利益分配条項等の転売制限的な条項の是正を提言する詳細な報告書「液化天然ガスの取引実態に関する調査報告書」（以下「公取委報告書」という）を公表した[72]。公取委報告書は、以下に解説するとおり、競争法により、LNGの国際的な自由な流通を阻害する反競争的な市場の慣行の是正を図ることで、アジア圏における柔軟で効率的なLNG市場の形成に向けた重要な布石となることが期待される。

公取委報告書が出されるに至る経緯は以下のとおりである。東日本大震災以降、原子力のエネルギー源としての位置づけが揺らぎ、また、気候変動に対する国内外の取り組みが強化される中で、日本のエネルギー資源の中でのLNGの重要性が高まることとなった。また、LNGの輸入量の増加に伴う貿易収支の悪化も懸念する向きがあった。かかる背景もあり、LNGについては、日本が積極的に関与する形で、国際的な市場の形成・促進に向けた政治的な取り組みが

---

[70] 日本の半導体貿易事件GATTパネル報告書（BISD 35S/116）、日本の消費者フィルム印画紙関連措置事件パネル報告書（WT/DS44/R）等参照。さらに進めて、輸出カルテルにつき政府の許可制度や届出制度があればWTO協定で取り上げ得るとの見解もある（前掲・松下国際商事法務 Vol. 40, No. 11 1642頁）。

[71] 米国につきハートフォード火災保険事件最高裁判決（Hartford Fire Ins.co. v. California, 509 U.S. 764（1993））、EUにつき前掲・ウッドパルプ事件ECJ判決参照。

[72] http://www.jftc.go.jp/houdou/pressrelease/h29/jun/170628_1.html

強化されてきた。例えば、G7 ローマ・エネルギー大臣会合を経て 2014 年 5 月 6 日に発表された「エネルギー安全保障のためのローマ G7 エネルギーイニシアチブ共同声明」では、エネルギー安全保障の「中核的原則」の筆頭に「ガス市場を含む、柔軟、透明かつ競争的なエネルギー市場の開発」を掲げた上で、「より統合された LNG 市場を促進するために、新たな供給源は、輸送インフラ、貯蔵能力、LNG ターミナル等の開発を進める。エネルギーを供給するための新しいルートの開拓をサポートする」こと、「仕向地条項の緩和や、生産者と消費者の対話等を通じた、柔軟なガス市場の更なる促進を図る」ことが述べられている[73]。また、それに先立ち 2014 年 4 月に閣議決定された我が国の「エネルギー基本計画」では、「エネルギーコスト低減のための資源調達条件の改善等」の項目の中で、「北米からの LNG 供給や仕向地条項の撤廃などによる取引の多様化の推進、LNG 産消会議の開催や消費国間の連携を通じて、アジア・太平洋における今後の LNG 需要の見通しを踏まえつつ、日本をアジアの中核に位置付けた地域大の LNG 需給構造を将来的に実現していく」ことが述べられている[74]。さらに、2012 年には経済産業省資源エネルギー庁のイニシアティブで、LNG の生産国と消費国間での対話のフォーラムとして、「LNG 産消会議」が創設され、毎年開催されており、仕向地制限条項等の問題についても取り上げられた[75]。

　このとおり、国際的な LNG 売買契約から仕向地制限条項等の転売制限的な条項を緩和・撤廃することは喫緊の課題であると認識される中で、2014 年度以降、日本エネルギー経済研究所の「エネルギーと法研究会」及び石油天然ガス鉱物資源機構（JOGMEC）による「国際的な LNG 市場の形成可能性の調査」において、LNG 売買契約の仕向地制限条項等に対する競争法の適用可能性の調査が実施され、上述した G7 や産消国会議等の場での政治的な働きかけに加え、いわば法的なアプローチによる解決についても検討が加速された。そして、経済産業省資源エネルギー庁が、2016 年 5 月に公表した「LNG 市場戦略」におい

---

73) http://www.meti.go.jp/press/2014/05/20140508001/20140508001-4.pdf
74) http://www.enecho.meti.go.jp/category/others/basic_plan/pdf/140411.pdf
75) 例えば、2014 年度の会議では、宮沢経済産業大臣（当時）が、LNG 市場においては、欧州の競争政策上の判断、G7 首脳会合、APEC エネルギー大臣会合の合意により、仕向地条項の緩和の重要性が世界的な共通認識になっている旨発言している。http://www.meti.go.jp/press/2014/11/20141106004/20141106004.pdf

ても、競争法を活用した法的アプローチの追求について強く示唆されるに至った[76]。また、この頃になると、電力及びガスの小売市場の自由化に加え、原発再稼働等エネルギー政策の動向等が不透明であることにより、LNGの需要者である電力・ガス会社としては、より一層自らのLNGの需要変動を予測することが困難になっていることが痛切に意識されるようになった。

　こうした動きも見られる中、公正取引委員会は、40年ぶりに独占禁止法40条に基づく一般調査権に係る報告命令を発動するなどして、日本のLNG需要者の大半を占める電力・ガス会社から詳細な情報を収集し、また、海外の売主からも任意に情報提供を受け、約10ヶ月かけてLNGの取引実態について詳細な調査を実施し、公取委報告書を公表した。

2　公取委報告書の分析[77]

(1)　仕向地制限条項等の転売制限性

　公取委報告書は全部で174頁に及び、156頁まで天然ガス及びLNGの取引の事実関係を詳細に整理し、その上で157頁以下の「第4章 LNG取引における公正な競争の確保」においてLNG売買契約に含まれる仕向地制限条項、転売利益分配条項（利益分配条項）及びTake or Pay条項に対する独占禁止法上の考え方を述べている。ここでは、特に、LNG市場の形成を促進する上で重要な仕向地制限条項、利益分配条項の独禁法上の問題について検討する。

　まず、仕向地制限条項にしても利益分配条項にしても、転売そのものを直接禁止するものではない。仕向地制限条項とは、指定された仕向地においてLNGを荷揚げする義務を課すものであり、一端荷揚げしたLNGを再出荷する形での転売について制限するものではない。また、利益分配条項も転売を禁止するものではなく、転売により得た利益の一部を元売主に分配することを求めるものである。もっとも、仕向地制限条項についていえば、再出荷方式による転売には、余分な時間やコストがかかることになり、仕向地変更による転売を代替

---

76)　LNG市場戦略9頁の「仕向地条項の撤廃に向けた取り組み強化」の箇所を参照。
　　http://www.meti.go.jp/committee/sougouenergy/shigen_nenryo/pdf/022_s04_00.pdf
77)　公取委担当官による解説として、牟田和弥他『「液化天然ガスの取引実態に関する調査報告書』の概要について」公正取引803号（2017）54頁が存在する。

する十分な手段とはなり得ず、転売そのものを制約していないとしても、買主によるLNGの転売を事実上制限する効果は大きいとされる[78]。同様に、利益分配条項は、売主に分配する転売利益の算定方法及び分配割合に応じて、買主の収益が悪化するため、転売の機会を喪失させる効果があると指摘される[79]。

そして、公取委報告書は、結論として、期間契約の売主である供給者が、仕向地制限や転売利益の分配によって買主である需要者が行うLNGの転売を制限することにより、需要者が、期間契約市場（アジア市場）又はスポット契約市場（世界市場）に参入する機会を排除し又は当該市場で取引する機会を減少させるような状態をもたらすおそれ（市場閉鎖効果）が生じる場合には、原則として、独禁法上問題（拘束条件付取引）となるとする[80]。つまり、これらの転売制限的な条項は、転売玉という競争圧力を市場から排除することになるので、独禁法上問題となるということである。

(2) 並行的行為の累積理論と取引慣行の是正

従来、アジア圏向けのLNG売買契約について仕向地制限条項等が独禁法に違反するものとの認識が明確になされなかった理由として、有力なLNG売主はいわゆる資源メジャーや産ガス国の国営企業等、複数存在しており、いずれの供給者も突出して大きなシェアを有しておらず、市場支配的な地位を有する供給者がいなかったことが関係するかもしれない。これらの有力な供給者間で転売制限的な条項の利用について相互の合意があればカルテルとなるが、かかる合意の存在は明らかではない。

競争法の適用を検討するにあたり、この点について、公取委報告書はいかなる解決を図っているのであろうか。まず、仕向地制限又は利益分配条項に対して想定される適用法条として、市場支配力の存在を要件とせずに公正な競争を阻害するおそれが生じていれば適用することのできる拘束条件付取引（独禁法2条9項6号ニ、一般指定12項）であるとされた[81]。そして、公取委報告書は、LNGの期間契約における仕向地制限を複数の供給者が並行して実施しているために、

---

78) 公取委報告書162頁。
79) 同168頁。
80) 同161頁、168-169頁。
81) 同161頁、169頁。

LNG市場で弊害が生じやすいと指摘している[82]。さらに、現状のLNG市場では、スポット市場が未発達であること等から、契約の更新時等に既存契約分と同程度の数量を新たに調達できる代替的な供給者が見当たらない状況にあり、日本の需要者が特定の供給者に断続的に拘束され続けることで、1つの供給者による行為であっても、検討対象市場全体で市場閉鎖効果が生じるおそれが高いとしている[83]。このとおり、公取委報告書は、いわゆる並行的行為の累積という理論[84]に依拠し、市場をいわば共時的（静態的）に観察した際に、たとえ個別のLNGの供給者の市場シェアが必ずしも突出して高くなかったとしても、多くのLNGの供給者がかかる制限的な取引慣行を維持することで独禁法違反が成立し得ることを明らかとした。また、さらに踏み込んで、いわば通時的（動態的）に市場を観察した際には、個別の契約更改の場面において、需要者の選択肢の範囲となる供給者を具体的に問うことで、実際の選択肢の範囲はそれほど広くない場合があるという現実を指摘し、個別の供給者による転売の制約について独禁法違反が成立し得ることを明らかとした。

　公取委報告書のかかる巧みな理論構成は、競争法の適用により、アジア向けのLNG供給契約に関して、多くの供給者が長期にわたり維持してきた反競争的な取引慣行の是正を図るとの目的の達成を可能とするものであり、公取委報告書の中でも意義深い点であるといえる。

(3) 違法性の判断基準

　公取委報告書は、出荷港でLNGの所有権と危険負担が移転し、以降買主が配送を行うFOB契約と、荷揚港まで売主が配送を行い、荷揚港で所有権と危険負担が買主に移転するDES契約とで、異なる違法性の判断基準を示している。

　具体的には、公取委報告書は、以下の場合について「独占禁止法上問題（拘束

---

82) 同161頁。
83) 同161頁。
84) 日本の流通取引慣行に関する独禁法上の指針（平成3年7月11日公表、平成29年6月16日最終改正）においては、市場閉鎖効果や価格維持効果が生じるかの判断に当たって、他の事業者の行動も考慮の対象となるとし、例えば、複数の事業者がそれぞれ並行的に非価格的制限を行う場合には、一事業者のみが行う場合と比べ市場全体として市場閉鎖効果や価格維持効果が生じる可能性が高くなるとする（第1部・3・(2)）。

条件付取引) となるおそれが強い」としている[85]。
- FOB 条件の期間契約で、仕向地条項を規定するとともに仕向地変更を制限すること
- DES 条件の期間契約で、仕向地変更条項に競争制限的な条件を定めることや、運用において、競争制限的な条件を仕向地変更の条件とすること
 たとえば、以下のような場合である。
   - ✓ 操業理由限定：仕向地変更が可能な場合を、買主の操業上の理由（需要量の減少に伴う需給調整、受入基地の貯蔵タンクの受入可能容量の不足、配船日程の調整等）による場合に限定すること。
   - ✓ 商業理由禁止：買主の商業上の理由（利益目的）による仕向地変更でないことを仕向地変更を認める条件とすること。
   - ✓ 売主顧客転売禁止：売主の他の顧客への転売を目的とした仕向地変更ではないことを仕向地変更を認める条件とすること。
   - ✓ 買主直接転売禁止：売主が仕向地変更先の第三者に直接販売することを仕向地変更を認める条件とし、買主による仕向地変更先の第三者への直接の転売は一切認めないこと。
- FOB 条件の期間契約で、利益分配条項を規定すること

次に、公取報告書は、以下の場合について「独占禁止法上問題（拘束条件付取引) となるおそれがある」としている[86]。
- DES 条件の期間契約で、運用において、必要性・合理性のある条件を満たしているにもかかわらず売主が仕向地変更の同意を拒否する場合
 たとえば、以下のような場合である。
   - ✓ 具体的に、LNG 船が出荷基地に到着するタイミングが何日又は何時間遅延するとその後のスケジュールに影響が及ぶか、その時点の具体的な配船日程の状況等を考慮して、買主の負担において売主のオペレーションに支障が生じない代替的な措置（買主が別の船を用意する等）が可能な場合であっても仕向地変更を制限すること。
   - ✓ 買主が希望した仕向地変更に伴い売主に実際に生じた合理的な追加コ

---

85) 公取委報告書 164 頁-167 頁、169 頁。
86) 同 164 頁-167 頁、169 頁-172 頁。

　　　　ストの範囲内で、買主が支払うよう求められた追加コストを負担する
　　　　場合[87]であっても仕向地変更を制限すること。
　　✓　買主が仕向地変更を希望するカーゴの LNG 船が、変更後の受入基地
　　　　のある仕向港に過去に入港したことのない場合に、売主が船陸整合性
　　　　を確認する必要があるものの、売主のオペレーションに支障が生じる
　　　　おそれがないことが確認できたにもかかわらず仕向地変更を制限する
　　　　こと。
- DES 条件の場合に利益分配条項を規定することは、一概に合理性がない
  とはいえず、直ちに独禁法上問題となるものではない。たとえば、利益分
  配条項の必要性・合理性として、買主の希望する仕向地変更によって売主
  に生じる定量化が困難なリスクについて、事前に利益の分配方法を定める
  ことで迅速かつ円滑な解決を図るという意義もあるとの指摘がある[88]。
  もっとも、以下の場合には、独禁法上問題（拘束条件付取引）となるおそれが
  ある[89]。
  　✓　転売の実現に対する売主の具体的な貢献の如何にかかわらず売主への
  　　　分配割合を高くする場合や
  　✓　転売「利益」として純利益でなく売上総利益を用いることによって、
  　　　合理性が認められない分配結果をもたらす場合
  　✓　売主が買主に対し、利益構造やコスト構造の開示を要求することによ
  　　　り買主の転売を妨げる効果を有する場合
- そして、転売利益の算定方法及び分配割合が不明確な場合、又は売主が買
  主に競争上機微な情報も提供するよう求める場合には、転売の機会を喪失
  させる効果は更に強くなり、独禁法に抵触するおそれが一層強まるとされ
  る[90]。なお、情報開示のあり方については、第三者に委託して計算を求める
  方式等、具体的な方法のあり方については、当事者の交渉に委ねられている。

---

87) 仕向地変更により売主に発生する追加費用（例えば、輸送費、BOG 相当額、傭船料、各種港湾費、保険料等が挙げられる。）を買主が全額支払うこと。
88) 同 170 頁。
89) 同 170 頁。
90) 同 171 頁。

このとおり、公取委報告書では、DES 条件の利益分配条項について、定量化困難なリスクへの補償といった合理性が認められるかが一つの鍵となることが明らかとされている。また、合理性が否定される例も上記のとおり、明らかとされている。

なお、公取委報告書は明示的に触れてはいないが、実務上は、仕向地制限条項と利益分配条項が併用されている場合があるところ、両者の関係については以下のように考えるのが妥当ではないかと思われる。DES 条件の場合に、買主の希望による仕向地変更を行ったとしても、仕向地変更を許可する条件として利益分配条項とは別に売主に生じ得る追加コストは買主からの支払いによって補填される場合には、もはや利益分配条項によって迅速かつ円滑に解決する必要のある追加的なリスクは生じないと考えられるため[91]、当該利益分配条項は、合理性を有するものではなく、拘束条件付取引として独禁法に抵触するおそれが強いと考えられる。これを許せば、売主がリスクに対する対価を「二重取り」することができることになり不当であろう。

(4) 仕向地変更の柔軟性と取引価格の関係

公取委報告書は、報告命令により収集した価格条項に関する広範な情報を利用し、実証分析により仕向地変更の柔軟性と取引価格の間に有意な関係は認められなかったことを明らかとした[92]。LNG の供給者の中には、仕向地制限条項等の緩和・撤廃に応ずるにあたっては、その対価として価格の引き上げを求めるとの姿勢を有している事業者も存在する模様であるが、そもそも、競争法に違反するおそれのある条項の是正に対価の支払いを求めることが妥当なのかも問題となる。また、仕向地変更の柔軟性と取引価格の間に有意な関係がないとの公取委報告書の分析によれば、商慣行の問題としては、仕向地制限の緩和又は撤廃の対価として LNG 価格の引き上げに応ずる理由がないともいえるのではないかと思われる。

(5) 地理的市場の画定の意義

公取委報告書は、「アジアの需要者は、主に、中東、東南アジア、豪州等から期間契約により LNG を調達している。他方、欧州の需要者は、主に、欧州域内、

---

91) 同 165 頁脚注 141 参照。
92) 同 149-150 頁。

アフリカ、中東等から期間契約によりLNGを調達している」、「期間契約におけるLNGの価格決定方式及び価格水準は、欧州とアジアで大きく異なる。」等と指摘して、当面の分析対象を、期間契約市場については、中東、東南アジア、豪州等を供給側としアジアを需要者側とする市場としている。また、スポット契約の需要者の地理的範囲を世界としている[93]。なお、供給者の範囲として、北米産LNGの供給者・売主が検討対象市場の範囲から外れた理由は、未だ取引又は供給がまだ開始されていないからという点にあるため[94]、実際に供給がなされる際に契約条項ないし取引慣行に基づき転売が制限された場合には、本件報告書の考え方により、日本の独禁法に違反するおそれがあるということになるものと考えられる。

　期間契約について、公取委報告書が日本市場よりも広いアジア市場を画定したことをふまえれば、期間契約により日本の買主から他のアジアの国に所在する需要者への転売が制限される場合には（日本を含む）アジア市場に弊害が生じ、やはり日本の独禁法が適用され得ると整理できる。実際にも、地域のエネルギー資源の価格指標は複数国にまたがる取引価格や地域全体の取引価格を参照して形成されることが多く、さらに、かかる価格指標が実際の取引価格にも影響を与えるという点からもこのような整理は正当化されよう[95]。むろん、海外の需要者による日本への転売が制限されている場合にも、日本の市場への弊害は明らかであり、日本の独禁法が適用されることになる。

　また、公取委報告書の発出後間もない2017年7月11日、経済産業省は欧州委員会と「流動的で柔軟且つ透明性の高いLNGグローバル市場の促進・確立に関する覚書（Memorandum of Cooperation on Promoting and Establishing a Liquid, Flexible and Transparent Global Liquefied Natural Gas Market）」（以下「METI・欧州委員会覚書」という）を締結した[96]。METI・欧州委員会覚書は、流動的で柔軟且つ透明

---

93) 同157-158頁。
94) 同158頁。
95) 例えば、アジア圏のLNGの価格指標としても、たとえば、日本及び韓国が輸入するLNGスポット取引を基にPlatts社が作成しているJKM価格（Japan Korea Marker）がある。また、筆者が参加したエネルギー経済研究所が主催する国際会議においては、アジア圏におけるLNGの価格は連動しており、影響し合っていることがLNG市場分析の専門家複数から指摘された。
96) http://www.meti.go.jp/press/2017/07/20170712001/20170712001.html

Ⅷ章　エネルギー・鉱物資源の効率的、安定的な調達に果たす競争法の役割とその射程　243

性の高いグローバルLNG市場の確立のため協力する分野の筆頭として、仕向地制限の解消など柔軟なLNGの契約を促進するための取り組みを加速させていくことを合意している。また、その一成果として、公取委報告書の内容も踏まえたLNG仕向地制限等についてのモデル条項も発表されている[97]。もとより、アジアから欧州への再販売を制限したり、欧州からアジアへの再販売を制限するような契約或いは運用についても、当然ながら競争法の問題を惹起する可能性がある。日本向けの期間契約と欧州向けの期間契約の価格決定方式及び価格水準の差を利用した裁定取引が考えられるところ、これを制限するものについては日本および欧州の競争法の適用可能性がある。アジアと欧州のLNG・ガス市場の統合を念頭に置くMETI・欧州委員会覚書に基づく両者の取組みを踏まえればなおさらであろう。

(6) 公取委の提言の意義

公取委報告書は、最後に、今後の対応として、「LNGの売主においては、本報告書を踏まえて、新規契約締結時や契約期間満了後の更新時において、再販売の制限等につながる競争制限的な契約条項や取引慣行を定めないことが必要である。また、契約期間満了前の既存契約においても、少なくとも、再販売の制限等につながる競争制限的な取引慣行を見直すことが必要である」と提言している[98]。既存契約については、必ずしも契約の改訂まで求められているわけではないが、転売主たる買主の転売に必要な予測可能性を確保する観点からは、アドホックな形での仕向地変更の承認では足らず、将来にわたる仕向地変更の自由が、一般的かつ非裁量的な方法で保障される必要があると考えられる。さもなくば、転売への萎縮効果は除去されたとはいえず、再販売の制限等につながる競争制限的な取引慣行を見直したとはいえないであろう。

さらに、公正取引委員会の事務総長は公取委報告書発出日の2017年6月28日の会見で「私どもが今回示した、独占禁止法上問題となるおそれがある、

---

97) 経済産業省資源エネルギー庁資源・燃料部「LNG政策の展開」（平成30年11月）9頁参照。
http://www.meti.go.jp/shingikai/enecho/shigen_nenryo/pdf/025_06_00.pdf
モデル条項の詳細は、https://www.jurists.co.jp/sites/default/files/news_pdf/ja/13676.pdfにて入手できる。
98) 公取委報告書174頁。

あるいはおそれが強いといった行為、契約、慣行等につきまして、今後、具体的な情報に我々が接した場合には、…適切、厳正に対処していく」と述べている。また、同年7月7日に就任した新事務総長は、その就任会見において、海外企業に対する刑事罰を背景にした審査権限行使について、そのリパーカッションの大きさに相当覚悟しておかなければならないと付言した上で、「法律上、全くできないかといえば、手続的にはそうではないだろう」と述べている[99]。これらの趣旨を読み解くに、公正取引委員会としては、既存契約も含め、売主と買主の自主的な交渉による是正が諮られることを期待しつつ[100]、それでも解決が諮られない案件については、公正取引委員会自身による法執行の可能性を見据えているものと考えられる。この点について、2018年6月に、欧州委員会がカタールの国営石油会社であるカタール・ペトロリアムから輸入されるLNGについて仕向地制限等が欧州競争法に違反するものではないか正式調査を開始した[101]ことが着目される。

　一般論としては、海外の事業者への独禁法の執行は必ずしも容易ではないが、公取委が今回の調査において、すでにLNG市場の状況や競争関係、LNG供給契約の契約内容、仕向地制限条項や利益分配条項の転売制限性や正当化理由の有無等、独禁法を執行する上での重要な情報や証拠については概ね収集済みであることを踏まえると、公取委報告書を受けた自浄作用が適切に働かない案件に対する独禁法の執行は現実味を帯びているといえよう。

---

99) 新事務総長は、会見で、本報告書の調査について、「LNGの取引実態についても、調査、これは海外企業が、あるいは企業と言えないような存在もあるかもしれませんけれども、海外に当事者がいるようなものに対して、どのような調査の仕方があるのか。LNGの調査は、審査ではありませんけれども、そうした分野については調査のやり方についても研究していかなければなりませんし、ただ、今回の調査では、既に持っていた手法ではありますけれども、しばらく使っていなかったような意味では、ブレークスルーをしたのではないかと思います。」とも述べている。

100)　実際にも、新規の契約において、仕向地制限の撤廃、緩和が発表されている。たとえば、株式会社JERAの例（https://www.jera.co.jp/information/20171025_98.html）、東京ガス株式会社の例（https://www.tokyo-gas.co.jp/Press/20180314-01.html）参照。

101)　http://europa.eu/rapid/press-release_IP-18-4239_en.htm

第5　天然資源の確保を巡る競争と競争法──資源の共同調達

　天然資源の安定的確保にあたっては、供給社側の問題だけではなく、資源のユーザー間での資源取引を巡る競争のあり方にも考慮を払わなくてはならない。特に、昨今、中国やインド等の新興国の工業生産能力の向上、経済成長により、資源消費国間での、資源の確保に向けた競争が激化し始めている。そうした中で、日本や日本企業の資源調達の場面における交渉力が相対的に弱まりつつあることが懸念される。

　資源調達の場面における企業の交渉力を強化する策としては、複数資源ユーザーによる資源の共同調達という手法が注目される。共同調達により、まとまった数量の資源の調達をコミットすることができ、その分、価格交渉を含む購買交渉を有利に進めることができ、効率的ないし安定的な資源の調達に資する場合がある。また、複数企業により、資源の共同調達と併せて鉱山等の開発にも参画することで、資源の引取権を確保したり、新規の資源開発を実現したりすることで、資源の安定調達を図る場合もある。

　こうした観点は、国の政策としても重要視されており、「世界経済における日本の相対的地位の低下により、鉱物資源の調達局面においても将来的に我が国企業のバーゲニングパワーが低下していくおそれがある。このため、今後の我が国の立ち位置を十分に踏まえ、鉱物資源の調達局面において我が国企業のバーゲニングパワーを高めるため、法曹関係者を交えた原料調達のあり方に関する研究会を開催し、複数企業による共同買鉱に関する制度的な留意点の洗い出しを実施した。今後、具体的なプロジェクトにおいて企業間連携による共同買鉱の取組が実現することが期待される」とされている[102]。また、近時は、電気自動車の電池の需要原材料であるコバルトの調達について、中国の購買力が大きいことをふまえ、日本の自動車産業や電池メーカーの参加により共同調達を行うことも検討されている模様である[103]。

---

[102]　経済産業省資源エネルギー庁総合資源エネルギー調査会資源・燃料分科会-報告書（平成27年7月）71頁。http://www.meti.go.jp/committee/sougouenergy/shigen_nenryo/pdf/report02_01_00.pdf にて入手可能。

[103]　経済産業省「自動車新時代戦略会議中間整理」（平成30年8月31日）22頁参照。

資源の共同調達についての競争法上の分析枠組みとしては、原材料を共同で調達したり、共同で購入を行う場合には、一般に、一定範囲で効率性の向上などメリットが認められる一方で、①共同購入の対象となる品目の需要全体に占める共同購入参加者のシェアが高い場合には当該品目の購入分野において、②商品又はサービスの供給分野における参加者のシェアが高く、かつその供給に要するコストに占める共同購入の対象となる品目の購入額の割合が高い場合には当該商品又はサービスの供給分野において、競争法上問題が生じ得ると解される[104]。ポイントは、上記①として、原材料の購入先、すなわち資源供給国の市場（川上市場）と、上記②として、資源を加工した製品の販売先の市場（川下市場）の双方が特に問題となり、少なくともそれぞれについて、競争法上問題がないかを整理した上で、共同調達を実施していく必要がある。したがって、資源供給国側には競争法が整備されていない、整備されていたとしても十分に執行されていない場合も散見されるが、一応、二つ以上の国の競争法に目配せをする必要がある。

　なお、取引相手に隠れて取引価格や取引条件について情報交換を行い事実上共同調達類似の調達を行うことは、違法なカルテルであるとされるリスクもあるので、コンプライアンス上避けることが適切である。

　公取委は、近時その相談事例集において、日本の資源ユーザー3社による外国からのある資源の共同調達案件について、主に上記②の観点から検討し、資源を共同調達する会社の川下製品市場の合算シェアが約75％と高く、また、当該資源の川下製品に占める原価率が約85％と高いものの、当該共同調達が3社の当該資源の調達量に占める割合が約5％と低いことを指摘し、独禁法上問題がないとしている[105]。

　なお、資源及び資源加工品の価格は、国際指標により定まることも多く、共同調達を実施したとしてもかかる国際指標からの逸脱は難しい場合には、川上市場（資源そのもの）や川下市場（資源加工品）の価格交渉力の均衡が維持され、し

---

104) その他、共同調達に参加できない事業者が調達条件が劣位となることにより製品販売市場において排除されないかも念のために検討すべきであろう。
105) 公取委平成29年度相談事例集9「競合する素材メーカーによる原料の共同調達」
　　（https://www.jftc.go.jp/dk/soudanjirei/h30/h29nendomokuji/h29nendo09.html）

たがって競争法に違反するものではないと評価される場合もあろう。

第6　結　語

　大平洋戦争前の原油禁輸体制として敷かれたABCD包囲網や、第二次世界大戦後の欧州石炭鉄鋼共同体が象徴するように、天然資源の効率的かつ安定的な調達は国家や地域の安全保障とも関係する重要なアジェンダである。一方で、天然資源の配分やアクセスについては、国家や企業の経済力や政治力を背景としたパワーポリティクスにとかく支配されがちでもある。本稿で紹介した事例は、競争法や通商法といった法的ツールを活用し、かかる天然資源の配分やアクセスの問題に、部分的にではあれ、法の支配を及ぼすことに挑戦したものといえる。

　ここで紹介したように、日本は、BHPビリトン-リオティント事件や中国レアアース輸出規制事件、LNGの仕向地制限条項等の撤廃・緩和案件といった国際的にも重要な案件の解決に積極的に取り組んできている。また、競争法との整合性を確保しながら、資源の共同調達の実施例や検討例も増えている。天然資源に乏しくも、多くの天然資源を消費する日本としては、効率的かつ安定的な天然資源の調達に向けたルールを率先して形成し、ルールメイカーとしての地位を築いていくことの意義は大きい。さらに、世界のあらゆる国は必要とする天然資源のすべてを自給できるわけではないことを踏まえると、かかるルールの形成は国際的にも普遍的な価値を有するものと思われる。

第4編　電力産業の課題

IX章　原発訴訟からみた電源多様化の展望

大阪大学大学院国際公共政策研究科（法学部）准教授
松本　充郎

1　はじめに

　日本は、第2次大戦後、基幹電源として、水力・火力に加えて原子力に依存しながら、経済成長を遂げた。従来型の基幹電源の恩恵は否定できない。しかし、日本は地震大国であり、2011年3月11日の東日本大震災及び震災に伴う福島第一原子力発電所の事故を経験した。高浜3・4号機仮処分決定大津地決平成28年3月9日判時2290号75頁（高浜3・4号機山本決定）の表現を借りると、「事故の結果、福島県内の1800平方キロメートルもの広大な土地が、年間5ミリシーベルト以上の空間線量を発する可能性のある地域となった」。避難区域指定は福島県内の12市町村に及び、避難者は最大で16万4865人（ピーク時2012年5月）に上り、2018年5月の時点で4万6093人が避難生活を送っている[1]。
　福島第一原発事故の直接的な原因は、「止める、冷やす、閉じ込める」のうち、「冷やす」が機能しなかったために水素爆発を起こし、放射線を閉じ込められなかったことにある。冷却機能喪失の原因として、電源喪失に至ったことも解明されているが、冷却機能の喪失は、津波によるとも地震によるともいわれ、完全に究明されているとはいえない[2]。このことは、住民側の請求を認容した判決や決定も指摘しているところである（後掲3(2)）。

---

[1]　福島県 Website（http://www.pref.fukushima.lg.jp/site/portal/list271.html、2018年10月2日閲覧）。

日本の電源構成について、2018年7月に閣議決定された「エネルギー基本計画」(以下「第5次計画」)は、2030年について、火力56%(LNG27%・石油3%・石炭26%)・原子力22-20%・再生可能エネルギー22-24%(水力8.8-9.2%・太陽光7%等)としているが、2050年の原発比率を明記していない点(および非効率な石炭火力発電のみフェードアウトさせるとした点)が注目される。

　いうまでもなく、原子力発電所(以下「原発」)の設置は、電力会社の原子炉設置許可申請を受けて、原子力規制委員会等が規制基準への適合性を判断することによって進められるが、ひとたび事故が起きれば周辺住民への影響は計り知れない。原発比率は、個別の原子炉による発電量の総和を他の電源も含めた全電源による発電量によって除することによって求められる。電源構成および個別の原子炉設置許可は周辺住民や立地自治体・周辺自治体に大きな影響を与えるが、これらの主体への手続保障は非常に貧弱である。このような中で、粛々と原発の再稼働が進められると同時に、原発訴訟が進められている。

　訴訟における争点となっているのは、証明の方式および受容可能なリスクのレベル、個々の原発において想定されているリスクが受容可能なリスクを超えていないか等の点である。原子力規制委員会は、原子力工学はもとより、地震学、地質学、変動地形学、地震工学、火山学、放射線医学(影響・防護)等の専門技術的知見を踏まえて、基準適合性に関する総合判断を行う。裁判官は、避難計画や安全保障上の課題への対応も踏まえて、個別の原発の受忍限度等に関する判断を行うか否かについて決断を迫られている。

　以下では、まず、エネルギー政策の決定過程について検討するとともに、2011年3月の事故前後を比較しつつ原子力リスク規制の仕組みとその意思決定過程について検討する。次に、原発訴訟のうち4件の民事訴訟に焦点を当て、比較検討する。最後に、電源多様化に向けた今後の課題を明らかにする。

---

2) 全電源喪失の原因について、東京電力福島原子力発電所における事故調査・検証委員会『政府事故調 中間・最終報告書』〔2012〕19-37頁は津波であるとするが、東京電力福島原子力発電所事故調査委員会『国会事故調 報告書』〔2012〕213-215頁は地震の可能性も否定できないとする。

2 エネルギー政策および原子炉設置許可の仕組みとその決定過程

(1) エネルギー政策をめぐる政策決定過程

　現在の電源構成の決定過程としては、長期エネルギー需給見通しが重要である。長期エネルギー需給見通しは、1965年に通商産業省（当時）に設置された総合エネルギー調査会（現在の総合エネルギー調査会）の答申として数年ごとに策定されてきた。当初、法的根拠はなかったが、2002年にエネルギー政策基本法が制定され、政府は、少なくとも3年ごとにエネルギー基本計画を策定することとされた（12条1項及び5項）。「経済産業大臣は、関係行政機関の長の意見を聴くとともに、総合資源エネルギー調査会の意見を聴いて、エネルギー基本計画の案を作成し、閣議の決定を求めなければならない」（同条3項）。同法制定後、長期エネルギー需給見通しは、エネルギー基本計画に基づき策定されると位置づけられた[3]。

　また、1998年には地球温暖化対策の推進に関する法律（地球温暖化対策推進法）が制定された。同法は、国、地方公共団体、事業者、国民のそれぞれが取り組みを行う義務を定めるとともに（3条から6条）、地球温暖化対策の基本方針を定めることとする。事業者に対しては、計画の策定と公表に努めることを求めるに過ぎないが（23条から26条）、次の点が重要である。すなわち、政府は、地球温暖化対策計画について、少なくとも3年ごとに検討を加える（8条1項）。内閣総理大臣が提出した地球温暖化対策計画の案について閣議決定が行われ（同条3項）、必要に応じて変更することとされる（9条）[4]。

　エネルギー基本計画と地球温暖化対策計画は、別個の法律に基づく計画であり、規範としての上下関係はない。しかし、2つの法律に基づく決定過程は、事実上、深く関わっている。現実には、これらの計画はどのように決定・運用されているのだろうか。

　一方で、温暖化対策推進法に基づく決定過程において、2009年には1990年比25％削減という目標が設定されたが、2011年3月の原発事故後の2013年9

3）　島村健「石炭火力発電所の新増設と環境影響評価（2・完）」自治研究第93巻第1号42頁（2016年）および久保はるか「内閣の主導による将来の政策目標の決定と専門的知見の役割」甲南法学第56巻3・4号251-253頁（2016年）。

4）　大塚直『環境法Basic（第2版）』（有斐閣・2016）368-373頁。

月から 2015 年 8 月まで全原発が停止した。政権交代後に目標をゼロベースで見直すという方針が示され、2014 年には地球温暖化対策計画が策定された。2015 年 7 月 17 日には、地球温暖化対策推進本部において、2030 年度の温室効果ガス削減目標を、2013 年度比で 26.0％減（2005 年度比で 25.4％減）とする「日本の約束草案」が決定され、同日付で国連気候変動枠組条約事務局に提出された。2016 年には、「地球温暖化対策計画」が閣議決定され、「国連気候変動枠組条約事務局に提出した『日本の約束草案』に基づき、国内の排出削減・吸収量の確保により、2030 年度において、2013 年度比 26.0％減（2005 年度比 25.4％減）の水準にするとの中期目標の達成に向けて着実に取り組む」とした。また、同計画は、第 4 次エネルギー基本計画（以下「第 4 次計画」）の「基本的視点……を踏まえて策定された長期エネルギー需給見通しの実現に向け、様々な政策措置を講じていく」としている。地球温暖化対策計画は、環境省が関与することなく策定されている長期エネルギー需給見通しを前提として策定されている[5]。

他方で、2015 年 7 月に策定された「長期エネルギー需給見通し」において、2030 年の電源構成のうち原子力は「22-20％」とした。さらに、2018 年 2 月には、外務省・気候変動に関する有識者会合が提言書を公表し、「電力の安定供給のために、「ベースロード電源」として原子力や石炭が必要だという考え方は、すでに過去のものになっている。電力市場の成熟した各国では、限界費用の安い再生可能エネルギーをまず最大限に使い、残りの電力需要には、気象予測を統合した電力取引や系統の広域化、需要マネジメントとともに、天然ガス火力などの柔軟な電源を活用するというシステムに移行している。柔軟性に乏しい原子力や石炭の役割は次第に限られたものとなってきた」[6]。3 月には、環境省が既存の原発を 60 年使い切るという前提の下で、2050 年の電源構成における原発比率を 7-9％とした案を持ち込んだが、経済産業省の反発によりこの案を取り下げたと報道されている[7]。

---

5) 島村前掲註 3、40 頁。
6) 「外務省 気候変動に関する有識者会合 気候変動に関する提言 脱炭素国家・日本を目指し、気候変動対策を日本外交の主軸に」（https://www.mofa.go.jp/mofaj/files/000335203.pdf、2018 年 12 月 10 日閲覧）。
7) 日本経済新聞 2018 年 3 月 1 日。朝日新聞 2018 年 9 月。

2018年7月に閣議決定された「エネルギー基本計画」（以下「第5次計画」）は、内容的には、再生可能エネルギーの普及を進めるとしながら、非効率ではない石炭火力発電はフェードアウトさせるか否かを明言せず、2050年の原発比率も明記していない。経済産業省が、形式上は第4次計画に基づくはずの長期エネルギー需給見通しにより、第5次計画策定に向けた実質的な地ならしをしているという関係が見える。

では、エネルギー基本計画がイメージする電源構成の策定手続とはどのようなものだろうか。「第4次計画」第5章と「第5次計画」第2章第4節は、いずれも「国民各層とのコミュニケーションの充実」に充てられているが、わずかに変更された点が注目される。

第1に、該当箇所の後半の見出しが、「双方向的なコミュニケーションの充実」（「第4次」）から「<u>政策立案プロセスの透明化と</u>双方向的なコミュニケーションの充実」（第5次）に変更されている（下線付与）。第2に、いずれの計画においても、エネルギーをめぐる状況の全体像についての理解の深化、エネルギー政策立案過程の透明性向上、政策に対する信頼獲得が目的とされている。しかし、その方法として、「第4次計画」では、「国民各層との対話を進めていくためのコミュニケーションを強化していく」とされているのに対して、「第5次計画」では、「国民各層との対話」がいったん削られ、「審議会や有識者会合等を通じた政策立案のプロセスは、最大限オープンにし、透明性を高めていく。」に置き換えられている。その上で、「第4次計画」において存在した「原子力などエネルギーに係る様々な課題について、リスクに対してどう向き合い対策を講じていくのか等について、丁寧な対話を行うことが重要である。」との一文が、「第5次計画」では丸ごと削られている。

第3に、多様な主体が総合的に議論する「対話型の政策立案・実施プロセスを社会に定着させていく取組」実現に向けて、「第4次計画」では、「<u>まずは全国の自治体を中心に地域のエネルギー協議会を作り</u>、多様な主体がエネルギーに関わる様々な課題を議論し、学び合い、理解を深めて政策を前進させていくような取組について、今後、検討を行う」とされている。しかし、「第5次計画」では、「<u>関係省庁と全国の自治体が連携した地域のエネルギー協議会を活用し……原子力に関するコミュニケーションを実施する</u>など、多様な主体がエネ

ルギーに関わる様々な課題を議論し、学び合い、理解を深めて政策を前進させていく」とされている（下線付加）。民主党政権期の「エネルギー・環境の選択肢に関する討論型世論調査」[8]を意識したためか、第4次計画では、エネルギー協議会の議論の主体として自治体の役割が強調されている。これに対して、第5次計画では、関係省庁と自治体の両方の役割が併記され、第5次計画では原発の存在が当然の前提となっている点が注目される。

(2) 3.11後の規制改革

2011年3月11日に発生した東日本大震災及び震災に伴う福島第一原発事故を受けて、2012年6月以降、原子力関連法制が相次いで改正された[9]。

第1に、基本法改正が行われた。まず、環境基本法旧13条は「放射性物質による大気の汚染、水質の汚濁、及び土壌の汚染の防止のための措置については、原子力基本法その他の関係法律で定めるところによる」とし、放射性物質を含む廃棄物を含む廃棄物・大気汚染・水質汚染・土壌汚染について原子力関連法制に委ねていた。しかし、2012年6月には、福島第一原発事故を受けて、環境基本法旧13条が削除され、原子力法制は環境法の体系に編入された。旧13条の削除を受け、2013年6月には、大防法旧27条1項・水濁法旧23条1項・環境影響評価法旧52条1項等の放射性物質の適用除外規定が削除された[10]。

また、原子力基本法については、原子力利用に係る安全の確保について、「確立された国際的な基準を踏まえ、国民の生命、健康及び財産の保護、環境の保全並びに我が国の安全保障に資することを目的として、行うものとする」旨の規定が追加された（2条2項）。

第2に、組織法改革が行われた。すなわち、単一の「行政組織が原子力利用の推進及び規制の両方の機能を担うことにより生ずる問題を解消するため」、「確立された国際的な基準を踏まえて原子力利用における安全の確保を図るため必要な施策を策定し、又は実施する事務……を一元的につかさどる」ことと

---

8) エネルギー・環境の選択肢に関する討論型世論調査実行委員会『調査報告書』〔2012〕および宇賀克也『行政法概説Ⅰ（第6版）』〔有斐閣・2018〕497頁。
9) 髙橋滋「原子力規制法制の現状と課題」髙橋滋・大塚直編『震災・原発事故と環境法』〔民事法研究会・2013〕25-33頁。松本充郎「原子力リスク規制の現状と課題」阪大法学第63巻第5号57頁（2014年）。
10) 大塚直『環境法Basic（第2版）』89-90頁。

された(原子力規制委員会設置法1条)。そのために、原子力規制委員会は、国家行政組織法3条2項の規定に基づき、環境省の外局として設置された(2条)。「原子力規制委員会は、国民の生命、健康及び財産の保護、環境の保全並びに我が国の安全保障に資するため、原子力利用における安全の確保を図ること……を任務とする」(3条)。「委員会の委員長及び委員は、独立してその職権を行う」(5条)。「委員長及び委員は、……両議院の同意を得て、内閣総理大臣が任命する」(7条)。「原子力規制委員会は、その所掌事務について、法律若しくは政令を実施するため、又は法律若しくは政令の特別の委任に基づいて、原子力規制委員会規則を制定することができる」(26条)。

第3に、作用法改革として、原子炉等規制法が改正された。1条の目的規定には、従来の想定に加えて「大規模な自然災害及びテロリズムその他の犯罪行為の発生」が加えられた上、「もって国民の生命、健康及び財産の保護、環境の保全並びに我が国の安全保障に資することを目的とする」と改められた。また、発電用原子炉の設置、運転等に関する規制として、設置及び変更の許可(43条の3の5、43条の3の8)、工事の計画の認可(43条の3の9)、使用前検査(43条の3の11)、施設定期検査(43条の3の15)、保安規定の認可(43条の3の24)等の段階的審査の仕組みは維持された。

加えて、次のような実質的な改正が行われた。第1に、発電用原子炉の設置・変更許可の要件として、シビアアクシデント対策の遂行など発電用原子炉の運転を適確に遂行する技術的能力(43条の3の6第1項3号)が加えられた。また、発電用原子炉設置者等は自ら当該発電用原子炉施設等の安全対策の総合評価を義務付け、環境大臣への報告義務も課されされることとされた(43条の3の29)。

第2に、発電用原子炉の許可要件のうち「災害の防止上支障がないものとして原子力規制委員会規則で定める基準」(43条の3の6第1項4号)に適合しない発電用原子炉に対しては、原子力規制委員会が運転停止や許認可の取消しを命ずることができる(43条の3の23・43条の3の20第2項等。バックフィット制度)。

第3に、発電用原子炉施設の運転期間は40年に限定され、20年を限度として、1回に限り延長認可が認められた(43条の3の32。高経年炉対策)。

第4に、法規命令である原子力規制員会規則に加えて、内規である行政手続法上の審査基準やガイド類があり、学協会規格と呼ばれる民間基準をとりこん

でいる。たとえば、43条の3の6第1項4号に基づいて定められた設置・変更許可基準の1つとして、実用発電用原子炉及びその附属施設の位置、構造及び設備の基準に関する規則（平成25年6月28日原子力規制委員会規則第5号、設置許可基準規則）がある。また、実用原子炉及びその附属施設の位置、構造及び設備の基準に関する規則の解釈は、許可基準規則4条1項はS・B・C各クラスについて、同条3項は基準地震動の策定方法について規定する。さらに、各影響評価の妥当性を審査官が判断するための原規委決定であるガイド類として設置許可基準規則6条に定める各評価ガイド（原子力発電所の火山影響評価ガイド［火山ガイド］・原子力発電所の地震影響評価ガイド［地震ガイド]）等がある[11]。民主的正統性を標榜しうる法律および法規命令たる規則の規律密度は著しく低く、「火山」という文言が登場するのは、内規である設置許可基準規則以下でしかない[12]。

さらに、テロリズムを含む犯罪行為の予防及び鎮圧は警察の責務とされ（警察法2条1項）、ミサイル攻撃等の大規模テロ攻撃に対しては、「武力攻撃事態等における国民の保護のための措置に関する法律」（国民保護法）等に基づき、緊急対処事態として国が対策本部を設置し、原子力災害への対処、放射性物質による汚染への対処等に当たり、原子力事業者は、国と連携して対処することとされている。

原子力災害対策特別措置法は、原子力事業者について、「この法律又は関係法律の規定に基づき、原子力災害の発生の防止に関し万全の措置を講ずるとともに、原子力災害……の拡大の防止及び原子力災害の復旧に関し、誠意をもって必要な措置を講ずる責務を有する。」と規定する（3条）。また、国は、原災法または関係法律の規定に基づき、「原子力災害についての全てを挙げて防災に関し万全の措置を講ずる責務（災害対策基本法3条1項）の責務を遂行しなければならず（4条1項）、「大規模な自然災害及びテロリズムその他の犯罪行為による原子力災害の発生も想定し、これに伴う被害の最小化を図る観点から、警備体制の強化、原子力事業所における深層防護の徹底、被害の状況に応じた対応策の整備その他原子力災害の防止に関し万全の措置を講ずる責務を有する。」（4条の

---

11) 下山憲治「原子力規制の変革と課題」環境法研究第5巻1頁（2016年）。
12) 福田健治「原子力規制改革は民事差止訴訟に影響を与えるのか」環境法研究第5巻82-83頁（2016年）。

2)。

　ここで確認しておきたいのは、次の2点である。第1に、原子炉設置許可処分をめぐる行政手続において、都道府県知事及び市町村長への意見聴取手続も周辺住民に対する公聴会もなく（憲法および行政手続法上の位置づけについては後述する）、だからこそ原子力安全協定が存在する（協定の内容に具体性があり公序良俗に反しなければ法的拘束力を有する。旧福間町事件最判平成21年7月10日判時2058号53頁）。第2に、原子力規制委員会は避難計画及びテロ対策について直接的な権限を持たない。

(3)　3.11前の原発訴訟における行政訴訟と民事訴訟の役割分担

　原発訴訟としては、行政訴訟（取消訴訟・無効確認訴訟・差止訴訟［行訴法改正後］等）・民事訴訟（差止訴訟・仮処分・損害賠償）・刑事訴訟が可能であるが、民事訴訟中心に運用されている。以下では、その理由を簡単に述べたい。

　(ア)　行政訴訟の原告適格及び行政訴訟と民事訴訟の関係　　動力炉・核燃料事業団（当時）は、高速増殖炉もんじゅについて、内閣総理大臣から原子炉等規制法23条に基づき原子炉設置許可を受けたが、周辺住民Xらは同設置許可の無効確認を請求し、最判平成4年9月22日民集46巻6号571頁は、次のように判示し、Xらの原告適格を肯定した（古城誠「原発訴訟における原告適格」法学教室149号69頁（1993年）。なお、差戻後本案高裁判決は、原子炉設置許可処分に重大な瑕疵を認めて無効確認請求を認容したが［名古屋高金沢支判平成15年1月27日訟月50巻9号2541頁、交告尚史・平成15年重判解41頁および中川丈久・環境百選［第3版］200頁］。最高裁は、原判決を破棄し、請求を棄却した［最判平成17年5月30日民集59巻4号2541頁］）。なお、もんじゅは、運転上のトラブルが相次ぎ、平成30年3月28日の廃止計画認可処分により廃炉が確定している。

　第1に、行政事件訴訟法36条にいう「法律上の利益を有する者」とは、同9条にいう「法律上の利益」と同義であり、当該行政法規が公益から区別される「不特定多数者の具体的利益を……個々人の個別的利益としても保護すべきものとする趣旨を含むか否かは、当該行政法規の趣旨・目的、当該行政法規が当該処分を通して保護しようとしている利益の内容・性質等を考慮して判断すべきである」。その上で、事故により影響を受ける周辺住民の生命・身体の安全等を一般公衆のそれとは区別して、原子炉から半径58kmの範囲内の住民の原告

適格を認めた。

　第2に、民事差止訴訟が可能であるからといって、本件無効確認訴訟の訴えの利益は失われない。すなわち、「当該処分の効力の有無を前提とする現在の法律関係に関する訴えによって目的を達することができない場合とは、……当該処分に起因する紛争を解決するための争訟形態として、当該処分の無効を前提とする当事者訴訟又は民事訴訟との比較において、当該処分の無効確認を求める訴えのほうがより直截的で適切な争訟形態であるとみるべき場合をも意味する」。そして、「民事訴訟は、行政事件訴訟法三六条にいう当該処分の効力の有無を前提とする現在の法律関係に関する訴えに該当するものとみることはできず、また、本件無効確認訴訟と比較して、本件設置許可処分に起因する本件紛争を解決するための争訟形態としてより直截的で適切なものであるともいえない」。

　原発の運転差止を請求する民事訴訟が提起されている段階での無効確認訴訟提起は、実務上も学説上も、可能であると考えられている。その理由は、「原子炉設置許可処分の無効を前提にしていないので、民事の差止訴訟が提起されているからといって、無効確認訴訟の補充性が充たされないわけではな」く[13]、民事差止訴訟の本案勝訴要件と本件無効確認訴訟の勝訴要件は、一部重複するにせよ、完全に同一のものではないからである[14]。

　(イ)　**行政訴訟（取消訴訟及び無効等確認訴訟）**　伊方原発訴訟最高裁判決（最判平成4年10月29日民集46巻7号1174頁）において、四国電力は、伊方原発1号機につき、内閣総理大臣（Y）から原子炉等規制法23条に基づき原子炉設置許可を受け、周辺住民Xらは、本件許可処分の取り消しを求めて出訴した。第1審及び第2審が請求を棄却したため、Xらが上告した。最高裁は次のように述べて、請求を棄却した。

　　(a)　「行政手続は、憲法三一条による保障が及ぶと解すべき場合であっても」、刑事手続とは異なり、「行政目的に応じて多種多様であるから、常に必ず行政処分の相手方等に事前の告知、弁解、防御の機会」等の手続が必要とま

---

13)　大塚直『環境法（第3版）』〔2010〕708頁。
14)　高橋利文・最判解民事篇平成4年度375頁。高橋滋「もんじゅ上告審判決」環境百選第3版199頁。

ではいえない。

　そして、原子炉等規制法24条1項各号の基準適合性審査は、「原子力の開発及び利用の計画との適合性や原子炉施設の安全性に関する極めて高度な専門技術的判断を伴」う。また、[Y]は、前記の許可に先立ち、「各専門分野の学識経験者等を擁する原子力委員会の意見を聴き、これを尊重してしなければならない」(同条2項)。このことに鑑みると、基本法及び規制法が「原子炉設置予定地の[Xら]を原子炉設置許可手続に参加させる手続及び設置の申請書等の公開に関する定めを置いていないからといって、……憲法三一条の法意に反するものとはいえず」、Xらが、「本件原子炉設置許可処分に際し、告知、聴聞の機会を与えられなかったことが、同条の法意に反するものともいえない。」

　　　(b)「また、規制法二四条一項三号は、原子炉を設置しようとする者が原子炉を設置するために必要な技術的能力及びその運転を適確に遂行するに足りる技術的能力を有するか否かにつき、同項四号は、当該申請に係る原子炉施設の位置、構造及び設備が核燃料物質……、核燃料物質によって汚染された物質……又は原子炉による災害の防止上支障がないものであるか否かにつき、審査を行うべきもの」とする。その目的は、事業者が原子炉等規制法所定の技術的能力を欠き、原発の安全性が確保されないときは、深刻な災害が惹起されるおそれがあるから、「右災害が万が一にも起こらないようにするため、原子炉設置許可の段階で、原子炉を設置しようとする者の右技術的能力並びに申請に係る原子炉施設の位置、構造及び設備の安全性につき、科学的、専門技術的見地から、十分な審査を行わせることにある」。

　規制法24条2項が同条1項3号・4号について、内閣総理大臣が予め「原子力委員会の意見を聴き、これを尊重してしなければならないと定めているのは、……原子炉施設の安全性に関する審査の特質を考慮し、右各号所定の基準の適合性については、各専門分野の学識経験者等を擁する原子力委員会の科学的、専門技術的知見に基づく意見を尊重して行う内閣総理大臣の合理的な判断にゆだねる趣旨と解するのが相当である。」

　　　(c)「以上の点を考慮すると、右の原子炉施設の安全性に関する判断の適否が争われる原子炉設置許可処分の取消訴訟における裁判所の審理、判断は、原子力委員会若しくは原子炉安全専門審査会の専門技術的な調査審議及び判断

を基にしてされた被告行政庁の判断に不合理な点があるか否かという観点から行われるべきであって、現在の科学技術水準に照らし、右調査審議において用いられた具体的審査基準に不合理な点があり、あるいは当該原子炉施設が右の具体的審査基準に適合するとした原子力委員会若しくは原子炉安全専門審査会の調査審議及び判断の過程に看過し難い過誤、欠落があり、被告行政庁の判断がこれに依拠してされたと認められる場合には、被告行政庁の右判断に不合理な点があるものとして、右判断に基づく原子炉設置許可処分は違法と解すべきである。」

　原子炉設置許可処分の性質に鑑みると、「被告行政庁がした右判断に不合理な点があることの主張、立証責任は、本来、原告が負うべきものと解されるが、当該原子炉施設の安全審査に関する資料をすべて被告行政庁の側が保持していることなどの点を考慮すると、被告行政庁の側において、まず、その依拠した前記の具体的審査基準並びに調査審議及び判断の過程等、被告行政庁の判断に不合理な点のないことを相当の根拠、資料に基づき主張、立証する必要があり、被告行政庁が右主張、立証を尽くさない場合には、被告行政庁がした右判断に不合理な点があることが事実上推認される」。

　　(d)　「規制法の規制の構造に照らすと、原子炉設置の許可の段階の安全審査においては、当該原子炉施設の安全性にかかわる事項のすべてをその対象とするものではなく、その基本設計の安全性にかかわる事項のみをその対象とするものと解するのが相当である。」

　まず、(a)について、原子炉等規制法における適正手続保障の主眼は、「規制の直接の相手方である原発の設置者に営業の自由や財産権行使の防御権を保障することで、安全審査によって保護される者（周辺住民ら）に参加権を認めるものではなかった」[15]。判決は、行政手続の憲法上の位置づけについて、Xらの上告理由を反映し31条との関係しか検討していない。また、本件の審理中に、行政手続法案が審議中であったことに配慮し、踏み込んだ判決を回避した可能性も指摘されている。しかし、本件のように、事業者のみならず周辺住民に深刻な影響を与える可能性のある処分については、31条に加えて13条に根拠を求め

---

15)　原田尚彦「伊方原発事件」公害・環境百選189-190頁（1994年）。

る考え方が解釈論として正当である[16]。現在の行政手続法10条は、申請に対する処分のうち「申請者以外の者の利益を考慮すべき……ことが許認可等の要件とされている……場合には、必要に応じ、公聴会の開催その他の方法により意見を聴く機会を設けるよう努めなければならない」と規定する。立法論としては、第三者の「利益を考慮すべき……ことが許認可等の要件とされている……場合」の解釈は、原告適格と平仄をあわせたうえで、意見聴取の機会の設定を義務付けるべきである。

また、(b)は「専門技術的裁量論」、(c)は「司法審査の在り方」、(d)は「基本設計論」と呼ばれ、多重防護システムと併せて、しばしば「伊方の定式」と呼ばれる[17]。ここでは、次の問いを手掛かりに、伊方の定式のうち(b)及び(c)をどのように理解しなおすべきか、手短に考えを述べたい。①「主張、立証責任」はどのように理解するべきか。②その責任は誰が負うべきであり「本来、原告が負うべき」か、「本来、行政庁が自らの判断に不合理な点のないこと主張立証すべき」か。③どのような根拠によるのか。④その理由は「当該原子炉施設の安全審査に関する資料をすべて被告行政庁の側が保持している」からか。

(b)及び(c)は、③事故がひとたび発生した場合の事態の深刻さや安全対策全般に関する専門技術的能力から、まずは、②行政庁（や事業者）は、④その専門技術的能力のゆえに、①裁判官や原告に対して安全対策について体系的に説明する義務を負う。換言すると、①は、③④専門技術的能力を有する者が危険な施設を運用するがゆえに負う「対論」の起点の構築義務であって証明責任ではなく、②「本来、原告が負うべき」でもない[18]。

(ウ) **民事訴訟**　もんじゅ訴訟においては、民事訴訟がすでに提起されており、行政訴訟（無効等確認訴訟）の提起の可否が問題となっていたが、逆に、行政訴訟の提起が認められる場合に、民事訴訟の提起は可能なのだろうか[19]。行

---

16)　高橋滋『先端科学技術の行政法理』〔岩波書店・1998〕169-172頁。
17)　交告尚史「伊方の定式の射程」森嶋昭夫・塩野宏編『変動する日本社会と法』〔有斐閣・2011〕245頁。
18)　ニュアンスは異なるが、交告前掲「伊方の定式の射程」および桑原勇進「環境行政訴訟における証明責任」小早川古稀597-614頁、北村和生「行政訴訟における説明責任」磯部力＝小早川光郎＝芝池義一編『行政法の新構想Ⅲ』〔有斐閣・2008〕94-96頁を参照。なお、民事訴訟法学説の整理として、垣内秀介・民訴百選（第5版）132頁を参照。

政行為の公定力制度との関係が問題となりうるが、次の理由から、民事訴訟の提起は可能であると考えられている。目的が異なる場合については既に指摘したが、目的が重なる場合においても、第1に、処分の公定力によって維持されるべきものは「処分に付与した法的効果であって、要件認定に際して行政庁が示した判断そのものではない」。第2に、「民事差止判決の効果は行政庁には及ばず、判決の効果として行政庁は処分を取り消すことを強制されるわけではない」[20]。

また、2004年に行われた行政事件訴訟法改正において、事前救済型抗告訴訟（非申請型義務付け訴訟［法3条6項1号］および差止訴訟［3条7項］）が導入され、原発訴訟においても事前救済型抗告訴訟が利用される可能性が指摘されていたが、次の理由から事前救済型抗告訴訟を活用する見通しは容易には得にくいとみられる[21]。第1に、非申請型義務付け訴訟は、「重大な損害が生ずるおそれ」及び「その損害を避けるため他に適切な方法がない」ことを訴訟要件として規定し（37条の2第1項）、差止訴訟も同様の要件を訴訟要件として規定する（37条の4第1項）。いずれも裁判所が行政権との関係で事前救済を行う必要性が十分に高いと判断されうることを要件としており、原告にとって厳しい仕組みである。

第2に、原子力規制委員会に対して、一定の処分の義務付け・差止めを求める訴訟において、事前救済型抗告訴訟の本案勝訴要件（37条の2第5項・37条の4第5項）がどのように解釈されるのかが見えていないという問題がある。すなわち、バックフィット命令を出すことが「法律上羈束されている場合を除き、規制権限を発動する・しないにかかわる行政裁量の事前統制が問題となる場合にいかなる司法審査が可能か、議論が深められているとはいえない。伊方最判の採る「追試型統制手法を事前救済型の裁量統制に応用した場合に、司法審査の密度

---

19) 髙木光「原発訴訟における民事法の役割」自治研究91巻10号17-39頁（2015年）。
20) 高橋前掲註16、205-206頁。なお、厚木基地第1次訴訟（平成5年2月25日民集47巻2号643頁）は、自衛隊法の諸規定から、自衛隊機の運航に関する防衛庁長官（当時）の権限の行使は、運航に伴う周辺住民の受忍を義務付ける公権力の行使であり、抗告訴訟が排他性を有しており、民事訴訟は却下されるとしている。しかし、自衛隊法上、そのような作用法上の規定はなく、周辺住民との関係において公権力の行使になるとの論理に対して、学説の多くは反対している（宇賀克也『行政法概説Ⅱ（第6版）』〔有斐閣・2018〕183-184頁および高橋滋『行政法（第2版）』〔弘文堂・2018〕326頁）。
21) 橋本博之「原発規制と環境行政訴訟」環境法研究第5号31頁（2016年）。

がどう設定されるか、現時点では全く未知数であ」り、「非申請型義務付け訴訟と差止訴訟では、本案勝訴要件としての裁量審査が同内容でないことも予想される」。かような現実の下では、民事訴訟が重要になるのはやむを得ない。

まず、女川地裁判決・仙台判平成2年1月31日判時1482号3頁は原告の請求を棄却した（確定）。本件は最初の民事差止訴訟だが、審査方法については基準の合理性及び基準適用の合理性を審査しており、被告に対して非公開資料を含めた情報公開を強く促したことを除き、「伊方の定式」を踏襲している[22]。

次に、北陸電力(Y)は、平成11年4月14日に行われた設置許可処分後に増設された志賀原発2号機について、平成13年8月、周辺住民ら（Xら）は、Yを被告として人格権又は環境権侵害による原子炉の運転差止めを請求した。

まず、金沢地判平成18年3月24日判時1930号25頁において、新潟県中越沖地震（2007年）において旧指針を超える地震が観測されたため、地震・津波が初めて重要な争点となった。判決は、次のように述べ、Xらの請求を認容した。すなわち、Xらが「人格権が現に侵害され、又は侵害される具体的危険があることを主張立証すべき」であるから、Xらは、「本件原子炉の運転により、原告らが規制値を超える放射線を被ばくする具体的危険があることを主張立証すべき」である。しかし、「本件原子炉施設におけるこれらの安全設計に関する資料は全て被告が保有している」。そこで、Xらにおいて、Xらが「許容限度を超える放射線を被ばくする具体的可能性があることを相当程度の立証した場合には、公平の観点から、[Y]において、[X]らが指摘する『許容限度を超える放射線被ばくの具体的危険』が存在しないことについて、具体的根拠を示し、かつ、必要な資料提出して反証を尽くすべきであり、これをしない場合には、上記『許容限度を超える放射線被ばくの具体的危険』の存在を推認すべきである」。

さらに、旧指針は基準地震動について松田式・金井式・大崎スペクトルを前提とする大崎の方法を根拠とする。確かに、大崎の方法は経験的手法として相当の通用力を有してきた。しかし、判決は鳥取西部地震・宮城沖地震など大崎の方法等の手法による予測を大幅に超える地震動が発生しており、現実に観測された実測値との整合性がなく、基準地震動を定めた旧指針は大崎の方法等の

---

22) 橋本博之・平成6年重判解40頁。

手法に基づいて策定されており、安全審査に合格しているからといって「本件原子炉の耐震設計に妥当性に欠けるところがないとは即断できない」。

地裁判決後には、新指針が策定され、さらにその後、中越沖地震が発生し、高裁判決の行方に注目が集まったが、名古屋高裁金沢支部平成21年3月18日判時2045号3頁は、伊方—女川型の判断により、原告・被控訴人の請求を棄却した（最高裁は平成21年10月28日に上告を棄却）。民事訴訟は、炉等規制法に基づく基本設計以外の事項や基準適合性審査の対象外の事項についても問題にできるはずであり（後述）、高裁判決には疑問が残る。

3 3.11後の原発再稼働をめぐる訴訟
(1) 原発再稼働をめぐる訴訟とは

原発訴訟としては、行政訴訟及び民事訴訟に加え、刑事訴訟がありうる。民事訴訟のうち損害賠償請求については、過去に起きた損害に係る訴訟であり、行政訴訟については、「伊方の定式」が踏襲される限り新たに検討すべき材料に乏しく、刑事訴訟についてはまだ判決が下されていないことから、以下では、民事訴訟に焦点をあてる。

具体的には、(ア)大飯3・4号機福井地判平成26年5月21日判時2228号72頁（大飯3・4号機樋口判決）、(イ)高浜原発3・4号機仮差止二次決定大津地決平成28年3月9日判例時報2290号75頁（高浜3・4号機山本決定）、(ウ)川内1・2号機高裁決定（福岡高裁宮崎支決平成28年4月6日判時2290号90頁）、(エ)伊方3号機高裁仮処分決定（広島高決平成29年12月13日判時2357=2358号300頁）について検討する。その理由は、司法審査の方法、社会通念上容認できるリスクの水準、地震による原発の安全性能への影響（特に基準地震動の策定方法）、火山の噴火による原発の安全性能への影響が争点になっており、かつ、これらの重要な争点について判断がわかれているからである。

(2) 具体的事例の検討

(ア) 大飯3・4号機福井地判平成26年5月21日判時2228号72頁（樋口判決）

本件において、住民ら(X)は、大飯原発3号機及び4号機を設置している関西電力株式会社(Y)に対し、人格権に基づく妨害（予防）排除請求権に基づき、本件各原子力発電所の運転の差止請求を行った。

(a)　**差止めの法的根拠**　「人格権は憲法上の権利であり（13条・25条）、また人の生命を基礎とするものであるがゆえに、我が国の法制下においてはこれを超える価値を他に見出すことはできない。……生命を守り生活を維持するという人格権の根幹部分に対する具体的侵害のおそれがあるときは、その侵害の理由、根拠、侵害者の過失の有無や差止めによって受ける不利益の大きさを問うことなく、人格権そのものに基づいて侵害行為の差止めを請求できる」。

　(b)　**原子力発電所に求められるべき安全性及び立証責任**
　　(i)　**原発に求められるべき安全性**　「原子力発電所は、電気の生産という社会的には重要な機能を営むものではあるが、原子力の利用は平和目的に限られているから（原子力基本法2条）、原子力発電所の稼動は法的には電気を生み出すための一手段たる経済活動の自由（憲法22条1項）に属するものであって、憲法上は人格権の中核部分よりも劣位に置かれるべきものである。しかるところ、大きな自然災害や戦争以外で、この根源的な権利が極めて広汎に奪われるという事態を招く可能性があるのは原子力発電所の事故のほかは想定し難い。かような危険を抽象的にでもはらむ経済活動は、その存在自体が憲法上容認できないというのが極論にすぎるとしても、少なくともかような事態を招く具体的危険性が万が一でもあれば、その差止めが認められるのは当然である。」

　「原子力発電技術の危険性の本質及びそのもたらす被害の大きさは、福島原発事故を通じて十分に明らかになったといえる。本件訴訟においては、本件原発において、かような事態を招く具体的危険性が万が一でもあるのかが判断の対象とされるべきであ」る。

　(i)の理は、「上記のように人格権の我が国の法制における地位や条理等によって導かれる」。「改正原子炉規制法に基づく新規制基準が原子力発電所の安全性に関わる問題のうちいくつかを電力会社の自主的判断に委ねていたとしても、その事項についても裁判所の判断が及ぼされるべきであるし、新規制基準の対象となっている事項に関しても新規制基準への適合性や原子力規制委員会による新規制基準への適合性の審査の適否という観点からではなく」、(i)の理に「基づく裁判所の判断が及ぼされるべきこととなる。」

　　(ii)　**立証責任**　「原子力発電所の差止訴訟において、事故等によって原告らが被ばくする又は被ばくを避けるために避難を余儀なくされる具体的危

険性があることの立証責任は原告らが負うのであって、この点では人格権に基づく差止訴訟一般と基本的な違いはなく、具体的危険でありさえすれば万が一の危険性の立証で足りるところに通常の差止訴訟との違いがある。証拠が被告に偏在することから生じる公平性の要請は裁判所による訴訟指揮及び裁判所の指揮にもかかわらず被告が証拠を提出しなかった場合の事実認定の在り方の問題等として解決されるべき事柄であって、存否不明の場合の敗訴の危険をどちらに負わせるのかという立証責任の所在の問題とは次元を異にする。……［(i)及び(ii)の説示］に照らしても、具体的な危険性の存否を直接審理の対象とするのが相当であり、かつこれをもって足りる。」

  (c) **原発の冷却機能の維持**　クリフエッジ（プラントの状態が急変する地震、津波等の負荷のレベル）として特定された1260ガルを超える地震によって、その後の緊急停止後の冷却「システムは崩壊し、非常用設備ないし予備的手段による補完もほぼ不可能となり、メルトダウンに結びつく。」「原子力規制委員会においても、16個の地震を参考にして今後起こるであろう震源を特定せず策定する地震動……の規模を推定しようとしている……。この数の少なさ自体が地震学における頼るべき資料の少なさを如実に示すもの」であり、「大飯原発には1260ガルを超える地震は来ないとの確実な科学的根拠に基づく想定は本来的に不可能である。」

  「被告は、700ガルを超える地震が到来した場合の事象を想定し、それに応じた対応策があると主張し、これらの事象と対策を記載したイベントツリーを策定し、4.65メートルを超える津波が到来したときの対応についても類似のイベントツリーを策定している」。しかし、イベントツリー記載の対策は、極めて限られた状況においてのみ有効である。

  そして、「基準地震動である700ガルから1225ガルまでの間に重大事故につながる損傷や事象が生じないということは極めて考えにくい」。「主給水は冷却機能維持のための命綱であり、これが断たれた場合にはその名が示すとおり補助的な手段にすぎない補助給水設備に頼らざるを得ない。……原子炉の冷却機能は電気によって水を循環させることによって維持されるのであって、電気と水のいずれかが一定時間断たれれば大事故になるのは必至である。原子炉の緊急停止の際、この冷却機能の主たる役割を担うべき外部電源と主給水の双方が

ともに700ガルを下回る地震によっても同時に失われるおそれがある」。その場合、「実際にはとるのが困難であろう限られた手段が効を奏さない限り大事故となる」。Yは、主給水ポンプの役割は重要ではないと主張するが、冷却機能において非常に重要であり、「それにふさわしい耐震性を求めるのが健全な社会通念であると考えられる」。

　(d)　**閉じ込めるという構造について**（使用済み核燃料の危険性）　「本件使用済み核燃料プールにおいては全交流電源喪失から3日を経ずして冠水状態が維持できなくなる……。我が国の存続に関わるほどの被害を及ぼすにもかかわらず、全交流電源喪失から3日を経ずして危機的状態に陥いる」が、むき出しに近い状態になっている。

　「使用済み核燃料を閉じ込めておくための堅固な設備を設けるためには膨大な費用を要するということに加え、……深刻な事故はめったに起きないだろうという見通しのもとにかような対応が成り立っているといわざるを得ない」。

　(e)　**結論**　「以上の次第であり、原告らのうち、大飯原発から250キロメートル圏内に居住する者……は、本件原発の運転によって直接的にその人格権が侵害される具体的な危険があると認められるから、これらの原告らの請求を認容すべきである」。

・評価

　まず、(a)は、人格権が日本の法制下において至高の価値を持つとする。

　次に、(a)の判示を受けて、(b)(i)は福島第1原発事故のような「事態を招く具体的危険性が万が一でもあれば、その差止めが認められるのは当然であ」り、(b)(ii)は原発訴訟において「具体的危険でありさえすれば万が一の危険性の立証で足りるところに通常の差止訴訟との違いがある」とした。また、行政規制との関係や行政・事業者等の専門性（後者は抜粋においては省略）については考慮する必要がないとしており、非常に論争的である。具体的危険性にあたるものが万が一でもあれば請求が認容されるとすることによって、(c)および(d)における原告側の証明負担は軽減されている[23]。

　最も気になるのは、行政規制との関係や行政及び事業者の専門性に敬譲的で

---

[23]　大塚直「大飯原発運転差止訴訟第1審判決の意義と課題」法学教室410巻84頁（2014年）。

はない点である。人格権と経済活動の自由が衝突する場合の衡量方法ついては、立法府が現在の法体系において具体化している。また、裁判所は、専門技術的能力を有する者（行政・事業者等）の主張を踏まえて、当該事件に関する判断を行うはずである。

　もっとも、本判決において、原告側も、抽象的危険だけを問題にしているわけではなく、たとえば、生起確率の定量化はないものの、基準地震動として既往最大地震動である「岩手宮城内陸地震で観測された4022ガルを想定すべき」だが、少なくとも固い地盤上の最大加速度の推定値である1699ガルを想定すべきであると主張していることに注意が必要である。(a)および(b)の判示に代えて志賀地裁型や後述する(イ)高浜3・4号機山本決定型の枠組みを用い（場合によっては判断枠組みなしで）(c)および(d)の事実認定を生かし(e)の結論を導く方が良かったのではないかと考える。

　　(イ)　**高浜原発3・4号機山本決定**　　大津地決平成28年3月9日判例時報2290号75頁)[24]

　高浜発電所3号機及び4号機（本件原子炉）を設置しているYが原子力規制委員会に対して再稼働の申請を行ったところ、XらはYに対して人格権に基づく妨害（予防）排除請求権に基づき本件各原子力炉の運転の仮処分命令申立てを行った。なお、本決定は、大津地決平成28年7月12日判時2334号113頁（保全異議審差止認可決定）によって認可されたが、大阪高決平成29年3月28日判時2334号3頁によって効力を失っている。

　　　(a)　**主張立証責任の所在**　　原発の付近住民Xが「その人格権に基づいて[Y]に対し原子力発電所の運転差止めを求める仮処分においても、その危険性すなわち人格権が侵害されるおそれが高いことについては、最終的な主張立証責任は[X]らが負うと考えられる」。しかし、「原子炉施設の安全性に関する資料の多くを電力会社側が保持していることや、[Y]が、一般に、関係法規に従って行政機関の規制に基づき原子力発電所を運転していることに照らせば、……[X]において、依拠した根拠、資料等を明らかにすべきであり、その主張及び疎明が尽くされない場合には、[Y]の判断に不合理な点があることが事

---

24)　大塚直「原発の再稼働による危険に対する民事差止訴訟について」環境法研究第5号93-97頁（2016年）。

実上推認される」。
　「しかも、本件は、福島第一原子力発電所事故を踏まえ、原子力規制行政に大幅な改変が加えられた後の……事案であるから、Yは、福島第一原子力発電所事故を踏まえ、原子力規制行政がどのように変化し、その結果、本件各原発の設計や運転のための規制が具体的にどのように強化され、Yがこの要請にどのように応えたかについて、主張及び疎明を尽くすべきである。」「当裁判所は、当裁判所において原子力規制委員会での議論を再現することを求めるものではないし、原子力規制委員会に代わって判断すべきであると考えるものでもないが、新規制基準の制定過程における重要な議論や、議論を踏まえた改善点、本件各原発の審査において問題となった点、その考慮結果等について、債務者が道筋や考え方を主張し、重要な事実に関する資料についてその基礎データを提供することは、必要である」。
　　(b)　**過酷事故対策**
　　　　(i)　「福島第一原子力発電所事故によって我が国にもたらされた災禍は、甚大であり、原子力発電所の持つ危険性が具体化した」。事故が具現化すると、原子力発電がコスト面で優位ではないし、発電の効率性は事故の甚大な災禍と引換えにすべき事情とはいい難い。
　「福島第一原子力発電所事故の原因究明は、建屋内での調査が進んでおらず、今なお道半ばの状況であ」る。「その災禍の甚大さに真摯に向き合い、二度と同様の事故発生を防ぐとの見地から安全確保対策を講ずるには、原因究明を徹底的に行うことが不可欠である。この点についての〔Y〕の主張及び疎明は未だ不十分な状態にあるにもかかわらず、この点に意を払わないのであれば、そしてこのような姿勢が、〔Y〕ひいては原子力規制委員会の姿勢であるとするならば、そもそも新規制基準策定に向かう姿勢に非常に不安を覚える」。
　現時点において、安全確保対策のうち、津波対策以外の「他の要素の対策は全て検討し尽くされたのかは不明であり、それら検討すべき要素についてはいずれも審査基準に反映されており、かつ基準内容についても不明確な点がないことについて〔Y〕において主張及び疎明がなされるべきである。」「災害が起こる度に『想定を超える』災害であったと繰り返されてきた過ちに真摯に向き合うならば、十二分の余裕をもった基準とすることを念頭に置き、常に、他に

考慮しなければならない要素ないし危険性を見落としている可能性があるとの立場に立ち、対策の見落としにより過酷事故が生じたとしても、致命的な状態に陥らないようにすることができるとの思想に立って、新規制基準を策定すべきものと考える。［Y］の保全段階における主張及び疎明の程度では、新規制基準及び本件各原発に係る設置変更許可が、直ちに公共の安寧の基礎となると考えることをためらわざるを得ない。」

　　　(ii)「次に、本件で問題となった過酷事故対策の中でも、福島第一原子力発電所事故において問題となった発電所の機能維持のための電源確保について検討すると、［Y］の考えによれば、たとえば、基準地震動 Ss に近い地震動が本件各原発の敷地に到来した場合には、外部電源が全て健全であることまでは保障できないから、非常電源系を置くということになる。我が国は地震多発国ではあるものの、実際、本件各原発の敷地が毎日のように基準地震動 Ss に近い地震動に襲われているわけではないから、その費用対効果の観点から、外部電源についてはCクラスに分類し、事故時には非常用ディーゼル発電機等の非常用電源（Sクラスに分類）により本件各原発の電力供給を確保することとするものである。経済的観点からのこの発想が福島第一原子力発電所事故を経験した後においても妥当するのか疑問なしとしないが、そのような観点に仮に立つとすれば、電源事故が発生した際の備えは、相当に重厚で十分なものでなければならないというべきである。」

　外部電源喪失の備えとして、「空冷式非常用発電装置や、号機間電力融通恒設ケーブル及び予備ケーブル、電源車は新たに整備された」ものの、その他の設備が新規制基準後に整備されたかどうかは不明であ」り、「ディーゼル発電機の起動失敗例は少なくなく……、空冷式非常用発電装置の耐震性能を認めるに足りる資料はなく、また、電源車等の可動式電源については、地震動の影響を受けることが明らかである。非常時の備えにおいてどこまでも完全であることを求めることは不可能であるとしても、また、原子力規制委員会の判断において意見公募手続が踏まれているとしても、このような備えで十分であるとの社会一般の合意が形成されたといってよいか、躊躇せざるを得ない。

　したがって、新規制基準において、新たに義務化された原発施設内での補完的手段とアクシデントマネジメントとして不合理な点がないことが相当の根拠、

資料に基づいて疎明されたとはいい難い。」

(ⅲ)　「また、使用済み燃料ピットの冷却設備の危険性について、新規制基準は防護対策を強化したものの、原子炉と異なり一段簡易な扱い（Bクラス）となっている」。しかし、「一度核分裂を始めれば、原子炉を停止した後も、使用済み燃料となった後も、高温を発し、放射性物質を発生し続ける……から、原子炉だけでなく、使用済み燃料ピットの冷却設備もまた基本設計の安全性に関わる重要な施設として安全性審査の対象となる」。「現時点で、使用済み燃料ピットの崩壊時の漏水速度を検討した資料であるとか、冷却水の注入速度が崩壊時の漏水速度との関係で十分であると認めるに足りる資料は提出されていない。」

(c)　**耐震性能について**

(ⅰ)　「当裁判所は、……本件各原発の運転のための規制が具体的にどのように強化され、債務者がこれにどのように応えたかについて、債務者において主張及び疎明を尽くすべきであると考える。……福島第一原子力発電所事故の主たる原因がなお不明な段階ではあるが」、地震動の策定方法について、「従前の科学的知見が一定の限度で有効であったとみるべきであり、これに加え、地震動に係る新規制基準の制定過程……からすれば、新規制基準そのものがおよそ合理性がないとは考えられないため、債務者において新規制基準の要請に応える十分な検討をしたかを問題とすべきことになる。」

(ⅱ)　震源を特定して策定される基準地震動については、地震力の大きさは断層の長さに比例すると考えられているころ、断層の西端が特定されておらず、断層が連動して動く可能性は検討されているものの現在の想定で十分であるとはいえ、十分な安全余裕を取ったとはいい難い。

(ⅲ)　松田式はサンプル数が少なく（14地震が根拠）、科学的に異論のない公式ではなく、あくまで拠り所の1つにすぎない。「また、債務者は、応答スペクトルの策定過程において耐専式を用い、近年の内陸地殻内地震に関して、耐専スペクトルと実際の観測記録の乖離は、それぞれの地震の特性によるものであると主張するが、そのような乖離が存在するのであれば、耐専式の与える応答スペクトルが予測される応答スペクトルの最大値に近いものであることを裏付けることができているのか、疑問が残るところである。……以上の疑問点を考慮すると、基準地震動 Ss-1 の水平加速度 700 ガルをもって十分な基準地

震動としてよいか、十分な主張及び疎明がされたということはできない。」

　断層モデルを用いた手法による地震動評価結果を踏まえた基準地震動についても、「債務者のいう「最も確からしい姿」や「平均的な姿」という言葉の趣旨や、債務者の主張する地域性の内容について、その平均性を裏付けるに足りる資料は、見当たらない」。

　　　　(iv)「震源を特定せず策定する地震動については、[X]は、平成16年に観測された北海道留萌支庁南部地震の記録等に基づき、基準地震動Ss-6及びSs-7として策定し、この基準地震動Ss-6（鉛直、485ガル）が結果的に最大の基準地震動（鉛直）となっている。」このような基準地震動について、そもそも予測計算できるとすることの科学的妥当性はともかく、これらの予測計算についても、「債務者による本件各原発の敷地付近の地盤調査が、最先端の地震学的・地質学的知見に基づくものであることを前提とするものであるし、原子力規制委員会での検討結果がこの調査の完全性を担保するものであるともいえないところ、当裁判所に対し、この点に関する十分な資料は提供されていない」。

　その他の項目について、(d)津波対策については、疑問なしとしない。(e)テロ対策については、一応問題ないとみて良い。(f)避難計画については、「安全確保対策としてその不安に応えるためにも、地方公共団体個々によるよりは、国家主導での具体的で可視的な避難計画が早急に策定されることが必要であり、この避難計画をも視野に入れた幅広い規制基準が望まれるばかりか、それ以上に、過酷事故を経た現時点においては、そのような基準を策定すべき信義則上の義務が国家には発生しているといってもよい」。Yにおいては、新規制基準を満たせば十分とするのではなく、万一の場合の避難計画を含んだ安全確保対策にも意を払うべきである。保全の段階ではそのような主張及び疎明は尽くされていない。

・評価

　本判決の特徴について検討する[25]。第1に、本件は民事差止訴訟であり、(a)において主張立証責任の所在について伊方最判―女川型判決に近い判断方法に回帰したが、結論は異なる。その理由は、(a)の後半部分及び(b)(i)において、行政基

---

25)　大塚前掲註24、93-98頁。

準を満たしていれば安全性に関して、相当の根拠に基づき主張立証したことになるとは考えておらず、事故を踏まえて新たな規制がどのように変化し、Yがどのように新たな要請にこたえたのかについて主張・疎明を求めているからである。

第2に、(b)過酷事故対策は、費用対効果の観点から(ii)原子炉の冷却機能維持のための非常用設備のうち外部電源がCクラスに、(iii)使用済み燃料ピットの冷却設備がBクラスに分類されていることについて疑問を呈する。その上で、ゼロリスクを求めることは無理であるとしても、(i)と同程度に重要な(ii)および(iii)について、過酷事故対策として、原子炉及び使用済み燃料の崩壊熱を除去する設備として十分であるとの疎明がなされたとはいえないとしている。

第3に、(c)耐震性能の前提である地震規模の想定にあたり、Yは震源を特定して行う基準地震動の策定には松田式や耐専式を用いている。Xは、松田式は地震規模の平均像でしかない（耐専式は平均像としても不十分であるとの理由で見直されている）から、ばらつきを考慮すべきであると指摘し[26]、本決定はYによる反論の裏付けが不十分であるとした。

第4に、(f)については、ほぼ異論はないが、大飯原発と高浜原発は半径15km以内の至近距離にあることも併せて指摘できたのではないか。

(ウ) **川内1・2号機高裁決定**（福岡高裁宮崎支決平成28年4月6日判時2290号90頁）[27]　抗告棄却（仮処分の申立てを却下した原決定［鹿児島地決平成27年4月22日判時2290号147頁］を維持）。確定。

(a) **本件申立てに関する司法審査のあり方**　「本件原子炉施設の運転の差止請求が認められるためには、本件原子炉施設が安全性に欠けるところがあり、その運転に起因する放射線被曝により、［X］らの生命、身体に直接的かつ重大な被害が生じる具体的な危険が存在することをもって足りる」。また、違法性（受忍限度）の判断において、本件原発の稼働による「地域の電力需要に対する電力の安定供給の確保……への寄与などといった公共性ないし公益上の必要

---

26)　井戸謙一「岐路に立つ裁判官(11)独立した司法が原発訴訟を向き合う②」判時2352号114-115頁（2017年）。

27)　橋本博之・平成28年重判解58頁。大塚前掲註24、97頁。神戸英彦・環境百選（第3版）、207頁。

性は、当該侵害行為の違法性を判断するに当たっての考慮要素となるものではない」。

「地震、津波や火山の噴火といった自然現象の予測における科学的、技術的手法には必然的に限界が存する」。また、「最大規模の自然現象の発生頻度(発生確率ないしリスク)が零になることはない。そして、そのようなリスクを許容するか否か、許容するとしてどの限度まで許容するかは、社会通念を基準として判断するほかない」。「人格権に基づく妨害予防請求としての発電用原子炉施設の運転等の差止請求においても、当該発電用原子炉施設が確保すべき安全性については、我が国の社会が……どの程度の危険性であれば容認するかという観点、すなわち社会通念を基準として判断するほかない」。

原子炉等規制法は、改正後の規制の目的及び趣旨からすれば、「最新の科学的技術的知見を踏まえて合理的に予測される規模の自然災害を想定した発電用原子炉施設の安全性の確保を求めるものと解され」、同法の「規制の在り方には、我が国の自然災害に対する発電用原子炉施設等の安全性についての社会通念が反映している」。福島第一原発事故後の立法政策に鑑みると、「発電用原子炉施設の安全性が確保されないときにもたらされる災害がいかに重大かつ深刻なものであるとしても、[X]らが主張するような発電用原子炉施設について最新の科学的、技術的知見を踏まえた合理的予測を超えた水準での絶対的な安全性に準じる安全性の確保を求めることが社会通念になっているということはでき」ない。「発電用原子炉施設が現在の科学技術水準に照らし客観的にみて上記のような安全性に欠けるものである場合には、当該発電用原子炉施設の運転等によって放射性物質が周辺環境に放出され、放射線被曝により人の生命、身体に重大な被害を与える具体的危険が存在する」。

(b) **人格権侵害の具体的危険の存在についての主張、疎明のあり方** 人格権に基づく妨害予防請求として原発の運転等の差止請求訴訟において、Xが、「当該発電用原子炉施設が客観的にみて安全性に欠けるところがあり、その運転等(稼働)によって放射性物質が周辺環境に放出され、その放射線被曝によりその生命、身体に直接的かつ重大な被害を受ける具体的危険が存在することについての主張、立証責任を負うべきであ」る。

もっとも、福島第一原発事故後の規制改革の進展を踏まえると、Xが放射性

物質放出を伴う原発事故によって「その生命、身体に直接的かつ重大な被害を受けるものと想定される地域に居住等する者」である場合、Yは、「前記の具体的危険が存在しないことについての主張、立証において、その設置、運転等する発電用原子炉施設が原子力規制委員会において用いられている具体的な審査基準に適合するものであることを主張、立証の対象とすることができる」。そして、Yの「設置、運転等する発電用原子炉施設が……具体的な審査基準に適合する旨の判断が原子力規制委員会により示されている場合には、……[Y]は、当該具体的審査基準に不合理な点のないこと及び当該発電用原子炉施設が当該具体的審査基準に適合するとした原子力規制委員会の判断に不合理な点がないことないしその調査審議及び判断の過程に看過し難い過誤、欠落がないことを相当の根拠、資料に基づき主張、立証……すれば足りるというべきである」。これに対し、Xは、Yの「上記の主張、立証(疎明)を妨げる主張、立証(疎明)(……反証)を行うことができ、[Y]が上記の点について自ら必要な主張、立証(疎明)を尽くさず、又は[X]の上記の主張、立証(疎明)(……反証)の結果として[Y]の主張、立証(疎明)が尽くされない場合は、原子力規制委員会において用いられている具体的審査基準に不合理な点があり、又は当該発電用原子炉施設が当該具体的審査基準に適合するとした原子力規制委員会の判断に不合理な点があることないしその調査審議及び判断の過程に看過し難い過誤、欠落があることが事実上推定される」。そして、上記の場合には、Yは、「それにもかかわらず、当該発電用原子炉施設の運転等によって放射性物質が周辺環境に放出され、その放射線被曝により[X]の生命、身体に直接的かつ重大な被害を受ける具体的危険が存在しないことを主張、立証(疎明)しなければならない」。

「なお、具体的危険の有無についての主張、疎明について上記のように解した場合、……裁判所の審理判断は、原子力規制委員会において用いられている具体的な審査基準の設定に不合理な点がないか否か、及び当該発電用原子炉施設が当該具体的審査基準に適合するとした原子力規制委員会の判断に不合理な点がないか否かないしその調査審議及び判断の過程に看過し難い過誤、欠落がないか否かという観点から行われることになるが、これは、裁判制度に内在する制約というべきである」。

(c) 地震に起因する事故の可能性と人格権侵害又はそのおそれの有無　　X

らは、2005年から2011年までの間に各地の原発において基準地震動の超過事例が5件発生したことから、基準地震動の考え方が不合理で信頼性に欠けると主張する。

しかしながら、「5件の事例のうち3件は旧耐震指針の下で策定された基準地震動を上回ったもので」、3件のうち2件は震源特性及び震源特性並びに敷地地盤の特性によるものと分析されている。さらに、3件のうちの1件である新潟県中越沖地震の事例については、「柏崎・刈羽原発の敷地において基準地震動S2を大きく上回る地震動が観測されたが、その要因については、新潟県中越沖地震の地域的な特性（震源特性、伝播経路特性、敷地地盤の特性）……によっても揺れが増幅されるという特徴があることによる」と分析されている。

他方、「5件の事例のうち2件は、東北地方太平洋沖地震の事例であり」、いずれも福島第一原発及び女川原発において観測された「プレート間地震であって、内陸地殻内地震では起こり得ないような非常に大きな領域が連動したことによるものであると分析されている。」

「本件改正後の原子炉等規制法における規制の目的及び趣旨からすれば、原子炉等規制法は、最新の科学的技術的知見を踏まえて合理的に予測される規模の自然災害を想定した発電用原子炉施設の安全性の確保を求めるものと解され」、「既往最大の規模を十分上回る規模の自然災害を想定した安全性の確保を求めるものであると解することはできない。そして、……新規制基準における基準地震動の考え方は、上記のような原子炉等規制法の趣旨に適合するものであるから、不合理であるということはできない。」

新規制基準は、「少なくとも耐震安全性の確保という観点から基準地震動の策定、耐震安全性の確保、重大事故対策等の新規制基準の定めを全体としてとらえた場合には、発電用原子炉施設の安全性を確保するための極めて高度の合理性を有する体系となっているということができる。そして、……本件原子炉施設がこのような新規制基準に適合するとした原子力規制委員会の判断が不合理であるということはできない」。

その他の点について判断するまでもなく、「本件原子炉施設が耐震安全性を欠くことにより抗告人らの生命、身体に直接的かつ重大な被害が生じる具体的な危険が存在するということはできない。」

(d) 火山事象により本件原子炉施設が影響を受ける可能性と人格権侵害又はそのおそれ　原発の安全性について、設置許可基準規則6条1項は、「想定される自然現象」（地震、津波以外）による外部からの衝撃が発生した場合にも安全機能を維持すること、同条2項は「重要安全施設に「大きな影響を及ぼすおそれがあると想定される自然現象により当該重要安全施設に作用する衝撃及び設計基準事故時に生ずる応力」の適切な考慮をそれぞれ義務付ける。また、設置許可基準解釈は、「想定される自然現象」として火山活動の影響を含むものとし、「『大きな影響を及ぼすおそれがあると想定される自然現象』とは、対象となる自然現象に対応して、最新の科学的技術的知見を踏まえて適切に予想されるものをいうとしている。」火山ガイドは、新規制基準を受けて、立地評価及び影響評価のための確認事項を取り纏めているが、原発の運用期間中に設計対応不可能な火山事象が発生する可能性の大小を基準として、その可能性が十分に小さいと評価できない場合を立地不適とする。

　火山ガイドは、火山の破局的噴火（VEI7以上）の考慮を義務付けるが、その時期や規模を的確に予想することは困難であり、そのような「自然災害の危険性（リスク）についてまで安全性確保の上で考慮すべきであるという社会通念が確立しているとまで認めることはできず」、このような危険性をも原発の安全性確保の観点から「自然災害として想定すべきか否かは、結局のところ政策判断に帰する」。現在の原子力法制下において、火山の破局的噴火を「想定すべきとの立法政策がとられていると解する根拠は見いだし難い」。

　「検討対象火山に含まれる5つのカルデラ火山については、VEI7以上の破局的噴火を起こした場合、……破局的噴火の規模及び態様からすると、その火砕物密度流が本件原子炉施設の敷地に到達しないとしても、これらのカルデラ火山と本件原子炉施設敷地との位置関係及び距離等からして、降下火砕物や津波等により設計対応不可能な影響が及ぶと推認されるが、……本件原子炉施設の運用期間中に破局的噴火が発生する可能性が相応の根拠をもって示されているということはでき」ず、考慮から外してもい。

　「立地評価に関する火山ガイドの定めは、少なくとも地球物理学的及び地球化学的調査等によって検討対象火山の噴火の時期及び規模が相当前の時点で的確に予測できることを前提としている点において、その内容が不合理であると

IX章　原発訴訟からみた電源多様化の展望　277

いわざるを得ない」。しかし、Yが「火山影響評価の検討対象火山として抽出した火山に含まれるカルデラ火山との関係において立地不適としなくても本件原子炉施設が客観的にみて安全性に欠けるところがあるということはできず、その余の火山については設計対応不可能な火山事象が本件原子炉施設敷地に到達する可能性はないというのであるから、本件原子炉施設が火山の影響に対する安全性の確保の観点から立地不適と考えられないとした原子力規制委員会の判断が、結論において不合理であるということはできない」。「本件原子炉施設が火山の影響に対する安全性の確保に係る新規制基準に適合するとした原子力規制委員会の判断が不合理であるということはできず」、Yは、「相当の根拠、資料に基づく疎明を尽くしたというべきである。」

　竜巻・テロリズム・戦争行為についても、新規制基準および竜巻ガイド、警察法・国民保護法があり、人格権に対する違法な侵害のおそれがあるとまではいえない。

　(e) **避難計画**　本件避難計画等について、Xらの主張するように、「段階的避難の実効性、自然災害を想定した避難経路の確保、避難行動要支援者……についての避難態勢……等、避難先の変更等に係る情報伝達の実効性等の問題点を指摘することができるとしても、周辺住民の避難計画が存在しないのと同視し得るということはできないから、本件避難計画等の下において相手方が本件原子炉施設を運転等することをもって、直ちに事業者である相手方による抗告人らの人格権……に対する違法な侵害行為のおそれがあるということはできない。

　したがって、本件避難計画等の合理性、実効性に関する抗告人らの主張は、いずれも、採用することができない。」

・評価

　第1に、(a)において、一方では、違法性（受忍限度）の判断において公共性は考慮しないことを明言している。他方で、地震・津波や火山の噴火等の自然現象の予測における科学的、技術的限界を認めつつ、許容されるリスクのレベルについて、確保すべき安全性は社会通念を基準として判断するとしたうえで、新規制基準が社会通念を反映しているとした。また、「最新の知見や技術」の重視を明言するものの、変更許可等において厳しい規制に進化させるためではな

く、社会通念（ひいては新規制基準）において最新の知見や技術を使っても防げない事態から発生するリスクは許容されているという趣旨で使っている。自然現象について予測の限界を認めつつ、それを考慮しないことには強い批判がある[28]。

第2に、(b)証明の方式において、本判決は、Yによる伊方最判―女川方式の主張・立証の段階に加えて、Xによる反証の段階を追加し、Yによる主張（疎明）が尽くされない場合やXによる反証が成功した場合には、具体的審査基準の不合理性またはYの判断の不合理性が推定されるとする。形式的には、Yへの事実上の立証責任の転換とも読めるが、社会通念論及び主張責任の再転換（後述）によりYの負担が大幅に軽減されている。また、(イ)高浜3・4号機山本決定とは異なり、規制行政組織改革及び新規制基準の強化は、福島第一原発事故の原因を相当程度踏まえたものであるとし、Yに対して追加的な説明を求める姿勢はない。

第3に、(c)地震に起因する人格権侵害またはそのおそれについて、新規制基準そのものの合理性及び事業者による新規制基準並びに地震ガイド・火山ガイド等への適合性の説明を踏まえて、原子力規制委員会が行った基準及び基準適合性並びにガイド適合性判断に不合理な点はないとしている。しかし、地殻内地震（新潟県中越沖地震）において、基準地震動を超えた機序が説明されたとは言い難い。仮に、新規制基準が既往最大規模を十分超える自然災害を想定した安全性の確保まで求めているとはいえないとしても、既往最大規模以下の地震動に対応しない理由が説明されているとはいえず（既往最大規模の地震動は2008年の岩手・宮城内陸地震の4022ガル［軟かい地盤］および1699ガル［固い地盤］である）、議論がすり替えられている。

第4に、(d)火山事象による人格権侵害のおそれについては、まず、火山ガイドについて「検討対象火山の噴火の時期及び規模が相当前の時点で的確に予測できることを前提としている点において、その内容が不合理である」とするなど、詳細な実体的な検討を行っている。その上で、Xに対して「VEI7以上の破局的噴火」が「本件原子炉施設の運用期間中に……発生する可能性を相応の根

---

28) 大塚前掲註24、101頁。橋本前掲註27、60頁。

拠」をもって提示することを要求しており、相応の証拠の提示がなされてないから、本件原発が5つのカルデラ火山との関係で立地不適としなくても客観的にみて安全性に欠けるところはないとしている。詳細な実体判断がなくても差止めの成否についての結論は変わっていないとみられるが[29]、(b)証明の方式において敬譲的な判断を匂わせておきながら、ここでは詳細な実体判断をしており矛盾している。

第5に、(e)避難計画については、様々な問題を認めつつも行政の判断を追認している。社会通念上、発生頻度の低い自然現象による原発事故のリスクが許容されているとの議論を受け入れるとしても、その場合には避難計画がより重要になるはずであるから、論理的には破綻しているといわざるをえない。

　[エ] 伊方3号機（広島高決平成29年12月13日判時2357・2358号300頁）　四国電力(Y)が運転する本件原発は、福島第一原発事故後の平成23年4月29日に定期点検に入った。その後新規制基準が策定され、平成25年7月8日に申請を行い、変更許可を経て平成28年9月に再稼働した。Xらは、本件原子炉の運転による人格権侵害について、妨害排除を求める仮処分申請を行った。原決定（判時2357・2358号160頁）は申立てを棄却し、本決定は原決定を取消し、定期点検中に申立てを認容した。さらに、平成30年9月25日に異議申し立てが認められ、本決定は効力を失っている。

　(a) 司法審査の在り方（人格権に基づく差止請求の要件、主張立証責任）　人格権（生命、身体）に基づく妨害予防請求として原発の運転等の差止請求訴訟において、Xは、「当該発電用原子炉施設が客観的にみて安全性に欠けるところがあり、その運転等によって放射性物質が周辺環境に放出され、その放射線被曝によりその生命、身体に直接的かつ重大な被害を受ける具体的危険が存在すること」（以下「具体的危険の存在」という。）についての主張立証責任を負う」。

　①Xらは、変更許可前であれば「具体的危険の不存在①」を直接的な主張立証（疎明）する必要がある。これに対して、②変更許可後には、Xが「当該発電用原子炉施設の安全性の欠如に起因して生じる放射性物質が周辺の環境に放出されるような事故によってその生命、身体に直接的かつ重大な被害を受けるも

---

29)　大塚前掲註24、98-100頁。

のと想定される地域に居住等する者である場合」には、Yによる「基準の合理性又は基準適合判断の合理性」の立証を受けて、Xは「基準の不合理性又は基準適合判断の不合理性」を反証しなければならない。Xの反証が成功した場合には、「基準の不合理性又は基準適合判断の不合理性」が事実上推定される（具体的危険の不存在②）。

　(b)　**新規制基準の合理性に関する各論〜火山事象の影響による危険性**

　　(i)　**新規制基準の合理性**　　「設置許可基準規則は、安全施設が想定すべき自然現象として火山の影響を挙げ（同6条1項、同解釈6条1項）、自然現象について、過去の記録、現地調査の結果及び最新知見等を参考にし（同解釈6条2項）、最新の科学的技術的知見を踏まえて適切に予想すべきことを求めており、上記設置許可基準規則及び同解釈の具体的内容を定めた火山ガイドも、完新世（約1万年前まで）に活動した火山を将来の活動可能性を否定できない火山とする点、立地評価及び影響評価を行うという判断枠組み、設計対応不可能な火山事象の選定等において国際基準とも合致しており（「考え方」）、後記 [(ii)] の問題を除き、その内容について合理性を肯定することができる。」

　　(ii)　**立地評価**　　Yは、地理的領域（本件発電所から半径160 kmの範囲の領域）にあり、本件発電所に影響を及ぼし得る火山であり完新世に活動を行った火山として、阿蘇（本件敷地との距離130 km）等を抽出しているところ、その抽出過程に格別不合理な点は見当たらない。

　「火山ガイドは、原子力発電所に影響を及ぼし得る火山として抽出された火山について、……調査の結果を基に、原子力発電所の運用期間（原則として40年……）中における検討対象火山の活動可能性を総合的に評価し、検討対象火山の活動の可能性が十分小さいかどうかを判断すべきものとしている」。しかし、現時点の火山学の知見を前提とした場合に、上記……の調査により原子力発電所の上記運用期間中における検討対象火山の活動可能性が十分小さいかどうかを判断できると認めるに足りる証拠はない。」

　さらに、「本件では、検討対象火山の活動の可能性が十分小さいと判断できないから、火山活動の規模と設計対応不可能な火山事象の到達可能性を評価することになる。そして、検討対象火山の調査結果からは原子力発電所運転期間中に発生する噴火規模もまた推定することはできないから、結局、検討対象火山

の過去最大の噴火規模（本件では阿蘇4噴火）を想定し、これにより設計対応不可能な火山事象が原子力発電所に到達する可能性が十分小さいかどうかを評価する必要がある。」

　この点につき、Yは、「阿蘇4火砕流堆積物は九州北部及び中部並びに山口県南部……に分布するところ」、「阿蘇4火砕流は敷地まで達していないと判断していると主張する」。

　「しかし、火山ガイドにおいて160kmの範囲が地理的領域とされるのは、国内の最大規模の噴火である阿蘇4噴火において火砕物密度流が到達した距離が160kmであると考えられているためである……から、阿蘇において阿蘇4噴火と同規模の噴火が起きた場合に阿蘇から約130kmの距離にある本件敷地に火砕流が到達する可能性が十分小さいと評価するためには、相当程度に確かな立証（疎明）が必要であると考えられる。

　これを本件についてみると、火砕流の到達範囲の確定にはその性質上困難を伴うこと……、阿蘇4噴火から現在まで約9万年が経過していること……からすると、……本件敷地に火砕流が到達していないと判断することは困難である。

　また、……Yが用いたTITAN2Dが想定する火砕流の発生様式の違いから、阿蘇4噴火はTITAN2Dは適用範囲外ではないかとの疑問があり、Yも自認するように「上記シミュレーションは実際の阿蘇4噴火の火砕流とは異なる前提で行われたことになる。

　以上によれば、Yが主張する根拠からは、「本件敷地に火砕流が到達していないと判断することはできない。」

　前記の議論によれば、「本件は、地理的領域内に「設計対応不可能な火山事象が原子力発電所運用期間中に影響を及ぼす可能性が十分小さいと評価されない火山がある場合」に当たり、立地不適ということになる。

　仮に阿蘇において阿蘇4噴火と同程度の破局的噴火（VEI7以上）がひとたび起きると、日本全体に「破局的被害（福島第一原発事故の被害を遥かに超えた国家存亡の危機）をもたらす一方で、発生頻度が著しく小さい（VEI7の発生頻度は日本の火山全体で1万年に1回程度、阿蘇では6万年に1回程度……）自然災害については、火山ガイドを除きそのような自然災害を想定した法規制は行われておらず、国もそのような自然災害を想定した対策は（火山活動のモニタリング以外は）策定して」

いない。「にもかかわらず、これに対する目立った国民の不安や疑問も呈されていない現状を見れば、上記のような発生頻度が著しく小さくしかも破局的被害をもたらす噴火によって生じるリスクは無視し得るものとして容認するというのが我が国の社会通念ではないかとの疑いがないではなく（原決定の引用する福岡高裁宮崎支部決定も同旨）、このような観点からすると、火山ガイドが立地評価にいう設計対応不可能な火山事象に、何らの限定を付すことなく破局的噴火（VEI7以上）による火砕流を含めていると解することには、少なからぬ疑問がないではない。」

しかし、上記(a)で判示したとおり、原子炉等規制法43条の6第1項4号は、安全性に関する審査の特質を考慮し、4号の「基準の策定について、原子力利用における安全の確保に関する各専門分野の学識経験者等を擁する原子力規制委員会の科学的、専門技術的知見に基づく合理的な判断に委ねる趣旨と解される。さらに、原子力規制委員会は、『考え方』……において、科学技術分野における一般的な安全性の考え方として、『科学技術を利用した各種の機械、装置等は、絶対に安全というものではなく、常に何らかの程度の事故発生等の……危険性が社会通念上容認できる水準以下であると考えられる場合に、又はその危険性の程度と科学技術の利用により得られる利益の大きさとの比較衡量上で、これを一応安全なものであるとして利用しているのであり、……発電用原子炉施設についても、このような相対的安全性の考え方が当てはまる。』」との前提を置く。この前提の下、相対的安全性の具体的水準は、原子力規制委員会が「『時々の最新の科学技術水準に従い、かつ、社会がどの程度の危険までを容認するかなどの事情をも見定めて、専門技術的裁量により選び取るほかなく、原子炉等規制法は、設置許可に係る審査につき原子力規制委員会に専門技術的裁量を付与するにあたり、この選択を委ねた……』」。

以上の点からすると、当裁判所としては、当裁判所の考える上記社会通念に関する評価と、最新の科学的、技術的知見に基づき社会がどの程度の危険までを容認するかなどの事情を見定めて専門技術的裁量により策定した火山ガイドの立地評価の方法・考え方の一部との間に乖離があることをもって、原決定（及び原決定の引用する福岡高裁宮崎支部決定）のように、火山ガイドが考慮すべきと定めた自然災害について原決定判示のような限定解釈をして判断基準の枠組みを

変更することは、上記の原子炉等規制法及びその原子炉等規制法の委任を受けて制定された設置許可基準規則6条1項の趣旨に反し、許されないと考える。

……以上によれば、立地評価について、相手方による基準適合判断の合理性の疎明がされたということはできないから、原子力規制委員会の基準適合判断の不合理性が事実上推定されるところ、本件全疎明資料によっても、相手方による具体的危険の不存在②の主張疎明がなされたとは認め難いから、この点についての相手方の主張は理由がない。」

(c) **保全の必要性及び担保金の額**　「本件原子炉は、……現在稼働中であるから、保全の必要性が認められる。

もっとも、本件は、証拠調べの手続に制約のある仮処分であり、火山事象の影響による危険性の評価について、現在係属中の本案訴訟……において、証拠調べの結果、本案裁判所が当裁判所と異なる判断をする可能性もあること等の事情を考慮し、相手方に運転停止を命じる期間は、平成30年9月30日までと定めるのが相当である。」

・評価

第1に、(a)司法審査の在り方について、本決定の提示した判断枠組は、変更許可前後を明確に区別する点も含めて、(ウ)川内1・2号機仮処分決定と実質は変わらない。

第2に、(b)各論的判断において、本決定は、(ウ)川内1・2号機福岡高裁宮崎支部仮処分決定の判断枠組を引用しているが、結論は逆転している。本決定は、まず、新規制基準のうち火山ガイドのうち(ii)立地評価以外の合理性を認めた。次に、(ii)立地評価について、原発の運用期間中における「検討対象火山の活動可能性を総合的に評価し、検討対象火山の活動の可能性が十分小さいかどうかを判断すべきものとしている」が現在の科学的知見では前記の可能性が十分小さいかどうかを判断できるとは認められないとした。さらに、「本件敷地に火砕流が到達してないと判断する可能性が十分に小さいと評価するに足りる相当程度に確かな立証（疎明）」もないことから、立地不適であるとした。

続けて、一方で、社会通念は設計対応が不可能な火山事象のリスクを許容しているとしたが、他方で、原子炉等規制法が、原子力規制委員会の専門技術的判断を重視していることを指摘した。その上で、火山ガイドが考慮すべきと定

めた火山噴火指数7(VEI7)以上の破局的噴火について原決定のような限定解釈をして判断基準の枠組みを変更し、VEI7以上の破局的噴火について考慮しないことは、「設置許可基準規則6条1項の趣旨に反し、許されない」と結論付けた。(a)司法審査の在り方との平仄は一貫しているといえよう。

なお、火山以外の各論的争点（地震動・避難計画等）に関する判断については抜粋から割愛した。火山についての判示と地震動や避難計画に関する判示では、論理構成も文体も異なっているとの指摘があるところ[30]、確かに川内1・2号機高裁決定の論理を引き写しており、数式が非常に多い点も含めて異様な印象を受ける。

(3) 私見

(ア) **司法審査の在り方と新規制基準の合理性の評価**　原発訴訟における司法審査は、どのようにあるべきなのだろうか。司法審査において、裁判官は、自由心証主義のもとで全面審査（判断代置）を行う（民事訴訟法247条）[31]。しかし、殆どの判決・決定及び学説が指摘するように、原発の安全性（危険性）をめぐる問題について、専門性の限界及び訴訟手続的上の制約から、裁判官には、心証形成上の制約が存在する。福島第一原発事故前には、「内閣総理大臣の合理的判断にゆだねる」の理解として、原子力工学の専門家の裁量を積極的に肯定する見解（工学的裁量説）も有力であった[32]。しかし、既に述べたように、裁判官は、原子炉設置許可処分の適法性や原発の安全性等について、原子力工学・地震工学だけではなく地震学・火山学・変動地形学等の諸学を踏まえて総合的に判断する必要があり[33]、「裁判所が判断代置的に審査すべきであるが、能力上の限界があるので、行政に敬意を表して一歩引き下がる」との理解（敬譲説）[34]が妥当で

---

30)　海渡雄一「伊方原発広島高裁決定の意義と今後の課題　広島高決平29・12・13を受けて」判時2357・2358号合併号235頁。

31)　交告尚史「原子力安全を巡る専門知と法思考」環境法研究1号26-33頁（2014年）。

32)　髙木光『技術基準と行政手続』〔弘文堂・1995〕13-14頁。

33)　交告尚史「原子力の専門分化による全体性の喪失：法学的視座から」科学技術社会論研究12号117-124頁（2016年）および青柳榮『活断層と原子力』（エネルギーフォーラム新書）〔エネルギーフォーラム・2013〕、天野健作『原子力規制委員会の孤独──原発再稼働の真相』（エネルギーフォーラム新書）〔エネルギーフォーラム・2015〕、友岡史仁「原発「再稼働」に係る専門的知見の反映」高橋滋『福島原発事故と法政策』〔第一法規・2016〕163-165頁を参照。

34)　交告前掲註31、28-32頁。

ある。
　敬譲説は、行政判断に対して無条件に一歩引き下がるのではなく、心証形成における制約（能力上の限界）を克服ないし緩和するとともに、敬譲の前提としての対論と対論を通じた最善知探求の過程を重視している。裁判所は、本案判決を下そうとする際には、鑑定人への嘱託を行うことができる（民事訴訟法218条）。また、本案判決及び仮処分決定に共通の試みとして、もんじゅ差戻後控訴審（行政訴訟）において採用された進行協議期日審理（民事訴訟規則95条）やカンファレンス方式の提案がある[35]。どのような手続をとるにせよ、各学問分野における議論や争点の内在的理解を試みることは必要であるが、それで満足するのではなく、他分野との論争や「通常人の視点から論理に矛盾がないかどうかを確認するほかはない」[36]。特に、地震学や火山学の場合、データの蓄積が非常に限られていることから、裁判官は、原告の主張にもっともな点がある場合にはこれに真摯に向き合う必要がある。
　立法及び行政への敬譲の度合いという観点からは、本節で検討した判決・決定は、(i) 3(2)(ア)（大飯3・4号機樋口判決）、(ii) 3(2)(イ)（高浜3・4号機山本決定）(iii) 3(2)(ウ)（川内1・2号機決定）および 3(2)(エ)（伊方3号機高裁決定）の3類型に分類できる。
　まず、(ウ)川内1・2号機決定および(エ)伊方3号機高裁決定は、福島第一原発事故の機序は事故再発を防げる程度には解明されており、新規制基準は社会通念を反映しているとして、ほぼ共通の判断枠組みにより新規制基準の合理性を概ね肯定している。その上で、いずれの決定も、新規制基準のうち火山ガイドの立地評価及び影響評価が、火山の破局的噴火（VEI7以上）について、相当前の時点で時期および規模が的確に予測できることを前提として、運転期間中に設計対応不可能な事象が発生する可能性の大小を考慮せよとしている点については疑問を呈している。しかし、(ウ)川内1・2号機高裁決定は、次のように述べてYに軍配を上げた。すなわち、社会通念によると検討対象火山の破局的噴火発生については、その可能性が相当の根拠をもって示されない限り、想定から外しても客観的安全性に欠けるところはなく、立地不適としなくても原子炉等規制

---

35)　平野哲郎「カンファレンス尋問」判時2315号3頁（2017年）。海渡雄一『原発訴訟』〔岩波書店・2011〕227-227頁及び大塚前掲註25、113頁（2016年）。
36)　交告前掲註31、32頁。

法および設置許可基準規則6条1項の趣旨にも反しない。本件原発については、運用期間中に破局的噴火が発生する可能性が相応の根拠をもって示されているとはいえず、その他の火山の噴火については設計対応不可能な火山事象が到達する可能性はなく、客観的にみて安全性に欠けるところはない。よって、原子力規制委員会の新規制基準適合性の判断は結論において不合理であるとはいえず、Yは同委員会による新規制基準適合性の判断について相当の根拠資料に基づく主張疎明を尽くした。

これに対して、(エ)伊方3号機高裁仮処分決定は、次のように述べて、Xの申立てを認容した。新規制基準のうち一部である火山ガイドが設計対応不可能な火山事象に何の限定も付することなく破局の噴火を含めており、この点に限れば社会通念を反映してない。しかし、限定解釈を施して判断基準の枠組みを変更することは原子炉等規制法および設置許可基準6条1項の趣旨に反し許されない。立地評価どおりの想定を置くと、本件原発の運用期間中に破局的噴火が発生し、本件原発に到達しないと判断することも、VEI6以下の噴火の影響が十分小さいと評価することもできない。よって、原子力規制委員会による基準適合性の判断の合理性がYによって疎明されたとはいえない。(エ)伊方3号機高裁決定の抜粋箇所の方が論理的に一貫しているという意味で(ウ)川内1・2号機高裁仮処分決定よりましである。

また、(ア)大飯3・4号機樋口判決及び(イ)高浜3・4号機山本決定は、福島第一原発事故の惨禍に加えて同事故の機序の詳細が解明されていないことを重視する点で共通している。しかし、(ア)大飯3・4号機樋口判決は、新規制基準の合理性とは別に人格権と経済活動の自由の衡量や条理から固有の立証責任論を導出し、新規制基準の不合理性を明確に指摘している。これに対して、(イ)高浜3・4号機山本決定は、裁判官が新規制基準の合理性について不足を感じる部分について裁判官が追加的な説明を求めている。(イ)高浜3・4号機山本決定(a)の最終段落については「行政に対する一定の敬譲を示したうえで、裁判所が実体的に判断する余地を残した」と評価されている[37]。(イ)は行政判断への一定の敬譲を示しつつ、裁判所が自律的に判断する余地を残しておりこれを支持するが、(ア)も人格

---

37) 大塚前掲註24、94頁。

権と経済活動の自由の衡量方法を磨けば活用の余地はあろう。

(ｲ)　**受忍限度に関する社会通念および意思決定過程の関係**

まず、(ｱ)大飯3・4号機樋口判決は、Yが主給水ポンプの耐震安全性を確認していないとしたことに対して「安全確保の上で不可欠な役割を第1次的に担う設備はこれを安全上重要な設備……として、それにふさわしい耐震性を求めるのが健全な社会通念である……。このような設備を安全上重要な設備ではないとするのは理解に苦しむ」と述べている。

これに対して、(ｳ)川内1号機高裁決定は、次のように述べる。(a)において「地震、津波や火山の噴火といった自然現象の予測における科学的、技術的手法には必然的に限界が存する」。当該原発が確保すべき安全性のレベルについては、「我が国の社会が……どの程度の危険性であれば容認するかという観点、すなわち社会通念を基準として判断するほかない」。「最新の科学的技術的知見を踏まえて合理的に予測される規模の自然災害を想定した」原発の安全性の確保を求めるという「改正後の原子炉等規制法の規制の在り方には、我が国の自然災害に対する発電用原子炉施設等の安全性についての社会通念が反映している」。

また、(ｴ)伊方3号機高裁仮処分決定いわく、発生頻度が著しく低いが破局的な自然災害への対策がないことについて目立った国民の不安も疑問も呈されていないことから、そのようなリスクは無視しうるものとして容認するのが日本の社会通念なのではないかとの疑いがある。しかし、原子炉等規制法が、原子力利用にかかる安全性の審査について原子力規制委員会に専門技術的裁量を付与し、同委員会が相対的安全性の考え方を採用していることから、その具体的水準の選択に関する判断を委ねたと解され、ガイドをそのまま適用するべきである。

ここでは、次の課題を指摘しておきたい。すなわち、原子炉設置許可をめぐる行政手続において、「発生頻度が著しく低いが破局的な自然災害」のリスクの具体的水準やリスクへの対策について、社会通念の形成や確認の手続は行われているのだろうか。国民全体の議論もなければ周辺住民への公聴会や地方公共団体の長への意見聴取もない。辛うじて存在するのは、相対的安全性の具体的な水準の選択に関する議論ではなく、立地自治体及び周辺自治体との間で締結された安全協定である。本稿で検討した原発訴訟の裁判官のいう「社会通念」

は、議論の場すらない中で裁判官の想像する国民にとっての受容可能なリスク（特に発生頻度は低いが破局的な自然災害をどの程度まで容認できるか）か、裁判官自身の受忍限度論の偽装でしかない。

　ここで言いたいことは、「社会通念」という概念一般の否定でも、判決や決定における裁判官自身の受忍限度論の否定でもない。原子力規制委員会は、原子炉等規制法43条の3の29に基づき、定量的目標はCs137の放出量が100TBqを超えるような事故の発生頻度を10^{-6}/年程度未満に抑制すること、定性的目標は「原子力施設の事故に起因する放射線被ばくによる、施設の敷地境界付近の公衆の個人の平均急性死亡リスクは、年あたり100万分の1程度を超えないように抑制されるべき」こととしている。重要な点は、行政や電力会社その他の専門家の体系的な説明及び対論を通じて、安全目標だけではなく目標達成手段の合理性について、裁判官が自らの心証を形成し、原子炉施設の具体的危険性の有無を判断することである。その際には、安全目標の達成手段についても検討すべきである。例えば、シビアアクシデント対策は、原子炉等規制法43条の3の6第1項の3号要件として議論されてきたが、4号要件の問題として扱われてきたマン・マシーンインター・フェイスとの共通点も多い。組織全体としての対応の在り方の観点から3号要件と4号要件の使い分けを見直すべきではないか[38]。また、行政訴訟では、避難計画やテロ対策の合理性も視野に入らないし、規制基準の変更も容易ではないから、民事訴訟の独自の意義は認められよう[39]。さらに、立法論としては、原子炉等規制法を改正し、国民（少なくとも周辺住民）が相対的安全性の具体的水準について社会通念を形成できるような行政手続を設けるべきだと考える。

　加えて、仮に、周辺住民に対する公聴会や立地自治体・周辺自治体への意見聴取等の行政手続が整備された場合にも、受忍限度の判断において、行政基準はあくまで違法性の一考慮要素であるから、受忍限度を変更する直接的な効果はないと考えるべきである[40]。

　(ウ) 電源の多様化に向けて　　最後に、電源構成全体の将来からみた原子力

---

38)　交告尚史法政大学教授より2018年12月7日付けメールにて指摘頂いた。
39)　越智敏裕「高浜原子力発電所3、4号機運転差止め仮処分決定（福井地決平成27年4月14日）」民事判例（2015年）114-115頁。

の位置づけについて、米国における議論を参照しておきたい。まず、原発の論争性は、ウランやプルトニウムが軍事利用される物質であることに加えて、事故の深刻さにある。これらの問題を捨象しても、安全対策を充実させればさせるほど設備投資の費用が上がり、米国において原発の建設は停滞している。もっとも、温室効果ガスの排出だけに絞ると、比較的無害である。原発の未来は、気候変動緩和策としての評価より、市場の評価によって決まることになるとされる[41]。

4　結びに代えて

本稿では、原発訴訟からみた電源多様化の展望について検討した。以下では、まず、本章の議論を要約し、次に、本章脱稿直前のニュースから原発再稼働をめぐる現状を述べ、最後に、原発が電源多様化に寄与できるかどうかという点から今後の展望を述べたい。

(1) 本章の議論のまとめ

本章では、福島第一原発事故を経て、エネルギー政策をめぐる意思決定の仕組みおよび原子炉等規制法の仕組み、原発訴訟がどのように変化したかを検討した。

まず、エネルギー基本計画も長期エネルギー需給見通しも、各地域の住民・地方公共団体にとっての受容可能なリスクに関する社会通念を形成し、気候変動緩和策の一環としての電源構成の多様化について議論するための工夫に乏しい。特に、地球温暖化対策計画は、環境省が関与せずに策定される長期エネルギー需給見通しを前提として策定されている。また、原発訴訟は、個々の原子炉について設置許可処分の効力や運転の可否を決定づけることによって、電源構成全体における原子力発電の割合を決定づける。原発訴訟において、当初は、原子炉設置許可処分に対する行政訴訟が選択されていた。その後、もんじゅ最

---

40) 大塚前掲註23、92頁は、(i)行政基準違反の場合には違法である。また、行政基準違反でない場合、(ii)通常であればリスク・ベネフィット分析により判断されるが、(iii)生命等に重大な侵害がある場合には等リスク分析により判断される、とする。
41) Daniel Farber and Cinnamon Carlarne, Climate Change Law, Foundation Press (2018), at 121-122.

判（2⑶(イ)）において行政訴訟について「伊方の定式」による審理が定着し、志賀地裁が独自の判断枠組を打ち出してからは、住民側が民事差止訴訟の利用可能性を試行錯誤したものの、志賀原発訴訟において最高裁が上告を棄却して以降、その波は沈静化した。

　しかし、福島第一原発事故を経て、原発訴訟が再燃した。地震及び津波、火山等による大規模な自然現象について発生時期や規模を的確に予測することは困難である。震災後の原発訴訟において、このような大規模な自然現象に起因する事故のリスクの許容性が最大の争点となっている。必然的に、大規模な自然現象が運用期間中に発生する可能性が十分に小さいか否かを誰が主張・疎明するべきかが問題となっている。

　本章第3節で検討した判決および決定の多く（高浜3・4号機山本決定以外）は、「社会通念」という概念を通じて受忍限度に関する自らの判断を正当化している。社会通念の具体的意味は、判決によって異なる。大飯3・4号機樋口判決は、主給水ポンプが冷却機能を維持する上で非常に重要であることを指摘し、その重要性に「ふさわしい耐震性を求めるのが健全な社会通念である」とする。これに対して、川内1・2号機高裁決定は、非常に頻度は低いが発生すると破局的な被害に至るような「およそあらゆる自然災害についてその発生可能性が零ないし限りなく零に近くならない限り安全確保の上でこれを想定すべきであるとの社会通念が確立しているということもできない」等としている（伊方3号機広島高裁決定も同趣旨）。裁判官は、許容限度を超える放射線被ばくの有無を判断するべきであり、議論が分かれている場合には社会通念はないことを認めるべきである。安全目標を達成しているか否かを判断する際、行政基準との関係が問題となる。行政基準は、しかるべき手続—関係自治体及び関係住民の参加—を踏んで決定されるべきであるが、重要な考慮要素として尊重しつつ、行政基準違反がない場合であっても受忍義務を課されたとは考えるべきではない。

(2) 原発再稼働の現状と電源多様化に向けて

　まず、2017年12月13日の伊方1号機仮処分決定は2018年9月25日の異議申し立て決定によって覆され、これを受けて10月27日には、四国電力が伊方3号機を再稼働し、11月30日には営業運転に入る予定である。2011年の原発事故後に運転差止めの判決または決定がなされた大飯3・4号機、高浜3・4号

機、伊方3号機のすべてが再稼働した[42]。

　また、2018年10月25日には、東北電力が女川1号機の廃炉を決定した。事故後に廃炉が決まった原発は、福島第一の6機や構造が特殊な大飯1・2号機をのぞき、60万キロワット未満の中型炉である。新規制基準に対応するためには、一基当たり1千億円超の対策費用がかかるが、原発の運転期間は延長できても60年が最長であり、中型炉では費用を回収しにくくなっている。第5次計画は2030年度までに総発電量のうち原発比率を22-20％とするという目標を掲げるが達成は容易ではない[43]。

　九州電力は、2018年10月13日の太陽光発電のピーク時の「時間帯の供給量を1293万キロワット、この時間帯の需要を828万キロワットと見込む。196万キロワットを域外に送電し、226万キロワットを揚水式発電や蓄電にまわしても、43万キロワット余る」。そこで、ピーク時に太陽光発電の出力抑制を行った。背景には、「9月下旬までに原子力発電所4基が営業運転し、その出力は計414万キロワット程度」との予測があった。加えて、「余剰電力を他地域に送る連系線の容量も限界がある。再生エネの変動を吸収できる安価な蓄電池の開発、連系線の増強を含む地域を越えた需給調整体制の拡充なども求められる」[44]。

　日本では、安全対策費用の高騰により、中型炉を40年で廃炉にするケースが増えており、米国の議論に見られるような、「原発の将来は市場の評価によって決まる」との見通しはその限りで外れていない。しかし、太陽光発電の出力抑制騒動や意思決定過程をめぐる課題からは、原子力は、結果的に再生可能エネルギーを締め出しているとの評価もありえよう。

【謝辞】本稿執筆に際し、科研費・基盤研究(C)「水政策とエネルギー政策の関連性」（代表：松本充郎大阪大学准教授、課題番号16K03438）、科研費・基盤研究(B)「気候変動への適応力のある社会システム構築に向けた法政策の理論分析」（代表：宇佐見誠京都大学教授、課題番号17H02445）の支援を受けた。

---

42) 朝日新聞2018年10月27日。
43) 朝日新聞2018年10月25日。
44) 日経新聞2018年10月12日。

X章　競争市場における再生可能エネルギーの導入拡大

上智大学法学部准教授
筑紫　圭一

1　再生可能エネルギー導入の課題

　2011年の福島第一原発事故は、日本の再生可能エネルギー政策に大きな影響を与えた。従来の再生可能エネルギー政策は、着実な導入実績を残しつつも、その導入ペースは緩やかなものであった。しかし、事故後の日本では、再生可能エネルギーの急速な導入拡大が、国家的な政策目標と化し[1]、かつ、そのあり方をめぐって、活発な議論が行われている。

　日本における再生可能エネルギー導入の意義は、主として、電源の多様化と低炭素化にある。電源の多様化は、化石燃料への依存度を引き下げ、エネルギー供給を安定化させることにつながる。また、電源の低炭素化は、二酸化炭素(CO_2)排出量の削減に貢献するため、国内温暖化対策としての意義を持つ。他方で、再生可能エネルギーは、現状では発電コストが相対的に高いなどの課題を有し、その導入が、市場原理の下で自動的に進むわけではない。再生可能エネルギーの導入を図る上では、そうした課題を克服するための政策的な支援が必要となる。一般論として、再生可能エネルギーの導入は、電源の多様化・低炭素化などの便益とその導入費用を比較検討しつつ、適切に進められることが望ましい。

---

[1]　政府は、2014年5月30日から、第4次エネルギー基本計画（平成26年4月11日閣議決定）に基づき、「再生可能エネルギー導入の最大限加速の実現に向けて、関係省庁間の連携を強化する」という目的で、「再生可能エネルギー等関係府省庁連絡会議」を開催している。なお同会議は、2017年4月4日、「再生可能エネルギー・水素等関係閣僚会議」に改組された。開催の目的は、「責任あるエネルギー政策の構築を図るため、特に、再生可能エネルギーの導入拡大、水素社会の実現の推進に関する事項に関し、関係行政機関の緊密な連携の下、これを総合的に検討すること」とされ、同年同月11日には、「再生可能エネルギー導入拡大に向けた関係府省庁連携アクションプラン」を策定している。これは、関係の7府省庁が連携して取り組む施策につき、今後5年間程度の取組みとそのスケジュールを示した点に意義が認められる。

今後の日本において、再生可能エネルギーの導入政策をどう進めるか。とりわけ、エネルギー事業規制改革により電力・ガスの小売全面自由化[2]が実現した現在では、再生可能エネルギー導入政策も、競争政策との整合性を図りながら推進しなければならない。加えて、温暖化政策との関係上、エネルギー部門の低炭素化は、ますます強く求められるようになっている。本章の目的は、こうした現状を踏まえつつ、再生可能エネルギー導入政策の意義と今後の法政策的課題を明らかにすることである。

(1) エネルギー政策の課題と再生可能エネルギー導入政策

　エネルギー政策の目標は、3E＋Sの同時達成である[3]。しかし福島第一原発事故後の日本は、エネルギー自給率の低下、電力コストの上昇、CO_2排出量の増加という、課題を抱えている[4]。再生可能エネルギー導入政策のあり方も、これらの課題と密接に関係する。両者の関係をごく簡単に述べれば、以下のとおりである。

　第1の課題は、エネルギー自給率の低下である。福島第一原発事故以降、原子力発電所が稼働を停止し、化石燃料のLNG（液化天然ガス）を用いた火力発電の比率が高まったため、日本のエネルギー自給率は大きく低下した。日本はもともと化石燃料の輸入国であり、その輸入依存度が高まることは、エネルギー安全保障上深刻な問題となる。再生可能エネルギーは、国産のエネルギー源で

---

2) 福島第一原発事故を契機として、エネルギー事業規制改革の機運が高まり、電力・ガスの小売全面自由化が実現した。詳しくは、友岡史仁「電気事業の規制改革と電気事業法上の中立性担保規制」日本経済法学会編『ネットワーク産業の規制改革と競争政策』日本経済法学会年報36号（通巻58号）〔有斐閣・2015〕24頁以下、古城誠「ガス事業改革の目的と特徴」同書41頁以下を参照。また、野村宗訓「電力システム改革」木船久雄・西村陽・野村宗訓編著『エネルギー政策の新展開―電力・ガス自由化に伴う課題の解明』〔晃洋書房・2017〕1頁、草薙真一「ガスシステム改革」同書19頁以下も参照。なお、日本のエネルギー事業規制の展開に関する網羅的な研究として、藤原淳一郎『エネルギー法研究―政府規制の法と政策を中心として―』〔日本評論社・2010〕を、再生可能エネルギー法政策に関する近時の文献として、第一東京弁護士会環境保全対策委員会編『再生可能エネルギー法務』〔勁草書房・2016〕を参照。
3) 第4次エネルギー基本計画15頁によれば、「エネルギー政策の要諦は、安全性（Safety）を前提とした上で、エネルギーの安定供給（Energy Security）を第一とし、経済効率性の向上（Economic Efficiency）による低コストでのエネルギー供給を実現し、同時に、環境への適合（Environment）を図るため、最大限の取組を行うこと」である。ただし、3Eのトリレンマと呼ばれるように、各目標の追及には相反する面があり、3Eをバランスよく達成することは容易でない。
4) 資源エネルギー庁「日本のエネルギー　エネルギーの今を知る20の質問　2016年度版」1～5頁。

あるため、その導入拡大は、エネルギー自給率の向上に資する。

　第2の課題は、電力コストの上昇である。2014年度の家庭向け電気料金は、原油価格高騰の影響を受けて、2010年度比で約25％上昇した（産業向け電気料金は約39％上昇した）[5]。電力コストの上昇は、国民の生活に多大な影響を与えるため、できるかぎり抑制する必要がある。そうした中で、2012年以降、再生可能エネルギーの導入拡大は、国の強力な政策に基づいて急速に進められており、その導入拡大に伴う費用が加速度的に増大している。そのため、再生可能エネルギーの導入政策も、国民負担を抑制しながら進めなければならない。

　第3の課題は、CO_2排出量の増加である。福島第一原発事故後、原子力発電所の稼働停止分を火力発電で代替したことなどにより、日本の電力分野における2014年のCO_2排出量は、2010年比で8300万トン増加した[6]。しかしCO_2は、温室効果ガスの一種であり、地球温暖化問題に協調して取り組む国際社会は、国内CO_2排出量の実効的かつ着実な削減を、いっそう強く求めるようになっている。電源の低炭素化を進めるためには、原子力や再生可能エネルギーといった非化石電源の割合を高める必要があるところ、原子力政策の先行きは透明といいがたい。こうした観点からも、再生可能エネルギー導入拡大への期待が高まっている。

(2)　本章の目的と構成

　本章は、再生可能エネルギー導入拡大の意義と法政策上の課題を論じるものである。その課題とは、高コスト・立地制約・技術的課題の克服、環境政策との両立、競争政策との調整などさまざまであり、本章は、これらをできるかぎり幅広く検討することとしたい。

　本章の構成は、以下のとおりである。まず、再生可能エネルギーの定義と特性を概説した上で、政府が2030年度の導入目標として電源構成の2割超という高い目標を掲げたことを述べる(2)。次に、日本における再生可能エネルギー政策の展開を整理し、高コスト問題に対処する目的で導入された固定価格買取

5）　ただし、2015年度は、原油価格の下落等により、家庭向け料金が約5％、産業向け料金が約6％低下した。資源エネルギー庁「日本のエネルギー　エネルギーの今を知る20の質問　2016年度版」4頁。

6）　資源エネルギー庁「日本のエネルギー　エネルギーの今を知る20の質問　2016年度版」5頁。

制度の特徴を分析する(3)。その上で、2017年までを再生可能エネルギー導入拡大の初期に当たる「第1段階」と位置づけ、政策の成果と課題を説明する(4)。さらに、2018年以降を再生可能エネルギーの大量導入を見据えた「第2段階」とし、その政策的な課題を概観した上で、立地制約・系統制約・温暖化政策の問題をやや詳しく論じる(5)。最後に、本稿の検討を要約し、再生可能エネルギー普及に係る今後の展望を簡単に述べることとしたい(6)。なお本文は、2017年度の情報に基づいており、脱稿後の情報は追記として加えた。

2 再生可能エネルギーの定義と特性

再生可能エネルギーとは、何を指し、その導入拡大には、どのような意義と課題があるのか。以下では、関係する用語を整理した上で、再生可能エネルギー導入の意義と課題を総論的に整理する。

(1) 再生可能エネルギーの定義

まず、再生可能エネルギーとは何か。①非化石エネルギー源、②再生可能エネルギー源、③新エネルギー源という用語がある。エネルギー供給構造高度化法[7]が、①②の定義を置き、新エネルギー法[8]が、③の定義を置く。

第1に、非化石エネルギー源とは、「再生可能エネルギー源」と「原子力」を含む、広い意味を持った用語である。すなわち、電気、熱又は燃料製品のエネルギー源として利用することができるもののうち、化石燃料以外のものをいう(エネルギー供給構造高度化法2条2項)。化石燃料は、原油、石油ガス、可燃性天然ガス、石炭、これらから製造される燃料 (その製造に伴い副次的に得られるものであって燃焼の用に供されるものを含む) であって政令 (施行令3条) で定めるものを指す。

第2に、再生可能エネルギー源とは、太陽光、風力その他非化石エネルギー

---

7) エネルギー供給事業者による非化石エネルギー源の利用及び化石エネルギー原料の有効な利用の促進に関する法律 (平成21年7月8日法律72号)。同法は、エネルギー供給事業者 (電気・ガス・石油事業者) に、①非化石エネルギー (原子力・再生可能エネルギー) の利用と②化石エネルギー原料 (原油、石油ガス、天然ガス、石炭など) の有効利用を促し、エネルギーの安定的かつ適切な供給の確保を図ることを目的とする (1条)。エネルギー資源に乏しい日本は、長らくエネルギー供給源の大半を国外の化石燃料に依存してきたため、その改善に向けて、①②の推進を図ったものである。同法につき、筑紫圭一「電力・ガス自由化と国内温暖化政策の変容—エネルギー供給構造高度化法に係る見直しを中心に—」上智法学論集60巻1・2号 (2016年) 23頁以下も参照。

8) 新エネルギー利用等の促進に関する特別措置法 (平成9年4月18日法律37号)。

源のうち、エネルギー源として永続的に利用することができると認められるものとして政令で定めるものをいい（エネルギー供給構造高度化法2条3項）、利用実効性のあるものを念頭に置く（同法5条1項2号）。具体的には、①太陽光、②風力、③水力、④地熱、⑤太陽熱、⑥大気中の熱その他の自然界に存する熱（④⑤を除く）、⑦バイオマス（動植物に由来する有機物であってエネルギー源として利用することができるもの。化石燃料を除く）である（政令4条）。

第3に、新エネルギー源という用語もある。新エネルギー法によれば、「新エネルギー利用等」とは、非化石エネルギー利用等のうち、経済性の面における制約から普及が十分でないものであって、その促進を図ることが非化石エネルギーの導入を図るため特に必要なものとして政令で定めるものをいう（2条）。つまり新エネルギー源とは、再生可能エネルギー源のうち、これまで十分に普及していないものの、今後の活用が期待されるものを指す。政令上、①バイオ燃料、②バイオマス熱利用、③太陽熱利用、④温度差熱利用、⑤雪氷熱利用、⑥バイオマス発電、⑦地熱発電（バイナリー方式）、⑧風力発電、⑨水力発電（1000 kW以下）、⑩太陽光発電が指定されている（政令1条）。

(2) 再生可能エネルギー導入の意義と課題

再生可能エネルギーを導入することには、どういった意義があるのか。政府は、その意義として、①電源の多様化、②電源の低炭素化、③経済対策効果を挙げている[9]。このうち、①②が主要な意義であろう。

第1に、電源の多様化に寄与し、エネルギーの安定供給につながる。日本のエネルギー供給は、もともと8割以上を化石燃料に依存し、その大半を海外から輸入している。しかし、化石燃料の輸入は国際情勢の影響を受けるため、エネルギー安全保障上、輸入依存度を下げることが望ましい。その上、2010年に19.9％であった日本のエネルギー自給率は、2014年には6％にまで低下した[10]。これは、先述のとおり、原子力発電所の稼働停止分をLNG火力発電の焚き増

---

9) 資源エネルギー庁「再生可能エネルギー　固定価格買取制度ガイドブック　2016（平成28）年度版」参照。

10) 資源エネルギー庁「日本のエネルギー　エネルギーの今を知る20の質問　2016年度版」1頁。なお、エネルギー自給率とは、「生活や経済活動に必要な一次エネルギーのうち、自国内で確保できる比率」をいう。同1頁。

しで補ったためである。再生可能エネルギーの導入拡大は、エネルギーを多様化し、輸入依存度の低下させるため、エネルギー安全保障に資する。

　第2に、電源の低炭素化に貢献し、国内温暖化対策としての意義を持つ。化石燃料を用いる火力発電は、温室効果を持つCO_2の排出を伴うのに対し、再生可能エネルギー発電は、CO_2を発生させない。そのため、火力発電を再生可能エネルギー発電で代替することは、CO_2排出量の削減につながる。とりわけ2015年12月の国連気候変動枠組条約第21回締約国会議（COP21）で採択されたパリ協定は、主要排出国を含む、すべての国に対して実効的かつ継続的な温暖化対策の実施を求めており[11]、日本もその例外ではない。日本の約束草案は、2030年度の温室効果ガス削減目標を2013年度比26％減と設定している[12]。日本の温室効果ガス排出量は、2010年度（13億400万トン）と2014年度（13億6400万トン）を比較すると増加しており[13]、その対応が必要である。地球温暖化対策推進法[14]に基づく地球温暖化対策計画（平成28年5月13日閣議決定）も、再生可能エネルギーの導入拡大が「エネルギー転換部門の地球温暖化対策に必要不可欠」である、と明記する[15]。このように、電源の低炭素化という観点からも、再生可能エネルギー導入拡大の意義が認められる。

　第3に、政府は、一定の経済対策効果を持つことも、再生可能エネルギー導入の意義として挙げている。たとえば、環境関連産業の育成や雇用創出といった効果が想定されている。

---

11) パリ協定は、主要排出国をはじめとするすべての国が、①削減目標を5年ごとに提出・更新すること、②共通かつ柔軟な方法でその実施状況を報告し、レビューを受けることを定めている。パリ協定について詳しくは、外務省HP（http://www.mofa.go.jp/mofaj/ic/ch/page18_000435.html）（2017年10月2日最終閲覧）。

12) 日本は、2015年7月17日、温室効果ガス排出量を2030年度に2013年度比マイナス26.0％（2005年度比マイナス25.4％）の水準（約10億4200万t-CO2）とする約束草案を決定し、国連気候変動枠組条約事務局へ提出した。

13) その主因は、福島第一原発事故後、火力発電所の焚き増しにより、電力分野の排出量が増加（8300万トン）したことにある。資源エネルギー庁「日本のエネルギー　エネルギーの今を知る20の質問　2016年度版」5頁。

14) 地球温暖化対策の推進に関する法律（平成10年10月9日法律117号）。

15) 地球温暖化対策計画は、地球温暖化対策推進法8条1項及び「パリ協定を踏まえた地球温暖化対策の取組方針について」（平成27年12月22日地球温暖化対策推進本部決定）に基づき策定されている。長期目標として、2050年までに80％の温室効果ガス排出削減を目指すことも明記する。

しかしながら他方で、再生可能エネルギーの導入には、いくつかの課題がある。こうした課題の有無や程度は、再生可能エネルギーの種類によって異なるものの (表1参照)、一般に指摘されるのは、次の3点である。

第1に、出力の不安定性である。太陽光や風力は、出力の不安定性が大きく、間欠性 (intermittency) のある自然変動電源と呼ばれる (地熱、水力、バイオマスは、出力が安定しており、同じ再生可能エネルギーであっても事情が異なる)。自然変動電源の大量導入は、技術上の問題を生じさせうる。すなわち、電気はその性質上、需要と供給を常に一致させる必要があり (同時同量の維持)、需給のバランスが崩れると周波数が変動し、その変動が一定を超えると停電に至る[16]。そのため、自然変動電源を大量に導入する場合、それによる変動に対処する必要が生じる。たとえば、出力の変動に追随するための火力発電や揚水発電など (バックアップ) の容量を確保し、その出力調整によって対応することが可能であるものの、これにより、運転技術上の問題やバックアップ電源などの確保に要する費用の問題が生じうる。再生可能エネルギーの導入拡大を図るためには、こうした技術面・費用面での課題を克服しなければならない。

第2に、発電コストの高さである。再生可能エネルギーは、建設コストの高さや利用率の低さが原因で、火力発電などに比べて発電コストが高いとされてきた。2011年の「コスト等検証委員会報告書」は、主要電源のコスト (2010年モデルプラント。単位は円／kWh) として、メガソーラー太陽光30.1〜45.8円 (住宅用太陽光33.4〜38.3円)、陸上風力9.9〜17.3円、地熱9.2〜11.6円、小水力19.1〜22.0円、バイオマス (木質専焼) 17.4〜32.2円と試算した[17]。これに対し、原子力8.9円〜、石炭火力9.5円、LNG火力10.7円、一般水力10.6円であり、太陽光30〜40円程度とその他20円程度と比較しても開きがある。そのため、再生可能エネルギーの普及拡大を目指す上では、高コスト問題に対処するための施策も欠かせない。

---

16) こうした技術的な問題については、公益事業学会学術研究会・国際環境経済研究所監修『まるわかり電力システム改革キーワード360』(一般社団法人日本電気協会新聞部、2015年) 87〜123頁の解説が有益である。
17) エネルギー・環境会議 コスト等検証委員会「コスト等検証委員会報告書 平成23年12月19日」参照。

表1 再生可能エネルギーの特性

	長所	課題
太陽光	・個人を含む需要家の近接地で中小規模の発電も可能で、系統負担も抑えられる上に、非常用電源としても利用可能。	・発電コストが高く、出力不安定性などの安定供給上の問題あり。さらなる技術革新が必要。 ・中長期的には、コスト低減の達成で、分散型エネルギーシステムにおける昼間のピーク需要を補い、消費者参加型エネルギーマネジメントの実現等に貢献するエネルギー源としての導入拡大に期待。
風力	・大規模に開発できれば発電コストが火力並であり、経済性も確保できる可能性のあるエネルギー源。	・需要規模が大きい電力管内と異なり、北海道や東北北部の風力適地では、供給の変動性に対応する十分な調整力が必ずしもないため、系統整備、広域的運用による調整力確保、蓄電池活用等が必要。こうした経済性も勘案し、利用を進める必要。
地熱	・世界3位の地熱資源量を誇る日本では、発電コストも低く、安定的な発電が可能。ベースロード電源を担うエネルギー源。 ・発電後の熱水利用など、エネルギーの多段階利用にも期待。	・開発に時間とコストがかかるため、投資リスク軽減、送配電網整備、円滑導入のための地域と共生した開発が必要となるなど、中長期的な視点を踏まえて持続可能な開発を進めていくことが必要。
水力	・渇水の問題を除き、安定供給性に優れたエネルギー。引き続き重要な役割を担うもの。 ・一般水力（流込み式）：運転コストの低いベースロード電源。 ・揚水式：発電量の調整が容易なピーク電源。	・一般水力：これまで相当進めた大規模水力の開発に加え、関係者間で連携して既存ダムの有効利用（発電設備の設置・リプレース等）を促進。 ・中小水力：未開発地点が多い。高コスト構造等の事業環境の課題を踏まえつつ、地域分散型エネルギー需給構造の基礎を担うエネルギー源としての活用に期待。
木質バイオマス等	・未利用材による木質バイオマスを始めとしたバイオマス発電は、安定的発電が可能な電源となりうる、地域活性化にも資するエネルギー源。 ・木質バイオマス発電：日本の貴重な森林を整備し、林業を活性化する役割に加え、地域分散型エネルギー源としての役割を果たすもの。	・木質や廃棄物など材料や形態が様々で、コスト等の課題。既存利用形態との競合の調整、原材料の安定供給の確保等を踏まえ、分散型エネルギーシステム中の位置付けも勘案しつつ、規模のメリットの追求、既存火力発電所における混焼など、森林・林業施策などの各種支援策を総動員して導入拡大を図ることに期待。 ・輸入中心のバイオ燃料：国際的な動向や次世代バイオ燃料の技術開発の動向を踏まえつつ、導入を継続。

出典：第4次エネルギー基本計画（平成26年4月）20～21頁を基に筆者作成。

第3に、立地上の制約である。たとえば、風力発電は、その稼働が風況に左右されるため、適地が物理的に限定される。加えて、陸上や洋上に風力発電施設を設置・稼働する場合、その影響を受ける他の諸利益と調整する必要が生じる。同様に、地熱発電の適地は、自然公園法の保護地域内に存在することも多く、その場合には、地熱開発も同法上の制限を受ける。そこで、再生可能エネルギーに係る開発によって影響を受ける諸利益や、その開発を制限する社会政策と、適宜調整を図ることが求められる。

(3) **再生可能エネルギーの導入実績と 2030 年度導入目標**

日本の再生可能エネルギー導入実績は、福島第一原発事故前は、電源構成の 10％程度にとどまった。たとえば、2010 年度において、年間発電量に占める再生可能エネルギーの比率は、合計 9.9％であり、その内訳は、水力が約 8.7％、その他が約 1.2％であった[18]。これに対し、2030 年度の導入目標は、電源構成の 22〜24％程度であり、再生可能エネルギーの大量導入を本格的に目指す目標となっている。

福島第一原発事故後、政府は、2014 年に第 4 次エネルギー基本計画[19]、2015 年に長期エネルギー需給見通し（平成 27 年 7 月経産省。以下「エネルギーミックス」という）を策定した。これらにより、再生可能エネルギーの 2030 年度導入目標と政策の方向性が示された[20]。

第 4 次エネルギー基本計画は、再生可能エネルギーについて、「現時点では安定供給面、コスト面で様々な課題が存在するが、温室効果ガスを排出せず、国

---

18) 資源エネルギー庁新エネルギー対策課「再生可能エネルギーの固定価格買取制度について 平成 24 年 7 月」5 頁。
19) エネルギー基本計画は、エネルギー政策基本法（平成 14 年 6 月 14 日法律 71 号）12 条に基づき、「エネルギーの需給に関する施策の長期的、総合的かつ計画的な推進」を図るために定められる「エネルギーの需給に関する基本的な計画」である（1 項）。同計画は、エネルギーの需給に関する施策についての基本方針など、同法所定の事項を定めるものである（2 項）。同計画の策定に当たっては、経済産業大臣が、①関係行政機関の長及び総合資源エネルギー調査会の意見を聞いて、その案を作成し、閣議決定を求めるとともに（3 項）、②その閣議決定があったときは、同計画を速やかに国会に報告し、公表しなければならない（4 項）。なお、同計画については、少なくとも 3 年ごとに検討・必要に応じた変更をしなければならない（5 項）。
20) 第 4 次エネルギー基本計画は、徹底した省エネの下で、再生可能エネルギーについて、国民負担を抑えつつ最大限の導入を図ること、原子力について、可能なかぎり依存度を低減すること、火力発電については、平均で USC（超々臨界発電）並みの発電効率を目指すこととしている。

内で生産できることから、エネルギー安全保障にも寄与できる有望かつ多様で、重要な低炭素の国産エネルギー源である」と位置づける[21]。その上で、再生可能エネルギーについては、「2013年から3年程度、導入を最大限加速していき、その後も積極的に推進していく」ことを明らかにした。さらに、従前のエネルギー基本計画を踏まえて示した水準[22]を上回る水準の導入を目指し、エネルギーミックスの検討に当たっては、これを踏まえることとした[23]。

　これを受けて、エネルギーミックスは、2030年度（総発電電力量10650億kWh程度）の再生可能エネルギー導入目標を、電源構成の22～24％程度とした[24]。その内訳は、地熱1.0～1.1％程度、バイオマス3.7～4.6％程度、風力1.7％程度（設備容量約1000万kW）、太陽光7.0％程度（同約6400万kW）、水力8.8～9.2％程度である。なお、再生可能エネルギー以外では、原子力22～20％程度、LNG 27％程度、石炭26％程度、石油3％程度とされている。

　再生可能エネルギーの導入を最大限加速した2014年度時点では、その比率が12.2％であり、水力（9.0％）を除く再生可能エネルギーの比率は3.2％であった（表2参照）。このように、エネルギーミックスが定めた2030年度導入目標は、再生可能エネルギーの比率を12％程度から22％程度へと引き上げる内容であり、高い目標を掲げたものと理解できる。

---

21) 第4次エネルギー基本計画19頁。なお、エネルギーミックスと温暖化政策の関係についていえば、国連気候変動枠組条約事務局へ2015年7月17日に提出された日本の約束草案は、エネルギーミックスと整合するように策定されている。エネルギーミックスの実現は、①エネルギー革新、②資源戦略、③原子力の三本柱に基づいて取り組まれるものとされる。①エネルギー革新戦略は、強い経済とCO_2抑制の両立を目指す戦略であり、徹底した省エネ・再エネの最大限導入・新たなエネルギーシステムの構築から構成される。①エネルギー革新戦略は、地球温暖化対策計画にも反映するものとされる。経済産業省編『エネルギー白書2016』109、112～113頁。
22) 2009年8月策定の「長期エネルギー需給見通し（再計算）」（2020年の発電電力量のうちの再生可能エネルギー等の割合は13.5％（1414億kWh））、2010年6月開催の総合資源エネルギー調査会総合部会・基本計画委員会合同会合資料の「2030年のエネルギー需給の姿」（2030年の発電電力量のうちの再生可能エネルギー等の割合は約2割（2140億kWh））参照。
23) 第4次エネルギー基本計画37頁。そのほか、①系統強化、規制の合理化、低コスト化等の研究開発などを着実に進めること、②再生可能エネルギー等関係閣僚会議を創設し、政府の司令塔機能を強化するとともに、関係省庁間の連携を促進すること、③各エネルギー源の特徴を踏まえつつ、新技術市場（世界最先端の浮体式洋上風力や大型蓄電池など）の創出など、新たなエネルギー関連の産業・雇用創出も視野に、経済性等とのバランスのとれた開発を進めていくこと、を述べている。
24) エネルギーミックス7頁の2030年度の電力需要と電源構成の図を参照。

表2 福島第一原発事故前後の電源構成

	2010年度	2014年度	2030年度
再生可能エネルギー （水力）	9.9% (8.7%)	12.2% (9%)	22〜24% (8.8〜9.2%)
原子力	30.8%	0%	22〜20%
天然ガス	27.2%	46.2%	27%
石炭	23.8%	31%	26%
石油	8.3%	10.6%	3%

出典：資源エネルギー庁新エネルギー対策課「再生可能エネルギーの固定価格買取制度について　平成24年7月」5頁、資源エネルギー庁「再生可能エネルギー固定価格買取制度ガイドブック2016（平成28）年度版」5頁、長期エネルギー需給見通し（平成27年7月経産省）7頁を基に筆者作成。

　日本は、2030年度目標をどう実現するのか。エネルギーミックスは、再生可能エネルギーについて、「各電源の個性に応じた最大限の導入拡大と国民負担の抑制を両立する」とし、そのために下記の取組みをするとした[25]。
① 自然条件によらず安定的な運用が可能な地熱、水力、バイオマスを積極的に拡大し、それにより、ベースロード電源を確保しつつ、原発依存度の低減を図る。
② 自然条件によって出力が大きく変動する太陽光や風力についてはコスト低減を図りつつ、国民負担の抑制の観点も踏まえた上で、大規模風力の活用等により最大限の導入拡大を図る。
③ こうした観点から、各種規制・制約への対応、開発リスクの高い地熱発電への支援、系統整備や系統運用の広域化、高効率化・低コスト化や系統運用技術の高度化等に向けた技術開発等により、再生可能エネルギーが低コストで導入可能となるような環境整備を行う。
④ 固定価格買取制度については、再生可能エネルギー導入推進の原動力と

---

25)　エネルギーミックス9〜10頁。

なっている一方で、特に太陽光に偏った導入が進んだことや国民負担増大への懸念を招いたこと、電力システム改革が進展すること、電力の安定供給への影響等も勘案し、再生可能エネルギーの特性や実態を踏まえつつ、再生可能エネルギー間のバランスの取れた導入や、最大限の導入拡大と国民負担抑制の両立が可能となるよう制度の見直しを行う。

3 固定価格買取制度の採用とその特徴

　このように、諸々の課題を克服しなければ、再生可能エネルギーの導入拡大は進まない。そこで日本は、2000年代以降、さまざまな再生可能エネルギー政策を実施してきた[26]。とりわけ2012年からは、「固定価格買取制度（FIT：Feed-in Tariff）」という導入促進効果の強い政策を実施し、再生可能エネルギーの導入拡大を図っている。ここでは、とくに、発電コストの高さという課題を克服するための政策に着目し、FITの特徴を述べることとしたい。

(1) 再生可能エネルギー政策の展開

　日本は、2012年7月1日施行のFIT法[27]に基づく固定価格買取制度により、再生可能エネルギーの導入拡大を最大限加速させた。ただし、それ以前にも、政府は、2002年制定のRPS法[28]に基づく「再生可能エネルギー利用割合基準制度（RPS：Renewables Portfolio Standard）」（2003年〜）、2009年制定のエネルギー供給構造高度化法に基づく「太陽光の余剰電力買取制度」（2009年〜2012年）[29]を通じ、再生可能エネルギーの普及拡大を図ってきた。太陽光の余剰電力買取制度

---

26) 再生可能エネルギー普及政策を含め、低炭素社会の実現や気候変動政策に関する法制度を幅広く論じる論考として、草薙真一『米国エネルギー法の研究―経済規制と環境規制の法と政策』〔白桃書房・2017〕153〜168頁、杉山大志「地球温暖化問題と日本」木船久雄・西村陽・野村宗訓編著『エネルギー政策の新展開―電力・ガス自由化に伴う課題の解明』〔晃洋書房・2017〕67頁以下を参照。
27) 電気事業者による再生可能エネルギー電気の調達に関する特別措置法（平成23年8月30日法律108号）。FITの導入自体は、東日本大震災以前から検討されており、FIT法案の閣議決定は、2011年3月11日に行われた。
28) 電気事業者による新エネルギー等の利用に関する特別措置法（平成14年6月7日法律62号）。
29) 太陽光発電の余剰電力買取制度は、家庭や事業所等の太陽光発電設備で発電された電気のうち、自家消費分を差し引いた余剰電力の買取りを電力会社に義務づけたものである。買取費用（買取期間10年間）については、「太陽光発電促進付加金」として、全電気利用者の負担としていた。

は、買取対象を限定しているものの、その性格上、FIT の先駆けと位置づけられる。RPS 及び太陽光の余剰電力買取制度の下で、日本の再生可能エネルギー設備容量は、堅調に増加していた。しかし日本は、強い導入効果を期待して、2012 年に RPS から FIT へと政策を転換した[30]。

(2) **RPS と FIT**

RPS と FIT は、それぞれどういった特徴を有するのか[31]。RPS は、電気事業者が再生可能エネルギーを一定割合利用する義務を負う制度であり、FIT は、電気事業者が再生可能エネルギー電気を一定期間優遇価格で買い取る義務を負う制度である。

RPS の長所は、理論上、再生可能エネルギーの導入目標を最小限の費用で達成する点である。日本の RPS は、各電気事業者の販売電力量に応じ、①風力、②太陽光、③地熱（熱水を著しく減少させないもの）、④水力（1000 kW 以下かつ水路式及びダム式）、⑤バイオマス（廃棄物、燃料電池のうちのバイオマス成分を含む）などの「基準利用量（RPS 義務量）」を定めていた。RPS 義務の履行方法は、自ら発電する方法や他から購入する方法があった。RPS 基準量の遵守に際し、電気事業者は、理論上、最安価の電源から順に調達を行うため、再生可能エネルギー源の間で、価格競争が働く。これに対し、FIT の場合、対象となる再生可能エネルギー電気は、各電源の価格優位性と関係なく、その全量が固定価格で買い取られるため、電源間で競争は働かない。

他方で、FIT の特長は、RPS と比較して、再生可能エネルギー導入促進効果が強いことである。日本の FIT は、電気事業者に対し、①太陽光、②風力、③水力、④地熱、⑤バイオマスで発電された電気を一定期間・一定価格[32]で買い

---

30) RPS 法は、FIT 法の成立に伴って廃止された（ただし、FIT 法附則 4 条が経過措置を規定する）。また、太陽光発電の余剰電力買取制度についても、FIT への移行に伴い、太陽光発電促進付加金の適用が平成 26 年 9 月で終了となった。
31) 詳細な検討として、大塚直「再生可能エネルギーに関する二大アプローチと国内法」法律時報 84 巻 10 号（2012 年）42 頁以下、参照。
32) 買取価格の設定については、当初、①供給が効率的に実施される場合に通常要すると認められる費用等を基礎とし、再生可能エネルギー電気を供給しようとする者が受けるべき適正な利潤等を勘案する。②集中的な再生可能エネルギーの利用の拡大を図るため、法の施行後 3 年間は、買取価格を定めるに当たり、再生可能エネルギー電気の供給者の利潤に特に配慮する、とされた（2016 年改正前の FIT 法 3 条 2 項、附則 7 条）。

取る義務を負わせ、買取費用を電気利用者から賦課金という形で徴収する仕組みをとった[33]。先述のとおり、RPS の場合、電気事業者は、RPS 義務量の範囲で、最安価な再生可能エネルギー電気から順に利用・買取りをするため、再生可能エネルギー発電事業の新規参入者がいたとしても、自身の発電した電気を必ず買い取ってもらえるという保証はない。発電設備の高い建設コストを考慮すれば、新規参入者は、その投資に慎重にならざるをえない。これに対し、FIT の場合は、買取対象の再生可能エネルギー電気については、全量が固定価格で買い取られるため、新規参入者は、確実に投資を回収できる。つまり、RPS と比較して、FIT は、投資回収の見通しが立ちやすく、投資を活発化させる効果が強い制度である[34]。

　政府は、こうした両制度の差異を踏まえて、再生可能エネルギー政策を RPS から FIT に転換した。再生可能エネルギーの導入コストを最小化するという効率性の点では、RPS が優れている。しかし政府は、日本の再生可能エネルギー発電が、いまだ普及促進段階の技術であって、発電コストが高く競争力に乏しいとの認識に立ち、FIT という導入促進効果の強い政策を採用したわけである。

4　第1段階（2017 年まで）の成果と課題

　先述のとおり、第4次エネルギー基本計画は、再生可能エネルギーの 2030 年度導入目標（22～24%）の達成に向けて、2013 年から 3 年程度はその導入を最大限加速し、その後も積極的に導入することとした。ここでは、説明の便宜上、2017 年までを再生可能エネルギー導入拡大の初期に当たる「第1段階」と位置づけ、その成果と課題を整理することとしたい。具体的には、①FIT の 2016 年制度改正、②競争環境の整備（容量市場・非化石価値取引市場の創設）について論じる。①は、国民負担の抑制を図るため、②は、再生可能エネルギー政策と競争

---

[33] 資源エネルギー庁「再生可能エネルギーの固定価格買取制度について—2012 年 7 月 1 日スタート」（2011 年 10 月）4 頁の図も参照。なお、後述のとおり、2016 年 FIT 改正によって、買取義務を負う者は、小売事業者から送配電事業者に変更になった。

[34] こうした理論面での差異に加えて、日本の場合は、RPS と FIT の制度運用が、再生可能エネルギー導入実績の差に大きな影響を与えたと解される。すなわち、日本では、RPS の利用義務量が低く設定された一方で、FIT の買取価格は、とくに開始当初、かなり緩やかに設定された。制度の運用によっては、両制度の差異は小さくなると解される。

政策の整合性をとるための対応である。

(1) 国民負担の抑制――FITの2016年制度改正

日本では、2012年7月にFITを開始し、再生可能エネルギーの導入拡大を精力的に進めてきた。FITは、導入拡大の点で際立つ成果を収めた一方で、その導入に伴う国民負担を大幅に増加させた。そこで政府は、再生可能エネルギー導入拡大と国民負担抑制の両立を図ることなどを目的として、2016年にFIT法の改正を行った[35]。

まず、FITは、制度開始後の3年で、日本の再生可能エネルギー発電量を大幅に増加させた。再生可能エネルギー設備容量の推移をみると、RPS（2003～2009年）の下で年平均伸び率5％、RPSと余剰電力買取制度（2009～2012年）の下で年平均伸び率9％であったところ、FIT（2013～2015年）の下では、年平均伸び率29％となっている[36]。電源構成に占める再生可能エネルギーの比率は、2011年度の10.4％（水力9.0％＋水力を除く再生可能エネルギー1.4％）から、2014年度実績で12.2％（水力9.0％＋水力を除く再生可能エネルギー3.2％）にまで増大している。水力を除く再生可能エネルギーの導入量に着目すれば、制度開始前の2011年度からほぼ倍増している。2016年には、合計15.3％（水力7.5％＋水力を除く再生可能エネルギー7.8％）にまで増えている[37]。FITは、再生可能エネルギーの導入加速という点で、大きな成果を上げたと評価してよい。

他方で、FITの課題も顕在化した。その大きな課題は、①太陽光に偏った導入、②国民負担の増大である。第1に、日本の再生可能エネルギーは、太陽光に大きく偏重して導入が進んだ。具体的には、太陽光発電の認定量が約9割を占め、その他の電源については、あまり導入が進まなかった（**表3**参照）。地熱・風力・水力などは、計画から運転開始までのリードタイムが長い電源であるも

---

35) 平成28年6月3日法律59号。本改正について詳しくは、高村ゆかり「日本の再生可能エネルギー政策の評価と課題―再生可能エネルギー固定価格買取制度の改正をふまえて」植田和弘・山家公雄編『再生可能エネルギー政策の国際比較 日本の変革のために』〔京都大学学術出版会・2017〕237頁、木船久雄「見直される再生可能エネルギー導入促進策」木船久雄・西村陽・野村宗訓編著『エネルギー政策の新展開―電力・ガス自由化に伴う課題の解明』〔晃洋書房・2017〕43頁を参照。
36) 資源エネルギー庁「改正FIT法に関する直前説明会 平成29年2・3月」2頁参照。
37) 資源エネルギー庁「日本のエネルギー エネルギーの今を知る20の質問 2017年度版」8頁参照。

表3　再生可能エネルギー発電設備の導入状況

<2016年10月末時点における再生可能エネルギー発電設備の導入状況>

再生可能エネルギー発電設備の種類	設備導入量（運転を開始したもの）							認定容量
	固定価格買取制度導入前	固定価格買取制度導入後						固定価格買取制度導入後
	平成24年6月末までの累積導入量	平成24年度の導入量（7月～3月末）	平成25年度の導入量	平成26年度の導入量	平成27年度の導入量	平成28年度の導入量（10月末まで）	制度開始後合計	平成24年7月～平成28年10月末
太陽光（住宅）	約470万kW	96.9万kW (211,005件)	130.7万kW (288,118件)	82.1万kW (206,921件)	85.4万kW (178,721件)	44.7万kW (91,098件)	439.8万kW (975,863件)	514.6万kW (1,127,279件)
太陽光（非住宅）	約90万kW	70.4万kW (17,407件)	573.5万kW (103,062件)	857.2万kW (154,986件)	830.6万kW (116,700件)	336.1万kW (45,373件)	2667.8万kW (437,528件)	7,550.0万kW (888,014件)
風力	約260万kW	6.3万kW (5件)	4.7万kW (14件)	22.1万kW (26件)	14.8万kW (61件)	10.6万kW (41件)	58.5万kW (147件)	303.9万kW (2,461件)
地熱	約50万kW	0.1万kW (1件)	0万kW (1件)	0.4万kW (9件)	0.5万kW (10件)	0万kW (4件)	1.0万kW (25件)	7.9万kW (89件)
中小水力	約960万kW	0.2万kW (13件)	0.4万kW (27件)	8.3万kW (55件)	7.1万kW (90件)	6.4万kW (65件)	22.4万kW (250件)	79.1万kW (518件)
バイオマス	約230万kW	1.7万kW (9件)	4.9万kW (38件)	15.8万kW (48件)	29.4万kW (56件)	23.2万kW (40件)	75.0万kW (191件)	400.1万kW (459件)
合計	約2,060万kW	175.6万kW (228,440件)	714.2万kW (391,260件)	986.0万kW (362,045件)	967.7万kW (295,638件)	421.1万kW (136,621件)	3264.6万kW (1,414,004件)	8,855.8万kW (2,018,820件)

※ バイオマスは、認定時のバイオマス比率を乗じて得た推計値を集計。
※ 各内訳ごとに、四捨五入しているため、合計において一致しない場合があります。

36.9%

出典：資源エネルギー庁「改正FIT法に関する直前説明会　平成29年2・3月」3頁。

のの、エネルギーミックスは、地熱・水力・バイオマスが安定的な電源であり、ベースロード電源として期待できるとして、それらも積極的に導入拡大を図るとしている。そのため、上記の偏りを是正するための措置が必要となった。

　第2に、国民負担が大きく増したことである。買取費用は、2015年度に約1.8兆円、2016年度に約2.3兆円と増加し、2017年度には約2.7兆円に達する

と見込まれる[38]。それに伴い、賦課金等による標準家庭の月額負担額も、2012年度66円から2014年度225円、2015年度474円、2016年度675円と加速度的に増した[39]。エネルギーミックスでは、2030年度のFIT買取費用を3.7〜4.0兆円と想定しており、国民負担の増大を抑制する必要が生じた。

　こうした課題を踏まえて、2016年5月25日に改正FIT法が成立し(同年6月3日公布)、一部を除き2017年4月に施行された。その改正内容は、多岐にわたるものの、ここではとくに、①太陽光に偏った導入、②国民負担の増大という課題に対する措置を述べる[40]。第1に、運転開始までのリードタイムが長い電源(風力・地熱・中小水力・バイオマス)の導入拡大も促すため、それらについては、複数年の買取価格を一括して決定し、あらかじめ提示することとされた。これらの電源については、事業化決定から買取価格が確定するFIT認定までの期間が3〜4年程度と長く、その間は適用される買取価格の変動リスクを負いながら、事業の具体化(環境アセスメントや地元との調整)を進めざるをえなかった。そこで今回の改正では、買取価格並びに事業収益の予見可能性を担保して、さらなる投資の活発化を図っている。

　第2に、再生可能エネルギーのコスト効率的な導入を図り、国民の負担を抑制する目的で、大規模太陽光発電(2MW以上の事業用太陽光発電)の入札制度を採用した。それは、発電コストの低減するスピードが速く、国が設定した価格に

---

38) 経済産業省編『エネルギー白書2017』53頁参照。FIT買取価格決定方法の合理性に対する懸念・批判は、学説上、早くからみられた。たとえば、朝野賢司『再生可能エネルギー政策論　買取制度の落とし穴』〔エネルギーフォーラム・2011〕、同「日本における再生可能エネルギー普及制度による追加費用及び買取総額の推計」電力中央研究所報告Y12034 (2013年)、矢島正之「再生可能エネルギーの増大が電力市場に及ぼす影響」公益事業研究65巻2号 (2013年) 1頁以下、山内弘隆「再生可能エネルギー全量買取制度の展望と最適調達価格の考え方」都市問題104巻7号 (2013年) 81頁以下を参照。

39) 資源エネルギー庁「改正FIT法に関する直前説明会　平成29年2・3月」2頁の固定価格買取制度導入後の賦課金等の推移、参照。

40) そのほか、①31万件の未稼働案件(太陽光)発生、②電力システム改革への対応(小売自由化や広域融通とバランスをとった仕組みにすること)といった課題も生じた。そこで、新認定制度の創設(未稼働案件を排除・防止する仕組み、適切な事業実施を確保する仕組み)、減免制度の見直し(国際競争力維持・強化、省エネ努力の確認等による減免率の見直し)、送配買取への移行(FIT電気の買取義務者を小売事業者から送配電事業者に変更、電力の広域融通により導入拡大)といった改正も行われた。経済産業省「固定価格買取制度(FIT)見直しのポイント」参照。

より、事業者が過剰な利益を得ているとの指摘があったためである。入札実施に際しては、調達価格の上限額を設定し、それよりも安く効率的に再生可能エネルギーの導入を行うことを目指している。加えて、電源ごとに中長期的な価格目標を示し、事業者の努力とイノベーションを促す取組みもなされている。たとえば、非住宅用太陽光については、2020年で発電コスト14円／kWh、2030年で同7円／kWhの水準を目指すとされている。

(2) 競争環境の整備——容量市場・非化石価値取引市場の創設

　エネルギー小売事業の全面自由化が実現した日本では、再生可能エネルギー導入政策を競争政策と整合する形で進めなければならない。政府は、こうした観点から諸々の課題に対処するため、2020年度までに、卸売電力市場（ベースロード電源市場／先渡市場・先物市場）、需給調整市場、容量市場、非化石価値取引市場など、各種の取引市場を整備することとした[41]。ここでは、とくに、容量市場と非化石価値取引市場について検討を加える。

　第1に、容量市場が2020年度に開設される予定である。容量市場は、電力量（kWh＝キロワット時）を取引する卸売市場と異なり、将来に調達する電力の容量（kW＝キロワット）を取引する市場である。つまり、電力供給力の確保それ自体に対する報酬の金額を決める市場である。容量市場を創設する意義は何か。最大の意義は、自然変動電源に対応するバックアップ電源の維持を可能にすることである[42]。先述のとおり、太陽光・風力の電力量は天候に応じて増減するので、その増減分を火力発電などのバックアップで調整する必要がある。しかし、優先給電の対象となる自然変動電源の発電量が多いときは、バックアップ電源の発電量を抑制することとなり、火力発電所などの稼働率は低下する。その結果、事業者は、バックアップ電源の固定費を十分に回収できない事態（ミッシングマネー問題）に陥るため、それを廃止したり、あるいは、その更新や新設を自発的に行わなくなったりする。そうすると、社会的にはバックアップ電源の容量が

---

41) 総合資源エネルギー調査会基本政策分科会・電力システム改革貫徹のための政策小員会「電力システム改革貫徹のための政策小員会中間とりまとめ（平成29年2月）」3頁（参考図1　課題解決に向けて整備すべき市場）を参照。
42) そのほか、広域メリットオーダーの実現に寄与するという意義もある。公益事業学会学術研究会・国際環境経済研究所監修『まるわかり電力システム改革キーワード360』〔一般社団法人日本電気協会新聞部・2015〕93、97～98頁参照。

不足してしまう。これは、電気の安定供給に要するコストを負担しない者がいるために発生する問題（フリーライダー問題）であり、こうした問題を解消するためには、容量確保に対する安定収入・投資回収の見込みを与え、かつ、容量確保に要する費用を公平に分担させる仕組みが必要となる[43]。

第2に、非化石価値取引市場は2017年度に開設の予定である。非化石価値取引市場は、電力システム改革の貫徹に向けて、「エネルギーミックスと整合的な電源構成を通じた温暖化目標の達成」という課題に対処する目的で新たに創設される市場である[44]。非化石価値取引市場を創設する意義は、主に2つあるという（図1参照）[45]。ひとつは、エネルギー供給構造高度化法により小売電気事業者に課された「非化石電源調達目標」の達成を後押しする効果である。小売電気事業者は、同法に基づき、自ら調達する電気の非化石電源比率を2030年度に44％以上[46]とする義務を負う[47]。しかし卸電力取引所での取引は、非化石電源と化石電源を区別しないため、非化石電源の価値が埋没しており、そこでの取引は、非化石電源比率を高める手段として活用できない。その結果、原子力発電所を持たず、取引所取引の割合が高い新規参入者にとっては、非化石電源の調達手段が限定され、エネルギー供給構造高度化法の目標達成が難しい。そこで新市場の創設により、非化石価値を顕在化し、その取引を可能とすることで、上記目標の達成を後押しできるという。もうひとつは、FITによる国民負担を軽減する効果である。FIT電気（FITに基づき買い取られた電気）の持つ環境価値は、現時点では、賦課金の負担を通じて全需要家に均等に帰属する。しかし、FIT

---

43) 日本では、広域機関が入札を行うオークション制度として整備される予定である。バックアップ電源の種類は、現時点では特定されていない。容量確保の適切な目標設定は容易でないため、その運用が重要な論点となろう。

44) 総合資源エネルギー調査会基本政策分科会・電力システム改革貫徹のための政策小員会 「電力システム改革貫徹のための政策小員会中間とりまとめ（平成29年2月）」3、11～12頁参照。

45) さらに、非化石価値（主に再生可能エネルギー電気）を選びたい需要家のニーズを満たすことにもつながるという。

46) 44％とは、エネルギーミックスの再生可能エネルギー22％～24％と原子力22％～20％を足し合わせた数値である。この数値を達成すれば、2030年時点の電気事業全体の温室効果ガス排出係数は、0.37 kg-CO2/kWh 相当になり、エネルギーミックスの目標と整合する。

47) この義務づけをする目的で、政府は、2016年3月にエネルギー供給構造高度化法の基本方針・判断基準の見直し（平成28年3月31日経済産業省告示111号・112号。平成28年4月1日施行）をした。

図1　非化石価値取引市場の意義

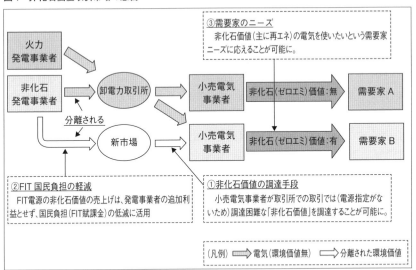

出典：総合資源エネルギー調査会基本政策分科会・電力システム改革貫徹のための政策小委員会「電力システム改革貫徹のための政策小委員会中間とりまとめ（平成29年2月）」14頁（参考図9　市場創設効果（イメージ））。

電気の環境価値を顕在化させ、その価値を非化石価値取引市場で売買可能とし、さらに、その売却益をFIT賦課金の低減に活用できれば、FITによる国民負担を軽減できるという[48]。

ただし、非化石価値取引市場の構想に関しては、賛否を含め、さまざまな議論がある[49]。第1の論点は、制度導入の目的を期待どおり果たすかどうかである。まず、エネルギー供給構造高度化法の目標達成に寄与するという点について、2030年まで事業者は目標達成の義務がなく、それまでの期間は、非化石価値の取引を行い、非化石証書を購入するインセンティブが小売電気事業者に働かないと指摘される[50]。また、国民負担の軽減に資するという点についても、

---

48) 非化石価値取引市場を通じた国民負担軽減のイメージにつき、電力システム改革貫徹のための政策小委員会 市場整備ワーキンググループ（第3回平成28年11月9日）配布資料3　資源エネルギー庁「非化石価値取引市場について」12頁を参照。

制度案の有効性に疑問が呈され、その改善策が提案されている[51]。第 2 の論点は、より広い見地から、非化石価値取引市場の仕組みが実効的・合理的かどうかである[52]。まず、同市場の実効性について、たとえ非化石価値の取引自体が順調に行われたとしても、エネルギー供給構造高度化法に基づく達成目標の比率（44%）を達成できない可能性があるという。その理由として、この仕組みでコントロールできない諸々の要因（電力需要、非化石電源の発電量、原発の稼働状況）があり、それらが上記比率の達成に影響を与えると指摘される。また、同市場の合理性については、仮に政策目的を非化石電源の発電量の達成に置きかえたとしても、現状では、これを最小の費用で達成できないと指摘される。それは、取引対象が FIT 電気であって、FIT が RPS と異なり非効率な電源も支援対象

49) 自然エネルギー財団は、2017 年 4 月 22 日、Apple など 10 社の賛同企業とともに、「企業での自然エネルギー活用を促進するために」という提案を公表し、非化石価値取引市場を再生可能エネルギー導入の促進につなげるべく、①電力消費者が自然エネルギー電力の利用を宣言できるようにすること、②非化石電源の中で、自然エネルギー電力と原子力発電を区分すること、③自然エネルギーの中でも、太陽光、風力、小規模水力、バイオマスなどの区分が明らかになるようにすること、を提言した。他方で、一般社団法人日本経済団体連合会「電力システム改革に関する意見——「電力システム改革貫徹のための政策小委員会中間とりまとめ」を中心に——」(2017 年 1 月 17 日）は、趣旨に賛同しつつも、①エネルギー供給構造高度化法の達成期限 2030 年度が近づくにつれて証書価格が急騰する、②多くの非化石電源を保有する事業者と新規参入者との間に非化石価値へのアクセス環境に差が生じる、③証書価格が低い段階で買占め、非化石価値調達の必要に迫られた小売電気事業者に高額で売却する者が現れる、④非化石価値取引市場で取り引きされる証書に帰属する価値を整理しないと他の法制度（地球温暖化対策推進法など）と整合性がとれなくなる、などの懸念を解消することなしに、2017 年度中に市場を創設することには反対であるとしている。また、朝野賢司・野口厚子・谷優也「グリーン電力調達の動向と課題——非化石価値取引の詳細制度設計に向けた示唆——」電力経済研究 No. 64（2017 年 3 月）48 頁も参照。

50) その対策として、2030 年以前の中間目標値を設定することが考えられるが、それを合理的に設定することは極めて難しいとされる。理由として、非化石電源の比率は、販売電力量や原子力の再稼働状況等、再生可能エネルギー導入量以外の要因が複雑に絡み合い、小売電気事業者の自助努力だけでは如何ともしがたいことが指摘される。朝野賢司・野口厚子「非化石価値取引市場によって FIT と自由化の整合性は図れるのか？——需要家の視点に基づく論点整理——」電力経済研究 No. 64（2017 年 3 月）40～41 頁。

51) 朝野賢司・野口厚子「非化石価値取引市場によって FIT と自由化の整合性は図れるのか？——需要家の視点に基づく論点整理——」電力経済研究 No. 64（2017 年 3 月）35 頁（国際的な温室効果ガス算定・報告基準である GHG プロトコルに基づいて非化石証書の「ゼロエミ」価値を反映した排出係数を算定すべきであると主張する）。

52) 朝野賢司・野口厚子「非化石価値取引市場によって FIT と自由化の整合性は図れるのか？——需要家の視点に基づく論点整理——」電力経済研究 No. 64（2017 年 3 月）36 頁を参照。

としているからである。このように、非化石価値市場の構想については、さまざまな検討課題があり、議論の行方が注視される。

5 第2段階の課題——系統運用・整備の強化など

これまで述べてきたように、福島第一原発事故後の再生可能エネルギー導入拡大政策は、一定の成果を収めた。今後、大量導入を見据える「第2段階」においては、どういった課題があり、いかなる取組みが必要なのか。以下では、大量導入に伴う中長期的な課題を概観した上で、①立地制約のある電源の導入促進、②系統運用・整備の強化、③FIT後の温暖化政策について論じる[53]。

(1) 大量導入時代の課題

日本は、再生可能エネルギー導入の第2段階に至り、2つの課題に直面している[54]。第1の課題は、発電コスト（資本費・運転維持費・燃料費）のさらなる低減である。すなわち、世界では再生可能エネルギーが発電コストを下げ、競争力を増しているのに対し、日本では発電コストの高い状況が続いているため、発電コストのさらなる低減を図る必要がある[55]。第2の課題は、追加コスト（系統増強費用・出力変動に要するコスト等）を含めた社会的費用の最小化である。太陽光・風力といった自然変動電源が増加し、さらに需要地から離れた地点に導入されることに伴い、系統の増強に要する追加コストや、出力変動への対応コストが問題化してきている。そこで、これらの追加コストを含めた社会的費用全体を最小化する必要が生じている。

こうした課題にどう取り組むべきか。経済産業省「再生可能エネルギーの大量導入時代における政策課題に関する研究会（これまでの論点整理）　平成29年7

---

53) ここで述べる中期的課題については、経済産業省「再生可能エネルギーの大量導入時代における政策課題に関する研究会」の資料「再生可能エネルギーの大量導入時代における政策課題について　平成29年5月25日省エネルギー・新エネルギー部」などを主に参照した。
54) 経済産業省「再生可能エネルギーの大量導入時代における政策課題に関する研究会」の資料「再生可能エネルギーの大量導入時代における政策課題について　平成29年5月25日省エネルギー・新エネルギー部」3頁。
55) たとえば、太陽光発電の現行システム価格は、約30万円／kWで欧州の2倍、風力発電の現行発電コストは、13.9円／kWhで世界平均（8.8円／kWh）の約1.6倍とされている。「再生可能エネルギーの大量導入時代における政策課題について　平成29年5月25日省エネルギー・新エネルギー部」11～12頁。

月」（以下「論点整理」という）は、今後の重要論点として、①コスト競争力の強化、②FITからの自立、③系統への円滑な受入れを挙げる。

　第1に、コスト競争力の強化である。これについては、主として、再生可能エネルギーのコストダウンを促す方向でFITを運用してゆくことが指摘される[56]。すなわち、現行FITの下でも、価格設定の工夫[57]を通じ、さらなるコストダウンを図るとしている[58]。

　第2に、FITからの自立に向けた施策の実施である。中長期的には、再生エネルギーの導入は、現行FITのような措置に頼らず、自立的に進む必要があるとの認識に基づき、①市場機能の活用[59]、②再生可能エネルギーの新たな使い方の促進[60]、③立地制約のある電源の導入促進のあり方が挙げられている。

　第3に、系統への円滑な受入れのための施策の実施である。これについては、既存系統の最大限活用、出力制御の最適化と公平性・予見可能性の確保、系統増強のあり方、適切な調整力の確保が論点とされている。

　以上に概観したとおり、再生可能エネルギーの大量導入を図る第2段階では、包括的な取組みが求められる。以下では、①立地制約のある電源の導入促進、

---

[56] この論点について、「〔討論記録〕電力システム改革とエネルギーミックス」公益事業研究68巻1号39頁以下が有益である。

[57] 「論点整理」2頁は、①「後追い」とならないためのforward-lookingな価格設定、②ランニングコスト削減努力を引き出すための逓減型価格設定、③導入量に応じた価格設定（sliding-scale）などを挙げている。

[58] 「論点整理」2頁は、「電源毎のコスト構造や導入実態を把握し、将来的なコストダウンの道筋と必要な施策を明らかにすること」の必要性も説く。一例として、バイオマス発電は燃料費がコストの7割を占めるとされ、そのコスト構造に応じたコストダウン方法論の精査が求められるとしている。

[59] 「論点整理」3頁は、①入札制度、②卸電力市場価格にプレミアムを上乗せして補填するFeed-in Premium（FIP）、③再生可能エネルギー事業者による卸電力市場への直接販売など諸外国の取組みを挙げ、中長期的なFIT制度の改正も視野に入れるとしている。

[60] 「論点整理」3～4頁は、住宅における再生可能エネルギーの自家消費を中心とした新たなライフスタイル・ビジネスモデル、個々の家庭を超えて発電・蓄電・需要機器を束ね、電力の需給バランス調整に活用するエネルギー・リソース・アグリゲーション・ビジネスなどを視野に入れつつ、蓄電池コストの低減、再生可能エネルギー需要の喚起、各種制度の見直しといった支援をすることなどを挙げる。こうした問題につき、西村陽「エネルギー新技術とリソース・アグリゲーション」木船久雄・西村陽・野村宗訓編著『エネルギー政策の新展開―電力・ガス自由化に伴う課題の解明』〔晃洋書房・2017〕153頁。

②系統運用・整備の強化、③FIT 後の温暖化政策という、3 つの論点に絞って
もう少し説明を加えることとしたい。
(2) 立地制約のある電源の導入促進
　立地制約のある電源の導入拡大を図るためには、政府が、電源開発を妨げる
社会的規制を緩和したり、諸利益との調整コストを引き下げる取組みをしたり
することが必要となる。そこで政府は、①自然公園内の地熱発電開発、②風力
発電所設置事業に係る環境アセスメントの期間短縮について、一定の環境規制
改革を進めてきた。
　第 1 に、自然公園における地熱開発の問題である。環境省は、平成 27 年 10
月 2 日、環境省自然環境局長通知（環自国発第 1510021 号）「国立・国定公園内にお
ける地熱開発の取扱いについて」（地方自治法 245 条の 4 第 1 項に基づく技術的助言）
を発して平成 24 年 3 月 27 日通知（環自国発第 120327001 号環境省自然環境局長通知）
を改正し、第一種特別地域であっても一定の条件下で地下部への傾斜掘削を認
めるなど、地熱開発に係る規制緩和を実施した。なお、環境省自然環境局国立
公園課長通知「同解説の通知」が、平成 28 年 6 月 23 日に発出されている。
　第 2 に、風力発電と環境アセスメントの問題である。風力発電所設置事業（出
力 1 万 kW 以上。洋上・陸上いずれも含む）は、騒音・バードストライク・自然環境の
改変・景観への影響といった環境問題を発生させうるため、2012 年 10 月から
環境影響評価法の対象事業に追加された。問題は、そのこと自体ではなく、約
3～4 年に及ぶ環境アセスメント期間の短縮化である。環境アセスメント期間が
長期に及ぶと、開発コストが上昇し、開発のインセンティブを損なう。そこで
環境省は、まず、その期間半減を目指し、2014 年から「環境アセスメント環境
基礎情報データベースシステム」（2017 年 7 月 11 日に、「環境アセスメントデータベー
ス "EADAS（イーダス）"」に改称・リニューアル）を通じた情報提供等の取組みをし
ている。これは、開発に伴う情報収集コストの低減を図るための取組みと評価
できよう。
　さらに今後に向けた取組みとして、開発者の調整コストを引き下げるための
施策も検討されている[61]。洋上風力について、2017 年 3 月に、経済産業省は、

---
61)　「論点整理」4 頁。

有望エリアの効率的な探索に役立つ「洋上風況マップ」、利用調整の参考資料となる「一般海域における利用調整に関するガイド」を作成し、環境省は、「洋上風力発電所等に係る環境影響評価の基本的な考え方に関する検討会報告書　平成29年3月」を公表している。さらに、政府が主導的な役割（導入計画の明確化、環境アセスメント・系統接続に係る立地調整の主導など）を果たし、事業者のリスク・調整コストを低減する方式（セントラル方式）の採用も検討するとしている。また、陸上風力・地熱・水力などの普及促進を進める目的で、2017年度から、国・自治体・関係者の調整を行う「地域協議会」の設置も予定されている。

(3) **系統運用・整備の強化**

日本の再生可能エネルギー導入は、2017年時点で2つの偏りが生じている。ひとつは、自然変動電源の太陽光発電に偏っていることであり、もうひとつは、その立地地点が電力の需要地から離れた特定地域（東北や九州）に偏在していること（電源の偏在化）である[62]。電源の偏在化が生じた原因は、FITで再生可能エネルギーの導入を推進しつつ、立地地点の選定や調整を事業者の役割としてきたことにある[63]。自由化後の発電事業者は、系統の空き容量や流通設備の増強費用（流通コスト）を考慮せず、エネルギーポテンシャルや立地条件（発電コスト）を最優先に電源開発を計画するため、こうした問題が生じる。

自然変動電源の偏在は、系統制約の問題[64]を発生させる。系統制約の緩和・解消は、再生可能エネルギーの導入を円滑に進める上で重要であり、広域メリットオーダーの実現には、連系線など広域連系系統の増強が有効ともいわれる[65]。しかし現状では、単純に連系ニーズに応じて系統整備を進めると、非効率な設備形成となり、結果として国民の負担が増大する可能性もある。とりわけ近年

---

62) 電力広域的運営推進機関「広域系統長期方針　平成29年3月」（以下「広域系統長期方針」という）19〜21頁。

63) 「論点整理」4頁。

64) 系統制約の問題は、容量面（①局所的な系統制約（連系用送電線の増強が必要）、②エリア全体の系統制約（需給一致のために余剰電力の出力制御が必要））と変動面（太陽光・風力の出力変動に追随するために調整力の拡大が必要）に大別される。「論点整理」4頁。また、系統連系問題に関する詳細な研究として、安田陽「系統連系問題」植田和弘・山家公雄編『再生可能エネルギー政策の国際比較　日本の変革のために』〔京都大学学術出版会・2017〕195頁を参照。

65) 「論点整理」5頁、「広域系統長期方針」11頁。なお、広域メリットオーダーとは、日本全体で安い電源から順に活用することを意味する。

では、電力需要の伸びが鈍化する一方で[66]、火力・再生可能エネルギーの新たな連系ニーズが拡大し、流通設備の利用効率は低下傾向にある[67]。電力需要が伸びずに託送料金収入が減っていけば、将来的には、託送料金の上昇圧力となりうる[68]。こうした理解の下で、2017年3月の電力広域的運営推進機関「広域系統長期方針」は、流通コストと発電コストを総合的に評価し、最適な設備形成を進める必要があるとしている[69]。

　系統制約への対策は、偏在の防止と系統の強化に大別される。前者は、再生可能エネルギー発電の立地地点を需要地の近くに誘導する方法（託送料金の差別化など）であり、後者は、立地地点の偏在を認めた上で連系を可能とするべく系統を強化する方法である。こうした対策をどのように組み合わせて実施するかは、今後の重要な論点であろう。系統の強化については、風力のように立地制約がある電源もあるため、電源の特徴も踏まえながら検討される必要がある。理論上は、アクセスの公平性に配慮しつつ、系統の運用・整備費用と便益を考慮し、社会的費用を最小化する方向で検討することが求められる[70]。

　今後取り組むべき各種の課題がある中で、すでに一定の具体的な検討・対応が始まっている。第1に、既存の系統を有効活用することである。その一例として、電力広域的運営推進機関は、2018年度以降、地域間（エリア間）連系線について（図2参照）、現行の「先着優先」から「間接オークション方式」への変更

---

66) 「広域系統長期方針」4頁。電力広域的運営推進機関は、①今後10年間の最大需要電力（夏季）の伸びは、比較的低水準になると予測しており、②エネルギーミックスは、今後も経済成長や電化率の向上等による電力需要の増加を見込みつつ、徹底した省エネで2030年度の電力需要は2013年度とほぼ同レベルになると見込んでいる。
67) 「広域系統長期方針」7頁。
68) 「広域系統長期方針」7頁。
69) 「広域系統長期方針」19〜20頁。電力広域的運営推進機関は、電気事業法に定める認可法人であり、電力システム改革の第一弾として2015年4月に創設された。全国規模での需給調整機能の強化、中長期的な安定供給の確保、電力系統の公平な利用環境の整備などを担う機関である。「広域連携系統の将来のあるべき姿」として、①適切な信頼度の確保（系統の役割に応じた適切な供給信頼度の提供・大規模災害等の緊急時も電力供給に対する要求を満足）、②電力系統利用の円滑化・低廉化（エネルギーミックスに基づく電源導入等を円滑かつ低廉なコストで実現）、③電力流通設備の健全性確保（老朽化が進む流通設備の確実かつ効率的な設備更新・形成を計画的に推進）、が実現された状態をいうとされている。「広域系統長期方針」10頁。
70) 「論点整理」5頁。

図2 地域間連系線

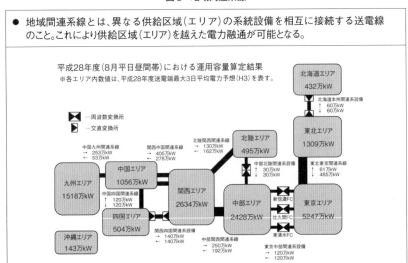

出典：資源エネルギー庁「地域間連系線利用ルールの充実に向けて 平成28年5月25日」1頁。

を目指している（図3参照）[71]。従来は、系統に新規電源を接続する場合には、系統の空き容量の範囲内で先着優先の受入れをし、空き容量がなくなったときは、系統を増強して追加的な受入れをしてきた。これに対し、間接オークションとは、原則的にすべての連系線利用（マージン分を除く）を市場（日本卸電力取引所JEPX）経由で行う仕組みである[72]。経済性に基づく間接オークション方式の採用は、送電線利用の公正な競争を促し、卸電力市場の活性化、広域メリットオーダーの実現、ひいては再生可能エネルギーの最大限活用に資するものと期待されている[73]。

---

71) 「論点整理」5頁。広域機関業務規程125条が、連系線管理の原則として、①先着優先（連系線の利用において、先に受理した計画を後から受理した計画より優先して扱うこと）、②空おさえ禁止（連系線の利用の計画段階において、実際に利用することが合理的に見込まれる量を超えて連系線の容量を確保する行為を禁止すること）の原則を定めている。
72) 電力広域的運営推進機関「連系線利用における間接オークション導入に関する事業者向け説明会 2017年6月14日」の資料「第1部 ルール変更概要について」4頁。

図3　連系線利用ルール変更のイメージ

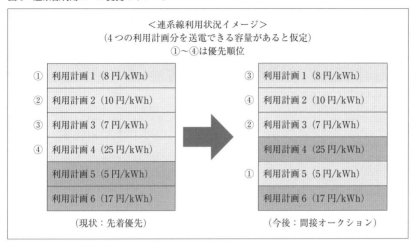

出典：総合資源エネルギー調査会基本政策分科会・電力システム改革貫徹のための政策小員会「電力システム改革貫徹のための政策小員会中間とりまとめ（平成29年2月）」8頁（参考図3　競争的な送電線利用ルール（間接オークション）への移行）。

　第2に、連系線の強化である。広域的な運用を拡大する目的で、すでに連系線増強に向けた計画策定プロセスが開始されているものもある。ただし、連系線増強をどこまで行うかは、重要な論点となる。広域系統長期方針は、この結果に基づいて流通設備の増強要否を判断しないと明記した上で、その「電力潮流シミュレーションの結果からは、まずは既存設備の最大限の有効活用と広域メリットオーダーの運用を図ることが効果的であり、現在計画されている以上に連系線を増強することによる経済的効果は見受けられない」とし（**表4**参照）、「エネルギーミックスをより低コストで達成するためには、系統の空容量を考慮して電源立地を誘導することが効果的であるということも確認できた」としている[74]。仮定の置き方なども含め、この論点に関する議論を活性化させるのに資する分析であろう。

---

73)　総合資源エネルギー調査会基本政策分科会・電力システム改革貫徹のための政策小員会「電力システム改革貫徹のための政策小員会中間とりまとめ（平成29年2月）」7～8頁参照。
74)　「広域系統長期方針」41頁。

表 4　地域間連系線

連系線等	増強費用（年経費率換算[※1]）(億円／年)	燃料費抑制効果[※2] (億円／年)	
		シナリオ①	シナリオ②
北海道本州間	110	～50	～30
東北東京間	100	～50	0
北海道本州＋東北東京間[※3]	330	～120	～30
中部関西間	30	～20	～30
中国九州間	100	～40	～40
中国九州＋関西中国間[※3]	380	～50	～50
中国九州＋関西中国＋中部関西間[※3]	410	～90	～90

※1　年経費率換算については、設備がすべて送電設備とし、耐用年数を法定耐用年数、割引率3％として試算しており、変電設備の割合により、増強費用は増加。
※2　燃料費抑制効果については、連系線の制約なしとした場合の効果であり、現実的な増強規模とした場合は、効果は減少する。
※3　東北エリア内、中国エリア内の増強費用を含む

出典：電力広域的運営推進機関「広域系統長期方針　平成29年3月」38頁（表6　費用対便益評価）。

　広域系統長期方針は、将来の広域連系系統にとって非常に重要な課題の1つとして、再生可能エネルギー導入拡大を実現するための制度的・設備的な課題を挙げる。具体的には、①再生可能エネルギーにより発電された電気の卸売電力市場を通じた広域的な取引の拡大、②一般送配電事業者が他エリアの調整力（揚水式水力等）を最大限活用するための費用回収を含む仕組みの整備、③再生可能エネルギー電源の電力系統への効率的な接続、及びローカル系統やエリア内基幹系統などの整備を挙げている[75]。

---

75)　「広域系統長期方針」27～28頁。

(4) FIT 後の温暖化政策

FIT は、上記のとおり、第 1 段階における再生可能エネルギー政策の柱として、また、温暖化政策の 1 つとして、重要な役割を果たしてきた。ただし、中長期的には、FIT からの自立が目標とされており、FIT はその役割を終えることが予定されている。FIT 後は、どのような政策を実施すべきか。

FIT は、その性格上、補助金政策と位置づけられる。FIT は、再生可能エネルギー電気の買取額・買取期間について義務づけをする点で、規制的な側面を有する。しかし、賦課金を通じて調達資金を捻出し、それによって本来は競争力のない電源を支援しているという機能に着目すれば、実質的には、補助金政策と評価できる。

これまで日本の再生可能エネルギー・温暖化政策は、補助金政策に重点を置いてきた。すなわち、大局的にみると、従来の日本は、炭素税や排出量取引の役割を狭く限定し、補助金[76]を活用してきたと評価できる[77]。それは、2012 年に地球温暖化対策税（炭素税）を導入したものの[78]、それでもなお日本の実効炭素価格は国際水準に照らして低水準であり[79]、また、国内排出量取引制度[80]の導入も見送ってきたためである[81]。

温暖化政策の手法として、補助金と炭素税を比較したとき、両者はどういった差異を持つのか。補助金と炭素税は、いずれも外部性を是正する手段であり、

---

76) 再生可能エネルギー導入に係る補助金政策については、再生可能エネルギー等関係府省庁連絡会議（現、再生可能エネルギー・水素等関係閣僚会議）の会議資料が網羅的に掲載している。
77) 八田達夫『電力システム改革をどう進めるか』〔日本経済新聞社・2012〕172〜173 頁参照。
78) 石油石炭税に「地球温暖化対策のための課税の特例」を設け、CO_2 排出量に応じた税率を上乗せした（平成 24 年 10 月より施行）。現行の地球温暖化対策税は、全化石燃料に対して CO_2 排出量に応じた税率（289 円／CO_2 トン）を上乗せするもので、税収はエネルギー起源 CO_2 排出抑制施策に充当している。
79) 環境省「中央環境審議会地球環境部会　長期低炭素ビジョン　平成 29 年 3 月」66 頁参照。実効炭素価格は、排出量取引の排出枠価格・炭素税額・エネルギー課税額を合計して算出される。同 64 頁。
80) 旧民主党政権下で 2010 年 10 月 8 日に閣議決定された、地球温暖化対策基本法案（平成 22 年 176 回閣 5 号）は、未成立に終わったものの、一次エネルギー供給に占める再生可能エネルギーの割合を 10%（2020 年）とすること（11 条）に加え、国内排出量取引制度の創設（13 条）、地球温暖化対策税の検討その他の税制全体の見直し（14 条）、再生可能エネルギーに係る全量固定価格買取制度の創設等（15 条）、原子力に係る施策等（16 条）の規定を置いていた。

短期的には、CO_2排出に対して同様の効果を持つものの、両者は異なる分配効果を持つため、中長期的には、排出に対する効果が異なる[82]。FITと比較したとき、炭素税の理論的長所は、①発電部門に限らず産業・輸送部門にも有効であること、②石炭・石油から天然ガスへの転換を促進すること、③火力発電の研究開発（R&D）を促進することであり、価格競争が行われる仕組みの下では、炭素税は「最小の社会的犠牲で最大の温暖化対策効果」を発揮するという[83]。また、日本のFITは、そもそも費用対効果の考慮が不十分であり、温暖化対策として非効率であるとの指摘もある[84]。

　エネルギー事業規制改革後の温暖化政策のあり方については、これまでも実効性・効率性の見地から議論が続いてきた[85]。先述のとおり、FITは、再生可能エネルギー導入初期段階の政策として正当化が図られてきたものであり、いわば過渡的な再生可能エネルギー・温暖化政策である。そのため中長期的には、国内排出量取引制度の導入や炭素税の引上げなども含め、代替的・追加的な政策の検討が避けられないであろう[86]。

---

81)　4(2)で述べたように、政府は、2016年にエネルギー供給構造高度化法の告示見直しを通じ、小売電気事業者に対して2030年度「非化石電源比率」（44％）の達成目標を定め、2017年度に、その目標達成を支える目的で「非化石価値取引市場」を設置するとした。この政策は、電力部門に排出量取引制度を採用することと類似した側面を持つ。

82)　Richard S.J. Tol, Climate Economics 47（Edward Elgar, 2014）.

83)　八田達夫『電力システム改革をどう進めるか』〔日本経済新聞社・2012〕172～173頁参照。

84)　FITの買取費用に関し、理論上、「電力としての価値」「外部性」に依拠して計算すべきであると指摘する文献として、朝野賢司『再生可能エネルギー政策論　買取制度の落とし穴』〔エネルギーフォーラム・2011〕参照。

85)　たとえば、補助金廃止と炭素税一本化を主張する文献として、八田達夫『電力システム改革をどう進めるか』〔日本経済新聞社・2012〕172-173頁参照（国際的にみて日本の炭素税は税率が低いため、国際水準の税率（税額）まで引き上げることを提唱する）。その他、温暖化政策のあり方や手法に関する経済学の説明・議論として、杉山大志「地球温暖化問題と日本」木船久雄・西村陽・野村宗訓編著『エネルギー政策の新展開―電力・ガス自由化に伴う課題の解明』〔晃洋書房・2017〕67頁以下、栗山浩一・馬奈木俊介『環境経済学をつかむ〔第3版〕』〔有斐閣・2016〕77頁以下、諸富徹「環境税改革とポリシー・ミックスの経済評価―イギリスとドイツを事例として」横山彰編『温暖化対策と経済成長の制度設計』〔勁草書房・2008〕95頁以下、朴勝俊「温暖化対策税を中心としたポリシー・ミックスの考え方―より意味のある組み合わせのために」諸富徹編著『環境政策のポリシーミックス』〔ミネルヴァ書房・2009〕33頁以下など参照。

6　おわりに

　本章は、競争政策と再生可能エネルギー導入拡大の両立について、現状と課題を論じた。その要旨は、以下のとおりである。

　(1)　日本において、再生可能エネルギーの導入拡大は、電源の多様化や低炭素化といった意義を有する。しかし、再生可能エネルギーは、現状では発電コストなどの点で課題があり、その導入拡大を図る上では、さまざまな政策的支援が必要である。

　(2)　日本は、再生可能エネルギーの2030年度導入目標を電源構成比率22～24％に設定した。2012年からはFITを開始し、再生可能エネルギーの導入を加速させている。その成果として、水力を除く再生可能エネルギーの比率は、FIT開始から3年でほぼ倍増し、水力を含めた再生可能エネルギーの比率は、2014年度時点で12.2％となった。日本は、再生可能エネルギー導入初期の「第1段階」を過ぎ、その大量導入を見据えた「第2段階」を迎えつつあるものと解される。

　(3)　再生可能エネルギーの大量導入をどう進めるべきか。すでに政府は、国民負担の抑制、競争環境の整備、系統運用・整備等の強化といった諸々の課題につき、多角的な検討と着実な対応を進めている。第1段階では、①太陽光偏重のバランスを欠いた導入、②国民負担の増大という課題が顕在化したため、2016年FIT法改正により、①複数年の買取価格提示、②大規模太陽光の入札制度導入などの措置が講じられた。第2段階では、発電コストのさらなる低減

---

86)　この点に関して同時期に公表された、①環境省「中央環境審議会地球環境部会　長期低炭素ビジョン　平成29年3月」と②経済産業省「長期地球温暖化対策プラットフォーム報告書─我が国の地球温暖化対策の進むべき方向─平成29年4月7日」は、それぞれ提唱する政策の方向性に大きな隔たりがある。すなわち、①62～70頁は、「長期大幅削減の実現に向けた政策の方向性」において、「我が国より一人当たりGDPが高い国で既に一人当たり排出量の大幅な削減を実現している国は、我が国より相当程度実効炭素価格が高い」ことなどに触れつつ、カーボンプライシング（炭素の価格付け）について、「具体的な検討を深める時期に来ている」とする（一部委員反対）。これに対し、②39～62頁は、「我が国は、既にエネルギー本体価格、エネルギー諸税、低炭素社会実行計画等の暗示の価格等を合算したカーボンプライス全体について、国際的に高額な水準にある」ことなどを考慮すれば、「現時点で、排出量取引や炭素税といったカーボンプライシング施策を追加的に行うことが必要な状況にはない」とする。なお、「カーボンプライシング」と「カーボンプライス全体」（②40～41頁で定義）は、別物である点に注意を要する。

(FITの活用・改良)に加え、再生可能エネルギーを受け入れる系統の整備等に伴う追加的コストが重要な論点となり、社会的費用最小化の観点から本格的な検討を要するであろう。さらに、FITは過渡的な再生可能エネルギー政策・温暖化政策であり、中長期的には、FITからの自立が予定されている。そのため、代替的・追加的な温暖化政策として、実効的な国内排出量取引制度の導入や環境税の引上げが、改めて重要な論点になるものと予想される。

(4) 最後に、もう一方の非化石電源、原子力発電の動向は、日本の再生可能エネルギー政策に多大な影響をもたらしうる。仮に原子力発電が2030年度導入目標 (22~20%) を達成できない見込みとなれば (現状からすれば、その達成は容易とはいいがたい)、温暖化政策との関係上、再生可能エネルギーの発電割合を増やして対応せざるをえなくなろう。これまで述べてきた諸々の政策は、2015年に公表されたエネルギーミックスを前提としており、たとえば、非化石電源が不足すると、非化石価値取引市場も機能せず、小売電気事業者は、エネルギー供給構造高度化法に基づく非化石電源比率 (2030年度44%) を達成できなくなる。そのため、再生可能エネルギー政策との関係上も、原子力政策の動向・見通しが注視される。

<追記>

本稿脱稿後の動向をごく簡単に述べる。

(1) 第5次エネルギー基本計画 (平成30年7月3日閣議決定) が公表された。再生可能エネルギーについては、2030年に向けた政策対応の1つとして、「再生可能エネルギーの主力電源化に向けた取組」を挙げる (39頁~46頁)。その内容は、①急速なコストダウンが見込まれる太陽光・風力の主力電源化に向けた取組、②地域との共生を図りつつ緩やかに自立化に向かう地熱・水力・バイオマスの主力電源化に向けた取組、③FIT制度の在り方、④系統制約の克服、調整力の確保、⑤福島の再生可能エネルギー産業の拠点化の推進である。なお、2030年度の非化石電源比率は、約44% (再生可能エネルギー22~24%と原子力22~20%) を見込むところ、2016年度の実績は、約16% (同15%と同2%) である (10頁、及び、経済産業省資料「第5次エネルギー基本計画の構成」参照)。

(2) FIT について、2つの重要な展開がみられた。第1に、第5次エネルギー基本計画は、「2020年度末までの間に抜本的な見直しを行う」ことを明記した（44頁）。第2に、経済産業省は、2018年12月5日、資源エネルギー庁「既認定案件による国民負担の抑制に向けた対応（事業用太陽光発電の未稼働案件）」を公表した。事業用太陽光発電の調達価格は、制度開始後、半額以下に下落した（2012年度40円/kWh→2018年度18円/kWh）。しかし、認定時に調達価格が決まる制度設計のため、高い調達価格の権利を保持したまま運転を開始しない案件が大量に滞留することにより、①国民負担が増大すること、②新規開発・コストダウンが進まないこと、③系統容量が押さえられてしまうことが懸念された。そこで、2012年度〜2014年度にFIT認定を受けた事業用太陽光発電（10 kW 以上）のうち、運転開始期限が設定されていない未稼働案件を対象に、運転開始のタイミングに合わせた適正な調達価格の適用や運転開始期限の設定等の措置を講じることとされている。

(3) 非化石価値取引市場が2018年5月に創設された。まずはFIT電源分を対象に、非化石証書の取引が開始されている。取引は、年4回程度実施されることとし、取引初年度の小売事業者の入札最低価格は、1.3円/kWh（FIT賦課金の1/2）、同最高価格は、4円/kWh（FITの調達価格と回避可能費用の差額）とされた。2017年度非化石証書取引（通年。2018年5月18日約定処理）の取引結果は、約定量515万5738 kWh、約定量加重平均価格1.30円/kWh、入札参加会員数・約定会員数26である。初回入札の収入（国民の負担軽減効果）は、約516万 kWh×1.3円/kWh≒約670万円であった。2018年度非化石証書取引（第1回。2018年8月10日約定処理）の取引結果は、約定量224万1311 kWh、約定量加重平均価格1.30円/kWh、入札参加会員数・約定会員数7であり、同年度同取引（第2回。11月9日約定処理）の取引結果は、約定量2102万374 kWh、約定量加重平均価格1.30円/kWh、入札参加会員数・約定会員数9であった。

＜謝辞＞　本研究は、JSPS 科研費 15K03249 の助成を受けたものである。

XI章　卸電力市場における相場操縦の規制※

大阪大学大学院法学研究科教授　　武田　邦宣
大阪大学大学院高等司法研究科准教授　松尾　健一

1　はじめに

　2013年4月に「電力システムに関する改革方針」が閣議決定されたのち、3段階に分けた改革が実行されてきた。すなわち、2015年4月に電力広域的運営推進機関が設立され、2016年4月に電力の小売全面自由化が実現した。さらに2020年には発送電分離が予定されている。これら改革を実効性あるものとし、さらなる競争活性化を実現するために、2016年9月より「電力システム改革貫徹のための政策小委員会」が開催され、2017年2月には中間とりまとめが公表された[1]。そこでは、卸電力市場の流動性を高めるとともに、ベースロード市場、容量市場、非化石価値取引市場などこれまでになかった新しい市場の創設が示されている。そしてそれらに関する詳細制度設計のための議論が、資源エネルギー庁、電力・ガス取引監視等委員会、電力広域的運営推進機関の各種会議体において行われている。
　発電、送配電、小売事業を一体として営む旧一般電気事業者に独占的供給区域を与える旧制度に対して、新制度は、アンバンドリングによって垂直分離をはかり、かつ越境取引によって水平的市場統合を図ろうとする。そして、この

※本稿において米国法については主に松尾が、EU法については主に武田が担当した。武田担当箇所は、日本エネルギー法研究所『公益事業に関する規制と競争政策検討班』（平成30年）所収論文に加筆修正を加えたものである。
1）　総合資源エネルギー調査会基本政策分科会「電力システム改革貫徹のための政策小委員会中間とりまとめ」（平成29年2月）。同委員会での中心的アジェンダは、「更なる競争活性化等に向けた市場・ルールの整備」と「自由化の下での財務会計面での課題」であった。後者では、小売全面自由化の下での原子力事故に係る賠償への備えに関する負担や、廃炉に係る会計制度の在り方に関する議論が行われた。

ような制度改革の前提となるのが、卸電力市場の流動性確保である。電力価値の細分化による新たな市場の創設は、卸電力市場の活性化の重要性をさらに高めよう。そして流動性の確保と同時に必要となるのが、卸電力市場における健全性の確保である。本稿は同健全性を確保するために、とりわけ卸電力取引所における相場操縦をどのような原理に基づき規制すべきかを検討するものである。

　わが国では、適正な電力取引についての指針（適正取引ガイドライン）、および日本卸電力取引所規程によって、相場操縦が規制される。そこでは様々な行為が列挙されるが、それらの行為の規制原理について、これまで一貫した説明がなされることはなかった。本稿は、1）金融商品取引規制や商品取引規制との比較検討を縦軸として、また、2）米国およびEUのエネルギー市場における相場操縦規制の研究を横軸として、同問題を検討するものである。米国ではカリフォルニア電力危機（2001年）の後、相場操縦規制が強化改正されるとともに（2005年）、FERCスタッフはその後10年の実務をまとめた報告書を公表している（2016年）。EUでは卸エネルギー市場の健全性を確保することを目的として、REMITが制定された（2011年）。REMITの発効からもおよそ10年が経過し、実務の動向をまとめうる段階に至っている。

2　相場操縦行為の類型
(1)　適正取引ガイドライン

　電気事業法27条の29、27条第1項は、経済産業大臣の権限として、事業の運営が適切でないため、電気の使用者の利益を阻害していると認めるときは、発電事業者に対し、その事業の運営の改善に必要な措置をとることを命ずることができると定める。また、同66条の12第1項は、電力・ガス取引監視等委員会の権限として、監査、報告徴収、立入検査を前提に、「電力の適正な取引の確保を図るため必要があると認めるときは、電気事業者に対し、必要な勧告をすることができる」と定める。

　適正取引ガイドラインは、次に掲げるような「市場相場を人為的に操作する行為」は、電気事業法に基づく業務改善命令や業務改善勧告の対象になり得るとする（第二部Ⅱ.2.(3)イ③）[2]。第一に、市場相場を変動させることを目的とし

て卸電力市場の需給・価格について誤解を生じさせるような偽装の取引を行うこと[3]。第二に、市場相場を変動させることを目的として市場相場に重大な影響をもたらす取引を実行すること又は実行しないこと。第三に、市場相場を変動させることを目的として卸電力市場の需給・価格について誤解を生じさせるような情報を広めること[4]。

その上で、適正取引ガイドラインは、第二の「市場相場を変動させることを目的として市場相場に重大な影響をもたらす取引を実行すること又は実行しないこと」として問題となる具体的な行為に関して、次の5つを例示する。①市場の終値を自己に有利なものとすることを目的として市場が閉まる直前に行う大量の取引、②取引価格の高値又は安値誘導によりインバランス料金を自己に有利なものとすることを目的として変動させる行為、③市場相場をつり上げる又はつり下げることを目的として市場取引が繁盛であると誤解させるような取引を行うこと（例えば、濫用的な買い占めや大量の買い入札により市場相場をつり上げる場合等）、④市場分断の傾向の分析や事前に入手した連系線の点検情報等により、市場分断が起こることを予測した上で、継続的高値での入札や売惜しみ等を行って市場相場を変動させること、⑤その他意図的に市場相場を変動させること（例えば、本来の需給関係では合理的に説明することができない水準の価格につり上げるため売惜しみをすること）。

(2) 卸電力取引所取引規程

電気事業法99条の3は、卸電力取引所での売買取引について定める。まず第1項において「売買取引は、入札の方法その他業務規程で定める方法によらなければならない」とし、第2項において「卸電力取引所は、売買取引において、不正な行為が行われ、又は不当な価格が形成されていると認めるときは、業務規程で定めるところにより、売買取引を行う者に対し、売買取引の制限その他の売買取引の公正を確保するために必要な措置を講ずることができる」とする。

---

2) 2006年に卸電力取引所における取引が開始されたことに伴い、適正取引ガイドラインに「卸電力取引所における適正な電力取引の在り方」が新設された。

3) 偽装の取引として、仮装取引（自己取引等の実体を伴わない取引）、馴合取引（第三者と通謀して行う取引）、真に取引する意思のない入札（先渡し掲示板における取引の申込みを含む。）が例示される。

4) 市場相場が自己又は第三者の操作によって変動する旨を流布することが例示される。

電気事業法99条の11は、経済産業大臣が卸電力取引所に対して監督命令をなし得ることを定めており、同監督の下で、経済産業大臣と卸電力取引所が卸電力取引につき共同して規制を行うことになる[5]。

具体的に、わが国で唯一の卸電力所である日本卸電力取引所（JEPX）の取引規程10条1項は、取引会員等の禁止行為として、次の行為を列挙する。①電気の実物取引を目的としない取引、②仮装の取引をする、または偽って自己の名を用いない取引、③他者と通謀のうえ、当該他者との取引を成立させることを意図した取引、④単独または他人と共同して、取引が繁盛であると誤解させるような取引や、相場を変動させる取引、⑤相場が自己や他人の操作によって変動する旨の流布、⑥託送供給等約款に定める接続対象計画差対応電力料金単価等、取引所の価格を参照する他の料金等を変動させることを目的とした取引、⑦相対取引や電力先物市場など取引所外の電力に関連した取引において利益を得る目的で、取引所の市場の相場を変動させるような取引、⑧公表前の発電所の事故情報など、取引所の価格形成に影響を及ぼすインサイダー情報に基づく取引、⑨2項に別途定める不正な価格形成にかかる取引、⑩取引所の許諾を得ず、取引所関係業務を他者に委託すること、⑪その他、本取引所が別途定める禁止行為に該当する取引（11号）。

同10条2項は、上記⑨「不正な価格形成」にかかる取引として、市場支配力の行使などによる市場における需給関係では正当化できない水準と認められる価格形成（1号）、一般的な発電原価から著しく乖離した水準と認められる価格形成（2号）を定める。ここでは市場支配力の行使が相場操縦の一例として明示されることに注目できる。後に見るように、米国やEUにおいて相場操縦は詐欺的基準および人為的価格基準に基づき規制されるが、取引規程の本基準は後者の一例を示すものと言える。

(3) **相場操縦行為の分類**

適正取引ガイドライン等に定められている相場操縦行為には、性質の異なる

---

5) 電気事業法が卸電力取引所に自主規制権限を与える理由については、証券業における自主規制と同様に、規制コストの低減、問題の行為の複雑性、広範な規制の必要性に存在すると言えよう。米国証券業における自主規制の機能について、河村賢治「米国証券業の自主規制に関する調査・研究報告書」（『自主規制規則のあり方に関する検討懇談会』（日本証券業協会、2012年）所収）5頁。

ものが含まれている。相場操縦行為をその性質に応じて分類することは、相場操縦行為の規制根拠と規制対象を考える上で重要である。そこで、まず、金融商品取引規制および商品先物取引規制の分野において用いられてきた方法にしたがって、適正取引ガイドライン等が定める相場操縦行為を分類してみることにする。

金融商品取引規制等において、相場操縦行為は、①情報を利用した相場操縦、②偽装取引による相場操縦、③現実取引による相場操縦に分けることができる[6]。市場価格を変動させる目的で虚偽の情報または合理的な根拠のない情報を不特定多数の者に伝達する行為が①に該当し、金融商品取引法158条は風説の流布としてこのような行為を禁止している。適正取引ガイドラインが定める「市場相場を変動させることを目的として卸電力市場の需給・価格について誤解を生じさせるような情報を広めること」がこの類型にあたる[7]。

②の典型は仮装取引（金融商品取引法159条1項1号～3号）であり、権利(リスク)の移転をともなうことなく市場で取引を成立させる行為である。株式の売買に関していえば、同一人が複数の口座を通じて同時期に買い注文と売り注文を出す行為が典型である。複数人で予め共謀して同時期に買い注文と売り注文を出す馴合取引（同項4号～8号）もこの類型に含まれる。適正取引ガイドラインが定める「市場相場を変動させることを目的として卸電力市場の需給・価格について誤解を生じさせるような偽装の取引」[8]がここに分類される。

金融商品取引法では、約定させる意思なく市場に注文を出し、取引が成立しそうになると注文を取り消す行為（見せ玉。金融商品取引法159条2項1号は有価証券売買の申込み（発注）も禁止している。）を相場操縦規制の対象としており、見せ玉も偽装取引に分類される。金融商品取引における見せ玉は、投資者が未約定の売

---

6) E. AVGOULEAS, THE MERCHANICS AND REGULATION OF MARKET ABUSE : A LEGAL AND ECONOMIC ANALYSIS (2005), at 119.
7) 日本卸電力取引所の取引規程10条1項が定める「相場が自己や他人の操作によって変動する旨の流布」もここに分類される。
8) 前述のとおり、仮装取引・馴合取引がこの類型の具体例として例示されている。また、日本卸電力取引所の取引規程10条1項が定める「電気の実物取引を目的としない取引」、「仮装の取引、または偽って自己の名を用いない取引」、「他者と通謀のうえ、当該他者との取引を成立させることを意図した取引」、「単独または他人と共同して、取引が繁盛であると誤解させるような取引や、相場を変動させる取引」もここに分類されうる。

り注文や買い注文の状況を知ることができることを前提として、そこに約定させる意思のない注文を表示させることによって当該金融商品の需給について他の投資者に誤認を生じさせる行為である。卸電力取引所のスポット市場では、ブラインド・シングルプライスオークション方式がとられており、取引参加者は入札時に他の取引参加者の入札状況を知ることはできないことから、金融商品取引市場における見せ玉にあたる行為は起こりえない。適正取引ガイドラインでは、先渡市場における先渡し掲示板に取引する意思のない申込みをすることがあげられており、これは金融商品取引市場における見せ玉に近いものと考えられる。

③は、②と異なり、権利（リスク）の移転をともなう取引（現実取引）によって市場価格を変動させるものである。③の類型は、相場操縦によってどのように利益を得る（得ようとする）かによって、さらなる分類が可能である。まず、特定の市場内で完結するものがある（③—1）。金融商品取引の例をあげれば、特定の銘柄の株式を保有している者が、一時に大量の買い注文を出すことによって市場価格を高騰させ、株価の高騰を見て他の投資者が買いついてきたところで、高騰前の株価で取得していた株式（および株価を吊り上げる過程で取得した株式）を売り抜けるというものである。次に、株式の現物市場で現実取引によって市場価格を変動させ、当該市場価格に連動して価値が変動するデリバティブ取引等のポジションの保有を通じて利益を上げるものである（③—2）。

適正取引ガイドラインが定める「市場相場を変動させることを目的として市場相場に重大な影響をもたらす取引を実行すること又は実行しないこと」とは、列挙されている他の類型との関係からすると現実取引による相場操縦を意味するものと解される。もっとも、電力はその性質上、貯蔵することができないから、スポット市場で安く買っておいた電力を、市場価格を高騰させたのちに同市場で売り抜けるということは考えにくい。したがって、電力卸売市場において上記例の相場操縦行為を想定することは困難である。

適正取引ガイドラインは「市場相場を変動させることを目的とし〔た〕……取引」の具体例として「取引価格の高値又は安値誘導によりインバランス料金を自己に有利なものとすることを目的として変動させる行為」を例示しており、日本卸電力取引所の取引規程10条1項は、「取引所の価格を参照する他の料金

等を変動させることを目的とした取引」、「相対取引や電力先物市場など取引所外の電力に関連した取引において利益を得る目的で、取引所の市場の相場を変動させるような取引」をあげている。これらは③―2の類型に分類できる。

現実取引による相場操縦として、さらに、主として商品先物取引市場において行われてきた、スクイーズ（squeeze）あるいはコーナー（corner）と呼ばれるものがある（③―3）。これは先物取引市場の仕組みを利用したものである。先物取引において売りポジションを有する者は、受渡しの期限までに反対売買（買い取引）をするか期限到来後に現物を引き渡さなければならない。引渡しに供しうる現物は、取引所が定める一定の仕様をみたすものでなければならず、引渡しの場所も指定されているのが一般的である。そこで、先物取引市場において大量の買いポジションを有する者が、引渡しに供しうる現物を買い占める等によって、売りポジションを有する者が引き渡すための現物を調達することを困難にし、反対売買をせざるを得ない状況に追い込むものである。売りポジションを有する者は、先物の価格がどれだけ高くとも買い注文を出して売りポジションを手仕舞わなければならないため、先物価格は高騰し、買いポジションを有していた者（現物を買い占めた者）は大きな利益を得ることができる。もっとも電力先物取引において、現物の引渡しによる売りポジションの決済を認めるとしても、電力はその性質上、あらかじめ買い占めておくことはできないから、商品先物取引市場におけるように③―3の類型の取引によって利益を上げることは難しそうである[9][10]。

他方で、適正取引ガイドラインは、「その他意図的に市場相場を変動させること」の例として、「本来の需給関係では合理的に説明することができない水準の価格につり上げるため売惜しみをすること」をあげており、日本卸電力取引所

---

9) 電力先物取引の決済を差金決済に限るとして、清算値をスポット市場価格に連動させるとした場合には、スポット市場の価格を吊り上げることによって先物取引の清算値を上げることができるが、これは③―2の類型の相場操縦行為と異ならない。
10) なお、適正取引ガイドラインは、「市場相場を変動させることを目的として市場相場に重大な影響をもたらす取引を実行すること又は実行しないこと」の具体例の一つとして、「市場相場をつり上げる又はつり下げることを目的として市場取引が繁盛であると誤解させるような取引を行うこと（例えば、濫用的な買い占めや大量の買い入札により市場相場をつり上げる場合等）」をあげているが、必ずしもその内容は明らかでない。

の取引規程10条2項は、「不正な価格形成」として、「市場支配力の行使などによる市場における需給関係では正当化できない水準と認められる価格形成」、「一般的な発電原価から著しく乖離した水準と認められる価格形成」を定めていることは前述のとおりである。ここでは「市場の需給関係」や「発電原価」を基準として価格が不正か否かが判断されるのであり、これらは、従来、少なくとも金融商品取引においては見られなかった基準である[11]。

3 米国における相場操縦規制：詐欺的基準と人為的価格基準
(1) 詐欺的基準

米国のエネルギー市場において相場操縦規制を中心的に行うのは、FERCである。連邦動力法（Federal Power Act）に基づきFERCは「公正かつ合理的な料金（just and reasonable）」を実現するための規制権限を有する。1990年代においてFERCは、卸電力市場の競争を促進して、公正かつ合理的な料金を市場ベースの料金（market-based rates）により達成しようとした。しかし単純な自由化によっては投機行動を抑制できず、カリフォルニア電力危機を防ぐことはできなかったとの反省が生まれた。電力危機を背景とした2005年のエネルギー政策法（Energy Policy Act）により連邦動力法が改正され（ガス市場については天然ガス法（Natural Gas Act）が改正され）、これに基づき、2006年、FERCはOrder 670（18 C. F. R. §1c）を制定した。Order 670が、FERCが相場操縦を規制する際の直接の根拠となっている[12]。

Order 670は、相場操縦を次の通り定める。FERCが管轄を有する電力・送電サービスの購入・供給にあたり、直接または間接に、①詐欺となる策略、計画、技巧を使用ないし利用すること（to use or employ any device, scheme, or artifice to

---

11) 株式等の金融商品は、それ自体として消費されることはなく、電力におけるような現実の需要というものは想定しがたい。さらに、金融商品市場では、投機目的での取引も市場に流動性を供給する正当な取引として受容されている。したがって金融商品市場において、正常な需給関係を反映した価格というものを観念することは困難であり、正常な需給関係を反映した価格から乖離した価格を不正な価格とみるというアプローチは採られてこなかった。

12) R. S. Fleishman & P. C. Varnado, Respectives on FERC's Enforcement Programme as it Relates to Energy Market Manipulation, in G. KAISER ED., THE GUIDE TO ENERGY MARKET MANIPULATION (2018), at 16-17.

defraud)、②重要な事項について正確に述べないこと、状況から誤解をもたらさないために必要となる重要な事実を述べないこと、③虚偽もしくは誤解を与え、または与えるおそれのある行為、慣行、事業活動を行うこと。

　Order 670 は、"defraud"、"misleading" などの法文に示されるように、卸取引所における「詐欺 (fraud)」を規制する。このため、Order 670 の規制は、詐欺的基準アプローチとよばれる。Order 670 は、1934 年証券取引所法（Securities Exchange Act）10 条(b)に基づき、連邦証券取引委員会（Securities and Exchange Commission：SEC）が定めた規則（Rule 10b-5）を参考にして設けられたものであり、その執行にあたり SEC による先例が参照される[13]。伝統的な金融商品市場では、投資家の意思決定に資する十分な情報の提供が必要とされる。これに対して、エネルギー市場は実需にもとづく事業者間取引が中心であり、金融商品市場における詐欺的基準が、エネルギー市場に適合するかが問題となりうる。しかしすぐ後に見るように、SEC による Rule 10b-5 においても詐欺は広くかつ柔軟に解釈されている。Order 670 も、詐欺を「市場機能を阻害、妨害、破壊する目的を有する、あらゆる行為、取引、共謀（any action, transaction, or conspiracy for the purpose of impairing, obstructing or defeating a well-functioning market）」と定義しており[14]、「不当表示や欺瞞といった要素を不要としている（might appear to jettison any requirement of misrepresentation or deception）」[15] [16]。

(2) 人為的価格基準

　米国では、卸電力取引市場（スポット市場）において取引される電力を原資産とするデリバティブ商品が ICE フューチャーズ U.S.（ICE Futures U.S.）やニューヨーク・マーカンタイル取引所（NYMEX）に上場されている。これらの取引所における電力デリバティブ取引に関する相場操縦については、CFTC（Commodity Futures Trading Commission）が規制権限を有している[17] [18]。

　CFTC による規制の根拠は、商品取引所法（Commodity Exchange Act）6(c)条(3)

---

13)　Order 670, para 6-7.
14)　Order 670, para. 50.
15)　FERC v. City Power Marketing, 199 F. Supp. 3d, 218, 234（2016）.
16)　このような解釈は、相場操縦行為により（投資家ないし取引相手ではなく）取引所を欺網する行為をも規制する法運用を生み、後述する「制度の不当利用」の規制につながることになる。

である。同規定は、「いかなる者も、直接的であると間接的であるとを問わず、スワップ取引の価格もしくは州際の商品取引の価格、または先物取引の価格を操作 (manipulate) し、または操作しようとすることは、違法とする」と定めている[19]。「価格を操作する」ことの意義については、商品取引所法およびそれに基づく規則には定められていない。CFTC は、後述するように商品取引所法6(c)条(3)の適用にあたって「人為的な価格 (artificial price)」が形成されることを要するとの解釈を示してきたことから、同条の相場操縦禁止規定は人為的価格基準アプローチと呼ばれている。

さらにドッド・フランク法によって商品取引所法6(c)条(1)が追加された。6(c)条(1)は、スワップ取引、州際の商品取引、または先物取引に関して、相場操縦的 (manipulative) もしくは詐欺的な策略・仕組みを用いることを違法とするものであり、SEC の Rule 10b-5 にならった詐欺的基準を商品取引所法に導入したものである[20)21)]。

(3) 相場操縦規制の運用状況

前述のように、電力スポット市場を管轄する FERC は相場操縦規制として詐欺的基準アプローチを採用してきた。他方、電力デリバティブ市場を管轄する CFTC は、人為的価格基準アプローチによって相場操縦を規制してきたが、2011年以降は詐欺的基準アプローチも導入し、規定の上では二つルールが併存している。以下では、FERC および CFTC が、相場操縦の規制にあたってこれらのルールをどのように解釈し、適用してきたかをみることとする。

(i) FERC による相場操縦規制の運用

前述のとおり、電力スポット市場における相場操縦を規制する FERC の Or-

---

17) なお、2010年に成立したドッド・フランク法 (Dodd-Frank Wall Street Reform and Consumer Protection Act) により、CFTC の規制権限が拡張され、店頭 (OTC) デリバティブ取引についても及ぶこととされた。

18) 2007年エネルギー自給安全保障法 (Energy Independence and Security Act of 2007) に基づき、ガソリン、石油製品などに関して、FTC も詐欺的基準に基づく相場操縦の規制権限を有する。

19) 17 CFR §180.2 も、これと同内容の規定である。

20) 商品取引所法6(c)条(1)に基づく規則 (17 CFR §180.1) は、商品先物取引等について SEC の Rule 10b-5 とほぼ同内容の規制を定めている。

21) FERC, Prohibition on the Employment, or Attempted Employment, of Manipulative and Deceptive Devices and Prohibition on Price Manipulation, 76 Fed. Reg. 41398 (2011).

der 670 は、金融商品取引における相場操縦を規制する SEC の Rule 10b-5 をもとにつくられた。Order 670 にかかる解説において FERC は、Order 670 の解釈にあたっては、SEC の Rule 10b-5 の解釈をめぐって蓄積されてきた判例を参照できるとする。そして、Order 670 違反を認定するために立証すべき事項は、Rule 10b-5 違反について SEC が立証すべき事項と同じであるとし、Rule 10b-5 に関する SEC v. Monarch Funding Corp. 判決[22]を参照して、①行為者に重大な虚偽表示もしくは開示すべき重大な事実の不開示があったこと、または行為者が詐欺的手段（fraudulent device, scheme or artifice）を用いたこと、②欺罔の意図（scienter）[23]、③①の行為が証券の買付けまたは売付けに関連してなされたことを立証すればよいとの判示を引用している[24] [25]。

　適法な取引行為と相場操縦規制の対象となる取引を区別するうえでは、ある取引が①の要件の「詐欺的手段」にあたるか否かが重要となる。「詐欺的手段」に関し FERC は、先に述べたように、詐欺を、市場機能を阻害する幅広い行為等と捉えており[26]、詐欺にあたるか否かは、当該事案の事情を総合的に考慮して判断すべきものであるとしている[27]。この広範な定義からは、具体的にどの

---

22) 192 F. 3d 295, 308（2d Cir. 1999）.
23) 無謀（recklessness）が欺罔の意図に含まれるかについて、Rule 10b-5 の解釈にかかる裁判所の見解は確定しているといい難いが（飯田秀総「アメリカの相場操縦規制」大証金融商品取引法研究会記録 8 頁以下（2013 年）参照）、FERC は、これを肯定する連邦控訴裁判所の判例（Florida State Board of Administration v. Green Tree Fin. Corp., 270 F. 3d 645（8th Cir. 2001）等）に従い、無謀も欺罔の意図に含まれるとしている（FERC, Order No. 670, at 40-41）。欺罔の意図は、状況証拠によって立証することが可能であり（FERC, Staff White Paper on Anti-Market Manipulation Enforcement Effort Ten Years after EPACT 2005, at 9（Nov. 2016）[hereinafter：White Paper]；In re Barclays Bank PLC, 144 FERC ¶ 61,041, at 7（FERC 2013）.）、価格を変動させる目的と他の正当な目的が混在している場合であっても、欺罔の意図の要件はみたされる（FERC, White Paper, at 9）。
24) Order 670, at 37. 損害賠償を請求する場合には、これらに加えて、信頼（取引因果関係）、および損害因果関係の立証を要する（相場操縦規制としての Rule 10b-5 の解釈については、飯田・前掲注(23) 7 頁以下参照。もっとも、Order 670 は、その違反を理由として私人が損害賠償請求等をすることはできないとしている。
25) 人為的な価格（artificial price）が形成されたことの立証は要しない。See FERC, White Paper, at 9；In re Barclays, supra note 23 at 7。
26) Rule 10b-5 における詐欺は、コモン・ロー上の詐欺、すなわち虚偽の言明、表示、策略に限定されないと判示した Dennis v. United States, 384 U. S. 855, 861（1966）を参照している。
27) FERC, Order No. 670, at 38-39.

ような行為が相場操縦に該当するのかを導き出すことは困難であるが、FERC スタッフは、Order 670 の施行から約 10 年の間に同規則違反が争われた事案を整理し、FERC による同規則の解釈と運用の指針を示した文書[28]を公表しており、そこでは次のような考えが示されている。

すなわち、競争的なエネルギー市場は、エネルギーの需給に関わる要因（ファンダメンタルズ）にもとづいた競争的な価格でエネルギーを供給するために存在するのであるから、市場参加者もこの目的に沿うように取引しなければならないというものである。この前提から、現物市場（スポット市場）の参加者は、需給に関わる要因にもとづいて、自身のエネルギー製品から得られる利益を最大化するよう取引すべきであり、現物市場以外での取引を含めた全体としてのリターンを考慮すべきではないとする。また、エネルギーを原資産とするデリバティブ市場の参加者が投機取引を行う場合も、需給に関わる要因（天候、停電等）に関する自身の知見にもとづいて取引しなければならず、取引所での取引以外の契約等からリターンを得ることを動機として取引すべきではないとする。もっとも、ヘッジ取引や裁定取引等の正当な目的にもとづく取引は相場操縦にあたらないとも述べている[29]。このような考えを前提として、FERC スタッフは、需給に関する要因を考慮せずにする取引は、不正確な情報を市場にもたらし、スポット市場の機能を損なうゆえに、詐欺的であるとしている[30]。

(ii) Barclays 事件

エネルギーの市場取引に関するこのような基本的理解にもとづいて、FERC が、具体的にどのようにして「詐欺的手段」が用いられたことを立証しているかをみるために、卸電力市場における相場操縦の代表例である Barclays 事件における FERC の説明をみることとする。同事件で問題とされた行為は以下のようなものであった。Barclays 銀行の 4 人のトレーダーが他の金融機関との間で電力スワップ契約を締結した。当該スワップ契約は ICE に上場されている電力指数を参照価格とするものであり、Barclays は同指数が上昇すると利益を得られるポジションを取っていた。同指数は、4 つの地点を受渡し場所とする電

---

28) FERC, White Paper.
29) FERC, White Paper, at 15.
30) Id.；In re Barclays, supra note 23, at 57.

力スポット市場での取引価格をもとに算出されるものであった。Barclays のトレーダーは、これらのスポット市場に買い注文を出し、それによって市場価格を引き上げた。その結果、同指数が上昇し、Barclays はスワップ取引から利益を得た。このような行為は、2006年11月から2008年12月まで行われた。

FERC によれば、ある行為が詐欺的なものであるか否かを判断する際に、行為者の「目的（purpose）」が決定的となる[31)32)]。Barclays 事件においても、Barclays による一連の電力取引は、指数に連動するスワップ契約のポジションから利益を得られるよう当該指数を特定の数値まで変動させる目的をもってなされたがゆえに詐欺的であるとした[33)]。

このような目的を認定するにあたって、FERC は、次の事実に着目した。すなわち Barclays は、スポット市場の価格を吊り上げるために買い付けた電力を、先物市場での指数の売りポジションの決済に充てていたが、この一連の取引からは恒常的に損失が発生していた。FERC は、このようにある取引単体では損失を生じることを知りながら（あるいは損失が生じうることについて無関心に）、その取引を行なうのは、背後にその取引に関連するポジションから利益を得るために価格を変動させる等の目的があるからだと考え、経済的合理性を欠く取引が行われたことから、相場を変動させ（て利益を得）る目的を認定した[34)35)]。

　(ⅲ)　CFTC による相場操縦規制の運用

前述のとおり、CFTC による相場操縦規制の根拠となる規定は商品取引所法６(ｃ)条(3)である。同条は、先物取引等の価格を操作することを禁止するもので

---

31)　Brian Hunter, 135 FERC ¶ 61,054, at 49 (2011), order denying reh'g, 137 FERC ¶ 61,146 (2011), rev'd on other grounds sub nom, Hunter v. FERC, 711 F. 3d 155 (D. C. Cir. 2013) も、市場における正当な取引と違法な取引との違いは、行為者が当該行為を行なった相場を変動させるという目的以外にないとしている。

32)　FERC は、Rule 10b-5 違反が争われた近年の事例においても、裁判所は、行為者の目的を重視しているとして、Koch v. SEC, 793 F. 3d 147, 153-154 (D. C. Cir. 2015)；Markowski v. SEC, 274 F. 3d 525, 529 (D. C. Cir. 2001) をあげている（後者の判決につき、芳賀良「公開市場における相場操縦─詐欺禁止規定と『相場操縦』概念の関係性について」横浜法学23巻3号1頁（2015年）9頁以下を参照）。

33)　In re Barclays, supra note 23, at 2.

34)　In re Barclays, supra note 23, at 29. さらに、FERC, White Paper, at 13 では、問題とされた取引が経済的合理性を欠くものであることも、その取引が詐欺を構成するか否かの判断する要素の一つであるとしている。

あるが、「価格操作」の意味を定めた法令の規定はなく、ガイドラインが作成されたこともなかった。しかし 2011 年の商品取引所法改正に際し、CFTC は、改正前の商品取引所法 6(c)条(3)がどのように解釈され、運用されてきたかを整理し、公表した[36]。

CFTC は、まず Cargill 判決[37]を参照して、市場における需要と供給の正常な作用を妨害することを意図した商品取引の価格に影響を及ぼすあらゆる行為を規制対象に含められるよう、相場操縦規制を運用していくことを確認している。Cargill 判決は、相場操縦は「人間の想像力の範囲において成立し得る」[38]としており、CFTC も、価格操作について明確な定義を設けることは断念し、ケース・バイ・ケースの判断の積み重ねによって法規制が発展していくことを期待している[39]。

価格操作を明確に定義することは断念しているものの、価格操作該当性の判断において CFTC および裁判所は、4 つの要件からなる判断基準を用いてきた。

---

35) In re Make-Whole Payments & Related Bidding Strategies, 144 FERC ¶ 61,068（available at：https://www.ferc.gov/CalendarFiles/20130730080931-IN11-8-000.pdf）(2013) は、J. P. Morgan が卸電力取引の前日スポット市場で入札した電力をリアルタイム市場で買い戻して相殺する取引によって価格を操作していたという事案であるが、これら両市場での取引からは恒常的に損失が生じていた一方で、CAISO（California Independent System Operator）が設けた保証制度を通じて損失を上回る利益を上げていたという事案である。FERC は、これらの一連の取引を詐欺的であると認定した（id. at 14）。

Deutsche Bank Energy Trading, LLC, 142 FERC ¶ 61,056（available at：https://www.ferc.gov/CalendarFiles/20130122124910-IN12-4-000.pdf）(2013) は、CAISO の CRRs（Congestion Revenue Rights）市場における取引から利益を得るために、CAISO の管轄外の地域から電力を買いつける取引と、それを相殺するために売りつける取引を 3 か月にわたって繰り返したという事案であり、電力現物市場での買付け・売付け取引からは恒常的に損失が生じていたが、CRRs 取引から損失を上回る利益を上げていたというものである。FERC は、Deutsche Bank は現物取引において多額の損失を生じさせており、市場の需給要因と整合しない取引であると述べ、これら一連の取引を詐欺的であると認定した（id. at 4-5）。

36) CFTC, Prohibition of Market Manipulation, 75 Fed. Reg. 67657（2011）［hereinafter：17 CFR § 180 proposed rule］at 67660-67661；CFTC, Prohibition on the Employment, or Attempted Employment, of Manipulative and Deceptive Devices and Prohibition on Price Manipulation, 76 Fed. Reg. 41398（2011）［hereinafter：17 CFR § 180 final rule］at 41407-41408.

37) Cargill, Inc. v. Hardin, Secretary of Agriculture, 452 F. 2d 1154（8th Cir. 1971）.

38) Id. at 1163.

39) 17 CFR § 180 proposed rule, 75 Fed. Reg. 67660.

具体的に Cox 判決[40]は、ある者の行為が価格操作にあたるというためには、CFTC が、①その者が市場価格に影響を与える能力を有していたこと、②その者が、市場価格に影響を及ぼすことを明確に (specifically) 意図していたこと、③人為的な価格 (artificial price) が形成されたこと、④その者がその人為的価格を形成したことを立証しなければならないとした[41]。

CFTC は、規制対象となる相場操縦該当性の判断において、行為者の意図が決定的な要素となるとする。そして、行為者の意図について、Cox 判決が示した②を修正し、②' 行為者が、需要と供給の正常な作用を反映しない価格 (もしくは価格傾向) を形成し、またはもたらすことを明確に意図していたことを立証しなければならないとする[42]。CFTC が、②のように価格に影響を及ぼすことを意図していたことのみの立証では不十分であるとしたのは、次のような理由による。すなわち、市場参加者は、自身の取引が市場価格に何らかの影響を及ぼすことを認識しているのが通常であり、価格に影響を及ぼすことを意図した取引がすべて規制対象となるとすると、すべての取引が規制対象となりかねない。個々の市場参加者が自己の利益を追求する取引は、市場価格の形成において正当な役割を果たしているのであるから、そのような取引を相場操縦として規制するのは不当であるというものである。また、行為者の意図の立証については、客観的な事情によるべきであり、個々の取引行為から推認できるとし、行為者が、作為または不作為により、市場価格を、需要と供給の作用を反映した価格から乖離させようとしたことが示されれば、意図の要件はみたされるとする[43]。

③の人為的な価格の形成と④の人為的価格と行為との間の因果関係についてCFTC は、Hohenberg Brothers 事件[44]を引いて、市場価格が、正当ではない要

---

40) In re Cox [1986-1987 Transfer Binder], Comm. Fut. L. Rep. (CCH) ¶ 23,786, at 4 (CFTC July 15, 1987). 相場操縦の未遂については①②のみの立証で足りる (In re Hohenberg Bros. Co., [1975-1977 Transfer Binder] Comm. Fut. L. Rep. (CCH) ¶ 20,271, at 21,477 (CFTC Feb. 18, 1977))。
41) ③の「人為的な価格の形成」が要件となっていることから、商品取引所法 6(c)条(3)を根拠とする CFTC の相場操縦規制は、「人為的価格基準アプローチ」と呼ばれる。
42) ②' の意図の要件は、Indiana Farm Bureau 事件 (In re Indiana Farm Bureau Cooperative Assn., Inc., [1982-1984 Transfer Binder] Comm. Fut. L. Rep. (CCH) ¶ 21,796 (CFTC Dec. 17, 1982) を参考にしたものである。
43) 17 CFR § 180 final rule, 76 Fed. Reg. 41407-41408.

因によって影響を受けた場合には、必然的にその価格は人為的なものとなり、したがって、形成された価格に焦点を当てるのではなく、その価格を形成した要因の性質に目を向けるべきであるとしている[45]。このような考え方によれば、「人為的な価格」が形成されたか否かは、形成された価格が、正常な需給を反映した価格と比べて異常に高く（低く）なっているか否かをみるのではなく、その価格を形成した要因、すなわち取引が、正常な需給を反映したものであったか否かを検討することとなる。

(iv) DiPlacido 事件

電力の先物取引について、4 要件の基準が用いられた事案として DiPlacido 事件がある[46]。同事件は、NYMEX に上場されている 2 つの地点を受渡し場所とする電力の先物取引について DiPlacido らが行なった計 5 回の取引が、商品取引所法 6(c)条の相場操縦禁止規定に違反するかが争われたものである。DiPlacido は、相対取引で電力を原資産とするオプション契約を締結していた。そのオプション契約の満期日における清算値は、同日の NYMEX における上述の先物取引の終値（取引終了前 2 分間の出来高加重平均によって算出される）を参照して決められることとなっていた。DiPlacido らは、いずれもオプション契約の満期日の先物取引終了直前の時間帯に大量の買い注文または売り注文を出すことによって、先物取引の終値をオプションの清算値が有利なものになるよう操作した[47]。

CFTC は、DiPlacido らが一連の取引によって価格を操作したといえるか否かは、Cox 判決の示した 4 要件の基準によって判断されるとする。Cox 判決は、スクイーズあるいはコーナーに関する事案に関するものであるが、それらに該当しない本件においても同じ基準を用いることができるとした[48]。

---

44) In re Hohenberg Bros., [1975-1977 Transfer Binder] No. 75-4, Comm. Fut. L. Rep. (CCH) ¶ 20,271 at 21,477 (CFTC 1977).
45) 17 CFR §180 proposed rule, 75 Fed. Reg. 67661.
46) In re DiPlacido (CFTC 2008), aff'd in pertinent part, DiPlacido v. Commodity Futures Trading Comm'n, 364 Fed. Appx. 657 (2nd Cir. 2009), cert. denied, 130 S. Ct. 1883 (2010).
47) Id. at 5-6. たとえば、ある満期日の先物取引の終値は前日より 2.89 ドル上がって 56.81 ドルとなったが、翌日には 5.39 ドル値下がりした (id. at 12) 。
48) Id. at 42.

①のその者が市場価格に影響を与える能力を有していたことという要件については、電力先物市場における取引量は、天然ガスや原油の先物取引の約1％にすぎず流動性が低いこと、および問題とされた日におけるDiPlacidoらの注文が注文全体に占める割合は28％～58％であったことから、DiPlacidoらが先物取引の市場価格に影響を与えることが十分に可能であったとしている[49]。

　②の行為者の目的については、Indiana Farm Bureau事件を引いて、需要と供給の正常な作用を反映しない価格を形成し、またはもたらすことを意図していたことが立証されなければならないとする。そのうえで、DiPlacidoらが、注文時点の最良の気配値より安い価格の売り注文を出し、または、最良の気配値より高い価格の買い注文を出していたことに着目し、このような経済合理性を欠く取引が行われていたという事実によって、行為者が価格を操作する目的を有していたことが十分に立証されるとしている[50]。

　③の人為的な価格の形成の要件については、経済合理性を欠く取引によって形成された価格は、市場における正常な需要と供給の作用を反映したものとはいえないから、人為的な価格であるといえるとする[51]。また、④の人為的価格と行為者の行為との間の因果関係についても、前述のとおり、流動性の低い電力先物取引市場において、DiPlacidoらは経済合理性を欠く大量の注文をだし、取引を成立させたのであるから、人為的な価格であるそれぞれの日の終値はDiPlacidoらによってもたらされたものといえるとしている[52]。

(v) 2つのアプローチの収斂

　FERCとCFTCの相場操縦規制の出発点は、それぞれ詐欺的基準アプローチと人為的価格基準アプローチであり、両者は規定の文言の上では大きく異なっている。しかし、実際のルールの運用状況をみると、いずれについても、市場における正当な取引と相場操縦行為とを区別しているのは、行為者の目的であるといえそうである。具体的には、行為者が、市場における正常な需給の

---

49) Id. at 44-45.
50) Id. at 45-47. ただし、問題とされた5つの取引日のうち1つについては、DiPlacidoらが本文のような経済的合理性を欠く取引をしたことが立証されていないため、その日の一連の取引については、価格を操作する目的があったとは認定できないとした (id. at 49)。
51) Id. at 53.
52) Id. at 57.

作用を反映しない市場価格を形成する目的を有していた場合に、その者の行為を相場操縦にあたると解している。

このような目的を、とりわけ現実取引による相場操縦の事案においてどのように立証するかが問題となるが、FERC および CFTC は、いずれも取引行為が経済的合理性を欠くものであることに着目している[53) 54)]。すなわち、その取引だけをみれば、利益が出る可能性がない（あるいは行為者が利益に関心を持っていない）取引を行なったという事実から、その取引の背後に市場価格を変動させ（て利益を得る）目的を推認している。

このような法運用は、問題とされている行為そのものからは利益を得ることができず、他の市場やスキームから利益を得て初めて利益を得ることができるものについては、取引的詐欺（transactional fraud）と理解するものであるともいえる[55)]。学説にも「経済合理性を欠く（uneconomical）」取引に限り、相場操縦として規制すべきとするものがある[56)]。また市場間の価格等の連動を利用した取引に限り相場操縦を規制すべきとするものもあるが、これは売買を行う市場では経済合理性を欠く取引がなされる場合を念頭に置くものであろう。

経済合理性を欠いた取引が市場価格の正確性を損ない、効率的な発電および投資を妨げる弊害を有することは明らかである。しかし経済合理性を欠いた取引、また複数市場間の連関を利用した相場操縦といった基準では、単一の市場における市場支配力の行使による価格操作を規制することは困難である。なぜならば市場支配力の行使は経済合理的な行為であり、また追加的な発電や投資

---

53) DiPlacido 事件は、CFTC が人為的価格基準アプローチによって相場操縦に該当するとした唯一の事例であった。
54) 偽装取引による相場操縦の場合は、偽装取引自体が定型的に市場における正常な需給を反映した取引とはいえないから、偽装取引によって市場価格が変動させようとすれば、その事実から市場における正当な需給の作用を反映しない市場価格を形成する目的を認定できる。
55) S. D. Ledgerwood & J. A. Verlinda, The Intersection of Antitrust and Market Manipulation Law (2017), at 14 ; G. TAYLOR ET AL., MARKET POWER AND MARKET MANIPULATION IN ENERGY MARKETS : FROM THE CALIFORNIA CRISIS TO THE PRESENT (2015), at 194-198 ; S. D. Ledgerwood & P. R. Carpente, A Framework for the Analysis of Market Manipulation, 8 REV. L. ECON. 253, 258（2012）.
56) W. C. Perdue, Manipulation of Futures Markets : Redefining the Offense, 56 FORDHAM L. REV. 345, 348（1987）.

を行うべきことを示すシグナルの役割を果たすからである[57]。米国やEUでは、特定の現物市場内で完結する市場支配力の行使をどのように規制しているのか[58]。これが次の問題である。

4　EUにおける相場操縦規制：相場操縦規制と競争法規制
(1)　物理的調整・経済的調整

　投資の意思決定に資する十分な情報の確保が問題となる金融商品取引市場とは異なり、卸電力市場においては、市場支配力をどのようにコントロールするかが重要な課題である[59]。特に問題となるのは、特定の現物市場内で完結する、①発電調整によって市場における限界費用電源を操作する物理的調整（physical withdrawal）と、②市場における限界電源の価格引き上げを行う経済的調整（economic withdrawal）である[60]。両者の区別であるが、前者を実行するにあたり、限界費用電源の保有は必須ではない。たとえばミドルピーク電源の発電調整によって限界費用電源を変更し市場価格を引き上げることで、自らが有するベースロード電源等にかかるプライスコストマージンを拡大させ、利潤を増大させることができる。これに対して、後者は限界費用電源を有する者による価格引き上げであり、前者のように発電市場において大きな市場シェアを有することも、幅広い電源ポートフォリを有する必要もない。

　このような市場支配力の行使を、どのようにコントロールするのか。同問題について、米国とEUの法制度は大きく異なっている。米国では、FERCの監督に服するISOないしRTOが、まずは自ら開設する卸電力取引所に関して市

---

57)　TAYLOR ET AL., supra note 55, at 21 は、市場支配力の行使に詐欺的要素はなく、また、むしろ市場支配力を行使しないことにより人為的価格が形成されるとする。

58)　Ledgerwood & Verlinda, supra note 55, at 14 は、卸電力市場における相場操縦行為を「直接的な詐欺（outright fraud）」、「取引の詐欺（transactional fraud）」、「市場支配力に基づく搾取またはその濫用（exploitation or abuse of market power）」と整理した上で、前者2つの行為に詐欺的基準また人為的価格基準を適用することが比較的容易であるのに対して、市場支配力に基づく行為には両基準を直接に適用することはできず、さらなる検討が必要とする。

59)　M. Evans, Regulating Electricity-Market Manipulation：A Proposal for a New Regulatory Regime to Proscribe All Forms of Manipulation, 113 MICH. L. REV. 585, 596（2015）.

60)　P. TSANGARIS, CAPACITY WITHDRAWALS IN THE ELECTRICITY WHOLESALE MARKET：BETWEEN COMPETITION LAW AND REGULATION（2017）, at 12-18.

場支配力の懸念が存在する場合に、短期限界費用ベース（ないしは限界費用プラスαベース）の基準価格（reference price）での取引を命じる市場支配力緩和措置（market power mitigation）がとられる[61]。これは直接規制の一例である。いかなる指標に基づき市場支配力を認定するかについて、議論が存在する[62]。これに対してEUでは、競争法（独占禁止法）により市場支配力の問題を解決することが試みられた。

(2) EU 競争法 102 条による規制

EUにおいて、卸電力取引について中心的な規制権限を有するのは欧州委員会である。欧州委員会は、2011年より施行されたREMIT[63]に基づき、相場操縦行為を規制する。EUにおける相場操縦規制（またインサイダー取引規制、情報開示規制）には、市場濫用指令（MAD）[64]や金融商品市場指令（MiFID）[65]が存在したが、これらは金融商品を対象としており、電力やガスに関しては、それらの商品デリバティブ取引に関しては規制対象となるものの、現物取引に関しては規制対象とならなかった。これに対して、REMITは卸エネルギー商品（wholesale energy products）を広く規制対象とする。これにより現物の相対取引、デリバティブ取引も広くREMITの対象となる。

REMITが施行されるまで、卸電力市場における現物取引の相場操縦規制は、競争法により行われていた。代表的事例として、EU競争法102条違反が問題

---

61) FERC Staff, Staff Analysis of Energy Offer Mitigation in RTO and ISO Markets（2014），at 3-4. ISO/RTOごとの制度概要について、同Appendix。特にPJMの制度について、井上智弘「米国PJMエネルギー市場における市場支配力監視の設計と課題」電力経済研究61号（2015年）23-27頁。

62) Id. at 4-7（構造アプローチと行動・効果アプローチが存在する）。

63) Regulation (EU) No 1227/2011 of the European Parliament and of the Council on Wholesale Energy Market Integrity and Transparency, O. J. No L 326/1 (2011).

64) MADはCSMAD（Directive 2014/57/EU of 16 April 2014 on Criminal Sanctions for Market Abuse, O. J. L 173/179 (2014)）に移行するとともに、相場操縦行為には、市場濫用規則（MAR）が直接適用される（Regulation (EU) No 596/2014 of the European Parliament and of the Council on Market Abuse (market abuse regulation) and Repealing Directive 2003/6/EC of the European Parliament and of the Council and Commission Directives 2003/124/EC, 2003/125/EC and 2004/72/EC, O. J. L 173/1 (2014))。

65) 現在はMiFID IIとなっている（Directive 2014/65/EU of the European Parliament and of the Council of 15 May 2014 on Markets in Financial Instruments and amending Directive 2002/92/EC and Directive 2011/61/EU Text with EEA relevance, O. J. L 173/349 (2014))。

となったE.ON事件がある[66]。102条は市場支配的地位の濫用を禁止する。同事件において委員会は、ドイツの卸電力市場において合計70％の市場シェア（需要ベース）を有し、またベースロード電源について合計77％の市場シェア（能力ベース）を有するE.ON, RWE, Vattenfall Europeの3社が共同支配的地位にあるとした上で[67]、E.ONによる、短期的な発電量削減および第三者による投資の阻害を問題にした[68]。委員会は、前者（搾取的濫用）について、幅広い発電ポートフォリオを有するE.ONは、発電量を削減したとしても、調整による損失を補償できるとした[69]。また後者（排他的濫用）について、E.ONが、卸電力市場への新規参入を阻止するために、需要者と長期的な電力供給契約を締結するとともに、新規参入者に対するE.ON所有の発電能力の供給を行っているとした[70]。同事件は、合計5000MWの発電能力（E.ONが有する発電能力のおよそ20％であり、ベースロード電源からピークロード電源を含む）を譲渡する措置をとる旨の確約決定により終了した。

E.ONは卸電力市場において過半のシェアを有し、問題とされた発電調整は、短期であるが複数年（2002年から2007年）にわたり定期的に行われた。加えて参入阻止行為も行われており、市場支配的地位の濫用を認定することに比較的問題は少なかったように思われる。しかし競争法による相場操縦規制には、①市場を画定することが困難であること、②相場操縦を行い得る地位が一時的なものであり支配的地位を認定できないこと[71]、また、③そもそも市場支配的地位を伴わなくとも相場操縦を行い得ることなどの問題点が指摘された[72]。発電調

---

66) German Electricity Wholesale Market, Case COMP/39.388 (2008). 小畑徳彦「EU電力市場の自由化とEU競争法」流通科学大学論集20巻2号39-41頁（2012）。

67) Id. para. 13, 15. Vattenfallが共同支配的地位を有するかが争点の一つとなったが、同認定にかかわらず、E.ONは共同支配的地位を有するとされた。

68) インバランス市場における支配的地位の濫用も問題とされ（German Electricity Balancing Market, COMP/39.389 (2008))、送電網の分離がコミットメントとして実施された。同事実は、加盟国による反対にもかかわらず、委員会が競争法により発送電分離を実現した事例としてよく知られる。武田邦宣「EUの電力市場改革」舟田正之編『電力改革と独占禁止法・競争政策』（有斐閣、2014年）所収354頁、柴田潤子「EUにおける市場支配力のコントロールと電力市場」同371-373頁。

69) German Electricity Wholesale Market, supra note 66, para. 40. 電力は様々な燃料および方法により生産され限界費用が異なるとした上で、たとえば原子力発電とガス火力は限界費用が7倍以上異なるとする（para. 35）。

70) para. 42.

整について競争法違反が問題になった事件は、E.ON 事件のみである[73]。E.ON 事件についても、102 条適用の困難さを回避するために、確約決定にて終了することになったのではないかとの指摘もある（確約決定であれば違反認定がなされることはない）。E.ON 事件のきっかけとなった委員会によるセクター調査は[74]、競争法による相場操縦規制の限界を認識して、エネルギー市場に特化した相場操縦規制の導入を提唱した。結果、制定されたのが REMIT であった。

(3) REMIT による規制

REMIT を運用するのは、ACER と加盟国規制当局 (NRA) である。ACER は、2009 年の第三次エネルギーパッケージにより設立された。2011 年より REMIT を執行する。ACER は、REMIT16(1)条により、REMIT の解釈および運用について NRA に対するガイドラインを公表する[75]。

まず REMIT 2 条 2 項によれば、相場操縦とは次の行為である（大きく a と b の 2 つに分かれる）。(a)卸エネルギー商品について、次のような取引または売買の注文を行うこと。①卸エネルギー商品の供給、需要もしくは価格に関して、虚偽もしくは誤解を与える、または与えるおそれのあるもの。②単独でもしくは共同で、1 つもしくは複数の卸エネルギー商品の価格を人為的水準に (at an artificial level) 維持し、または維持しようとするもの。ただし取引または売買の注文を行った者が、かかる行為を行った理由が正当 (legitimate) であり、かつ取引または売買の注文が卸エネルギー市場における正常な商慣習 (accepted market practices) に適合していることを証明する場合を除く。③卸エネルギー商品の供

---

71) S. Ledgerwood & D. Harris, A Comparison of Anti-Manipulation Rules in U.S. and EU Electricity and Natural Gas Markets：A Proposal for a Common Standard, 33 ENERGY L. J. 1, 12-13（2012）.

72) TSANGARIS, supra note 60, at 55-56（市場支配力はたとえ数分間でも成立し得るが、市場支配的地位は実質的な市場支配力を意味し永続性が必要になるとする）。

73) EDF に立入検査がなされた事例があるが、不問となっている（French Electricity Wholesale market, COMP/39.442（2009））。

74) DG Competition Report on Energy Sector Inquiry, SEC（2006）1724 final, 10 January 2007. 同調査の背景には、第二次エネルギーパッケージによる規制改革にもかかわらず、エネルギー価格の上昇（とりわけ 2005 年）が見られたことについて、市場支配力の行使が懸念されたとの事情が存在した。E.ON 事件の背景には、同様の限界費用を有する発電機間に稼働率の差異が見られたことがあった（id. para. 443）。

75) ACER, Guidance on the Application of REMIT（4th. 2016）.

給、需要もしくは価格に関して、虚偽もしくは誤解を与える、もしくは与えるおそれのある、虚偽の策略または詐欺もしくは計略の方法を用いる、または用いるよう企てるもの。(b)インターネットを含む媒体もしくはその他の方法により、噂および虚偽もしくは人を誤らせるようなニュースを流布することを含む、卸エネルギー商品の供給、需要もしくは価格に関して、虚偽もしくは誤解を与える、または与える情報を流布することであり、情報を流布した者が、当該情報が虚偽もしくは誤解をあたえるものであったことを知っていた、または知るべきであった場合[76]。なお、2条2項に沿う形で、同条3項は「相場操縦の企図（attempted market manipulation）」を規定する。

その上で、ACER ガイドラインは、相場操縦を4つの類型に分ける。①虚偽またはミスリーデイングな取引、②価格操作（price positioning）、③仮装または詐欺となる取引（transactions involving fictitious devices/deception）、④虚偽またはミスリーディングな情報の流布。これら4類型に関してガイドラインが示す具体的行為は、情報を利用した相場操縦、偽装取引による相場操縦、現物取引による相場操縦を広く含むものであるが、比較法的に注目できるのは、②価格操作である。ガイドラインは、価格操作の例として、人為的水準、すなわち「市場における供給および需要条件では正当化されない水準（a level not justified by market forces of supply and demand）」[77]にまで価格を引き上げる、物理的調整を指摘する。そしてより具体的に、正当な理由なく、市場相場を変動させる意図（intention）をもって、スポット市場価格よりも限界費用が低いにもかかわらず発電等を行わないことを、物理的調整の例と指摘する。

REMIT 施行まで、加盟国においても、競争法により相場操縦規制が行われる例が多かった[78]。REMIT 施行後は、加盟国規制当局（NRA）が REMIT を執行し、ACER がそれらの調整を行う。REMIT 施行後の具体的事例として、スペイン競争当局（CNMC）が、3週間以上にわたり水力発電所の発電量調整を行っ

---

76) 報道または芸術的表現を目的として情報が流布された場合について、報道の自由および表現の自由の保証に配慮すべき旨、規定される。
77) REMIT 前文13は、人為的水準について同内容の定義を置く。
78) G. E. Kaiser, Energy Market Manipulation：A New Regulatory Regime, in G. KAISER ED., THE GUIDE TO ENERGY MARKET MANIPULATION (2018), at 5. そして支配的地位の認定など、競争法による規制に限界が認識されていた（id. at 6)。

たとして、①発電事業者に対して 2500 万ユーロの制裁金を課した事例（2015 年）、②イタリア競争当局（AGCM）が、アンシラリーサービス市場での利益確保を企図した前日市場における発電量調整を問題にした事例（2016 年）がある[79]。後者の事例は、当初、NRA（AEEGSI）により REMIT に基づく調査がなされたが、TSO に対する搾取的濫用を問題にする競争法の事件となり、ENEL が発電所（Brindisi Sud power plant）における獲得利潤に上限を設けるなどのコミットメントにより終了した[80]。これら事例は、REMIT に基づく規制当局の情報収集能力の向上に基づくものと指摘されている[81]。先に見たように、REMIT は競争法の限界を補完する趣旨で制定された。前者の事例は REMIT が競争法の限界を補完することを示す事例であり[82]、後者の事例は REMIT による規制と競争法による規制が排他的なものではないことを示す事例となっている[83]。

(4) 発電調整と正当化事由

発電調整の問題を、市場支配力の行使の問題として ISO および RTO による直接規制により解決しようとする米国に対して、EU は市場支配的地位の濫用の問題として競争法による解決を試み、それを補完する形で REMIT が制定された。REMIT において、発電調整は人為的価格基準に基づき規制される。REMIT の基準は、人為的価格を正常な需給の作用から判断し、また相場操縦の意図を必要とする点において、米国と同様といえよう。しかし米国において、同意図を経済合理性を欠く取引から立証しようとして、発電調整行為の経済合理性の問題に撞着したのに対して、EU においては、発電調整があれば当事会社から正当化事由が示されない限り、人為的価格基準に基づき相場操縦行為の

---

79) Id. at 6.
80) Autorità Garante della Concorrenza e del Mercato, Energy：the Italian Competition Authority welcomes Enel commitments. Families and companies save 507 million euros in their bills over three years, 5 May 2017.
81) P. Willis, Italian competition authority investigates suspected abuses in Italian electricity balancing markets, 18 October 2016.
82) P. Willis & H. Altozano, Spanish authority fines Iberdrola €25 m in first REMIT market manipulation infringement decision, 4 February 2016（CNMC は競争法により発電量調整を規制しようとしてきたが、裁判所において支持されてこなかったことを指摘する）。
83) P. Willis, supra note 81 によれば、AEEGSI による手続終了後、AGCM および EU 委員会に詳細が連絡されたようである。

規制対象とし得る。人為的価格基準にかかるこのようなEU法の特徴は、金融商品取引についてすでに指摘されているところである[84]。

EUにおいて、正当化事由は、価格操作（price positioning）についてのみ主張可能である。正当化事由は、①取引または売買に正当な理由が存在すること、および②それが正常な商慣習（AMP：Accepted Market Practices）に適合していることの双方を満たして、はじめて評価の対象となる。NRAはAMPを公表することになっており、公表されたAMPはセーフハーバーとして機能する。MADにおいてすでにAMPとして認められているものは、REMITにおいてもAMPとして認められる。しかしそれに限らずNRAは独自にAMPを公表することができ、結果として、加盟国ごとにAMPが異なる可能性もある。ACERは、慣行の透明性、市場機能を維持する必要性、市場の流動性・効率性に及ぼす影響など、AMPの検討において考慮すべき要素を列挙する。またACERは、AMP公表における基本原則として、市場の健全性を維持する必要性のほか、イノベーションを促進する必要性について述べており、特に後者について、これまで認められていないとの理由のみで新たなAMPが否定されることがないよう、注意している[85]。

価格操作に関する正当化事由は、物理的調整、経済的調整のいずれが問題かによって異なる。物理的調整にかかる正当化事由として、故障、点検、最低稼働時間（minimum up time）や最低停止時間（minimum down time）といった発電機の技術的制約のほか、コージェネ利用、環境規制、送電制約といった外的制約要因が指摘されている[86]。また、当日市場の状況によって、前日市場への投入量に影響があることも指摘されるところである[87]。これら物理的調整にかかる正当化事由は、ある程度客観的に評価可能である。

---

84) EUでは、現実取引による相場操縦について、特定の時間帯におけるある者の注文の占有率、その者による注文が市場価格に与えた影響等からなる基準を定め、それに該当すれば「金融商品の価格を異常もしくは人為的な水準にもたらすもの」として相場操縦にあたるとしつつ、当該行為者が自身の取引が正当な（legitimate）ものであることを立証すれば責任を免れるとしている（藤田友敬「相場操縦の規制」金融商品取引法研究会研究記録第43号10頁（2013年）参照）。
85) ACER, Guidance on the Application of REMIT (4th. 2016), para. 10. 2.
86) TSANGARIS, supra note 60, at 18-21.
87) Id. at 89-90.

これに対して、経済的調整にかかる正当化事由については、固定費を回収するために（短期）限界費用を上回る価格設定を行うことをどの範囲で認めるのかという、難しい判断が必要となる。経済的調整はピークロード電源にかかる価格引き上げであり、その限界費用が市場価格となる状況において、ベースロード電源とは異なり、理論上、固定費用を回収する機会がないからである。また、ピークロード電源は常に稼働するものではなく、スタートアップのための費用を回収する必要もある[88]。いかなる範囲において固定費回収の機会を認めるべきかについて、REMIT は明らかにしないが、競争法による搾取的濫用の規制範囲とともに、議論がなされている。幅広い発電ポートフォリオを有する支配的事業者についてそのような正当化理由は認められないが、そうでない事業者については、容量市場の機能、メリットカーブの形状、再エネの導入量などに注目して、個別に検討するとの考えが示されている。

5 相場操縦規制の外延

(1) 制度の不当利用

米国法を中心に詐欺的基準と人為的価格基準の収斂、EU 法を中心に競争法から相場操縦規制への展開を検討した。これらは大きな流れにすぎず、相場操縦規制の外延を画するものではない。たとえば、経済合理性を有する取引についても相場操縦として規制する原理として、制度の不当利用 (gaming) がある。FERC による相場操縦規制のうち大きな部分は、市場デザインの欠陥やソフトウェアの欠陥を利用した取引を規制するものに関係する[89]。それら事例では、制度上の欠陥を不当利用することをもって相場操縦を認定するように見える。

Powhatan 事件では、UTC (Up-To Congestion) 取引にかかるウォッシュトレードが問題となった。UTC は 2 地点間の値差ヘッジ商品であったが、同取引とともに送電権を確保する必要があった。UTC 取引とは別に、PJM には、送電権の保有量に応じた臨界損失余剰割当 (MLSA：Marginal Loss Surplus Allocation) 制度が

---

[88] Id. at 18-22.
[89] R. S. Fleishman & PC. Varnado, Respectives on FERC's Enforcement Programme as it Relates to Energy Market Manipulation, in G. KAISER ED., THE GUIDE TO ENERGY MARKET MANIPULATION (2018), at 22.

存在した[90]。本件において当事者は、UTC 取引について売り注文と買い注文を相殺させつつ、実際の送電量に関係なく、確保した送電権に基づき MLSA の給付を受けていた。FERC によれば、本件 UTC 取引は、MLSA の配分がなければ、経済合理性のない取引であり、UTC 取引にかかるマーケットデザインの目的に反する[91]。FERC は、本件 UTC 取引は、PJM および他の市場参加者を欺き MLSA の支払いを受ける詐欺的行為（fraud）に該当すると述べた[92]。

本件においても、FERC は、経済合理性のない取引に注目する。しかし FERC は、経済合理性の有無は相場操縦の成立に必要条件でも十分条件でもないとする[93]。実は、本件における MLSA 制度は、その欠陥がよく知られていた。本件を単純な仮装売買の事例と捉えるのではなく、マーケットデザインに欠陥が存在する場合に市場参加者がどのように対応すべきかを論じた事例と捉えることができる。FERC は、相場操縦を構成する詐欺（fraud）は市場機能（a well-functioning market）を阻害する行為を含み、ここで市場機能を阻害するとは、市場の効率性を害する行為のほか、市場に必要または適切なルールや規則に反することを含むとする[94]。これは制度の不当利用そのものを問題視する立場であると言えよう。

このような FERC の考え方は、裁判所によっても支持されている。Powhatan 事件と同様に MLSA の配分制度が問題となった、最近の Coaltrain Energy 事件は、制度趣旨に反する目的を有する取引について詐欺的基準の充足を認める[95]。また学説には、電力市場は複雑に組織化された市場であり、同市場における参加者は利潤最大化行動を超えた市場の健全性を確保する責任を負うべきとするものもある[96]。このように市場参加者の責任に注目する考えによれば、制度の不当利用は、電力市場における相場操縦の重要な一形態となる。

---

90) Powhatan Energy Fund, LLC at al., 151 FERC ¶ 61179, Docket No. IN15-3-000（2015）, para. 18-25.
91) Id. para. 76.
92) Id. para. 94-95, 98. しかし本件では、他の市場参加者を欺く機会はそもそも存在しなかったと評価できよう。
93) Id. para. 77.
94) Id. para. 49. A. KLEIT, MODERN ENERGY MARKET MANIPULATION（2018）, at 208 は、FERC の政策目的に反する行為を広く含むことになるとする。
95) FERC v. Coaltrain Energy, L. P., et al., Case No. 2：16-cv-732（S. D. Ohio Mar. 30, 2018）, at 30-32.

XI章　卸電力市場における相場操縦の規制　*353*

(2)　TransAlta 事件（カナダアルバータ州）

　卸電力市場に参加する者の責任、また制度の不当利用について詳しく検討した事例として、カナダのアルバータ州における TransAlta 事件（2015）がある。本稿が対象とする米国および EU における事例ではないが、卸電力市場における相場操縦を詳細に検討した規制事例として、比較法的にも注目されている事件である[97]。その概要を紹介しておきたい。

　アルバータ州の電気事業法（Electric Utilities Act）は、「市場参加者の行動規範（Expectations of Market Participants）」として、2003 年の改正により、次のような定めを置く（Sec. 6(1)）。「電力市場への参加者は、公正で、効率的で、競争的に開かれた市場が維持されるように、電力市場において行動することが期待される（Electricity market participants are to conduct themselves in the electricity market in a manner that supports the fair, efficient and openly competitive operation of the electricity market)」[98]。ガイドラインが、それら行為の例を示しており、たとえば次の2つである[99]。①競争、競争者の対応、新規参入を制限または阻害する行為であって、共謀や略奪的価格設定などの行為（Sec. 2(h)）、また、②競争水準から乖離するように市場価格を操作する行為（Sec. 2(j)）。

　アルバータ州では強制プール制度が採用されているが、TransAlta を含む上位3社が発電能力の90％を支配する状況にあった。また、同問題を緩和するために、1998 年の電気事業法改正に基づき、電力購入契約（PPA：Power Purchase Arrangements）制度が採用されており、特定の第三者がパワープールに売却する

---

[96]　W. W. Hogan, Electricity Market Design Flows and Market Manipulation (2014) は、マーケットデザインの欠陥に関して、規制機関の責任であり市場参加者は全く責任を負わないとの考え方もあるとして、電力市場が極めて単純な市場であれば、そのように言うこともできるとする。しかし電力市場は、複雑に組織化された市場であり、同市場への参加者は、単なる利潤最大化ではない責任を負うべきであると述べる。また、P. MANTYSAARI, EU ELECTRICITY TRADE LAW : THE LEGAL TOOLS OF ELECTRICITY PRODUCERS IN THE INTERNAL ELECTRICITY MARKET (2015), at 252-253 は、電力システムの信頼性が市場参加者の健全性に大きく依存するとして、公正さ（fairness）が極めて重要と述べる。

[97]　R. W. Block QC, J. D. Blair QC, & L. M. Poppel, Energy Market Manipulation in Alberta, in G. KAISER ED., THE GUIDE TO ENERGY MARKET MANIPULATION (2018), at 58-71.

[98]　同様の定めは容量市場についても設けられる（6(2)）。

[99]　Alberta Regulation 159/2009, Fair, Efficient and Open Competition Regulation, Sec. 2(h), 2(j).

ための電力について購入が認められていた[100]。その量は発電機ごとに定められていた（the committed capacity）。ただし発電事業者には、生命、財産、環境の保護のために中断が必要な場合、またそれらの保護のために合理的に必要な修理点検を行う場合には、発電設備の休止にかかる裁量が認められていた。それら休止は、通常、低需要期のオフピーク時間になされるものであった。

　本件では、TransAltaが、競争を排除して利潤拡大を図る目的でオンピーク時にPPA対象の火力発電所を休止したことにより、スポット価格を引き上げ、また市場に不確実性を創出することで先渡価格を引き上げたことが、電気事業法における上記市場参加者の行動規範に反するともに、上記ガイドラインの2つの行為に該当するかが問題となった[101]。

　決定は、電気事業法における上記遵守事項は、市場参加者の義務（positive obligation）とする[102]。またガイドラインが示す行為は、市場支配力の抑制を目的にするものだけではなく、金融商品取引において規制される行為のほか、電力システムの安全・安定を損なう行為、またコンプライアンスに関係する行為を広く含むとする[103]。そして委員会は、本件におけるTransAltaの経済的調整と恣意的な発電停止は[104]、価格および先渡価格に有意な影響を与えるという[105]。委員会は、競争促進策であるPPA制度下において、発電機に関して発電事業者と購入者間に存在する情報の非対称性を「利用（gaming）」したものであること[106]、PPA制度下で競争促進のために切り出した発電能力は、市場支配力の増大のために利用できないこと[107]、これらに反する形で、TransAltaが発電機停止を不公正に（unfairly）実行したと述べた。また、TransAltaは情報の優位性を、他の市場参加者を不利にする形で利用しており、これは競争水準から乖離するように市場価格を操作するものであるとした[108]。

---

100) AUC（Alberta Utilities Commission）Decision 3110-D01-2015, para. 43.
101) Id. para. 138. 他にインサイダー取引についても問題となった。
102) Id. para. 174.
103) Id. para. 198.
104) Id. para. 305, 440.
105) Id. para. 461, 479（ただし先渡価格への影響を数量的な形で明確には示し得ないとする）
106) Id. para. 520-521.
107) Id. para. 524.
108) Id. para. 546-548.

6 おわりに

　相場操縦の規制に関しては、準則主義（rule-based）による規制は適当ではなく、原則主義（principles-based）による規制が要請される[109]。なぜならば、先に見たCargill判決の判示にあるように相場操縦は"人間の想像力の範囲において成立し得る"からである。本稿は、金融商品取引規制や商品取引規制との比較検討、米国およびEUにおけるエネルギー市場における相場操縦規制の研究を通して、卸電力市場におけるあるべき規制原理を検討した。わが国における相場操縦規制を考える上で、次の２点に注目できるであろう。

　第１に、詐欺的基準と人為的価格基準の収斂と、それを超えた制度の不当利用基準の存在である。米国では、金融商品取引規制等での先例を基礎に、卸電力市場における規制が構築された。そして、詐欺的基準と人為的価格基準は、取引的詐欺として、それ自体では経済合理性のない取引を規制する場合を問題にするとの収斂が見られる。EUでは、人為的価格基準について、相場への有意な影響が確認された場合には、当事会社が正当化理由を示すことがない限り、要件の充足が認められる点に注目できる。もっとも、卸電力市場については、これら金融商品市場規制から継受した詐欺的基準と人為的価格基準の収斂を超えて、制度の不当利用との考え方が重要な規制原理として機能することに注目できよう。卸電力については、市場参加者の経済合理的判断のみでその機能が確保されるとは考えられていないのである。

　第２に、相場操縦規制と競争法規制との補完的関係である。EUでは、102条規制の限界からREMITが制定された。そうであれば、相場操縦について競争法による規制は全く不要になるようにも思える。しかしEU法上、REMITの適用が競争法の適用を不可能にするとの明示の規定はなく、またそのような考え方を提唱する学説もない。競争法ないし競争政策に基づく市場の流動性の確保が、市場の健全性の確保の大前提と考えられているのである。他方、米国では、近年、反トラスト法による相場操縦規制が活発になっているとの指摘もある[110]。たとえばKey Span事件は、FERCが相場操縦を認定できないとしたものの、司法省が反トラスト法違反を問うた事例である[111]。同事件では共同行為

---

109) Fleishman & Varnado, supra note 89, at 19.
110) Ledgerwood & Verlinda, supra note 55, at 2.

が問題となった。相場操縦規制と競争法は相互排他的ではなく、相互補完的関係に立つ。Key Span 事件がそうであるように、とりわけ共同行為規制については、競争法の果たす役割は大きいと言えよう。

---

111) United States v. KeySpan Corporation, Case 1 : 10-cv-01415 (SDNY, 2010).

XII章　電力の卸売市場における取引監視の実際

経済産業省　電力・ガス取引監視等委員会
取引監視課　課長補佐
※所属は平成29年9月の本稿脱稿時のもの
弁護士　松田　世理奈

第1　はじめに

　戦後、我が国においては、発電、送配電及び小売事業を一貫して営む旧一般電気事業者[1]（いわゆる10電力会社）がその供給区域（以下「旧供給区域」という）において独占的な電気の供給を行い、総括原価方式[2]に則った料金制度によりその投資回収が保証されてきた。

　平成7年以降、国際的に割高な水準であった電気料金の是正等のため、発電事業における競争原理の導入や小売事業の段階的な自由化等が進められた[3]。その後、東日本大震災等を契機として、「電力システムに関する改革方針」が定められ（平成25年4月2日閣議決定）、同方針に基づく改革（以下「電力システム改革」という）が進められることとなった。平成28年4月には、電力システム改革の一環として、いわゆる小売の全面自由化が実施されるとともに、従来の卸供給に係る規制（総括原価方式による料金規制や供給義務）の撤廃が行われた。

1）　「電気事業法等の一部を改正する法律」（平成26年法律第72号）による改正前の電気事業法（以下「旧法」という。）で定める一般電気事業者であった事業者のこと。
2）　旧法下では、一般の需要に応ずる電気の供給に係る料金について、「料金が能率的な経営の下における適正な原価に適正な利潤を加えたものであること」（19条2項1号）が認可に係る要件の一つとされていた。
3）　経済産業省総合資源エネルギー調査会総合部会電力システム改革専門委員会「電力システム改革専門委員会報告書」（2013年2月）3頁参照
　　http://www.meti.go.jp/committee/sougouenergy/sougou/denryoku_system_kaikaku/pdf/report_002_01.pdf

このように電力の卸売市場及び小売市場は、自由競争市場として全面的に開かれた。しかしながら、全面自由化から1年を経た時点において、卸売市場及び小売市場の双方で依然として旧一般電気事業者が多くのシェアを占めており、旧一般電気事業者の旧供給区域を越えた競争や卸売市場の活性化の状況等に関しても、その展開は十分とはいえないのが現状である[4]。

本稿では、特に電力の卸売市場に焦点を当てて、経済産業省電力・ガス取引監視等委員会（以下「電取委」という）における取引監視の実際について、監視の客体（現在の市場構造）及び主体（監視機関）を概括した上で、現行の規律や監視について、具体的事例も交えながら整理を行うこととしたい。なお、本稿において意見にわたる部分は、筆者の個人的な見解である。

第2　卸売市場の概観

1　市場構造

まず、電力の卸売市場について、その市場構造を簡単に概括する。

前記第1のとおり、我が国においては、発電、送配電及び小売事業を一貫して営む旧一般電気事業者が旧供給区域において独占的な電気の供給を行ってきたため、旧一般電気事業者が、自らの旧供給区域における供給力として多くの発電所（電源）を確保している。

すなわち、旧一般電気事業者は、自社の発電部門又は自社グループ内[5]の発電事業者が保有する発電所（図1左グラフの「自社供給」に相当。以下「自社電源」という）に加え、他の発電事業者との長期の相対取引（図1左グラフの「電発電源[6]」及び「IPP[7]等受電」に相当。以下併せて「他社長期契約電源」という）により、多くの供給力を確保している[8]。図2は、旧一般電気事業者（9社[9]）の供給力と需要量をそれぞれ0軸の上下に積み上げて対照した図であるところ、9社全てにおいて、自

4）　経済産業省電力・ガス取引監視等委員会（第77回）資料3-1「電力市場における競争状況の評価」（平成29年4月5日）参照
http://www.emsc.meti.go.jp/activity/emsc/pdf/077_03_01.pdf
5）　一般電気事業者のうち、東京電力株式会社は、平成28年4月1日に、燃料調達・火力発電事業、送配電事業及び小売事業の3つの事業部門を分社化し、ホールディングカンパニー制に移行している。
http://www.meti.go.jp/press/2015/03/20160329008/20160329008.html

社電源と他社長期契約電源の合計供給力と需要量が概ねバランスしていることが見て取れる。このため、旧一般電気事業者（9社）としては、現行の相対取引以外に、需給量を合わせるための卸取引を行う必要性があまり存しないということが指摘されている[10]。

これに対し、旧一般電気事業者以外の小売電気事業者（以下「新電力」という）は、自社電源の確保量が、旧一般電気事業者と比べて絶対量として圧倒的に少なく、割合としても、旧一般電気事業者の自社電源の割合と比べると小さい（図1右グラフ）。新電力は、その供給力の多くを他の発電事業者（IPP等）との相対取引により調達しており、旧一般電気事業者と比べると、卸電力取引所での調達割合（図1「JEPX買電」の割合）が大きい。新電力は、平成29年4月時点において400社近くあるが[11]、400社近い新電力の合計供給力と比べても、旧一般電気事業者9社の合計供給力は格段に大きい。

なお、新電力の供給力の調達手段の一つとして、常時バックアップ（図1右グラフ「常時BU」に相当）がある。常時バックアップとは、旧一般電気事業者が、その旧供給区域において、新電力等に対して行う卸売の一種であり、「適正な電力取引についての指針」（公正取引委員会・経済産業省〔平成29年2月6日改定〕）（以下「適正取引ガイドライン」という）において、旧一般電気事業者は、「電気事業の健全な発達を図る観点から、他の小売電気事業者が新たに需要拡大をする場合に、その量に応じて一定割合（特高・高圧需要：3割程度、低圧需要：1割程度）の常時バック

---

6) 電源開発株式会社の保有する発電所のこと。電源開発株式会社は、旧法下において卸電気事業者として一般電気事業者に電力の卸売を行っており、平成27年度では、石炭火力発電及び水力発電において、それぞれ約2割のシェアを占めている（電取委制度設計専門会合（第11回）資料4（平成28年9月27日）6頁参照）。
 http://www.emsc.meti.go.jp/activity/emsc_system/pdf/011_04_00.pdf
7) IPPとは、独立系発電事業者（Independent Power Producer）のこと。
8) 前掲注3 19頁において、2011年度の電力の卸売市場の市場構造が示されており、「IPP・卸電気事業者等」の「卸相対契約」の内訳として、86パーセントが「超長期：10年以上」の契約であることが明らかにされている。
9) 沖縄電力株式会社を除く。
10) 電取委制度設計専門会合（第9回）資料4（平成28年7月28日）23頁より抜粋
 http://www.emsc.meti.go.jp/activity/emsc_system/pdf/009_04_00.pdf
11) 経済産業省資源エネルギー庁「登録小売電気事業者一覧」
 http://www.enecho.meti.go.jp/category/electricity_and_gas/electric/summary/retailers_list/

アップが確保されるような配慮」を行うことが適当であるとされている(第二部ⅡI 1 (1)②)[12]。

以上のように、旧一般電気事業者と比べて、新電力は、自社電源が少なく、常時バックアップも含め、他の発電事業者との相対取引又は卸電力取引所での取引によって、その供給力を確保しているのが現状である。

図1 旧一般電気事業者及び新電力の供給力の調達状況[13]

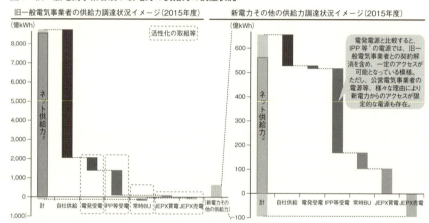

---

12) 適正取引ガイドラインは平成11年12月に策定されたところ、策定時の同ガイドラインに、「新規参入者への卸売」(第二部Ⅰ2(2)) として、「電力会社による新規参入者への卸売については、①事故時の卸売(事故時バックアップ)、②三％以内の同時同量未達分の卸売(三％以内「しわとり」(略)バックアップ)、③それ以外の継続的な卸売(常時バックアップ)がある。」との記載があり、その時点において既に常時バックアップという卸売の形態が存在していたことがわかる(通商産業省資源エネルギー庁公益事業部計画課編「平成12年版電力小六法」(株式会社電力新報社、平成12年))。

13) 電取委制度設計専門会合(第10回)資料5(平成28年9月2日)5頁より抜粋
http://www.emsc.meti.go.jp/activity/emsc_system/pdf/010_05_00.pdf

図2　旧一般電気事業者（9社）の需給バランス[14]

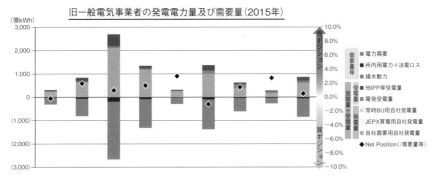

2　卸電力取引所

(1) 概　要

　平成29年4月時点において、我が国では、一般社団法人日本卸電力取引所（以下「JEPX」という）[15]のみが、電力の卸売に係る市場（現物市場）を開設し、「卸電力取引所」として電気事業法97条1項に基づく経済産業大臣の指定を受けている。JEPXは、電力の卸売市場として、一日前市場（スポット市場）、その後の調整市場として当日市場（時間前市場）、将来の特定期間（年間・月間・週間）に受け渡す電力取引を行う場として先渡市場等を設けている[16]。

　JEPXで取引される電力量についてみると、平成29年3月時点において、JEPXの取引量（売り入札と買い入札が約定した量（kWh））が我が国の電力需要（総販売電力量（kWh））に占める割合は、約3.7パーセントであり（図3）、電力システム改革以前のJEPXにおける取引量が総販売電力量の0.5パーセント程度であったことからすれば[17]、その取引量は着実に伸びてきているといえる。

　しかるに、海外の電力の卸取引所での取引量[18]に比べると、その取引量は決

---

14)　前掲注10　23頁より抜粋
15)　平成15年設立の法人であり、平成17年に取引を開始し、平成28年4月1日付で電気事業法上の卸電力取引所として指定を受けた。
16)　JEPX「日本卸電力取引所取引ガイド」（2016年1月）
　　http://www.jepx.org/outline/pdf/Guide_2.00.pdf?timestamp=1491465124344
17)　前掲注3　19頁

して多いとはいえず、前記第２１のとおり、JEPX が新電力の主要な供給力の調達源の一つであることに照らせば、新電力の供給力の確保、発電事業及び小売事業の双方における競争促進等のために、卸売市場の一層の流動性の向上（市場の活性化）が望まれるところである[19]。

図３　JEPX 取引量の推移[20]

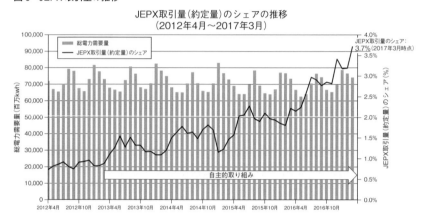

(2)　スポット市場

　JEPX のスポット市場では、翌日に受け渡す電力の現物取引として、一日を 30 分単位に区切った 48 商品（以下、各 30 分単位の商品を「コマ」という）についての取引が行われており、約定方式はブラインド・シングルプライスオークション（入札時に他の参加者の入札が見えず、買い入札曲線と売り入札曲線の交点で約定価格が決まる方式）が採られている。例えば、図４の場合、売りについては、売り札ⅰ、ⅱ

---

18)　前掲注 10　12 頁、25 頁、32 頁参照
19)　前掲注 3　18 頁では、「卸電力市場の活性化は、経済合理的な電力供給体制の実現と、競争的な市場の実現の双方にとって非常に重要である。」「新電力等の新規参入者が小売市場における競争に参加しやすくするためには、自社電源のほか、必要な供給力を卸電力市場から確保できる環境整備も必要であり、この点からも卸電力市場活性化は重要である。」と述べられている。
20)　電取委制度設計専門会合（第 19 回）資料４（平成 29 年 6 月 27 日）39 頁より抜粋
　　http://www.emsc.meti.go.jp/activity/emsc_system/pdf/019_04_00.pdf

及びiii（一部）の入札が約定し、買いについては、買い札Ⅰ及びⅡの入札がX円/kWhで約定することなる。

シングルプライスオークションにおいては、個別の売り入札・買い入札の価格で直ちに約定するわけではなく、全ての売り・買い入札の結果（交点）として、ある商品(コマ)について単一の価格で約定することとなる[21]。

スポット市場における売り入札行動を検討するに当たっては、シングルプライスオークションにおいて、ある売り入札が約定する場合には、必ずその売り入札価格以上の価格（システムプライス[22]）で約定するという点を理解することが重要であると思われる。

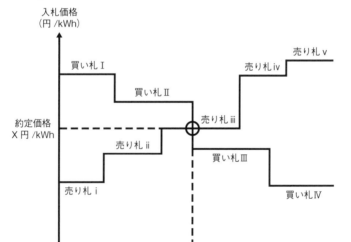

図4　スポット市場における約定方式（シングルプライスオークション）のイメージ

---

21)　なお、当日市場は、平成28年4月より、4時間前市場（シングルプライスオークション方式）から1時間前市場（ザラバ方式）となった。
22)　市場分断が生じている場合にはエリアプライス

第3　監視機関

1　電取委の概要

　電力システム改革では、自由化された市場における電力取引の監視やルール整備等に万全を期すために、行政による監視機能を一層高めることとされ[23]、平成27年9月1日、電気事業法66条の2第1項に基づき、独立性と高度の専門性を有する経済産業大臣直属の組織として、電取委[24]が設置された。

　電取委は、委員長及び委員4人から構成される（電気事業法66条の5第1項）。委員長及び委員は、法律、経済、金融又は工学に関して専門的な知識と経験を有し、その職務に関し公正かつ中立な判断をすることができる者のうちから、経済産業大臣により任命され（電気事業法66条の7）、独立してその職権を行う（同法66条の4）。

　なお、行政機関としての性格でいうと、電取委は、国家行政組織法8条でいう合議制の機関（いわゆる8条機関）である。他の8条機関の例としては、証券取引等監視委員会、社会保障審議会、中央建設業審議会等が挙げられる。

　電取委は、電気事業、ガス事業及び熱供給事業について、事業者に対し、監査、報告の徴収、立入検査、あっせん・仲裁等を行うとともに、経済産業大臣に対し、託送料金の認可や小売事業者の登録等について意見を述べ、講ずべき施策について建議する権限を有する。

2　取引に係るデータ収集・モニタリング

　電取委は、電力等に関する専門の監視機関として、必要な情報を日常的に収集している。

　例えば、電気事業に関し、電取委は、取引監視に必要な情報の一部について、電気関係報告規則（昭和40年通商産業省令第54号）2条7号及び8号に基づき、電

---

[23]　「電力システムに関する改革方針」（平成25年4月2日閣議決定）「Ⅲ．2．行政の監視機能の強化」参照
　　http://www.enecho.meti.go.jp/category/electricity_and_gas/electric/system_reform002/pdf/20130515-2-2.pdf
[24]　平成28年3月以前は「電力取引監視等委員会」との名称であったが、同年4月に、ガス事業法等に関しても所掌事務が追加され、名称も「電力・ガス取引監視等委員会」に改められた。

気事業者等から、定期的な報告を受けている。

　電気関係報告規則では、2条7号において、「電力取引報」として、小売電気事業者等に対し、販売電力量や料金メニュー、インバランスの発生実績等の多岐に渡る取引情報の報告を求めており、同条8号においては、「卸電力取引所報」として、卸電力取引所に対し、スポット市場、時間前市場及び先渡市場に関する日々の取引情報の報告を求めている。

　電取委は、電気関係報告規則に基づく電気事業者等からの定期的な報告等により収集したデータに基づき、電取委に設置された制度設計専門会合において、卸売市場及び小売市場の競争状況等に関し、四半期に一度モニタリングデータの公表を行っている[25]。

3　勧　　告

　前記第3 1で挙げた権限のほか、電取委は、電気事業者、ガス事業者、熱供給事業者又は経済産業大臣に勧告を行う権限も有している。

　電気事業に関していうと、電取委は、監査、報告の徴収又は立入検査を行った場合において、「電力の適正な取引の確保を図るため必要があると認めるとき」は、電気事業者に対し、必要な勧告をすることができる（電気事業法66条の12第1項）。勧告を受けた電気事業者が、正当な理由がなく、その勧告に従わなかったときは、電取委は、その旨を経済産業大臣に報告し（電気事業法66条の12第2項）、経済産業大臣に対し、当該報告に基づいてとった措置について報告を求めることができる（同第3項）。また、電取委は、電力の適正な取引の確保を図るため「特に」必要があると認めるときには、経済産業大臣に対し、必要な勧告をすることができる（電気事業法66条の13第1項）。

　電取委の勧告が具体的にどのような場合に発動され得るかについては、各種ガイドラインにその考え方の一部が示されている。具体的には、電気事業に関しては、適正取引ガイドライン及び「電力の小売営業に関する指針」（経済産業省）において、勧告の対象となり得る行為が一部例示されている。卸売市場において勧告の対象となり得る行為については、適正取引ガイドラインのみに例示

---

25)　前掲注20参照

されている。

第4　適正取引ガイドライン

1　概　　要

　前記第1で述べたとおり、我が国においては、従来一般電気事業者による独占的な電気の供給が認められていた。平成7年以降、徐々に競争原理の導入等が進められたものの、一般電気事業者がその供給区域において非常に高い市場シェアを有していること、一般電気事業者は10社しかなく意思の連絡がなくとも同調的な行動をとる可能性があること、新電力が一般電気事業者の保有するネットワーク（送配電）に依存して競争せざるを得ないこと等から、電力市場を競争的に機能させるため、独占禁止法と電気事業法の整合性のとれた適正な電力取引についての指針を示すことが必要とされた。

　そこで、公正取引委員会と経済産業省（当時の通商産業省）は、それぞれの所管範囲に責任を持ちつつ、相互に連携することにより、平成11年12月に、共同の指針として適正取引ガイドラインを策定した[26]。

　適正取引ガイドラインは、小売、卸売、送配電（託送等）等の分野ごとに、その基本的な考え方を示すとともに、具体的な行為類型として「公正かつ有効な競争の観点から望ましい行為」及び「公正かつ有効な競争の観点から問題となる行為」（以下単に「問題となる行為」という）を例示している[27]。

2　平成28年3月の改定

　適正取引ガイドラインは、策定後に数次の改定を重ねた。平成27年9月に電取委が設置された後、同年10月から平成28年1月にかけて、電取委の制度設計専門会合において、小売の全面自由化に向け、適正取引ガイドラインの改定を行うことについて検討が行われた。

　制度設計専門会合（第1回～第3回）では、電力取引の監視と適切な競争環境を

---

[26]　前掲注12　第一部1
[27]　この「公正かつ有効な競争の観点から望ましい行為」及び「公正かつ有効な競争の観点から問題となる行為」の法的性格については、舟田正之「電力取引ガイドライン」についての検討」（舟田正之編『電力改革と独占禁止法・競争政策』（有斐閣、2014））90～94頁において、言及がある。

整備するため、電力の卸売市場において新たに「問題となる行為」として明示すべき行為類型に関し、欧州の電力の卸売市場に関する規則（詳細は後記第４５(2)(イ)(a)で詳述）を参照する等して具体的な議論が行われた。

この議論を経て、電取委は、電力の卸売市場における「問題となる行為」として、①インサイダー取引、②インサイダー情報の公表を行わないこと、③相場操縦（以下これらを総称して「インサイダー取引等」という。）を盛り込むことを含め、適正取引ガイドラインの全般的な改定を行うことについて経済産業大臣に建議を行い、平成28年3月7日、公正取引委員会と経済産業省の共同により同ガイドラインは改定された。

3　インサイダー取引等

(1)　総　　論

卸売市場における「問題となる行為」として、新たにインサイダー取引等が明示された趣旨について、適正取引ガイドラインには、次のように記載（以下「本件記載」という）されている（第二部Ⅱ1(3)）。

「卸電力取引所における取引及び相対契約を含めた卸電力市場の活性化のためには、市場の健全性と公正性を確保し、市場参加者の信頼を得ることで、市場参加者の増加や取引量の拡大につなげていくことが重要である。一般に、電力小売の自由化により新規参入した小売電気事業者は、自己の需要をカバーできる十分な電源を保持していない場合も多く、常時バックアップや部分供給に加え、卸電力取引所を通じた電力の調達や発電事業者との相対契約を締結する必要がある。

しかしながら、卸電力市場において相場操縦が行われる可能性があり、発電ユニットの停止情報等の卸電力市場の価格に重大な影響を及ぼすインサイダー情報を一部の電気事業者のみが知る状況では、市場に対する不信感から新規参入者が参入を断念する事態等につながりかねない。

そのため、卸電力市場において相場操縦やインサイダー取引を行うこと及び卸電力市場の価格に重大な影響を及ぼすインサイダー情報を公表しないことは電気事業法上問題となり得ることを明らかにし、卸電力市場の透明性の

向上を確保していくことが必要である。」

　本件記載からすると、インサイダー取引等が「問題となる行為」であると明示されたのは、究極的には卸売市場の透明性の向上のためであると読み取れる（現に、インサイダー取引等の「問題となる行為」については、「卸電力市場の透明性」と題する項目にまとめられている（適正取引ガイドライン第二部Ⅱ2(3)））。なお、適正取引ガイドラインにいう「卸電力市場」とは、「(相対契約も含む。)」（同第二部Ⅱ2(3)イ①）と記されているように、相対の取引と卸電力取引所における取引も含め、広く電力の卸売市場のことを指している。

　なお、本件記載において、インサイダー取引等の行為類型は、「電気事業法上問題となり得る」と示されている。

　「電気事業法上問題となり得る」というのは、電取委の権限との関係でいうと、電取委による勧告の対象となり得るということであり、条文上の要件としては、「電力の適正な取引の確保を図るため」「必要があると認めるとき」（電気事業法66条の12第1項・66条の13第1項）に該当し得るということである。

(2)　インサイダー取引及びインサイダー情報の公表
　㋐　概　　要
　大規模な発電機の停止情報等の卸売市場の価格に影響を及ぼす情報（インサイダー情報）について、一部の事業者のみがその情報を知って取引を行うことができるとすれば、そのような情報を知る事業者のみが取引により利益を得て、それを知らない事業者が損失を被るおそれがある。

　このような卸取引に係る情報の非対称性により生じる不都合に関し、適正取引ガイドラインでは、インサイダー取引及びインサイダー情報の公表を行わないことを「問題となる行為」と位置付け、卸売市場の価格に重大な影響を及ぼす情報（インサイダー情報）の速やかな公表を促している[28]。

---

28)　なお、平成29年4月時点において電力の先物取引は開始されていないが、先物取引との関係でも、発電所関連のインサイダー情報を元にした不正な取引を防ぐことが重要であるとの提言がなされており（経済産業省電力先物市場協議会「報告書」(平成27年7月6日）12頁）、本稿の主眼からは逸れるが、現物市場と先物市場等との連続的・整合的な規律という観点も、今後の検討課題の一つであるようにも思われる。

(イ) インサイダー情報

インサイダー情報とは、適正取引ガイドラインにおいて、「電気の卸取引に関係があり、卸電力市場（相対契約を含む。）の価格に重大な影響を及ぼす以下の事実等」と定義されている（第二部Ⅱ2(3)イ①）。

(a) 認可出力[29]10万キロワット以上の発電ユニットの計画外停止に係る事実（停止日時、ユニット名、当該発電ユニットが所在するエリア及び発電容量

(b) 上記(a)の発電ユニットを保有する発電事業者が合理的に推測する当該ユニットの停止原因及び復旧見通し

(c) 認可出力10万キロワット以上の発電ユニットの計画停止を決定した場合における当該決定の事実

(d) 上記(c)の決定を変更する決定を行った場合における当該変更決定の事実（当該変更決定を更に変更する場合も含む。）

(e) 上記(a)又は(c)の発電ユニットの復旧予定日を決定した場合における当該決定の事実

(f) 電力広域的運営推進機関[30]の系統情報公開サイト（広域機関システム）において公表することとされる送電設備の運用容量や使用状況に関する事実等

インサイダー情報のうち、(a)から(e)は発電設備に関する情報、(f)は送電設備に関する情報と整理できる。インサイダー情報は、あくまで「電気の卸取引に関係があり、卸電力市場（相対契約を含む）の価格に重大な影響を及ぼす」情報であるため、発電設備については10万キロワットという限定がなされており、小

---

29) 個々の発電機の「認可出力」については、毎年度発行される電気事業連合会統計委員会「電気事業便覧」（一般社団法人日本電気協会発行）に、一部まとめられている。

30) 電気事業法に基づき平成27年4月1日に設立された法人であり、電気事業者が営む電気事業に係る電気の需給の状況の監視及び電気事業者に対する電気の需給の状況が悪化した他の電気事業者への電気の供給の指示等の業務を行うことにより、電気事業の遂行に当たっての広域的運営を推進することを目的とする（同法28条の4）。「広域機関」又は英語名（Organization for Cross-regional Coordination of Transmission Operators, JAPAN）を略して「OCCTO（オクト）」などと呼ばれる。

規模な設備については(a)から(e)の対象から除かれている[31]。

発電ユニットとは、発電所における個々の発電機のことであり[32]、適正取引ガイドラインにおいて、発電ユニットの「停止」とは、発電機が電力系統から解列することを指す。

また、「停止」のうち、「計画停止」とは発電事業者が意図して行うものをいい、「計画外停止」とは発電事業者の意図とは無関係に起こるものをいう。「計画停止」の具体例は、定期点検等である。なお、DSS（日々停止：Daily Start and Stop〔電力需要の低い夜間に停止し、翌日の朝方に起動する運用〕）、ユニット差替え等の日常的な運用停止については、公表対象となる発電ユニットの「計画停止」には含まれないとされている。日常的な運用停止であれば、卸売市場の価格に重大な影響を及ぼさないことから、「計画停止」から除かれたものと考えられる。

インサイダー情報のうち、(f)の送電設備に関する情報は、電力広域的運営推進機関の運営する広域機関システムにおいて公表が行われており、発電設備に関する情報（(a)から(e)）については、計画停止・計画外停止という停止区分に応じて、JEPX の運営する「発電情報公開システム」(HJKS)[33]において一元的に公表が行われている。

インサイダー情報は、例えば計画外停止に関する速報は停止後 1 時間以内に公表するなど、類型ごとに適時に公表することとされている（適正取引ガイドライン第二部Ⅱ2(3)イ②）。

(ウ) インサイダー取引

適正取引ガイドラインにおいて、インサイダー取引とは、次のいずれかの行為に該当するものと定義されている（第二部Ⅱ2(3)イ①）。

---

31) 要するに、インサイダー情報とは(a)から(f)の情報を指すのであって、本文に記載の定義のうち、「電気の卸取引に関係があり、卸電力市場（相対契約を含む。）の価格に重大な影響を及ぼす」との文言は、(a)から(f)の情報の性質を補足的に説明するものに過ぎず、(a)から(f)の情報を更に限定する意味を持つわけではないと解される。

32) 電取委が公表しているインサイダー取引及びインサイダー情報の公表に関する「よくあるご質問」「2　インサイダー情報の定義」参照
http://www.emsc.meti.go.jp/info/business/insider/pdf/20161207001.pdf

33) https://hjks.jepx.or.jp/hjks/

・業務上インサイダー情報を知った電気事業者又は当該電気事業者からインサイダー情報の伝達を受けた電気事業者が、インサイダー情報の公表前に、当該インサイダー情報と関連する卸取引をする行為
・業務上インサイダー情報を知った電気事業者又は当該電気事業者からインサイダー情報の伝達を受けた電気事業者が、インサイダー情報の公表前に、第三者に利益を得させ又は第三者の損失の発生を回避させる目的をもって、当該第三者に対しインサイダー情報を開示する、又は情報に関連する卸取引を勧める行為

　このように、適正取引ガイドラインでいうところの「インサイダー取引」には、①未公表のインサイダー情報を知って関連する卸取引をする行為と、②一定の目的を持って第三者に未公表のインサイダー情報を開示等する行為の2類型がある。
　なお、電取委は、「インサイダー情報の伝達を受けた」といえるか否かについては、個別具体的な状況によって判断するとしており、黙示的であってもインサイダー情報を知らされていたと認められる場合には、情報の伝達を受けたと認定されることがあるとしている[34]。
　インサイダー取引に係るいずれの類型も、発電ユニットの停止情報等のインサイダー情報の「公表前」に、卸取引等を行うことを問題視するものであるから、換言すれば、卸取引等を行う事業者は、卸取引等に先立ってインサイダー情報を公表すればよいということになる。そういう意味で、インサイダー取引とインサイダー情報の公表を行わないことという2つの「問題となる行為」は、インサイダー情報という卸売市場の価格に重大な影響を及ぼす情報の適時の公表を促し、卸売市場に関する情報の非対称性を軽減するという同じ目的に向けられたものと理解できる。

　　(エ) **正当な理由による例外**
　インサイダー取引及びインサイダー情報の適時の公表を行わないことについて、それぞれ正当な理由がある場合には、例外的に「問題となる行為」には当

---

34) 前掲注32「8　インサイダー取引」参照

たらないと整理されている。

　インサイダー取引を行う正当な理由がある場合としては、次の4つの場合が示されている（適正取引ガイドライン第二部Ⅱ2(3)イ①）。

- 緊急の物理的な電力不足を補填する場合など、電力の安定供給のために、インサイダー情報の公表に先立って行うことが必要不可欠である取引
- インサイダー情報を知る前に締結していた契約又は決定していた計画に基づいて行われた取引
- 電力広域的運営推進機関が実施する電気事業法28条の44に基づく指示に関する電力取引として行う場合
- インサイダー情報を入手する電気事業者の内部において、実際にインサイダー情報を知る者と卸取引を行う者の間に適切な情報遮断措置（ファイアウォールの設置）が講じられている場合に、卸取引を行う者がインサイダー情報を知らされないで行った取引

　インサイダー情報の適時の公表を行わないことについては、正当な理由の例として、「大規模災害等により複数の発電ユニットが停止し、事故情報の把握や復旧操作等に人員を割く必要があり、1時間以内の公表が実務的に困難な場合など」が挙げられている（適正取引ガイドライン第二部Ⅱ2(3)イ②）。
　いずれの正当な理由についても、適正取引ガイドラインは、事後的に電取委に対して報告を行うことが適当であるとしており、電取委は、これらの情報についても監視を行っているとみられる。
　電取委の年次報告書（平成27年9月から平成28年8月まで）[35]によると、インサイダー情報の公表に係る運用が開始された平成28年4月から8月までの間において、インサイダー取引については合計33件、インサイダー情報の適時の公表については合計2件の正当な理由の報告があったとしている。このうち、インサイダー情報の公表については、正当な理由として報告を受けた2件とも、

---

35) 電取委「電力・ガス取引監視等委員会の活動状況（平成27年9月〜平成28年8月）」（平成29年4月）19頁
　　http://www.emsc.meti.go.jp/info/activity/report_01/pdf/20170511_01.pdf

インサイダー情報の公表に係る体制に不備があったとして、電取委が指導を行ったとのことである。

4 相場操縦
(1) 電力の卸売市場における取引行動
(ア) 総　論

　電気は、その性質上、大量に貯蔵することができない財であるため、基本的に、コマごとに[36]需要に応じた必要な電力を調達する必要がある。いわゆる在庫を持たないビジネスであるということが、電気事業の特徴の一つである。そのため、例えば市場価格が安いときに大量に調達してストックし、高いときに売るなどといった取引行動が一般にはみられず、スポット市場における取引の「量」は、通常そのコマにおける物理的な電力需給のバランスに大きく左右されることになる。

　次に、取引の「価格」についていうと、理論上観念される競争的な市場においては、市場価格は限界費用（ある商品を1単位追加で生産するために必要な費用）に等しくなるとされており[37]、スポット市場のように、売り・買い入札の結果（交点）として単一の市場価格が決まるような場において、自らの行動で市場価格に影響を及ぼすことができない市場参加者（Price Taker）が売りを行う場合には、その限界費用を売り価格として設定することが想定される[38]。

　つまり、前記第2　2(2)のとおり、スポット市場では売り入札の価格そのものではなく、必ず売り入札以上の価格で約定することから、売り入札を行う市場参加者からすると、商品の追加生産に要する費用を下回らない範囲で、少しでも多く売れるように安価で入札することが利益の最大化につながるので、結果

---

36) 平成28年4月から30分計画値同時同量制度が導入され、小売電気事業者及び発電事業者は、30分ごとにその需給の計画値をバランスさせることとされた。

37) Steven Stoft "Power System Economics: Designing Markets for Electricity"（IEEEPress, 2002）P. 57

38) D. Newbery, R. Green, K. Neuhoff and P. Twomey "A Review of the Monitoring of Market Power: The Possible Roles of TSOs in Monitoring for Market Power Issues in Congested Transmission Systems"（2004）P. 30
　　https://www.energy-community.org/pls/portal/docs/55831.PDF

として限界費用を売り入札価格とすることが最も合理的ということである。

電力の卸売において、限界費用とは、売り入札対象となる発電余力のある発電機を、発電に要する可変費が低い順に追加発電し又は稼働させた場合の追加発電に係る可変費（円/kWh）のことであり、既に当該時点において稼働している発電機であれば、追加の発電に係る可変費とは、主に追加の発電に要する燃料費ということになる。発電事業者等としては、追加発電に係る可変費（限界費用）を下回らない価格で売電できるのであれば、設備の効率的な利用という観点からも、追加発電を行って収益を確保することが合理的と考えられる。

(イ) スポット市場における市場支配力の行使

しかし、実際には、市場支配力（Market Power）のある事業者が、売惜しみ（限界費用を上回る高値での売りを行うこと、又はそもそも売りを行わないこと）により供給量を抑制し、市場価格をつり上げることができる[39]。例えば、図5のように、ある事業者が限界費用を上回る高値での売り入札（売り札ⅲ）を行うことにより、本来の市場価格よりも実際の市場価格をつり上げることができる。

---

39) 本文に挙げたものに加え、「特定のゾーンやノードにおける価格を引き上げるために送電混雑を引き起こすか悪化させるやり方」によっても市場支配力を行使することができるとする見解もある（Twomey/Green/Neuhoff/Newbery（翻訳・監修　山田光）「世界の電力市場の取引監視メソッド―市場支配力のモニタリング―」（新装版）（日本評論社、2013）19頁）。

図5 約定価格のつり上げイメージ

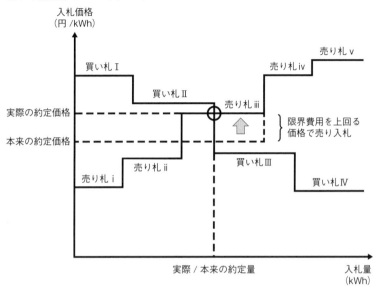

　このように市場の価格を操作し利益を上げることをもって、「市場支配力を行使する」と表される[40]。市場支配力とは、「競争価格を相当程度上回る販売価格を設定できる力」[41]などと定義される。市場支配力の行使により、社会厚生の観点からは、①過少供給による厚生の損失（死重的損失）、②効率的な生産が行われないことによる厚生の損失、③価格上昇による消費者から供給者への所得移転という3つの効果が生じる[42]。
　一般論として、供給量の抑制による市場価格の上昇による利潤は、供給量の多い事業者ほど大きいことから、供給量の多い事業者ほど市場支配力の行使の誘引が強いとされる[43]。ただし、理論的には、小さな発電能力しか持たない事

---

40) 八田達夫「電力システム改革をどう進めるか」（日本経済新聞出版社、2012）103頁
41) 大橋弘「市場支配力と市場画定」公正取引740号（2012）60頁
42) 熊谷礼子・服部徹「電力市場における市場支配力の理論と実際」八田達夫＝田中誠編『電力自由化の経済学』（東洋経済新報社、2004）43頁

業者であっても、その事業者の供給が需要を限界的に満たす要(ピボタル)の存在であるならば、供給量を抑制して市場支配力を行使することにより、VOLL (Value of lost load)に近いところまで価格をつり上げることが可能である[44]。

電力市場は、実際の供給について設備容量制約があり、需要の価格弾力性も小さいため[45]、特に需給の逼迫時においては、市場支配力に対して極めて脆弱であるとの指摘がある[46]。また、前記第21でも示したように、旧一般電気事業者の供給力が圧倒的に多いことからも、スポット市場を活性化するためには、市場支配力の行使による市場価格の操作を防止し、市場参加者を競争的に行動させるための規律が不可欠であるとの見解が提唱されている[47]。

市場支配力の行使による市場操作、すなわち売惜しみ(限界費用を上回る高値での売りを行うこと、又はそもそも売りを行わないこと)の有無をみるに当たっては、市場支配力を持つ事業者の供給余力及び限界費用を監視する必要がある。なお、限界費用は、前提となる発電機の稼働状況や需要量等により変化するもので、どの時点で算定するかによって具体的な価格が異なり得る。そのため、限界費用を考慮するに当たっては、算定の基準時も意識する必要がある。スポット市場における市場支配力の行使について検討するのであれば、スポット市場の入札時点における対象事業者の需給予測に基づく限界費用をもとに、その入札行動を分析するのが適当と考えられる。

(2) 適正取引ガイドラインの「問題となる行為」

前記第44(1)(イ)のようなスポット市場における市場支配力の行使も念頭に、

---

43) 前掲注42熊谷・服部43頁
44) 大橋弘「(草稿)電力産業に更なる競争を導入することの意義と課題」日本原子力学会誌アトモス54巻(2012)4〜5頁
45) 服部徹「米国卸電力市場における市場支配力の経済分析—理論的基礎と実証研究および政策オプションの展望—(調査報告：Y01008)」(財団法人電力中央研究所、平成14年1月)12頁は、電力市場における市場支配力の問題を検討するに当たり、一般的に、市場支配力は、その市場シェアの大きさ、市場全体での需要の価格弾力性の小ささ及び競争する企業の供給の価格弾力性の小ささに比例して大きくなるということを考慮することが重要であると述べている。
http://criepi.denken.or.jp/jp/kenkikaku/report/download/Tf4yNTK22e4awkSxdr8RpcTYbktShRDr/report.pdf
46) 前掲注44大橋4頁
47) 前掲注40八田103〜104頁

適正取引ガイドラインでは、卸売市場に対する信頼を確保する観点から、次に掲げるような市場相場を人為的に操作する行為（相場操縦）を、「問題となる行為」として、電取委による勧告等の対象となり得るとしている（第二部Ⅱ2⑶イ③相場操縦）。

① 市場相場を変動させることを目的として卸電力市場の需給・価格について誤解を生じさせるような偽装の取引を行うこと
② 市場相場を変動させることを目的として市場相場に重大な影響をもたらす取引を実行すること又は実行しないこと
③ 市場相場を変動させることを目的として卸電力市場の需給・価格について誤解を生じさせるような情報を広めること

また、適正取引ガイドラインでは、②に該当する具体的な行為を、次のとおり例示している。

・市場の終値を自己に有利なものとすることを目的として市場が閉まる直前に行う大量の取引
・取引価格の高値又は安値誘導によりインバランス料金を自己に有利なものとすることを目的として変動させる行為
・市場相場をつり上げる又はつり下げることを目的として市場取引が繁盛であると誤解させるような取引を行うこと（例えば、濫用的な買い占めや大量の買い入札により市場相場をつり上げる場合等）
・市場分断の傾向の分析や事前に入手した連系線の点検情報等により、市場分断が起こることを予測した上で、継続的高値での入札や売惜しみ等を行って市場相場を変動させること
・その他意図的に市場相場を変動させること（例えば、本来の需給関係では合理的に説明することができない水準の価格につり上げるため売惜しみをすること）

ここでいう「売惜しみ」とは、前記**第4 4⑴⑷**でいうところの供給量の抑制であり、限界費用を上回る高値での売り入札を行うこと、又はそもそも敢えて売

り入札を行わないことがこれに当たる。

このように、適正取引ガイドラインでは、市場支配力の行使による市場価格のつり上げ等も含め、人為的な市場相場の変動を相場操縦として「問題となる行為」と位置付けている。

5 他の機関による監視等

(1) JEPX業務規程

卸売市場におけるインサイダー取引等については、適正取引ガイドラインとは別に、卸電力取引所においても、一定の規律が設けられている。

すなわち、電気事業法上、卸電力取引所は、売買取引において不正な行為が行われ、又は不当な価格が形成されていると認めるときは、業務規程[48]で定めるところにより、売買取引を行う者に対し、売買取引の制限その他の売買取引の公正を確保するために必要な措置を講じることができるとされているところ(99条の3第2項)、JEPXは、その取引規程[49]（平成29年3月28日改定）（以下「JPEX取引規程」という）10条1項4号から8号において、次の行為を禁止している。

・単独又は他人と共同して、取引が繁盛であると誤解させるような取引や、相場を変動させる取引（4号）
・相場が自己や他人の操作によって変動する旨の流布（5号）
・託送供給等約款に定める接続対象計画差対応電力料金単価等、本取引所の価格を参照する他の料金等を変動させることを目的とした取引（6号）
・相対取引や電力先物市場など本取引所外の電力に関連した取引において利益を得る目的で、本取引所の市場の相場を変動させるような取引（7号）
・公表前の発電所の事故情報など、本取引所の価格形成に影響を及ぼすインサイダー情報に基づく取引（8号）

---

48) 卸電力取引所の業務規程は経済産業大臣の認可を受ける必要があり（電気事業法99条1項）、経済産業大臣は、業務規程が市場開設業務の公正かつ適確な実施上不適当となったと認めるときは、その変更を命じることができる（同条2項）。
49) http://www.jepx.org/outline/pdf/tr_rules.pdf?timestamp=1491802319233

また、JEPX 取引規程 10 条 1 項 9 号では、「不正な価格形成に関する取引」
も禁止されており、同条 2 項では、「不正な価格形成に関する取引」として、次
の行為が掲げられている。

・市場支配力の行使などによる市場における需給関係では正当化できない水
準と認められる価格形成（1 号）
・一般的な発電原価から著しく乖離した水準と認められる価格形成（2 号）

JEPX 取引規程 10 条 1 項 8 号については、適正取引ガイドラインにいうイ
ンサイダー取引を想定した規定と考えられ、同条 1 項 4 号から 7 号及び 9 号に
ついては、相場操縦について規律するものと考えられる[50]。

(2) 海外の卸売市場に係る規制等
㋐ 海外の監視機関

自由化において先行する欧州及び米国においても、電力に関する専門の監視
（規制）機関が設置され、卸売市場等の監視を行っている。

欧州では、例えば英国においては GEMA（Gas and Electricity Markets Authority）、
その実施機関として OFGEM（Office of the Gas and Electricity Markets）、フランス
においては CRE（Commission de regulation de l'energie）、ドイツにおいては BnetzA（Bundesnetzagentur）等の国ごとの規制機関がある。これに加えて、欧州では、
第三次エネルギー規制改革パッケージに基づき、各国の規制機関を補完・調整
し、欧州単一エネルギー市場を構築するため[51]、2010 年に、ACER（Agency for
the Cooperation of Energy Regulators）が設置された。

米国では、1977 年に、エネルギー省（DOE〔Department of Energy〕）の内部に、

---

50) 後記第 5 の件に関し、JEPX は、「一般的な発電原価から著しく乖離した水準と認められる価格
形成」に該当するか否かという観点から検証しており、結果として、東京電力エナジーパートナー
株式会社に対し、注意勧告を行っている（一般社団法人日本卸電力取引所　市場取引監視委員会・
市場取引検証特別委員会「日本卸電力取引所　取引監視・取引検証四半期報告　平成 28 年度秋期」
（平成 29 年 2 月）別紙）。
http://www.jepx.org/market/pdf/2016_10_12.pdf
51) ACER "Mission & Objectives" 参照
http://www.acer.europa.eu/en/The_agency/Mission_and_Objectives/Pages/default.aspx

連邦レベルでの独立規制機関として FERC (Federal Energy Regulatory Commission) が設置されており、FERC は、FPA (Federal Power Act) に基づき、州際の電力の卸取引について所管し、これを監視している[52]。

(イ) 卸売市場の規制等

(a) 欧州　　ACER は、2011 年に、REMIT (Regulation on Energy Market Integrity and Transparency[53]) という電力の卸売市場における統合及び透明性を担保する EU 規則についても、新たに所掌することとしている。ACER 及び各国の規制機関は、REMIT に基づき[54]、共同して卸売市場の監視を行っている。

REMIT では、先行する金融市場における法規制[55]と同様の規定により、インサイダー取引及び市場操作について禁じている[56]。

REMIT において、インサイダー情報 (inside information) とは、「単一又は複数のエネルギーの卸売商品に直接的又は間接的に関連する未公表の正確な情報であって、それが公表されたとすれば、エネルギーの卸売商品の価格に重大な影響をもたらす情報」と定義されており[57]、原則として適時にインサイダー情報を公表することとされるとともに[58]、インサイダー取引 (insider trading) を行うことが禁止されている。これに基づき、ENTSO-E (欧州送電系統運用者ネットワーク) の運営するプラットフォーム[59]において、実際にインサイダー情報が公表されている。

市場操作 (Market Manipulation) について、REMIT は、卸売市場において、価格を人為的に固定し又は固定しようと試みること、供給、需要又は価格について誤導的な徴候を示すような仮装の取引等を行うこと、供給、需要又は価格について誤導的な徴候を示すような情報を広めること等と定義している。

---

52) 16 U.S. Code §824(a)
53) Regulation (EU) No 1227/2011 of the European Parliament and of the Council on wholesale energy market integrity and transparency
54) Article 7 Market monitoring 2
55) Directive 2003/6/EC of the European Parliament and of the Council of 28 January 2003 on insider dealing and market manipulation (market abuse)
56) Article 3 Prohibition of inside trading, Article 5 Prohibition of market manipulation
57) Article 2 Definitions (1)
58) Article 4 Obligation to publish inside information 1
59) https://www.entsoe.eu/about-entso-e/Pages/default.aspx

ACER のガイドラインでは、市場操作の例として、「需給関係では正当化できない水準の人工的な価格を意図的に作り出す行為（物理的売惜しみ）」等が示されており、具体的には「取引参加者が、正当な理由なく、市場相場をつり上げることを目的として、市場に投入することが可能である発電量等を市場に投入しないことを決めた場合のことをいい、例えば、正当な理由なく、その限界費用がスポット価格よりも低い発電所があるにもかかわらず当該発電所の発電量を市場に投入しなかったり、インフラや送電容量を正しく使わなかったりして、異常な高値をもたらすような行動が該当する。」旨が付記されている[60]。これは、適正取引ガイドラインにおける「本来の需給関係では合理的に説明することができない水準の価格につり上げるため売惜しみをすること」という例示と共通するところがあり、REMIT においても、市場支配力の行使による相場の人為的な変動を含めて市場操作を捉えているように推察される。

　REMIT が施行されるまで、欧州では、インサイダー取引や市場操作に係る規制は、専ら金融市場に向けられており、規制当局は、法制度上、電力の現物市場（スポット市場等）における市場操作が疑われる行為に対し、EU 機能条約（Treaty on the Functioning of the European Union）102 条（支配的地位の濫用を規制）や各国の競争法を適用することしかできなかった。しかし、スポット市場等における市場操作は、その操作できるポジションが短期的・一時的なものであり、関連市場の画定も容易でないことから、EU 機能条約 102 条でいう支配的地位（dominant position）の濫用では捕捉しきれないという難点があった[61]。自由化で先行し、自由化初期に電力の卸売において強制プール制が採用されていた英国においては、この市場操作に対する懸念が早期に生じ、規制当局（OFGEM）は、発電ライセンスに市場濫用を禁止する条件を付するという運用での対処を試み

---

60) ACER Guidance on the application of Regulation (EU) No 1227/2011 of the European Parliament and of the Council of 25 October 2011 on wholesale energy market integrity and transparency 4th Edition (17-June 2016) 6.4.2 d)
　http://www. acer. europa. eu/Official_documents/Other%20documents/4th%20Edition%20ACER%20Guidance%20REMIT.pdf
61) Shaun Ledgerwood & Dan Harris "A Comparison of Anti-Manipulation Rules in U.S. and EU Electricity and Natural Gas Markets：A Proposal for a Common Standard"（Energy Law Journal, Vol. 33, No. 1, 2012）P. 12〜13
　https://papers.ssrn.com/sol3/papers.cfm?abstract_id=2045773

たものの、事業者等の理解が得られず、失敗に終わっている。

このような経緯もあり、スポット市場等における市場操作については支配的地位の濫用等の既存の規制で対応することが難しい状況にあったことから、市場操作等の不正な取引を防止するための効果的な法制度の整備として、新たにREMIT が制定された。

各国の規制当局の具体的な市場の監視手法は様々のようであり、例えばドイツでは、市場価格と限界費用との乖離（マークアップ）に関する分析が実施されており、平成 28 年時点において、市場支配的な事業者に対する限界費用の提出の義務づけについて検討が進められているとのことである[62]。

ACER の年次報告書[63]によると、2015 年に REMIT 違反で各国において調査等が行われた案件は、合計で 33 件であり、その中で最も多いのが市場操作に関する件とのことである。

　(b)　米国　米国においては、まず、卸売価格について「公正かつ合理的」(just and reasonable) でなければならないという原則[64]があり、FERC はこの原則に基づき、規制・監視を行っている。「公正かつ合理的」とは、市場において市場支配力がない状態で決められた価格を指すと解釈されており、このような解釈は、FERC が反トラスト法における市場支配力の概念を判断基準として取り込もうと努力した結果であると捉えられている[65]。

その後、FERC は、2005 年のエネルギー政策法（Energy Policy Act of 2005）に基づき、エネルギー市場における詐欺的な手法による取引等が市場操作として禁じられたことを受けて（18 C.F.R. §1c.2 Prohibition of electric energy market manipulation.)、市場操作についても監視することとしている[66]。なお、エネルギー政策

---

62)　三菱 UFJ リサーチ＆コンサルティング「平成 27 年度電源立地推進調整等事業　諸外国の卸電力取引における競争状況などの把握手法に係る我が国への適用可能性に係る調査報告書」（平成 28 年 1 月 29 日）48～49 頁
　　http://www.meti.go.jp/meti_lib/report/2016fy/000097.pdf
63)　ACER "ACER annual report on its activities under REMIT in 2015"（October 2016) P. 40～41
　　http://www.acer.europa.eu/Official_documents/Acts_of_the_Agency/Publication/REMIT%20Annual%20Report%202016.pdf
64)　16 U. S. Code §824d
65)　高橋岩和「米国電力市場における市場支配力のコントロール」舟田正之編『電力改革と独占禁止法・競争政策』（有斐閣、2014) 305 頁

法では、インサイダー取引については禁止規定が設けられていない。

　米国では、2001年のエンロン社による不正な取引を契機として、金融市場も含めた濫用的な取引も念頭に、電力の卸取引に係る監視が強化されており、欧州とはまた異なった展開を見せているようにも思われる。

　FERC は、同法に基づき、違反行為の調査・処分を行っており、2016年11月時点で、既に100件以上の事案を調査したと公表している[67]。近時では、2009年から2010年にかけて、実体のない取引（virtual trade）により市場間混雑を生じさせ、金融的送電権（FTR）のポジションで利益を得ていたとして、詐欺的な手段等による取引に該当すると FERC が判断した事案（Louis Dreyfus Energy Services L. P., February 7, 2014[68]）等が公表されている。

第5　取引監視に係る具体的事例

1　概　要

　最後に、我が国の電力の卸売市場における監視の実際として、電取委が、平成28年11月17日に、東京電力エナジーパートナー株式会社（以下「東電 EP」という）に対して行った勧告（以下「本件勧告」という）について取り上げる。本件勧告は、電取委の行った勧告としては2例目であるが[69]、電力の卸売市場における取引に関して行われた勧告としては初めてのものである。

　本件勧告の対象となった東電 EP は、一般電気事業者であった東京電力株式会社から平成28年4月1日に会社分割により電気の小売事業等を承継した小売電気事業者であり、本件勧告時点における東京電力ホールディングス株式会社の100パーセント子会社である。

---

66)　詳細は Order670 参照
　　https://www.ferc.gov/whats-new/comm-meet/011906/m-1.pdf
67)　FERC "STAFF WHITE PAPER ON ANTI-MARKET MANIPULATION ENFORCEMENT EFFORTS TEN YEARS AFTER EPACT 2005" (November 2016) P. 3
　　https://www.ferc.gov/legal/staff-reports/2016/marketmanipulationwhitepaper.pdf
68)　Docket No. IN12-6-000
69)　1例目の勧告は、平成28年6月17日、一般送配電事業者である東京電力パワーグリッド株式会社が、小売電気事業者に対する需要家の電気使用量の確定通知を平成28年4月以降継続的に遅延していたことに関して行われた。
　　http://www.meti.go.jp/press/2016/06/20160617002/20160617002.html

電取委は、東電 EP が、平成 28 年 4 月 1 日から同年 8 月 31 日までの期間（以下「本件期間」という）に、同社の限界費用からは大きく乖離した「閾値」（しきいち）と称する高い価格で、スポット市場において売り入札を行っていたことについて、「市場相場を変動させることを目的として市場相場に重大な影響をもたらす取引を実行すること」（適正取引ガイドライン第二部Ⅱ2(3)イ③相場操縦）に該当すると判断し、業務改善勧告を行った。

2　勧告の内容
(1)　事案の詳細

本件勧告に関する電取委のプレスリリース（以下「本件プレスリリース」という）[70]によると、本件勧告に係る事案の詳細は、次のとおりである。

東電 EP は、本件期間に、スポット市場において、平日の昼間の時間帯の受渡に係るコマ（以下「平日昼間のコマ」という。）につき売り入札を行う場合に、閾値と称する同社の小売料金の原価と同等の水準の月毎の固定の価格を、売り入札価格の下限価格として設定していた。

具体的には、本件期間の平日昼間のコマにおいて、東電 EP は、同社の各コマにおける具体的な限界費用に基づく価格よりも閾値が高い場合には、閾値を売り入札価格として売り入札を行っていた。

本件期間において、閾値は、東電 EP の各コマにおける具体的な限界費用からは大きく乖離した高い価格であり、東電 EP は、平日昼間のコマのほとんど全てにおいて、閾値を売り入札価格とした売り入札を行っていた。電取委によれば、仮に、東電 EP が閾値を売り入札価格とせず、限界費用に基づく価格を売り入札価格として売り入札を行っていたとすれば、本件期間の平日昼間のコマの約 6 割において、約定価格（東京エリアプライス）が下落するものと認められ、コマによっては、約定価格が約 3 割下落すると認められるコマもあったとのことである。

なお、電取委は、本件勧告に係る東電 EP の入札行為をいつ認識したのかは明らかにしていないが、平成 28 年 8 月下旬に東電 EP に対し報告の徴収（電気

---

70)　http://www.meti.go.jp/press/2016/11/20161117006/20161117006.html

事業法114条2項・106条3項）を行ったとしており[71]、遅くともその時期までには閾値を売り入札価格とする売り入札について認識したものとみられる。

(2) 電取委の判断

電取委は、①東電EPが、閾値を売り入札価格とすることにより、スポット市場における約定価格をつり上げる可能性があることについて十分に認識していたとみられること、②スポット市場ではブラインド・シングルプライスオークション方式が採用されていることから、限界費用を大きく上回る高値での売り入札を行うことは、約定の機会及びそれによる経済的利益を減少させることが明らかであるにもかかわらず、東電EPが、組織的に反復継続して閾値を売り入札価格としていた事実に鑑みると、そこには格別の意図があったと考えられること、及び③東電EPが、閾値を売り入札価格とすることにより、スポット市場の平日昼間のコマにおいて同社の売り入札が約定する際には常に同社の小売料金の原価と同等の水準以上の価格となるように市場相場を人為的に操作することを目的としていたとみられることから、閾値を売り入札価格とする売り入札を行うことは、「市場相場を変動させることを目的として市場相場に重大な影響をもたらす取引を実行すること」（適正取引ガイドライン第二部Ⅱ2⑶イ③）に該当すると判断した。

また、電取委は、「東電EPのように多くの電源を確保する事業者が、このような行為を行うことは、他の事業者が、スポット市場から必要な供給力を適正な価格で調達し、小売市場に新規参入すること又は小売市場において事業を維持・拡大することを阻害するものであり、電気事業の健全な発達を害する」とも判断している。

東電EPは、平成28年10月上旬に閾値を売り入札価格とする売り入札を行うことを取りやめていたものの、電取委は、再発防止を徹底する観点から、その約1月後の同年11月17日に、東電EPに対し、業務改善勧告を行った。

電取委が東電EPに対して行った勧告の内容は、次のとおりである。

① 「閾値」を用いた売り入札価格の設定を今後行わないこと。

---

71) 平成28年11月21日電気新聞3面（東京電力EP業務改善勧告ブリーフィング要旨）

②　①を社内において周知徹底するとともに、①を遵守するために必要かつ適切な社内体制を整備すること。
③　②の実施のためにとった具体的な措置について、本件勧告の1月後（平成28年12月16日）までに、電取委に対し、報告を行うこと。

3　勧告に係る考察

(1)　総　論

本件勧告で、電取委は、東電EPが閾値を売り入札価格とする売り入札を行うことは、「市場相場を変動させることを目的として市場相場に重大な影響をもたらす取引を実行すること」（適正取引ガイドライン第二部Ⅱ2(3)イ③）に該当すると判断している。

「市場相場を変動させることを目的として市場相場に重大な影響をもたらす取引を実行すること」は、「市場相場を変動させることを目的として」いること（以下「変動目的」という）及び「市場相場に重大な影響をもたらす取引を実行すること」（以下「変動取引」という）という2つの要素に分解できる。

次では、客観的要素である「変動取引」、主観的要素である「変動目的」の順に、電取委の判断に関し若干の考察を行う。

(2)　変動取引

「市場相場に重大な影響をもたらす取引を実行すること」とは、その取引実行の時点において、個別具体的な需給状況や市況等に照らし、客観的に市場相場が相当程度変動する蓋然性の高い取引を実行することを指すと解される。あくまで取引実行の時点においてその充足性を判断するため、結果として実際に市場が変動したという事実は、変動取引に係る直接の判断要素となるものではないが、当該取引が市場相場を相当程度変動させる蓋然性の高い取引であったことを推認する一つの間接事実になると考えられる。

電取委は、本件において、①閾値が東電EPの各コマにおける具体的な限界費用からは大きく乖離した高い価格であること、②閾値による入札により、本件期間の平日昼間のコマの約6割において、コマによっては約3割も約定価格がつり上げられたこと（東電EPが限界費用に基づく価格により入札を行っていたとすれば、本件期間の平日昼間のコマの約6割において約定価格が下落し、約定価格が約3割下

落するコマもあったこと）をもって、閾値による入札が、変動取引に該当すると判断したと考えられる。

　旧一般電気事業者の東電EPは、自社電源、すなわち東電グループの発電事業者（東京電力ホールディングス株式会社〔原子力・水力発電事業〕及び東京電力フュエル＆パワー株式会社〔火力発電事業〕）の電源に加え、他の発電事業者との長期の相対取引により、東電エリアの小売供給に用いる電源の大宗を供給力として確保している。また、平成28年4月時点で、全国の需要量の4分の1以上は東電EPがカバーしていることからすると[72]、全国大でみてもその確保する供給力は大きいといえる。そのため、東電EPが限界費用から大きく乖離した価格により売り入札を行うことは、概して市場相場に与える影響が大きいと考えられる。

　現に、本件期間の平日昼間のコマの約6割において市場相場がつり上げられた等の事実は、東電EPの閾値による入札が、市場相場を相当程度変動させる蓋然性の高い取引であったことを裏付けるものであると考えられる。

(3) 変動目的

　一般的に市場において取引（仮想取引や通謀取引等の実体のない取引を除く）を実行する場合には、市場相場に何らかの影響をもたらすことがあり得る。

　そこで、正常な取引と相場操縦として問題となる取引とを峻別するため、適正取引ガイドラインでは、変動目的が必要であるとしていると考えられる[73]。すなわち、前記第4 4(2)でも述べたように、相場操縦が問題視されるのは、市場相場を人為的に操作する行為によって、電力の卸売市場に対する信頼が損なわれるためであるから、意図的に相場変動行為が行われた場合に限り、相場操縦に該当するということである。

　本件プレスリリースによると、電取委は、変動目的を認定した理由として、①東電EPが、閾値により約定価格をつり上げる可能性があることについて十分に認識していたとみられること、②スポット市場ではブラインド・シングルプライスオークション方式が採用されていることから、限界費用を大きく上回

---

72) 経済産業省資源エネルギー庁「平成28年度電力調査統計」（電力需要実績）参照
73) 前記第4 4(2)の①（需給・価格について誤解を生じさせるような偽装の取引）については、偽装の取引自体が正常な取引とは通常考えられないことから、需給・価格について誤解を生じさせるような偽装の取引が認められれば、変動目的についても一定の推認がされるものと考えられる。

る高値での売り入札を行うことは、約定の機会及びそれによる経済的利益を減少させることが明らかであるにもかかわらず、東電EPが、組織的に反復継続して閾値を売り入札価格としていた事実に鑑みると、そこには格別の意図があったと考えられること、③東電EPが、閾値を売り入札価格とすることにより、スポット市場の平日昼間のコマにおいて同社の売り入札が約定する際には常に同社の小売料金の原価と同等の水準以上の価格となるように市場相場を人為的に操作することを目的としていたとみられることを挙げている。

①について、電取委は、「東電EPが、閾値により約定価格をつり上げる可能性があることについて十分に認識していた」と認定しているが、具体的にどのような事実を根拠にそのように認定したかという点については、明らかにしていない。

②は、閾値が限界費用から大きく乖離しており、閾値による入札を行う合理的な理由が認められないことから、このような入札を組織的に反復継続して行うことは、格別の意図、つまり少なくとも変動目的があると推認されるということについて述べていると考えられる。

ある取引がそれを実行する者にとって経済的に不合理であるにもかかわらず、その取引が市場相場に影響をもたらし得ることを認識しつつ、敢えて当該取引を実行するような場合など、個別具体的な状況に照らし、市場相場を変動させることを目的としている以外に当該取引を実行する合理的な理由がないような場合には、「市場相場を変動させる目的」を有しているものと推認し得ると考えられる。前記第4 4(1)(イ)のとおり、競争的な市場では、限界費用で入札を行うことが合理的であり、限界費用から乖離した価格での入札は、約定価格のつり上げの可能性がある。そのため、ある事業者が限界費用から大きく乖離した価格での入札を行っており、変動目的以外に当該取引を実行する合理的な理由が認められない場合には、変動目的を有している可能性が疑われる。

③は、閾値が東電EPの小売料金の原価と同水準の固定価格であることから、閾値を実質的な売り入札の下限価格として設定していたことは、東電EPが、自社小売料金の原価と同等の水準よりも安い電力をJEPX（他社）に売り渡さないように、人為的に市場相場を操作することを企図していたと考えられるということである。

前記第4 4(1)で示したとおり、本来であれば、スポット市場の取引価格は、発電機の稼働状況や需要量等により時々刻々と変化する限界費用に基づき決定されるのが自然であるが、東電EPは、具体的なコマにおける限界費用とは関わりなく月毎の固定価格として閾値を設定していたということ及びそれが同社の小売料金の原価と同水準のものとして設定されるものであったということが、本件において、問題となる変動取引（閾値による売り入札）が意図的なものであったと認める要素の一つであったと考えられる。

(4) 閾値のもう一つの側面

前記第5 2(2)のとおり、電取委は、本件プレスリリースにおいて、東電EPのように「多くの電源を確保する事業者が、このような行為を行うことは、他の事業者が、スポット市場から必要な供給力を適正な価格で調達し、小売市場に新規参入すること又は小売市場において事業を維持・拡大することを阻害するものであり、電気事業の健全な発達を害するものとも判断」したとしており、閾値による入札が、卸売市場における相場操縦に該当するのみならず、小売市場における新規参入等の阻害の側面も併せ持つことを示唆している。

すなわち、前記第2 1のとおり、旧供給区域において独占的な電気の供給を行ってきた旧一般電気事業者が自社電源等として多くの発電所を確保しているのに対し、新電力は、自社電源が少なく、旧一般電気事業者も含め他社との相対取引及びJEPXから調達せざるを得ない。このような状況において、旧一般電気事業者が、JEPXにおける売り入札価格を高くするなど、川上の卸売市場において、新電力に対する卸売を合理的な理由なく制限し、川下の小売市場における競争を妨げることは、電力の小売市場における新規参入等を阻害するおそれがある。

前記第5 3(3)のとおり、東電EPが、閾値を実質的な売り入札の下限価格として設定することは、同社小売料金の原価と同等の水準よりも安い電力をJEPXを通じて他社に出さないということに等しく、小売市場において、新電力が東電EPよりも安い料金メニューを提供しにくくする行為であったと考えられる。

第6　おわりに

　平成 28 年 4 月 1 日の小売全面自由化から 1 年を経て、平成 29 年 4 月時点では約 400 もの事業者が小売電気事業者として登録されている[74]。しかし、大規模な発電所の建設には多くの資金と時間を要することから、前記**第 2 1**でも述べたとおり、旧一般電気事業者が供給力として電源の大宗を確保しているというのが現状である。

　自社又はグループ会社において発電事業と小売事業の双方を行っている旧一般電気事業者からすると、グループ会社等ではない他社に卸売を行うことは、小売事業におけるライバルに塩を送ることに等しいため、通常は他社（自社の旧供給区域に進出する他の旧一般電気事業者も含む）に積極的な卸売を行うインセンティブがない。本件勧告の件についてみても、東電 EP は、JEPX における売電（卸売）により多くの収益を得るということよりも、自社の小売料金の原価と同等の水準を下回るような安い価格で他社に卸売は行わないということの方を重んじていたように思われる（無論、ここでいう売電により多くの収益を得るというのは、市場支配力を行使して市場価格をつり上げて多くの収益を得るという意味を含まない）。

　しかし、発電における競争及び小売における競争がそれぞれ有効に機能するためには、旧一般電気事業者が少なくとも余剰電力を適正な価格で卸売することが、非常に重要であると考えられる。新電力等が旧一般電気事業者から適正な価格で卸売を受けて、小売電気事業者たる旧一般電気事業者と公平な条件で競争することが可能となれば、小売市場における競争が活発化し、最終的にその競争による利益を需要家（消費者）が享受することができる。また、小売市場において競争が進展し、旧一般電気事業者の需要家が離脱することは、旧一般電気事業者の供給力に更なる余剰を生み出す。その余剰分について卸売市場で取引される量が増えるとすれば、新電力はそれを原資に更に小売市場において需要家を開拓することが可能となり、益々小売市場において競争が活発化する。

　このように、卸売市場と小売市場は徐々に相互に影響を与えながら、競争が活性化していくことが見込まれる。このような状況に照らすと、専門の監視機

---

74)　前掲注 11

関として電取委が存在し、卸取引を日常的に監視しているということには、非常に大きな意義があると思われる。卸売市場及び小売市場が競争原理に基づき適切に機能していくためには、ルール形成のみならず、電気事業に対する深い理解に基づいた細やかな市場の監視が、今後より重要になっていくのではなかろうか。そのような市場の実態の把握を離れて、電力システム改革に基づく小売市場及び卸売市場の全面自由化の成否を論ずることは早計である。

　全面自由化された電力市場が、競争原理の適切な機能により益々発展していくために、電力システム改革の所産である電取委が果たすべき役割は大きい。

ning
第5編　ガス産業の課題

XIII章　ガス事業制度改革の動向と課題

経済産業省資源エネルギー庁電力・ガス事業部政策課
課長補佐（法規担当）　髙城　潤

　第189回通常国会において成立した電気事業法等の一部を改正する等の法律（平成27年法律第47号）5条の規定により、小売全面自由化を含むガス事業法（昭和29年法律第51号）の改正が行われ、平成29年4月1日から施行された。

　本章の目的は、これまでのガス事業制度改革の動向を踏まえ、今後のガス事業における制度的課題を明らかにすることである。

1　ガス事業制度改革の動向
(1)　ガス事業の意義
　まず、本章が論じる「ガス事業」とは、広義のガス産業のうち、ガス事業法の規制の対象となる可燃性ガスの導管供給を行う事業であり、いわゆる「都市ガス（その多くはLNG（液化天然ガス）を原料とする）」や「簡易ガス」と呼ばれるものを意味する。このため、産業ガス（酸素・窒素など）やLPガス（液化石油ガス）の容器販売・小規模導管供給（簡易ガス事業の規模に満たないもの）を行う事業を含まない。

　なお、「簡易ガス（事業）」とは、LPガスを導管により一定数以上の需要家に供給する事業を意味し、平成27年改正前のガス事業法（以下「旧ガス事業法」という。）2条3項において「政令で定める簡易なガス発生設備…においてガスを発生させ、導管によりこれを供給する事業であって、一の団地内におけるガスの

供給地点の数が70以上のものをいう」と定義されている。平成27年改正後のガス事業法（以下「新ガス事業法」という。）においては、ガス小売事業の一類型として2条1項に規定されており、「簡易ガス」という名称は存在しないが、以下小売全面自由化後のガス事業を論じるに当たっては、便宜上「旧簡易ガス（事業）」と呼ぶこととする。

(2) ガス事業制度改革の動向

本項においては、現在のガス事業制度をとらえる基本的な視座を提供するため、法律、政省令、ガイドライン等の一連の行政ルールをとりまとめて整理し、これまでのガス事業制度改革を概観することとする。

(ア) 昭和45年ガス事業法改正（簡易ガス事業の創設）　改正当時、いわゆるいざなぎ景気による高度経済成長を背景に、家庭用エネルギーの需要は逐年増加の一途をたどっていた。その中で、新しい家庭用ガス体エネルギーの供給方式として、LPガスを小規模な導管により供給する形態が急速に普及していた。こうした供給形態については、導管によりガスを供給するという点で都市ガス事業（旧ガス事業法上は「一般ガス事業」と規定される。）と類似の性格を持っていることから、消費者利益を確保するため、都市ガス事業と同様の規制を行うとともに、都市ガス導管の計画的な敷設を確保する観点から、都市ガス事業との間で所要の調整を行う必要があると考えられた。このため、LPガスを小規模な導管で供給する事業のうち、供給の相手方が70戸以上のものについて、簡易ガス事業としてガス事業法による規制を行うこととし、簡易ガス事業の許可に当たっては、都市ガス事業との調整を図ることとした。

(イ) 平成6年ガス事業法改正（第1次制度改革）　第1次制度改革においては、環境制約への対応の要請、技術革新の進展等を背景に、1）大口需要を中心とする産業用及び業務用の都市ガス需要が高まっていること、2）これら需要家は、概して他燃料への転換が容易であるため、一般ガス事業者との間で価格交渉力を有しており、都市ガスについても他燃料と同様に交渉に基づく価格で供給されることを要望する声が高まったこと、3）一般ガス事業者の供給区域外の産業用等の需要においても天然ガス利用のニーズが高まったことなどを背景に、以下を主な内容とする制度改革を実施した。

(a) 大口供給制度の創設　① 需要家のエネルギー選択肢の拡大とガ

ス供給者の新たな事業機会の創出を目的として、大口供給（熱量 46 MJ 換算で年間契約ガス使用量 200 万 m³以上）制度を創設して、大口需要家を対象としたガス小売の自由化（いわゆる部分自由化）を実施した（一般ガス事業者以外の者が一般ガス事業者の供給区域内で大口供給を行う場合は、経済産業大臣の許可を受けることとし、供給区域以外の地域で大口供給を行う場合は、経済産業大臣に届出を行わせることとした。）。

② 大口供給制度の創設に伴い、大手一般ガス事業者の自主的な取組として、大口供給を行う新規参入者が導管網を利用する際のガス受入条件等の基本的事項を定めた託送取扱要領を整備した。

(b) ヤードスティック的査定方式の導入　ガス事業におけるガス供給者の経営効率化を促す観点から、一般ガス事業者の料金改定時に、一般ガス事業者間で経営効率化の度合を比較査定するヤードスティック的査定方式を導入した。なお、この査定方式は総括原価方式に基づく通常の個別査定を行った上で、特定の原価項目群について重ねて比較査定を行い、より効率化が求められる事業者グループの当該原価項目群について一律 0.5％又は 1％の減額査定を行うという点で、一般的なヤードスティック方式とは異なる手法であることから、ヤードスティック「的」査定方式と呼ばれている。また、同時に、一般ガス事業者自身による経営効率化に向けた主体的な取組が必要であるとの観点から、一般ガス事業者はそれぞれの経営効率化目標を策定・公表することとした。

(c) 原料費調整制度の導入　ガス料金の透明性を高め、原料費の変動によるガス料金の過大な変動を防止する観点から、為替レートや原料価格の変動による原料費の変動を定期的かつ自動的に料金に反映させる原料費調整制度を導入した。

(ウ) 平成 11 年ガス事業法改正（第 2 次制度改革）　第 2 次制度改革においては、「経済構造の変革と創造のための行動計画」（平成 9 年 5 月閣議決定）において「電気事業、ガス事業について、平成 13 年までに国際的に遜色ないコスト水準を目指す」こととされているなど、我が国の経済構造改革にとって、電気・ガス事業の構造改革による効率化の追求が求められていることを踏まえ、1）より開かれたガス市場を構築すること、2）需要家利益を増進するとともに、ガス供給者の選択機会を拡大すること、3）ガス供給者の経営自主性を尊重すること、4）行政の関与・規制を必要最小限化・重点化することを基本的な考え

方として、以下を主な内容とする制度改革を実施した。

　(a)　**大口供給の範囲の拡大**　　需要家ニーズに対応して、大口供給の範囲を拡大して（熱量 46 MJ 換算で年間契約ガス使用量 100 万 m^3 以上）、小売部分自由化範囲を拡大した。

　(b)　**接続供給（託送供給）制度の法定化**　　独自の導管を持たない事業者等の大口供給への参入を容易にし、接続供給（託送供給）に関する公正かつ透明な契約を担保するため、従来の託送取扱要領を踏まえて、大手一般ガス事業者が自主的に定めていた運用ルールを法定した（大手一般ガス事業者に接続供給約款の作成・届出・公表を義務付け）。

　(c)　**料金規制の見直し**　　ガス事業者の経営自主性を尊重し、需要家が速やかに料金値下げの利益を享受し得るよう、従来は全て認可制となっていた小売料金（「供給約款」）について、料金引き下げなど需要家の利益を増進するような場合は、従前の料金査定や公聴会を経ずに変更が可能となるよう、認可制から届出制に移行し、料金規制の見直しを実施した。

　また、需要家の特性を踏まえた選択的な料金メニューの創設が可能となるよう、選択約款制度（届出制）を創設した。

　(d)　**卸供給制度の弾力化**　　一般ガス事業者が他の一般ガス事業者又は卸供給事業者から導管によりガスを卸受けする場合において、当事者間の交渉を最大限尊重する観点から、卸供給条件に係る認可制を届出制へ移行した。また、卸供給先である一般ガス事業者の料金、その他の供給条件に悪影響が及ぶ時は、行政が事後的に卸供給条件の改善命令を発動することとし、卸供給制度を弾力化した。

　(e)　**その他**　　ガス供給者の経営自主性を尊重する観点から、兼業規制を廃止した。また、公正・有効な競争を確保するという観点から、「適正なガス取引についての指針」を制定した。

　[エ]　**平成 15 年ガス事業法改正（第 3 次制度改革）**　　第 3 次制度改革においては、エネルギー産業における天然ガスへの期待の増大を踏まえ、ガス事業の競争環境の整備、ガス料金の一層の低廉化などを目指す観点から、以下を主な内容とする制度改革を実施した。

　(a)　**ガス導管事業の創設**　　我が国のガス市場の活性化と公正な競争の

促進のためには、基本的なインフラであるガス導管網の建設と独立した導管網の相互の連結を促し、導管網の第三者利用に関する公正なルールを整備拡充することが必要と考えられた。このため、ガスの小売及び卸売に使用するすべての導管を原則として平等かつ公正に取り扱う観点から、国産天然ガス事業者や電気事業者などによる、一般ガス事業以外でガス供給用の導管を維持及び運営する事業を、ガス導管事業として創設した（公益特権の付与、幹線的なガス導管事業に対する投資インセンティブを確保）。

(b) **託送供給義務の拡大** 既存事業者と新規参入者の公正な競争条件を確保しつつ、自由化されたガス市場において、需要家の実質的な選択肢の拡大を図るため、託送供給義務を全ての一般ガス事業者及びガス導管事業者に課すこととした。

(c) **託送供給約款策定義務の拡大** 託送供給義務が全ての一般ガス事業者及びガス導管事業者に拡大されたことに伴い、託送供給ニーズが拡大するため、その利用を希望する者に対する料金等の託送供給条件等に係る取扱いの公平性、透明性等を確保する観点から、全ての一般ガス事業者及びガス導管事業者に対し、託送供給約款の作成・届出・公表を義務づけた。

(d) **大口供給の範囲の拡大** ガス利用者の選択肢の一層の拡大の観点から、大口供給の範囲を拡大して（熱量46 MJ換算で年間契約ガス使用量50万 m^3 以上）、小売部分自由化範囲を拡大した。

(e) **大口供給規制の見直し** 大口供給規制については、事前規制を極小化し、自由化されたガス市場において複数のガス供給者が相互に競争することで需要家の選択肢を拡大し、経営効率化を促進するため、大口供給を行う際の許可制を変更・中止命令付きの届出制へ移行した。

(f) **卸供給の届出制廃止** 卸供給に係る規制については、卸供給用ガスの託送供給に関するルールが創設されるにあたって、これまでの届出の対象とされてきた卸受け手たる一般ガス事業者は原料調達手段を多様化することが可能となるため、ガス事業における公正な競争を促進するという改正の趣旨を踏まえ、一定期間の経過措置後、卸供給の届出制を廃止した。

(g) **「適正なガス取引についての指針」の一部改定** 託送供給の中立性・透明性の確保や、LNG基地の有効利用促進の観点から、「適正なガス取引につ

いての指針」の一部改定を実施した。

　(オ)　**平成18年制度改正（第4次制度改革）**　第4次制度改革においては、自由化範囲の拡大にあたり、対象需要が少量・多数化し、加えて供給導管が低圧管である需要家の比率が著しく増大することを踏まえ、ガス供給者選択の仕組みを実効的に機能させる観点から、以下を主な内容とする制度改革を実施した。

　　(a)　**大口供給の範囲を拡大**　ガス利用者の選択肢の一層の拡大の観点から、大口供給の範囲を拡大して（熱量46 MJ換算で年間契約ガス使用量10万 m^3 以上）、小売自由化範囲を拡大した。

　　(b)　**簡易な同時同量制度の導入**　託送供給制度において、託送供給実施者のネットワーク運用に支障のない範囲で、同時同量の計測に係るコスト負担を軽減するため、熱量46 MJ換算で年間契約ガス使用量が50万 m^3 未満10万 m^3 以上のものについて、事前に想定された計画ガス払出量を実際の払出量とみなすこと等を可能とし、簡易な同時同量制度を導入した。

　　(c)　**低圧導管までを対象とした託送供給約款の整備**　小売部分自由化範囲の拡大により新たに自由化対象となる需要家のうち、約70％が低圧導管による供給を受けることとなることから、低圧導管原価を託送供給部門に位置づけると共に、低圧導管までを対象とした託送供給約款を整備した。

　　(d)　**託送料金ルールの柔軟化**　ガス導管事業者が、財務会計上採用している減価償却の計算方法に基づき算定した託送供給約款料金が合理的でないと認められる場合については、適切かつ合理的な範囲において、減価償却費計算における使用実績に応じた償却費の算出等により託送供給約款料金を算定することを可能とする託送料金の設定ルールの柔軟化を実施した。

　(カ)　**平成23年ガス事業法改正（外生的・固定的なコストの変動に起因する料金改定手続きの整備等）**　平成23年度税制改正大綱（平成22年12月閣議決定）において決定された石油石炭税への税率の上乗せ等を踏まえ、新たな施策や既存の税負担等を含め、一般ガス事業者及び簡易ガス事業者の能率的経営による対処が困難な要因による費用負担（原価）の上昇等に起因して、料金を引き上げる場合の手続き円滑化が必要とされた。

　改正前の認可制の下では、手続きに要する期間が長く、上述のような場合に

まで過重な負担を生じさせることとなるため、一般ガス事業者及び簡易ガス事業者が能率的経営による対処が困難な特定の要因による料金等の引き上げについては、これに係る供給約款の変更を事前届出（経済産業大臣による短縮が可能な留保期間及び変更命令を付したもの。）で行うことを可能とする等の措置を講じた。

(キ) **平成 27 年ガス事業法改正（ガスシステム改革）**　電力システム改革専門委員会報告書（平成25年2月）において、電力システム改革と整合的なガス市場における競争環境の整備が必要とされたことや、第4次エネルギー基本計画(平成26年4月)において、市場の垣根を外すエネルギー供給構造改革を推進する方向性が示されたことを踏まえ、1）新たなサービスやビジネスの創出、2）競争の活性化による料金抑制、3）ガス供給インフラの整備促進、4）消費者利益の保護等を目的として、以下を主な内容とする制度改革を実施した。

(a) **小売全面自由化**　従来、一般ガス事業者にしか認められていない10万m^3未満の小口需要家へのガスの供給について、小売の地域独占を撤廃し、登録を受けた事業者であればガスの小売事業への参入を可能とした（平成28年4月1日実施）。併せて、小売料金規制を原則撤廃し、経過措置として需要家保護の観点から競争が不十分な地域に限って規制料金メニューの提供を義務付けた。

また、簡易ガス事業についても許可制の元での地点独占、料金規制を撤廃し、ガス小売事業者として参入することを可能とした。

(b) **ライセンス制の導入**　小売全面自由化により一般ガス事業や大口ガス事業といった区分がなくなることから、一定規模以上のLNG基地部門を「ガス製造事業」（届出制）、一般ガス事業者の導管部門を「一般ガス導管事業」（許可制）、ガス導管事業者の導管部門を「特定ガス導管事業」（届出制）、一般ガス事業者、簡易ガス事業者、ガス導管事業者及び大口ガス事業者の小売部門[1]を「ガス小売事業」（登録制）とし、事業ごとに必要な規制を課すライセンス制を導入した[2]。

(c) **LNG基地の第三者利用**　平成15年改正において、「適正なガス取引についての指針」上の望ましい行為として位置付けられていたLNG基地の第三者利用について、ガス製造事業者の義務として法定化した。併せて、料金

---

[1] 一定規模未満のLNG基地部門や、大口ガス事業者又は簡易ガス事業者の維持・運用する小規模導管部門は小売事業に含まれることとなる。

の算定方法など利用条件を約款として届出・公表することを義務付け、不適当な場合は経済産業大臣が変更を命令できることとした。

　(d)　**ガス導管網の整備促進**　ガス事業においてインフラ整備が積極的に取り組まれるよう、全てのガス導管事業者に導管の相互接続に係る努力義務を課すと共に、導管接続を促すため、経済産業大臣が事業者間の協議を命令・裁定できる制度を創設した。

　(e)　**保安の確保**　導管網の保安及び小口需要家が保有する内管の点検・緊急保安に関する法律上の義務を、従来の一般ガス事業者をはじめとしたガス導管事業者等[3]に課し、消費機器の調査・危険発生防止の周知に関する義務を、ガス小売事業者に課すこととした。また、全てのガス事業者に災害発生時も含めた「公共の安全の維持又は災害の発生の防止」に関する連携・協力義務を課した。

　(f)　**導管部門の法的分離**　ガス市場における活発な競争を実現する上では、ガス導管部門を中立化し、適正な対価（託送料金）を支払った上で、誰でも自由かつ公平・平等にガス導管ネットワークを利用できるようにすることが必要であることから、電力システム改革同様、ガスについても導管部門の法的分離（ガス製造事業及びガス小売事業と導管事業の兼業禁止）を実施することとした（平成34年（2022年）4月1日実施）。他方、導管事業については、その大半を経営基盤が脆弱かつ事業規模の小さい者が占めることが見込まれることから、法的分離を実施することによって得られる利益が、そのために必要なコスト（コミュニケーションコスト）等の不利益を上回る場合にのみこれを義務付けることが適当であると考えられたことから、法的分離の対象となる事業者の要件については、これを政令において規定することとした[4]。

2）　なお、旧簡易ガス事業については、制度創設時の背景にあった高度経済成長に伴う大規模団地の急速な開発といった事情は、今後基本的に想定され難いことから、ガス事業法により規制し続ける必要性は乏しいと考えられる。このため、他のLPガス販売事業者と同様、液化石油ガス保安法の規制対象とすることが検討されたが、同法の保安規制に対応するため多額の改修費用を要する場合があること等を理由に、平成27年改正においては旧簡易ガス事業をガス事業法の規制対象外とすることは見送られた。

3）　旧簡易ガス事業者及び旧大口ガス事業者が維持・運用する導管の保安責任についてはガス小売事業者が負う。

(ク) 平成27年・平成28年制度改正（改正ガス事業法の施行に向けた詳細制度設計）
電気事業法等の一部を改正する等の法律の成立後、改正ガス事業法の施行に向けた詳細制度設計を行うため、平成27年8月から平成28年6月にかけて、総合資源エネルギー調査会　基本政策分科会　ガスシステム改革小委員会において、計12回にわたる議論が行われた。

議論された論点は多岐にわたるところ、特に、小売事業者間の公平性確保、ガスの広域的な流通の促進、電気と一体となった構造改革の速やかな実現等の観点から、以下の制度改革を実施した。

(a) 新たな同時同量制度の導入　従来の同時同量制度の下では、一般ガス事業者の小売部門は導管の貯蔵機能を活用して自らの需要を含めたネットワーク全体のガスの安定供給を実現している一方で、新規参入者に対してのみ一時間同時同量という厳格なルールを課しており、新規参入者だけが導管の貯蔵機能を活用することができないとの懸念があった。

このため、小売事業者間の公平性を確保する観点から、全ての小売事業者が導管事業者に対して払出計画（需要計画）を提出し、導管事業者が、導管の貯蔵機能、過去の実績、各注入ポイントの地理的特性等を勘案した上で、導管網全体のあるべき注入計画を策定し、各小売事業者に対して需要量に応じて案分した注入計画を指示する、いわゆる「ロードカーブ方式」を採用することとした。

(b) パンケーキ問題の解消　従来、製造設備から複数の一般ガス事業者の供給区域を跨いで需要地にガスを供給しようとする場合、供給区域を跨ぐごとに託送料金（卸託送料金）が課金される仕組みとなっていたことから、需要地に近接する製造設備からガスを供給しようとする場合に比して高コスト構造となり、供給者間の競争を阻害しているとの指摘があった（いわゆるパンケーキ問題）。小売全面自由化後に需要家の利益を最大化するためには、ガスの広域的な流通を促進することによって、①ガス小売事業者間の競争の活性化、②需要家選択肢の拡大等を図る必要があると考えられたことから、電気事業制度にならい、供給区域を跨ぐ場合における卸託送料金を廃止し、需要地の託送料金（小売託送料金）において一般負担化することとした。

4) なお、本稿の執筆時点では、導管総延長の長い大手一般ガス導管事業者3社（東京・大阪・東邦）を対象とすることが予定されている。

(c)　ヤードスティック方式の限定採用　小売全面自由化に先立って、100社超の一般ガス事業者から託送供給料金の事前認可申請がなされるところ、①平成 29 年 4 月に小売全面自由化を遅滞なく施行する必要があることや、②託送供給料金を早期に確定させ、新規参入者の予見可能性を高める必要があることから、低廉な託送供給料金の実現を図りつつ、規制コストを一定程度軽減することができる査定方法を採用する必要があると考えられた。このため、他の公共料金制度も参照し、託送料金原価の一部の費目について事業者間で比較査定を行うことにより、経営効率化が進んでいない事業者に対して更なる効率化を求める査定方法である「ヤードスティック方式」を採用することとした。なお、この査定方法は、事前認可申請の特殊性を踏まえた特例的な措置として、事前認可申請時の査定に限って採用することとした。

2　ガス事業制度改革の課題

(1)　ガス事業の現状

　これら数次の改革を踏まえ、現在我が国においてはガス小売事業者 1420 社（うち 1174 社は旧簡易ガス事業者[5]、201 社は旧一般ガス事業者、26 社は自由化に伴う新規参入者）、一般ガス導管事業者 196 社（うち第 1 グループ[6] 3 社、第 2 グループ[7] 7 社、第 3 グループ[8] 116 社、第 4 グループ[9] 70 社）、特定ガス導管事業者 27 社、ガス製造事業者 28 社が存在する。

　我が国の小売電気事業者（登録特定送配電事業者を含む）が 547 社、一般電気事業者が 10 社であるのに比較すれば、一見、既に多数の事業者が存在しているようにもみえる（なお、ガス事業の市場規模は約 5 兆円と電気事業の市場規模約 18 兆円の 3 分の 1 に満たない。）。しかし、そのほとんどは供給する地域が限定された中小規模の事業者であり、小売全面自由化後の新規参入者数は極めて少なく、一般ガ

5）　一般ガス事業を兼業していた者を除く。
6）　複数の LNG 基地に接続する大規模導管網を維持・運用する事業者グループ
7）　1、2 カ所の LNG 基地に接続する一定規模の導管網を維持・運用する事業者グループ
8）　LNG 基地に直接接続せず、第 1・第 2・第 3 グループの導管網に接続する導管網を維持・運用する事業者グループ
9）　第 1・第 2・第 3 グループの導管網に接続しない独立した導管網を維持・運用し、タンクローリー等で LNG を調達するグループ

ス導管事業者の供給区域のうち、一般家庭への都市ガス販売を行う競合者が存在しない区域は153に及ぶ。他方、小売全面自由化から1年5か月が経過した2018年8月末時点のガスの全国スイッチング率（既存事業者から新規参入者への契約切り替え率）は6.6%[10]であり、同時期（2017年8月末時点）の電気の全国スイッチング率6.9%と数字上は同程度となっている。これは、元々大手ガス事業者3社が供給する需要家数が全国のガス需要家数の約7割を占めており、その一部で電気を超えるスイッチングが生じていることによるものであり、需要と競争が偏在した結果である。

ガス事業において新規参入が進まない（より正確に言えば新規参入者の絶対数が少なく、また大都市圏以外の地域に新規参入者が登場しないことによって、需要家の選択肢拡大・事業者の事業機会拡大というガスシステム改革の目的が全国的に達成できていない）原因は、様々な制度上、産業構造上の理由が複合的に作用していると考えられるところ、概ね以下のとおりと考えられる。

① 都市ガス原料は単一（天然ガス）であり、ほぼ全てをLNGの輸入に頼るため、一定規模以上の需要を確保していなければ直接調達が困難であること。この点は、電気が従来型の大規模電源だけでなく、太陽光、バイオマスなどの分散型電源が存在し、発電事業者の数も706社と数多くの電源保有者が存在することとは大きく背景が異なるといえよう。

② ガス導管網が地域ごとに分断されており、全国統一的な市場が存在しないこと。これは、従来ガス事業者は需要地近隣の港湾にLNG基地を建設し、そこから扇状に導管網を拡張してきたことから、需要の集積が少ない地域においては導管網の整備が必ずしも経済合理的でない（LPガスによる個別供給や、タンクローリーを用いたLNG輸送を行う方が経済合理的である）場合が存在し、また敢えて遠隔地のLNG基地間を接続する導管を整備するインセンティブもなかったためである。また、1969年に初めてLNGを原料とする都市ガスが製造され、2010年にほとんどの事業者の都市ガス原料がLNG化される以前、かつての都市ガス事業は原料調達及び製造が容易な石炭系ガスやナフサ改質ガスを需要地近傍で調達・製造し、需要地単位で

---

10) 電気と同様、選択約款の契約件数を母数から除いた場合。

導管網を整備してきた。こうした事情もあって、我が国では歴史的に地域ごとに独立した中小ガス事業者が存在するところとなっている。

③　顧客接点の多さ等の理由からガス小売事業者に保安義務（消費機器調査・危険発生防止周知義務）が課されているため、新規参入者が自ら保安体制を構築するか、他の事業者に委託してこれを行う必要があること。既存事業者への委託については、「適正なガス取引についての指針」において、適正な条件でこれが可能となるよういくつかの規定を置いているところではあるが、一定のコストが生じることは否定できない。また、自ら保安体制を構築している場合であっても、供給開始時に一般ガス導管事業者が行う内管漏洩検査とガス小売事業者が行う消費機器調査等の日程を合わせる必要があることから、実務的なコスト要因になっているという指摘もある。

④　エリアによって需要密度が異なり、特に需要密度が低い地方部では相対的に新規参入のインセンティブが低いこと。例えば第4グループに属する事業者においては、需要家数[11]が5000件未満の者が約半数となっている（第4グループ平均は約1万件）。なお、第4グループ供給区域の平均都市ガス利用率は約34％であり、他燃料（LPガス、オール電化等）との競争に晒されているものと評価できる。ただし、小売全面自由化後約1年半が経過した今なお、これらの事業者のうち新たな料金メニューやその他のサービスメニューを提供している者が2割に満たない点については疑問の余地なしとしない。

(2)　ガス事業制度改革の課題

これまでのガス事業制度改革の経緯及び上述したガス事業の現状を踏まえ、今後のガス事業制度改革の課題は次のとおりである。なお、以下の記載は全ての課題を網羅的に記載したものではなく、またあくまでも筆者の個人的見解を述べるものであり、筆者が所属する組織の見解を代表するものでないことは予めご理解いただければ幸いである。

(ア)　**新規参入促進のための卸取引活性化**　　小売全面自由化の目的は、需要家の選択肢拡大及び事業者の事業機会の拡大、新規参入者や既存事業者間の競

---

11)　なお、ここでいう「需要家数」とは、供給区域内の全需要のうち、都市ガスの供給を受けている需要家の数を意味する。

争を通じたガス料金の最大限の抑制等にある。この点、上述のとおり、ガスの調達手段は限られている状況であることから、新規参入を促進するための何らかの措置が必要となる。

　こうした観点から、平成27年改正においてLNG基地の第三者利用制度を導入し、例えばLNG調達能力を持つ商社・石油会社や他のエリアのガス事業者等が、複数の新規参入者の需要を束ねて一括してLNGを調達し、既存事業者のLNG基地を利用してガス卸取引を行い得る環境を整備したところである。しかし、小売全面自由化後1年半を経過した時点でLNG基地利用の実績は未だ1件もないことから、より利用しやすい環境を整備するため、情報公開のあり方や料金設定方法の見直し等が行われている。

　加えて、電力・ガス基本政策小委員会の下に設置された「ガス事業制度検討ワーキンググループ」において、ガス卸供給の追加的な促進策について検討を行うことが予定されている。今年度中に結論を出すことを目標に現在進行形で議論が行われている論点であることから、本稿ではその具体的な内容には触れないが、注意的な記載として、LNG基地第三者利用制度は元々「適正なガス取引についての指針」における「望ましい行為」として規定されていたところ、その実効性を高める観点から法定化されたものであることや、欧州の多くの国では、小売全面自由化後も卸事業者のライセンスを用意するなどして、制度上既存事業者に一定の卸供給を義務付けることや、卸料金を監視する仕組みが導入されていることを指摘しておきたい。

　(イ)　**二重導管規制の緩和の見直し**　小売全面自由化と時期をあわせて、いわゆる二重導管規制の緩和を行った。二重導管規制とは、高圧から低圧まで面的に導管を整備し、小口を含む需要家一般にガスを供給する一般ガス導管事業者（旧一般ガス事業者）の供給区域内において、高圧導管を線的に整備し、特定の大口需要家のみにガスを供給する特定ガス導管事業者（旧ガス導管事業者）による導管の二重投資を抑制するものである。一般ガス導管事業は、規模の経済性が働くネットワーク産業の典型であり、特定ガス導管事業者の導管による大口需要の離脱は、一般ガス導管事業者のネットワークに属する全ての需要家の単位当たり費用を増加させ得る。

　このため、二重導管規制自体は必要かつ許容されるべきものであるが[12]、電

力会社の供給する熱量調整を行わない安価なガス[13]を希望する産業用需要家が存在することや、一般ガス導管事業者に競争の刺激を与えることで経営上のスラックを縮小させ、その効率化効果を全ての需要家に均てんさせ得るといったことを理由に、一定の緩和[14]を行った。

　緩和の結果、認められた範囲内で特定ガス導管事業者によるクリームスキミングが発生したとしてもこれを容認せざるを得ないが、緩和がもたらした一般ガス導管事業者の経営への影響次第では、当該特定ガス導管事業者に対して、アクセスチャージ（赤字の託送料金設定が政策的に維持されている低使用量需要家の固定費回収を補てんするための費用負担）等を課すことも経済学的には検討されて然るべきである。また、仮に当該特定ガス導管事業者が既存需要のスイッチングに偏った導管整備を行っている場合、ガス事業の健全な発達という法の目的に照らして望ましいあり方とはいいがたいことから、一定の新規需要獲得を二重導管規制の更なる緩和の要件とすることも選択肢の一つではないかと考える。

　一方で、そもそも一般ガス導管事業者の導管で熱量調整を行わないガスを受け入れることができないことが議論の出発点にあることに鑑みれば、標準熱量の引き下げや、熱量バンド制への移行を含む、熱量調整のあり方について早急に検討を行うことが必要である。

　いずれにせよ、基準の見直しに当たっては、小手先の要件論に終始すること

12）　なお、電気事業においても特定送配電事業者に対して二重投資規制が課されているが、条文上、その事業の開始を規制し得るのは「一般送配電事業者の供給区域内の電気の使用者の利益が著しく阻害されるおそれがあると認めるとき」（電気事業法第27条の13第5項）と規定されている。これは、我が国における分散型電源の普及促進といった政策的観点から規定されたものである。

13）　こうしたガスは一般ガス導管事業者の導管で受け入れることができないため、新たな導管を整備する必要がある。

14）　具体的には、一般ガス事業者の導管によりガスの供給を受けている既存需要に対しては、原則としてガス導管事業者の導管によりガスの供給を受けることができないこととされていた旧来の基準から、小売全面自由化後3年間の時限措置として、一般ガス導管事業者の導管で受け入れることができないガスを供給する場合にあっては、既存需要であっても当該一般ガス導管事業者のネットワーク需要の4.5％の範囲内においては、原則として特定ガス導管事業者の導管で供給することを認めること等とした。「4.5％」という値は、過去の一般ガス事業者のネットワーク需要平均伸び率を基に設定したものであり、この値を超えない範囲であれば、一般ガス導管事業者の託送料金の値上げといった「ガスの使用者の利益を阻害するおそれ」（法第72条第5項）は低いと考えられるためである。より詳細な基準の見直し内容については、第30回、第26回総合資源エネルギー調査会　基本政策分科会　ガスシステム改革小委員会事務局資料を参照されたい。

なく、また競争促進の題目の下、一部の特定ガス導管事業者（とその関連会社であるガス小売事業者）だけを利することのないよう、ガス事業における一般ガス導管事業者及び特定ガス導管事業者が果たすべき役割を踏まえた、大局的な議論が行われることが期待される。

　(ウ)　**2030年以降を見据えたガス事業の課題**　　現在、資源エネルギー庁電力・ガス事業部において、「次世代技術を活用した新たな電力プラットフォームの在り方研究会」と題する研究会が開催されている。ここでは、系統需要の伸び悩みによる収入の低迷や、再生可能エネルギーの「主力電源化」への対応など、電力ネットワークが直面する複雑・多様化した課題について、次世代技術の活用を軸に2030年以降も見据えた中長期的視点に立った議論が行われている。

　他方、ガスについては、前述のガス事業制度検討ワーキンググループにおいて、足元の競争促進だけでなく、ガス産業全体の環境変化を踏まえた議論が行われる予定である。しかしながら、電気事業に比して、ガス事業については中長期的視点に立った課題整理の必要性が認識されたばかりと言っても過言ではなく、未だその議論の端緒に就いたばかりである。そこで、本稿においては、あくまでも筆者個人に見える範囲ではあるが、将来のガス事業を取り巻く環境の一部を明らかにすることで、これを踏まえた制度的、政策的課題について試案を示すこととしたい。

　　(a)　**人口減少による需要減を踏まえた課題**　　我が国が抱える構造的な問題として、人口減少に伴う需要減が内需型企業に与える影響については様々な議論が行われており、これを踏まえた対策が必要であることは論を俟たない。ガス事業はサービスの提供に大規模なネットワーク設備を必要とし、供給量が増加するにつれて単位当たりの費用が逓減するといった、規模の経済性が働く産業の典型である。このため、人口減少（とそれに伴う産業活動の停滞）による需要減は単位当たり費用の増加に直結し、エネルギー源としての競争力が低下することによる需要離脱と、需要離脱による更なる単位当たり費用の増加という負のスパイラルを生む。特に人口減少が顕著と見込まれる地方都市においては、都市ガスの単位当たり費用がLPガス個別配送の単位当たり費用を超えるに至った時、都市ガス事業を廃止せざるを得ない状況に追い込まれることは想像

に難くない。これは一事業者の存亡に係る問題にとどまらず、化石燃料の中では温室効果ガス排出量が最も少ない財である天然ガスの利用を減少させ、我が国全体で見た環境負荷の増加につながる問題である。

　この点について、より詳細な検討を行うためには定量的な分析が必要であるところ、本稿ではその入り口として以下の数値を示す。我が国の将来人口については、様々な機関により分析が行われているところであるが、その一つである国立社会保障・人口問題研究所の『日本の地域別将来推計人口（平成30年推計）』によれば、2015年の総人口を100としたときの指数でみた今後の総人口は、2030年断面では全国で93.7%、2045年断面では全国で83.7%に減少することが見込まれる。ここで、本統計は市区町村別の推計を合計したものであることから、当該データを現在の一般ガス導管事業者の供給区域に当てはめ、供給区域ごとの人口減少比率を試算したところ、以下の結果となった。

	2030年	2035年	2040年	2045年
第1グループ平均	98.4%	96.6%	94.5%	92.1%
第2グループ平均	96.6%	94.1%	91.0%	87.6%
第3グループ平均	94.3%	91.2%	87.9%	84.4%
第4グループ平均	89.0%	84.7%	80.1%	75.3%

　供給区域内の需要構造は事業者ごとに様々であることから、人口減少が需要減に与える影響もまた様々であり、一般化して論ずることはできないが、地方都市を供給区域に置く第3グループ、第4グループにおいて顕著な需要減が見込まれることは明らかである。

　構造的な需要減少が見込まれるガス事業者としては、まずは徹底したコスト効率化により、単位当たり費用の低減に努めることが期待される。ここでは、コスト効率化手段のうち、制度論に結び付き得る次の手段について触れる。

　① データ分析の高度化による効率化

　AI・IoT等の急速な情報技術の進展により、様々なデータ活用の可能性が指摘されている。産業分野を限らず、データ分析の高度化による将来予測の精緻

化、業務最適化が期待されているところであり、電力分野においては、スマートメーターにより取得される需要データを始めとして、設備データ、気象データ、地理データなどを組み合わせた系統維持運用の効率化や発電所の効率運用、最適設備投資の検討などが国内外で実証されているところである。

他方、都市ガス分野においては、一部の事業者において設備点検工程の効率化や見守りサービスに AI を活用する例があるものの、あくまでも大手事業者による取り組みに限られており、中小事業者にまで取り組みが普及しているとはいいがたい状況である。

また、電気と異なりスマートメーターの導入が政策的に決定されていないことから、各社の取り組みに委ねられている状況であり、普及は進んでいない。その理由としては、電気程需要の平準化に対する要請が高くないためなどと言われることがあるが、その主張の真偽は別論としても、正確な需要データが持つ価値のポテンシャルは、昨今の情報技術の進展により、単なる負荷平準化や需要家にとっての「エネルギーの見える化」という従来の認識を超えていると捉えることが妥当であり、上述のデータ分析の観点からも極めて有益と考えられる。需要予測の精緻化による効率的な LNG 調達や設備のスリム化、設備データと組み合わせた事故リスク評価など、データを活用した効率化余地は十二分にあると思われる。

他方、中小事業者が独自でこうしたシステムを開発、導入することは現実的でないことから、業界大で仕様を統一化し、調達を合理化するなどといった取り組みが望ましい。

② **事業者の統合・連携による効率化**

よりドラスティックな手法としては、現在 196 社ある一般ガス導管事業者の統合を進め、広域供給体制の確立、資機材の共同購入、業務の共同化によるコスト効率化を図ることが考えられる。ガス事業者の統合の必要性については、現行ガス事業法制定時（昭和 29 年（1954 年））から既に指摘されているところであり、法案審議時の国会附帯決議において「現在のガス事業者中、経営規模過小、弱体にして、公益事業として、不適当の者については、その統合につき検討のこと。」との一文が付されていることは注目に値しよう。1954 年当時の一般ガス事業者数は 80 社程度であったところ、その後、高度経済成長を背景に事業者

数が急増し、1976年の255社をピークとして、市町村合併による公営事業者の統合や、大手事業者による中小事業者の吸収合併などを理由に、順次減少しているのが現状である。

　統合の要否については、一義的には事業者自身が判断すべき事柄であり、行政による積極的な介入が肯定される場面は相当程度限定的であると考えられる。その上で、あくまでも事業者自身の取り組みとして今後生じ得る統合・連携のあり方と、それを支える制度的な環境整備の必要性という観点から述べれば、特に第3グループに属する事業者を中心とした、単純な吸収合併ではない所有と経営又は運営を分離した連携が一つの選択肢となり得ると考えている。

　現在、我が国には第3グループに属する一般ガス導管事業者が116社存在するところ、特に関東圏においては、50社近い一般ガス導管事業者が、地理的に近接・隣接した状態で各々独立して導管網の維持・運用を行っている。供給区域が隣接し、基幹導管も接続した状態でありながら、各社が個別に人材教育、資機材発注、社内情報システム構築等を行っている現状は、あくまでも一般論としてだが、効率化余地がないとは言えないだろう。

　ここで、諸外国における社会インフラの運用・保守事業を見れば、インフラの所有と経営又は運営を分離するO&Mサービスが事業効率化の一手法として確立している。また、エネルギー/インフラとは全く異なる業界だが、一定のアセットを必要としつつ、所有と経営又は運営を分離することで事業の効率的拡大や事業再生を可能とした産業として、ホテル・旅館業が例に挙げられる。特に、近年、経営難の地方旅館において、都市型ホテルで一般的であった所有と経営・運営を分離する手法を導入し、再生に成功した例は数多い。

　こうした例を一般ガス導管事業に当てはめれば、例えば第1/第2グループの大手・中堅事業者や、第3グループの中でも比較的大手の事業者などが、導管運営のO&Mサービサーとして競争し、近隣一般ガス導管事業者の導管運営を受託することによって、既存事業者は導管網等の資産所有会社として継続しつつ、サービサーによる効率的運営が実現し得る。経営機能を既存事業者側に残すか、サービサー側に移すかはバリエーションの問題に過ぎないが、後者の場合、もはや事業法上の整理としては既存事業者を一般ガス導管事業者と認識し続ける必要に乏しいため、事業法上はサービサー側の一般ガス導管事業者が既

存事業者を「統合」したという整理になると考えられる。

なお、ここで述べているのは、かつて我が国の電気事業における送配電分離手法の選択肢として検討された「機能分離」とは異なり、法的に系統運用機能を分離させようとするものや、どの事業者からも独立した系統運用者の設立を必要とするものではないことに留意されたい。あくまでも事業者の発意で行う事業効率化の一手法として想定し得るものであり、ここで行政に期待される機能は、事業者発意のニーズを出発点とし、例えば委託に係る考え方を整理したガイドラインを整備することや、サービサー業務の事業法上の位置づけ（附帯事業か、ガス事業か）、委託側事業者の託送収支の把握方法などを整理し、こうした手法を採りやすくするための制度環境を整備することである。

ここで、参考として公表データ[15]を元に一般ガス導管事業者の代表取締役平均年齢を示すと、次のとおりとなる。

1グループ平均	64.7
2グループ平均	63.0
3グループ平均	61.3
4グループ平均	62.1

2017年版中小企業白書によれば、中小企業の親族内承継の平均年齢は69.3歳、親族外承継の平均年齢は63.7歳（なお、休廃業・解散企業の経営者年齢平均は68.4歳）である。単純な比較はできないが、今後数年〜10年の間にまとまった経営層の交代時期が訪れると考えられ、上述するような大胆な事業スキームの変更を後押しする環境整備については、こうした時期を意識して行われることが望まれる。

(b) 再生可能エネルギーを中心とする分散型電源の普及を踏まえた課題

我が国のエネルギー産業の将来像を議論するに当たって、人口減少と共に欠かすことのできない観点は、「分散化」である。特に東日本大震災以降、エネルギーシステムの「分散化」がキーワードとして頻出するようになったが、震災から

---

15) 「'17 日本の都市ガス事業者—CITY GAS—」発刊：ガスエネルギー新聞

7年が経過した今、単に概念にとどまらない進展を見せており、今後も制御技術・予測技術の高度化と相俟って、より一層その勢いを増すものと考えられる。

再生可能エネルギーの大量導入に伴う電力系統運用上の課題については、本稿の目的とするものでないことから割愛するが、周知のとおり再生可能エネルギーは安定的な発電が困難であり、安定供給を実現するためには、十分な蓄電システムや別途の調整電源を用意する必要がある。エネルギー需給構造の強靱化や、系統負担の軽減、地域活性化などの観点からは、こうした調整電源も分散化して確保することが望ましいところ、天然ガスによるコージェネレーションシステムの活用は、一定規模以上の分散型システムを支える地域調整電源として有望である（無論、蓄電技術の低コスト化が一層進んだ場合、蓄電技術が調整電源として経済的にも機能する可能性はあるが、現状のガスコジェネの発電コストが10円/kwh程度とされている[16]ことからすれば、ガスコジェネが当面の主力になり得ると考えられる。）。

こうした議論自体は真新しいものではなく、むしろ手垢に塗れた感は否めないが、近年の分散型電源を前提とした電力システムのあり方に係る議論の本格化や、再生可能エネルギーの「主力電源化」といったエネルギー情勢に鑑みれば、その事業環境は相当程度変化し、より一層重要度を高めているというべきである。

また、こうした需要の創出は、更なる導管延伸を促進するための鍵となるものである。導管未整備地域や基幹導管近傍の第4グループ事業者管内においてこうした機運が高まれば、新たな導管整備が可能となり投資効率が高まると共に、従来それ単独では導管整備に至らなかった他燃料需要についても、併せて天然ガス化を図り、環境負荷の低減につながり得るなど、正のスパイラルが期待できる数少ない事例と考えられる。我が国の再生可能エネルギー適地が地方を中心に分布することに鑑みれば、特に地方に所在するガス事業者にあっては、地域のエネルギーインフラを支える企業として、既存のガス事業の枠にとどまらない視点を持ち、地方自治体等と連携を密にし、エネルギーを軸とする一体的なまちづくりを主導する姿勢が重要である。

小売全面自由化による電気・ガスの相互参入は「総合的なエネルギー産業」

---

16)「コスト等検証委員会報告書（平成23年12月）」エネルギー・環境会議　コスト等検証委員会

創設の第一歩にすぎない。我が国のエネルギー産業全体の将来像を見据えた、より有機的な発展が望まれる。

XIV章　国内石油産業およびLPガス産業に関する諸課題

弁護士　平野　双葉

1　国内石油産業およびLPガス産業の課題

　我が国の石油産業およびLPガス（液化石油ガス）産業は、平時・有事を問わず、石油製品およびLPガスを国内に安定的に供給する社会的な要請を受けている産業である。石油およびLPガス産業に属する事業者は、現在内需の減少等に起因する大変厳しい事業環境の中に置かれているが、そのような厳しい環境に対応しながら、公正な競争に打ち勝ち、成長を遂げ、その社会的な要請に応えていかなければならない。また、国内の石油製品やLPガスの安定的かつ低廉な価格での供給確保は国家の安全保障にもかかわる問題であるため、石油製品やLPガスの平時有事を問わない安定供給の確保のために政府がいかなる政策的支援や対応を採るべきかもまた重要である。かかる観点から、本章では、石油産業およびLPガス産業に属する事業者や政府が直面している課題について、当該産業が置かれている事業環境等にも言及しながら論じる。

2　国内石油産業の課題

　以下、本項（2）国内石油産業の課題において、石油産業の課題に関して論じ、次項（3）国内LPガス産業の課題においてLPガス産業の課題について論じる。なお、石油産業の課題については、石油精製・元売分野（2(2)）と石油流通分野（2(3)）とに分けて論じるが、その前提として、まず、以下（2(1)）において、石油産業を取り巻く事業環境の現状を概観する。

(1)　事業環境

　我が国の石油産業は、現在、(ア)石油製品の内需の構造的減少傾向、(イ)精製・元売分野における国際競争の進展、(ウ)環境規制の強化等の影響から、厳しい事業環境の下に置かれている[1][2]。

　(ア)　**石油製品の内需の構造的減少傾向**　　国内の石油製品需要は、省エネの

取組やエネルギー代替等を背景に、ピーク時の1999年から約3割減少している。今後も更なる省エネの取組や人口減少等によって石油製品需要の減少傾向は継続する見通しであり、2030年には更に約2割減少することが見込まれている。特に次世代自動車（電気自動車等）の普及拡大に伴い、これまで国内石油需要の中心であったガソリン需要の減少は不可避である。次世代自動車の普及スピードによってはガソリン需要の減少ペースが更に加速する可能性があり、これまでガソリン中心で構成されてきた製油所の装置構成やガソリンを大きな収益源としてきた石油精製元売企業の経営に大きなインパクトを与える可能性がある[3]。

　(イ)　**精製・元売分野における国際競争の進展**　2017年1月に、中国におけるガソリンや軽油の硫黄分規制が先進国並み（10 ppm）に強化された。そのため、中国で精製された石油製品が日本を含むアジア市場で流通しやすくなり、中国の石油製品が、我が国の石油製品と輸出先で競合または日本国内への輸入圧力となる可能性が高まっている[4]。また、韓国の製油所は輸出志向で国際競争力が高いため、韓国国内石油製品市場の成熟化が進むにつれて輸出が増え、同様に、日本の輸出先での競合や輸入圧力となる可能性が高まると見られている[5]。更に、シェールオイル・シェールガスの産出によって、米国が原油および石油製品の輸出国となったことがアジア市場にも連鎖的な影響を及ぼすこと等も加わり、今後、石油製品の国際競争がより活発になる可能性が高まっている[6]。このように、国内市場の縮小、輸入圧力の増加、ガソリン等の製品輸出の要請により、日本の石油精製元売業は海外の製油所を相手としたグローバル市場で

---

1) 石油産業を取り巻く環境等につき分かりやすく述べるものとして、石油問題調査会監修＝油業報知新聞社編集部編『平成30年［2018］版　新・石油読本』［2018年・油業報知新聞社］71頁。
2) なお、我が国の石油産業は、消費地精製主義や備蓄義務等との関係上、原油価格や為替等の市場動向の影響を大きく受ける産業でもある。
3) 経済産業省・資源エネルギー庁　石油産業競争力研究会（以下「石油産業競争力研究会」）『報告書』［2018年7月11日］3頁。石油製品（燃料油）の需要見通しにつき経済産業省総合エネルギー調査会資源・燃料分科会石油天然ガス小委員会石油市場動向調査ワーキンググループ（以下「石油市場動向調査WG」）『2018年度石油製品需要見通し』参照。
4) 経済産業省資源エネルギー庁石油精製・流通研究会（以下「石油精製・流通研究会」）『最終報告書』［2017年4月7日］16頁、17頁参照。
5) 石油精製・流通研究会・前掲注4　16-18参照。
6) 石油精製・流通研究会・前掲注4　15頁参照。

の競争に迫られると予想されている[7]。

　(ウ)　**環境規制の強化**　2016年11月に発効したパリ協定により、主要排出国（米国、中国、インド等）や途上国を含むすべての国が温室効果ガスの削減目標を策定した上で、自国の取組状況を定期的に報告し、レビューを受けることになる[8]。パリ協定発効の影響の度合いは各国の政策動向による部分も大きいものの、先進国において自動車の低燃費化や次世代自動車の普及が促進されること等により、石油製品需要の大幅な減少の要因となる可能性がある[9]。また、国際海事機関（IMO）は、海洋汚染防止条約（MARPOL条約）により船舶からの大気汚染物質の排出を制限し、船舶燃料に含まれる硫黄分の濃度の上限を定めているが、2016年10月のIMOの海洋環境保護委員会において、2020年1月から同規制を大幅に強化する新たな基準の適用を開始するとの決定をした[10]。その結果、石油精製・元売業者がこれまで生産・販売してきた高硫黄C重油の利用が制限されることなどにより、製油所の稼働や原料調達等の変更が必要になる可能性がある[11]。

(2)　**石油精製・元売事業者の課題**

　(ア)　**経営基盤強化の必要性と前提事項**　我が国の石油精製・元売事業者が上述のような厳しい事業環境に耐え、引き続き健全に存続し、成長を遂げるためには、これら事業者が経営基盤を強化していくことが必要不可欠である。

　各石油精製・元売事業者は、民間企業として独自の経営的な判断に基づき具体的な経営基盤強化策を履践することになるが（具体的な経営基盤強化策の内容や課題については後述（2(2)(イ)））、これら事業者は日本国内における石油製品の供給を入り口段階で担う存在であるがゆえに、以下（2(2)(ア)(a)〜(c)）に述べる社会的な

---

7)　石油産業競争力研究会・前掲注3　6頁。
8)　パリ協定に関する情報としては、例えば、環境省『国連気候変動枠組条約第21回締約国会議（COP21）および京都議定書題11回締約国会合（COP／MOP11の結果について）』http://www.env.go.jp/earth/cop/cop21/（2018年12月3日最終閲覧）。
9)　石油精製・流通研究会・前掲注4　14頁。
10)　2016年10月のIMOの海洋環境保護委員会の審議結果につき、国土交通省『国際海事機関、世界の全海域での船舶燃料油の硫黄分規制を2020年から強化〜国際海事機関第70回海洋環境保護委員会の審議結果について〜』［2016年10月31日］。
http://www.mlit.go.jp/report/press/kaiji07_hh_000058.html（2018年12月3日最終閲覧）。
11)　石油精製・流通研究会・前掲注4　15頁。

要請を受ける存在でもあることに留意する必要がある。

　(a)　**消費地精製主義**　　石油精製・元売産業に関連する社会的要請のひとつに「消費地精製主義」がある。消費地精製方式とは、石油消費国が原油を輸入して、自国内の製油所で精製、製品化することをいい、日本では、安定供給や経済合理性等の観点から、消費地精製主義が基本となっている[12]。すなわち、国内で流通している石油製品の多くは、輸入原油を原料として国内の石油精製業者（原油を調達し、製油所で精製し、ガソリン、ナフサ、灯油等の石油製品を産出する事業者を指す[13]。なお「石油元売事業者」とは、自ら石油精製を行い、または出資等により密接な関係を有する石油精製会社が生産する石油製品を継続的に引き取り、かつ、自らのブランドを付した石油製品を広域的に販売している事業者を指す。なお、石油元売事業者が石油精製事業者を兼ねることも多い[14]）が精製したものである。他方で、海外で精製された石油製品の輸入は、一部の製品（主にナフサ。石油化学会社が独自に原料としてナフサを輸入している関係で、国内需要の約6割が輸入製品で賄われている）を除き、限定的である[15]。

　石油製品の輸出入については需給状況等を踏まえた柔軟な対応がなされるべき側面もあるが、我が国の消費地精製方式を基本とするあり方、すなわち、海外からの原油の供給途絶等の非常事態が生じた場合にも国民生活に深刻な影響が生じないよう、国内に石油精製能力を維持する必要があるとの考え方は今後も堅持される方向である。そのため、石油精製・元売事業者には、今後も引き続き国内に一定の精製設備や供給ネットワークを保持することが期待されているといえる。

　(b)　**国際競争力の強化・国際市場におけるプレゼンスの維持・確保**　　国際競争の進展の中にあっても製油所を国内に有するためにも、製油所やコンビナートが国際競争力を有すること、すなわち輸入品に負けない生産性（インポー

---

12)　我が国が消費地精製主義を根幹とすることにつき、石油連盟『今日の石油産業2018』[2018年9月・石油連盟] 8頁、石油問題調査会監修＝油業報知新聞社編集部編・前掲注1　33頁、73頁等参照。
13)　広義では、プロピレン、ベンゼン、キシレン等の石油化学製品を生産する事業も含まれる。（石油問題調査会監修＝油業報知新聞社編集部編・前掲注1　73頁）。
14)　石油問題調査会監修＝油業報知新聞社編集部編・前掲注1　222頁。
15)　石油連盟・前掲注12　10頁。

トパリティ）を確保するとともに国内の製油所・コンビナートにおける輸出可能な生産性（エクスポート・パリティ）を獲得していくことが必要である[16]。また、産油国や原油等の調達先企業（石油メジャー等）に対する価格交渉力や情報収集力の確保という観点から、石油精製・元売事業者は国際市場においてプレゼンスのある存在であることが望まれる[17]。そのため、内需の減少に応じた原油・石油製品の取扱数量の減少や、昨今の精製能力の削減や稼働率の抑制といった動向が、石油精製・元売事業者の国際市場におけるプレゼンスの低迷や国際競争力の毀損に繋がらないよう確保していく必要がある[18]。

　(c)　**強靭性・緊急対応能力の維持・向上**　　石油は、現在我が国の一次エネルギー供給の4割強を占めており、2018年7月に閣議決定された「エネルギー基本計画」（以下「エネルギー基本計画」という）でも「今後とも活用していく重要なエネルギー源」で、「災害時には、エネルギー供給の『最後の砦』」となるものと位置づけられている[19]。石油製品は国民生活や経済活動に不可欠であり、平時のみならず有事（国内への石油供給が不足する事態や、災害発生により国内特定地域への石油供給の不足する事態）においても、石油の安定的な供給が確保されなければならない。そのためには、精製・元売・流通を通じた石油製品のサプライチェーン全体が、災害等に対して強靭で緊急対応能力を備えたものであることが必要である。特に、2011年に発生した東日本大震災等の経験を踏まえて、近時、石油サプライチェーン全体の危機対応能力の一層の強化が求められ、また、推進されている。

　(イ)　**石油精製・元売事業者の経営基盤強化に向けた具体的対応と課題**　　前述(2)(2)(ア)(a)～(c))のような社会的要請をも踏まえつつ、石油精製・元売事業者がこれまで推進してきた、あるいは今後取り組むべき課題としている、経営基盤強化のための措置の主なものには、(a)事業再編や企業間連携の促進、(b)製油所の

---

16)　石油産業競争力研究会・前掲注3　9頁、経済産業省・資源エネルギー庁資源・燃料部『エネルギー供給構造高度化法3次告示について』［2017年5月］4頁（経済産業省資源エネルギー庁総合資源エネルギー調査会　資源・燃料分科会（第21回）書面審議［平成29年5月15日］の資料6）参照。
17)　石油精製・流通研究会・前掲注4　7頁および9、10頁参照。
18)　石油精製・流通研究会・前掲注4　23頁。
19)　閣議決定『エネルギー基本計画』［2018年7月］21頁。

生産能力の向上、(c)原油調達コストの低減、(d)稼働信頼性の向上等による精製コストの低減、(e)海外向け製品輸出・海外事業展開、(f)総合エネルギー企業化・事業ポートフォリオの転換、(g)石油化学分野との連携促進および(h)強靭化があると考えるので、以下これらについて述べる。

(a) **再編・連携** 昨今、厳しい事業環境に対応するために必要な経営基盤の強化等を目指し、石油精製・元売事業者による企業再編が加速した（図1参照）。具体的には、JXTGグループの発足[20]、出光興産株式会社と昭和シェル石油株式会社の経営統合[21]、キグナス石油株式会社とコスモエネルギーホールディングス株式会社の資本提携[22]の動きが見られた[23]。

上述の事業再編・提携により、今後、各事業者が、再編・連携以前には単独で実現し得なかった経営改革や事業展開を進めていくことが期待されており、各事業者の今後の具体的な事業改革や成長戦略の展開のあり方が注目されてい

---

20) 2017年4月1日、単純合計で売上高10兆円にもおよび、ガソリン元売業シェア約50％のJXTGグループが誕生した。(本脚注記載の売上高については、JXTGエネルギー株式会社『JXTGエネルギー発足式における社長挨拶について』[2017年4月3日]を、ガソリン元売業シェアについては、公正取引委員会『出光興産株式会社による昭和シェル石油株式会社の株式取得およびJXホールディングス株式会社による東燃ゼネラル株式会社の株式取得に関する審査結果について』[2016年12月19日]を、それぞれ参照)。

21) 出光興産株式会社と昭和シェル石油株式会社は、2018年7月10日、経営統合に関する合意書を、同年10月16日、出光興産株式会社を株式交換完全親会社、昭和シェル石油株式会社を株式交換完全子会社とする株式交換契約をそれぞれ締結した。株式交換の効力発生は2019年4月1日（予定）。(昭和シェル石油株式会社・出光興産株式会社『株式交換契約の締結及び経営統合に関するお知らせ』[2018年10月16日])。

22) 2017年2月21日、キグナス石油株式会社とコスモエネルギーホールディングス株式会社は資本業務提携を発表。2017年度第1四半期（2017年4月1日～6月30日）中を目途に、コスモエネルギーホールディングス株式会社がキグナス石油株式会社の普通株式20％を取得し、3年後を目途に石油製品の売買取引を実施し、当該提携の実現によって、シェア14％となり第三極として永続的成長と企業価値最大化を目指すとした。(キグナス石油株式会社＝コスモエネルギーホールディングス株式会社『資本業務提携に関するお知らせ』[2017年2月21日])これを受けてキグナス石油株式会社の株主は三菱石油株式会社（80％）、コスモエネルギーホールディングス（20％）となった。(キグナス石油株式会社『会社概要』(2018年5月現在))。

23) その他、太陽石油株式会社による南西石油株式会社の買収もあった。具体的には、2016年12月28日、太陽石油株式会社は、従前南西石油株式会社の100％株主であったPetrobras International Braspetro B.V.（Petróleo Brasileiro S.A.が99.98％を保有する会社）が保有していた南西石油株式会社の全株式を取得した。(太陽石油株式会社『南西石油株式会社の株式取得に関するお知らせ』[2016年12月29日])。

図1　日本の石油元売会社の再編動向（2018年7月現在）

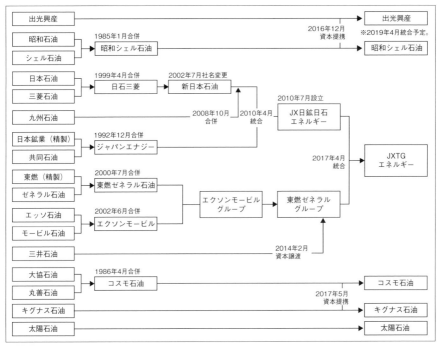

出典：石油連盟『今日の石油産業2018』17頁より作成。商号変更等に関する注記の転載を省略。

る。

　また、コンビナート内・コンビナート間での複数製油所・複数社間の連携を進めていくことの重要性も指摘されており、製油所・石油化学工場等の共同運営やオペレーション最適化を図る動きが推進される可能性がある[24]。（後出2(2)ア(g)も参照）。

- (b) 製油所の生産性向上
  - (i) 連産品・装置産業であることに由来する課題の克服
    - ① 連産品・装置産業との性質に由来する課題　　原油[25]は、製油所の常

---

24)　石油産業競争力研究会・前掲注3　11、12頁。

圧蒸留装置（「トッパー」とも呼ばれる。）で沸点の差を利用してガス、LPガス、ナフサ、灯油、残油留分に分離され、これら分離された物質が、更に各種の装置で処理されて、LPガス、ナフサ、ガソリン、ジェット燃料、灯油、軽油、重油、潤滑油、アスファルト等の石油製品になる（図2参照）。

このように、原油から複数の種類の石油製品が同時に一定の割合（得率）で生産されることから、石油製品は「連産品」であるという特性を有する。石油製品は連産品であるという特性があるため、一単位の原油から生産される各石油製品の生産量を調整するためには、需要構成に最適な原油を組み合わせて輸入するほか、二次装置により重油等を分解・改質して、重油等よりも需要や付加価値が高い軽質の石油製品であるガソリン、灯油、軽油等をより多く生産する、といった対応が必要となる[26]。こうした対応を通じて、ある程度、特定の石油製品や副産物の得率を変化させることは可能ではあるが、各石油製品等の得率をコントロールすること（需要の変化等に応じて特定の製品だけを大幅に増産することなど）には限界がある[27]。

一単位の原油から付加価値の高い製品をより多く取り出し、製造工程におけるロスを減少させることは、①石油の高度かつ有効な利用に繋がるもので、石油精製事業者にとって有意であるのみならず、②化石燃料の大半を中東等の海外からの輸入に依存している日本にとって、原油調達の柔軟性向上、調達コストの低減ひいては国内石油製品価格の安定にも資する重要な課題である[28]。しかしながら、石油の高度かつ有効な利用を行うためには、二次装置による改質等を行うための新たな設備投資等を行うことが必要になるところ、かかる投資等に向けた判断や実行を単に一事業者に任せるのでは実現が困難な面がある。そのような事情を背景として、事業者らに対する誘導的規制措置として、2009

---

25) 日本は、原油のほぼすべてを海外から輸入しており、2017年度に国内で産出した原油は55万 kℓ と、精製業者の原油処理量（1億8,397万 kℓ）の0.3%（およそ1日分に相当する量）に過ぎない。また原油輸入量のうち87.3%を、中東地域からの輸入が占めている。（石油連盟・前掲注12 8-9頁）。

26) 石油連盟・前掲注12 9頁参照。

27) 資源エネルギー庁『石油精製業の市場構造に関する調査報告（産業競争力強化法第50条に基づく調査報告）』2頁［2014年6月30日］。

28) 資源エネルギー庁資源・燃料部『エネルギー供給構造高度化法について』［2017年2月27日］4頁参照。なお、同資料は同日開催の石油精製・流通研究会（第6回）の配布資料5。

図2　石油サプライチェーンの構造

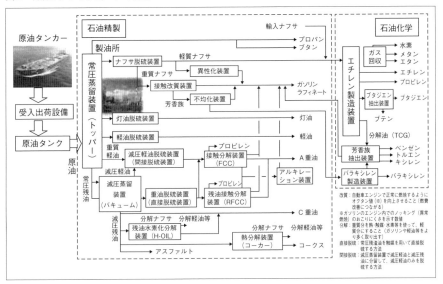

出典：2014年6月30日資源エネルギー庁『石油精製業の市場構造に関する調査報告（産業競争力強化法第50条に基づく調査報告）』2頁

年7月、「エネルギー供給事業者による非化石エネルギー源の利用及び化石エネルギー原料の有効な利用の促進に関する法律」（以下「高度化法」という）が制定された[29]。

②　**高度化法**　高度化法は、エネルギー供給事業者の非化石エネルギー源[30]の利用および化石エネルギー原料の高度かつ有効な利用の促進を目的とする法律で、事業者に経済産業大臣が策定する「判断基準」[31]で定められた目標を達成するための計画を作成させ、経済産業大臣に提出させる[32]制度を設け

---

29) 資源エネルギー庁総合政策課編『エネルギー供給事業者による非化石エネルギー源の利用および化石エネルギー原料の有効な利用の促進に関する法律の制定の背景および概要』[2010年11月] 参照。
30) 再生可能エネルギー源（太陽光、風力等）や原子力等をいう。
31) 高度化法9条1項。経済産業大臣が策定する基本的な方針（高度化法3条1項）に基づきエネルギー供給事業者が取り組むべき事項についてのガイドラインとして策定されるもの。

た法律である。高度化法は、当該事業者の取組状況が判断基準に照らして著しく不十分な場合には、経済産業大臣が当該事業者に対して勧告や命令を発出することができる[33]という仕組みも有しており、かかる仕組みを背景として、事業者に原油等の有効利用について計画的かつ自主的に取り組むよう促す制度となっている。同法に基づく原油等の有効な利用に関する石油精製事業者の「判断基準」としては、これまで[34]のところ、いわゆる「第一次告示」[35]、「第二次告示」[36]および「第三次告示」[37]が出されている。

第一次告示への対応として、一部の例外を除く石油精製事業者各社は、常圧蒸留装置の処理能力の削減(トッパー削減)を行った[38]。その結果、我が国の原油処理能力は、高度化法制定の前年度初の能力(28製油所・約489万バレル/日)に比して2014年4月初の能力(23製油所・約395万バレル/日)は約2割削減された[39]。

---

32) 高度化法11条
33) 高度化法12条
34) 2018年12月3日現在。
35) 第一次告示(『原油等の有効な利用に関する石油精製事業者の判断基準』(平成22年経済産業省告示第161号)[2010年7月5日告示])は、2014年3月末を期限として、石油精製業者が、重質油分解装置(常圧蒸留装置(トッパー)で一次精製された後の残油留分から軽質油(ガソリン、灯油等)を生産することに貢献する一定の装置)の装備率を向上させるべきことを定めた。第一次告示で向上すべきとされている「重質油分解装置の装備率」は、「重質油分解装置の処理能力÷常圧蒸留装置の処理能力」の計算式により算出される。同計算式で産出される数値を向上させるためには、①重質油分解装置の新設・増強をする(すなわち、計算式の分子を減らす)方法と②常圧蒸留装置(トッパー)の能力を削減する(すなわち、計算式の分母を増やす)方法のいずれかまたはその組み合わせによることになるが、①の方法には大きな設備投資が必要となることおよび②の方法につき原則として常圧蒸留装置(トッパー)の公称能力の削減(設備を廃棄することなく原油処理能力を抑制すること)が許容されていなかったことから、一次告示により、多くの石油精製業者にとって、事実上、常圧蒸留装置(トッパー)の廃棄が促される形となった。
36) 第二次告示(『平成26年度以降の3年間についての原油等の有効な利用に関する石油精製業者の判断の基準』(平成26年経済産業省告示第164号)[2014年7月31日告示])は、「残油処理装置」(第一次告示に定められている「重質分解装置」よりも広い範囲の装置を包含する概念である。)の装備率の向上による原油等の有効利用促進を実施することを求めるとともに、目標への対応方法に関しては、柔軟な生産体制(石油製品・石化製品の生産切り替え体制など)の構築によることを認めている点、分母となる常圧蒸留装置の能力削減に関して公称能力の削減も認めている点、連携による設備相互間の融通措置を認めている点、事業再編等を進める場合必要に応じて「準ずる措置」を講ずることを認める点が特徴的であった。
37) 第三次告示(『平成二十九年度以降の五年間についての原油等の有効な利用に関する石油精製業者の判断の基準を定めた件』(平成29年経済産業省告示第243号)[2017年10月27日告示])。

第二次告示は、産業競争力強化法50条[40]に基づく調査の結果[41]を踏まえて策定されたもので、第二次告示（対応期限2017年3月31日）に対する各社の対応の結果、各社の残油処理装置の装備率は50.5％となり、第二次告示に定める目標（50％程度）が達成された。また、国内の精製能力は第二次告示開始当時の約395万バレル／日から約1割低減した[42]。

　第三次告示は、より一層の重質油分解能力の活用を実現すべく、目標指標として、特定残油処理装置への減圧蒸留残渣油の通油量を増加させることにより、2021年度において、2014年度から2016年度までの平均減圧蒸留残渣油処理率（1日当たりの原油処理量に占める、特定残油処理装置への減圧蒸留残渣油の1日当たりの通油量の割合。以下「処理率」）を7.5％程度まで引き上げることを目標とし、石油精製業者が処理率の実績に応じた増加率を達成すべきものとしている。

　　③　今後の課題　　第一次および第二次告示に対する取組により、各事業者の重質油分解装置の装備率は世界的に高い水準となったが、重質油分解装置の実際の分解能力の活用は十分ではなく、国際競争力の高い他国の製油所に比して多くの残渣油を生産しているとの指摘があり、国際競争力強化の実現をも目指して第三次告示が出されたところ、第三次告示をふまえた各社の具体

38）　分子を増やす対応には大きな設備投資が必要となるため、分母を減らす対応が志向され、あるいは促された。第二次告示への各社の対応につき、経済産業省・資源エネルギー庁資源燃料部前掲注16　2頁参照。
39）　石油精製・流通研究会前掲注4　20頁。
40）　産業競争力強化法は、我が国経済を再興すべく、我が国産業を中長期にわたる低迷から脱却させ、持続的発展の軌道に乗せるため、産業競争力の強化を図ることを目的とする法律である。同法は事業再編が進みにくく過剰供給構造や過当競争の問題が長年にわたって解消されていない事業分野に関して事業再編の円滑化のために政府が必要と認めるときは、客観的な調査を実施した上で、その結果を公表することにより、広く経営者や株主、金融機関等の問題意識を喚起し、事業再編に向けた経営者の判断に資する材料を提供することを目的として、「政府は、事業者による事業再編の実施の円滑化のために必要があると認めるときは、商品若しくは役務の需給の動向又は各事業分野が過剰供給構造にあるか否かその他の市場構造に関する調査を行い、その結果を公表する」仕組みを設けている（同法50条）。
41）　資源エネルギー庁・前掲注27は、我が国の石油精製業は「概ね過剰供給構造にある」と認められ、「現在の収益状況や精製能力が継続するとすれば、本格的な過剰供給構造に陥るおそれが大きい状況にある。」とするものであった。
42）　第三次告示に関し、石油精製・流通研究会報告書前掲注4　25、26頁、36、37頁参照。また、石油産業競争力研究会・前掲注3　12、13頁参照。

的対応が注目される。また、第三次告示では残油処理能力の向上に加えて、石油コンビナート内外の連携促進、揮発油、灯油、軽油、石油化学製品の需要に応じた生産体制の整備および技術開発に取り組むべきとしており、かかる連携や必要となりうるコンビナート全体の「作り替え」をいかに進められるかが課題となる[42]。各社の対応が注目される。

(c) **原油調達コストの低減** 石油製品の原料は原油であり、石油精製業におけるコストの8～9割が原油の調達コストや輸送費といわれている。そのため、原油調達コストの圧縮は、石油精製事業の国際競争力向上に資しうる要素のうち最も重要なもののひとつといえる[43]。

原油調達コストの低減のための方策としては、まず、精製可能な原油種類の拡大がある。すなわち、現状、日本は原油輸入の大半を中東諸国に依存している[44]が、シェール革命の影響により、原油の大輸入国であった米国が、主に北米向けに原油を輸出してきた中南米やアフリカ等からの輸入量を減少させたことに伴って、我が国の石油精製事業者が、中南米やアフリカ等の地域の低品質ではあるが比較的安価な原油を調達できる可能性が高まっている[45]。これらの産地の原油の精製能力を高めるためには、設備・装置の導入とそのための投資が必要になりうるところ、かかる投資に対する官民の取り組みのあり方についての検討の進捗が期待されている。併せて、物流コストの合理化（国内事業者間・アジア地域内での輸送分野での協力、産油国共同備蓄事業により中東産油国が我が国に保有する原油の有効活用等）の検討の進捗も期待されている[46]。

(d) **稼働信頼性の向上等による精製コストの低減** 石油精製業に関連する設備や装置は、法律等により定期的な開放点検が必要となりうるほか、故障、補修、点検等のために稼働を停止する場合がある。製油所設備の稼働率を向上させるためには、上述のような各種の原因に基づく設備停止期間を極力短縮し、製油所を常に生産可能な状態に保つこと、即ち、製油所の「稼働信頼性」[47]を高

---

43) 石油精製・流通研究会・前掲注4 34頁。また、資源エネルギー庁・前掲注27 6頁参照。
44) 2018年10月分の速報値で同月の中東依存度は86.2％。資源エネルギー庁資源・燃料部政策課『石油統計速報平成30年10月分』［2018年11月30日］。
45) 石油精製・流通研究会・前掲注4 15頁、35頁。
46) 石油精製・流通研究会・前掲注4 35頁。

めることが必要である[48]。

　稼働信頼性の向上に関しては、現行の法規制、制度について改めてその内容等を検討し、必要に応じてその改善が図られることが期待されているとともに、IoT[49]やビッグデータの活用等による点検・修理等の効率化の可能性の検討が進捗することが期待されている[50]。

　(e) 海外向け製品輸出・海外事業展開　我が国の石油精製業者による石油製品輸出は現状限定的であり、輸出は軽油が主力となっている[51]。

　石油精製・元売各社は、これまでも既に、海外における、生産拠点の拡大や販売先の拡大等を目指して海外事業展開を行っている。たとえば、中東産油国やベトナム等のアジア新興国における製油所建設・増設プロジェクトへの参画や、オーストラリアにおける石油製品の輸入や流通に係る設備の新設・買収、韓国における石油化学製品製造装置の新設・増設等への取り組みが見られる[52]。

　海外への石油製品の輸出の拡大や、上記のような海外での合弁事業、精製・販売事業が進展すれば、石油精製業者は、生産体制、販売網、販売先などを複層的に持つことができることになり、一部の国や地域の政策や市況の変動の影響を過度に受けない、柔軟で強靭な経営基盤の確保に資すると考えられる[53]。石油精製・元売事業者による取り組みに加えて、政府関係機関等が、情報収集や調整の円滑化に向けて相手国政府との関係維持・強化に取り組むことや、ビジネスベースでは取り切れない事業リスクを軽減する役割を担うことなども望

---

47)　1年のうち、製油所の各装置がどれだけ稼働可能であったかを示す指標で、例えば「稼働の信頼性」が90％であれば、1年間のうち328.5日は稼働可能で、36.5日は稼働不可能な状態であったことを示す。資源エネルギー庁・前掲注27　8頁。
48)　資源エネルギー庁・前掲注27　8頁。
49)　Internet of Things、モノのインターネット。「モノ」がインターネットを介して接続され、モノ同士・モノと人との間で相互通信を行う仕組みのことをいう。
50)　石油精製・流通研究会・前掲注4　35頁参照。なお、デジタル技術も活用して石油精製プロセスなどのイノベーションを生み出すことも重要とされている。（石油産業競争力研究会・前掲注3　11頁）。
51)　統計上、ジェット燃料やC重油の輸出量も一定の数量が現れているが、これは国際線・外国船舶に対する供給が輸出扱いとなるためである点が大きい。石油問題調査会監修＝油業報知新聞社編集部編・前掲注1　33頁参照。
52)　石油精製・流通研究会・前掲注4　31頁、石油産業競争力研究会・前掲注3　16、17頁参照。
53)　石油精製・流通研究会・前掲注4　30頁。

まれるところである[54]。前述のとおり、今後、石油製品の国際競争は激化すると見込まれているが、国内の石油精製業者は、精製面の強みとなる要素（脱硫技術、少人数での製油所運転技術、隣接する石油化学工場との連携等）および流通・販売面の強みとなる要素（販売先との連携、油外品の販売等のノウハウ、災害時対応の仕組み等）を増やし、磨いて、その強みを海外進出先の国や市場に応じて効率的に発揮すること等により、海外市場での競争力を高め、海外事業活動の展開の動きを加速することが期待されている[55]。

　(f) **総合エネルギー企業化・事業ポートフォリオの転換**　石油精製・元売事業者は、石油残渣を活用した発電事業を行っているほか、石炭や天然ガス、再生エネルギーなどの電源投資を行っている[56]。また、2016年4月1日に電力小売事業が全面自由化されたことを受け、複数の石油精製・元売事業者が一般家庭向けを含む小売電気事業に新規参入している[57]。2017年4月1日からは都市ガス小売事業も全面自由化されたが、ガス小売自由化に関しては、市場規模が電力に比すると小さいこと（2.4兆円）や、参入にあたりLNG輸入基地若しくは同等の設備および託送供給設備等のパイプラインが必須であるといった点では参入障壁が高いといった要因から[58]、自由化後の新規参入の可能性があるために登録を行った登録ガス小売事業者は2017年12月7日現在51社、このうち今回の自由化を機に越境販売含め新たに一般家庭への供給を予定しているのは15社という状況であった[59]。その後、2018年1月にはJXTGエネルギー株式会社が2018年度中に東京ガス株式会社の供給区域において家庭向けガス小売販売を開始する旨公表するなどの動きが見られ[60]、今後の展開が注目される。

---

54) 石油精製・流通研究会・前掲注4　38、39頁。
55) 石油精製・流通研究会・前掲注4　39頁参照。海外事業展開を後押しするための政府の役割については石油産業競争力研究会・前掲注3　17、18頁参照。
56) 石油連盟『石油業界の国際競争力強化・総合エネルギー産業化に向けた取組み』[2017年1月26日]（同日開催の石油精製・流通研究会（第5回）資料4) 14頁参照。
57) 石油連盟・前掲注56　18頁。
58) 石油問題調査会監修＝油業報知新聞社編集部編・前掲注1　154頁参照。
59) 石油問題調査会監修＝油業報知新聞社編集部編・前掲注1　149頁。
60) JXTGエネルギー株式会社『家庭向けガス小売事業の変更登録について』[2018年1月9日] https://www.noe.jxtg-group.co.jp/newsrelease/2017/20180109_01_1090046.html (2018年2月22日最終閲覧)。

その他、石油精製・元売事業者による、コジェネレーションシステム、家庭用燃料電池、燃料電池自動車とその燃料となる水素インフラ整備、バイオ燃料等に関する取り組みも見られる。石油精製・元売事業者が有する設備、販売網、ノウハウ等を活かしながらこれら各種のエネルギー分野における事業を更に充実させて「総合エネルギー企業」に成長していく戦略が必要といえる。また、主力事業であったガソリン需要の減少に伴い、事業ポートフォリオの転換（新規事業領域（例えば基礎化学分野）の拡大・ノンコア事業の売却等）をメリハリのあるかたちで行うことが求められている[61]。

(g) **製油所間・石油化学との連携強化** 現在も、各事業者は、隣接する製油所や石油化学工場間で熱や蒸気等のユーティリティの有効活用や中間製品等の融通を通じ、設備の最適利用を進めるなどしているが[62]、国内石油精製事業者間の統合・再編や協力の進展などによって、かかる取組が更に拡大し、資本の枠を超えたコンビナートレベル・地域レベルでの生産最適化を目指す動きが加速することが期待されている[63]。

(h) **強靭化** 国内への石油の供給が不足する事態および国内における災害の発生により国内特定地域への石油の供給が不足する事態が生じた場合[64]において石油の安定的な供給を確保し、これにより国民生活の安定と国民経済の円滑な運営に資することを目的として、我が国では、①国家備蓄、②民間備蓄、③産油国共同備蓄の3つの方法による備蓄が実施されている。①国家備蓄は、国が所有する石油の備蓄、②民間備蓄は、石油の備蓄の確保等に関する法律（以下「備蓄法」という）に基づき、一定の石油精製業者、特定石油販売業者および石油輸入業者[65]に義務づけられている備蓄、③産油国共同備蓄は、サウジ

---

61) 石油産業競争力研究会・前掲注3 14、15頁その他、石油精製業者は、今後は、いわゆる上流分野（石油・天然ガス・金属鉱物等の資源開発事業）や、自由化が進む国内の電力事業・ガス事業、海外における石油精製・石油化学事業等を更に充実させ、「総合エネルギー企業」へと成長していく戦略が必要である等と述べるものとして、資源エネルギー庁・前掲注27 24頁参照。
62) 2000年5月に設立された「石油コンビナート高度統合運営技術研究組合」（略称RING）は、石油産業及び石油化学産業等によって設立された技術研究組合で、石油精製を中心として石油化学等を組み合わせた石油コンビナートの国際競争力強化を目指した活動を行っている。
63) 石油精製・流通研究会・前掲注4 29頁。
64) 2011年に発生した東日本大震災の経験を踏まえて、2012年に石油備蓄法が改正され、災害時の供給不足においても備蓄石油の放出ができるようにする発動要件の見直し等が行われた。

アラビアやアラブ首長国連邦 (UAE) の国営石油会社に対し、商用原油の東アジア向け中継・在庫拠点として国内の石油タンクを貸し出し、供給危機時には我が国が優先して供給を受けられるという国家間の合意に基づく枠組みで、エネルギー基本計画以降、国家備蓄や民間備蓄に準じる「第三の備蓄」として位置づけられ、推進されている仕組みである[66]。

備蓄に関しては、①需要減に対応した国家備蓄目標の在り方、②油価ボラティリティに対応した民間備蓄の在り方[67]、③海外諸国との緊急時協力の在り方などが課題である[68]。かかる備蓄義務の適切な履行に加えて、石油業界は、石油製品の供給網強靱化の観点から、製油所などの耐震・液状化対策、系列 BCP（業務継続計画：Business Continuity Plan。エネルギー基本計画では、大規模被災時にあっても必要な石油供給量を確保しうるよう、石油産業（精製・元売）の各系列供給網全体で、石油供給にかかる業務継続・復旧目標を定め、製油所・油槽所から物流プロセス、SS に至る系列 BCP・BCM（業務継続体制）を確立し、その格付けを定期的に行うこととされている。）のブラッシュアップ、石油供給連携計画に関連する訓練の実施等に引き続き取り組んでいくとしており、そうした取り組みの進展も期待される[69]。

(3) 石油流通産業の課題

石油流通産業の主な課題は、(ア)販売事業者等流通に携わる事業者の経営基盤の強化と(イ)公正な競争環境の整備といえる。

(ア) 経営基盤強化

(a) 石油販売業者・販売ルート等の現状　元売が卸売した石油製品（なお、

---

65)　詳細は、備蓄法施行規則 7 条参照。

66)　閣議決定・前掲注 19　22 頁参照。

67)　備蓄法により備蓄義務を負う者は、70 日分以上の原油・石油製品の備蓄（在庫）を保有しなければならないため、原油価格が下落すれば在庫評価損が発生することになる。

68)　経済産業省資源エネルギー庁資源・燃料部『資源別に見た事業環境変化と新たな政策課題』（概要）［2016 年 2 月 16 日］（経済産業省資源エネルギー調査会資源・燃料分科会（第 15 回）（資料 2-1））参照。

69)　石油連盟『木村康石油連盟会長　年頭所感』［2017 年 1 月 5 日］参照。また、閣議決定・前掲注 19　70～72 頁、経済産業省資源エネルギー庁資源・燃料部『災害時の燃料供給の強靱化に向けた重要インフラの緊急点検について』［2018 年 11 月 22 日］および『燃料供給の強靱化に向けた対策について』［2018 年 11 月 22 日］（これら資料は同月開催の総合資源エネルギー調査会資源・燃料分科会の資料 3 および 4）。

以下では、石油販売業者の主力商品であるガソリンに焦点を置いて論ずる）は、販売会社の手を経て需要者に届けられる。揮発油販売業者のほとんどは中小企業で、給油所（サービスステーション。以下「SS」という）1箇所のみを運営する小規模企業も多い[70]。前述のとおり、ガソリンの需要は、自動車の燃費向上や少子高齢化といった構造的な要因から今後も減少傾向が続くと見込まれており、経営環境は概して厳しい。ガソリン等の需要減は、販売量が少ない小規模企業や人口の少ない地域で事業展開する事業者に相対的に大きな影響を与える。その結果、現在「SS過疎地問題」（近隣にSSがないため、自家用車や農業機械への給油や移動手段を持たない高齢者への冬場の灯油配送などに支障を来すといった問題をいう）が全国的な課題となっている[71]。

　ガソリンの販売会社には、系列販売事業者（元売商標を表示して営業を行っている事業者）とPB（プライベートブランド）事業者（元売とは異なる独自のプライベートブランド（PB）マークを掲げたSSを展開する事業者）とがある。系列販売事業者のうち、石油元売会社との間で直接にガソリン等の石油製品を購入する旨の契約を締結している事業者は「系列『特約店』」と称され[72]、元売会社と直接の購入契約の締結をしていない系列事業者は「系列『販売店』」と称される。系列特約店は、更に、販売子会社[73]、商社系特約店[74]、全農系特約店[75]および一般特約店[76]の4つの形態に分けられる。系列販売店は、元売商標を表示して営業を行っている

---

70) 全国石油協会『石油販売業経営実態調査』（平成29年度調査版）。同調査の結果概要はhttp://www.sekiyu.or.jp/topics/index.htmlの「SS実態報告」から閲覧可能。(2018年12月3日最終閲覧)。同調査の調査対象は、揮発油販売業を営む10,000企業（無作為抽出）で最終的な対象企業は9946企業。

71) SS過疎地問題については、2015年3月に、石油元売各社、全国農業協同組合連合会、石油連盟、全国石油商業組合連合会（各都道府県石油商業組合）および国により、SS過疎地対策協議会が設置されている。同協議会では、地域における燃料供給不安の解消に向け努力する自治体・地域住民等に向けてSS過疎地対策の必要性の発信、当該地域における持続可能な石油製品の供給体制構築のための相談窓口の設置、地域の実情に応じた対策のコーディネートを行うほか、更に各主体がそれぞれの役割に応じて取り組みを推進するものとしている。

72) なお、系列特約店は、その資本構成等の如何により、①販売子会社、②商社系特約店、③全農系特約店および④一般特約店の4形態に区分される。かかる区分や本章2(3)(ア)(a)記載の用語の定義につき、公正取引委員会事務総局『ガソリンの取引に関するフォローアップ調査報告書』[2016年4月28日] 8頁参照。

73) 元売のまたは元売と同じ者を持株会社とする企業集団内の連結子会社または持分法適用会社であって、主要な事業内容が国内における石油製品の販売であるものをいう。

が、石油元売会社から直接ではなく、系列特約店その他の会社を通じて石油製品を調達して販売する業態である。PB事業者（エネルギー商社や全農等）は、元売から、あるいは独自のルートで調達した石油製品を供給する事業者である。

(b) **系列SS事業者の経営基盤強化の必要性と課題**　系列取引による場合、系列販売事業者は、①長期継続的・安定的な取引関係を確保できる、②商標やブランドに対する顧客の信頼を得られる、③元売からの経営支援（人材育成、販売促進支援、卸価格の事後的な値引き等）を得られる、④サービスの共同開発の機会を得られる、といったメリットを享受できるが、その一方で、①元売との間の特約店契約や商標使用許諾契約との関係で製品調達先等についての一定の制限を受けたり、②いわゆる系列玉（元売から系列特約店および系列販売店に対し、特約店契約に基づき、当該ブランドマークを掲げた系列SSで販売するために供給されるガソリンの流通経路（系列ルート）で販売されるガソリン）の仕切価格は業転玉（系列ルート以外の経路によって流通するガソリン）の価格よりも高い（その価格差を「業転格差」という）など非系列SSが負わない追加的な経済的負担を負ったりする面もある。このような元売と系列販売業者との間の取引との関係で、①仕切価格の建値化の問題[77]、②業転格差の問題、③系列内格差の問題が指摘されることがあるが、かかる問題に関連・起因して、独占禁止法違反の問題が生じないようにすべきことは当然である。さらに、日本では、系列SSの割合がSS数の約75％と大きな割合を占めており、系列取引が国内の燃料安定供給に果たしている役割も大きい[78]ことから、系列内関係者（元売・系列SS）が上述のような問題に適切なかたちで対応すること（後述 (2)(3)(イ) 参照）に加えて、相互間の信頼を一層強化して協力し[79]、①元売・系列SS間の継続的・安定的な関係や顧客接点としての

---

74) エネルギー商社は、PB（プライベートブランド）SS等にガソリンを供給する一方で、複数の元売との間で特約店契約を締結し、元売マークを掲げる系列SSの運営を行うこともあり、かかる特約店を商社系特約店という。

75) 全国農業協同組合連合会も、PBSSにガソリンを供給する一方で、元売との間で特約店契約を締結し、元売マークを掲げる系列SSの運営を行うこともあり、かかる特約店を全農系特約店という。

76) 特約店のうち、販売子会社、商社系特約店、全農系特約店を除いたものをいう。

77) 仕切価格の建値化の問題とは、事前に設定されるが、結果としてコストや市況の実体を反映せずに割高となる額で当初に仕切価格が通知される状況が常態化していることをいう。石油精製・流通研究会・前掲注4　43頁参照。

78) 石油精製・流通研究会・前掲注4　42頁、43頁参照。

SSを活かした新たなサービスの開発[80]、②ブランド価値向上に資するような品揃えの増加やサービスの創設、③物流の合理化等のための投資の促進等を行って、系列販売事業者の経営基盤が強化されることも期待されている。なお、こうした動きを加速するべく、資源エネルギー庁も石油製品の安定供給の維持に不可欠な公益性の認められる範囲において政策的支援を講じていくべきであるとの政策的な方向性が示されている[81]。

(c) 販売事業者（系列・非系列とも）の経営基盤強化の必要性と課題　系列・非系列を問わず、各SSが、多様な地域性に応じて品揃えやサービスをカスタマイズし、自動車関連に留まらない広い領域における顧客ニーズを捉えた事業展開を行うことが、SSの経営基盤の強化と全国のSS網の維持につながると考えられている[82]。そのほか、流通段階において、系列の枠を超えた共同貯槽・共同配送の取り組みを行うこと[83]や、単体であるいは石油精製部門との一環で海外展開を行うことなども、各SSの経営基盤強化のための選択肢と考えられる[84]。個々の事業者が経営基盤強化のために採るべき具体的な対応は事業者毎に異なりうるが、各事業者が、単体であるいは他社と連携して、上述のような各種の取り組みを推進することが期待されている。また、SS等が電気自動車（EV）や燃料電池自動車（FCV）に必要な電気や水素のような次世代燃料の供給等の機能を担い、新技術やビジネスモデル取込を可能にすべく保安規制の見直しや技術実証が進められる予定であり[85]SSの経営多角化による収益安定を後押しする動きもある。

---

79) 石油精製・流通研究会・前掲注4　49頁。
80) 実際の取り組みとしては、コスモ石油株式会社が系列とともに提供するカーリースサービスなどがその例として挙げられている（石油精製・流通研究会・前掲注4　48頁）。
81) 石油精製・流通研究会・前掲注4　49頁。
82) 石油精製・流通研究会・前掲注4　47頁参照。
83) 石油精製・流通研究会・前掲注4　50頁。具体的な取り組み事例として、地元の複数の異なる系列に属する卸売業者が有限事業責任組合を設立し、人材・物流設備を共同利用しているケースや、離島での流通合理化のために元売・SS・自治体が協力している事例なども既に見られることも紹介されている。
84) 石油精製・流通研究会・前掲注4　50-51頁
85) 経済産業省資源エネルギー庁次世代燃料供給インフラ研究会『報告書』［2018年7月5日］、経済産業省資源エネルギー庁資源燃料部『国内の石油サプライチェーンの維持・強化に向けた取組』［2018年6月13日］（同日開催の総合エネルギー調査会資源燃料分科会の資料4）参照。

(イ) 公正な競争環境の整備

　揮発油、軽油、灯油、重油の品質規格は、揮発油等の品質の確保等に関する法律（「品確法」）で定められおり、強制規格に適合しない揮発油、軽油、灯油、重油の販売は禁止されている[86]。各販売業者が扱うガソリン等の製品そのものの品質面での差別化が難しいため、競争が価格面に集中しやすい側面があるが、価格面を含め、系列内取引、系列外取引を問わず、石油流通の各段階における取引が、公正な競争環境のもとで実施、形成されるべきことはいうまでもない。

　石油流通市場における競争環境の整備を促すという観点から、最近、(a)経済産業省により『ガソリン適正取引慣行ガイドライン』が定められ、また、それ以前にも(b)公正取引委員会による調査が実施されるなどしているので、以下、それらの概要を述べる[87]。

　(a)　経済産業省『ガソリン適正取引慣行ガイドライン』　公正な競争環境の構築を図り、将来にわたって石油製品が全国の住民や事業者に安定的・効率的に届けられるための環境整備を促すとともに、望ましい取引慣行やベストプラクティスの浸透を促すことにより、元売と系列SSが対話・協議を通じて相互の認識の相違を埋めること[88]を主な狙いとして、2017年3月に「ガソリン適正取引慣行ガイドライン」が制定された。

　同ガイドラインでは、課題となる取引慣行として、①当初の仕切価格の建値化の是正と十分な協議および②仕切価格の事後的調整を挙げている。そして、

---

86) 品確法は、揮発油、軽油、灯油および重油について、消費者の利益を保護することを目的とする法律で、①揮発油、軽油、灯油および重油の品質規格（強制規格）を定めること、②強制規格に適合しない揮発油、軽油、灯油、重油の販売を禁止すること、③生産業者および輸入業者に対して、これら製品の品質確認義務を課すこと、④揮発油販売事業者（SS事業者）に対して、業者としての登録義務およびこれら製品の品質分析義務を課すことを主な内容とする法律である。上記④の揮発油販売業者の品質分析義務は、揮発油販売業者に、原則として10日に1回、販売する揮発油が揮発油規格に適合していることの品質分析を行う義務を課すことを内容とするが、①石油生産業者から揮発油販売業者までの主たる流通経路が一定であることおよび②品質規格に適合しない揮発油を販売しないことが確実であることとの要件を満たす場合、計画の認定を受けることにより、分析頻度を計画期間中（最長1年）に1回とすることができる（「軽減認定制度」）。

87) なお、ガソリン等の取引実態を踏まえて、公正取引委員会が不当廉売の規制基準に関する考え方を示したガイドラインとして、公正取引委員会『ガソリン等の流通における不当廉売、差別対価等への対応について』［平成21年12月18日］がある。

88) 経済産業省『ガソリン適正取引慣行ガイドライン』［2017年3月24日］2頁

かかる課題となる取引慣行についての望ましい取引慣行やベストプラクティスとして、①当初の仕切価格を可能な範囲でより市況の実体に即したものとするなどの見直しを行い、仕切価格等を決定する際、系列 SS と十分に協議すること、②値引交渉の方針・手続の社内基準を明確化し、可能な限り、系列 SS にも情報開示が行われること、事後調整の期間短縮等が諮られること等が示されている。

　また、同ガイドラインは、販売事業者による独占禁止法に違反する不当廉売および景表法に違反する有利誤認に対する厳正な対処の必要性を指摘し、表示価格の適正化に関しては、各 SS が、石油流通業界団体である全国石油商業組合連合会が取り纏めて公表している自主行動基準である「SS における価格表示の適正化ガイドライン」を理解して不適切な価格表示を行わないように対応することが必要としている。

　(b)　**公正取引委員会フォローアップ調査**　2016 年 4 月 28 日付で公正取引委員会が公表した『ガソリンの取引に関するフォローアップ調査報告書』は、概要以下の指摘をしている。

　　　①　仕切価格を一定のフォーミュラで取り決めている元売は、価格体系等を見直す際の交渉ならびに各構成要素の額および販売関連コストの趣旨や用途の説明を十分に行う必要がある。

　　　②　仕切価格の修正（通知価格の遡及的な引き下げ）の実施基準を可能な範囲で明確にし、取引の相手方に示す必要がある。また、仕切価格の修正が恒常的に行われている場合には、当初の仕切価格の額を可能な範囲でより市況の実態に即したものとするなどの見直しも併せて行う必要がある。

　　　③　系列特約店の仕切価格について、個別の値引き交渉により、特定の系列特約店を競争上著しく有利または不利にさせるなど、合理的な理由なく差別的な取扱いをし、一般特約店の競争機能に直接かつ重大な影響を及ぼすことにより公正な競争秩序に悪影響を与える場合には、独占禁止法上問題（差別対価等）となることに留意する必要がある。

　　　④　販売子会社に対し、同一商圏の一般特約店に比して取引条件、取引内容の相違を超えて著しく低い仕切価格で販売するなど、合理的な理由なく差別的な取扱いをし、一般特約店に競争機能に直接かつ重大な影響を及ぼす

ことにより公正な競争秩序に悪影響を与える場合には、独占禁止法上問題（差別対価等）となることに留意することが必要である。油外事業の収益をガソリン事業に填補すること、元売から付与されたインセンティブを特定SSが有利となるように配分することなどにより、他の商品の供給による利益その他の資金を投入するのでなければ供給を継続することができないような低価格を設定するなど、不当に低い対価で供給し、他の事業者の事業活動を困難にさせるおそれがある場合には、独占禁止法上問題（不当廉売）となることに留意する必要がある。

⑤　系列特約店および系列販売店が自社業転玉（ある元売の系列特約店及び系列販売店が購入・販売する業転玉で、石油製品流通証明書等により当該元売が出荷したものと確認でき、かつ、当該元売製品以外のガソリンと混合されるおそれのないもの）を自由に購入・販売することが妨げられている状況が認められる。元売がエネルギー商社に対して、エネルギー商社が自社業転玉を自社の系列特約店および系列販売店に販売することを制限することにより、エネルギー商社の事業活動を不当に拘束する場合には、独占禁止法上問題（拘束条件付取引）となることに留意する必要がある。

⑥　系列特約店および系列販売店における他社業転玉（自社業転玉以外の業転玉）の取扱いを理由として、一方的に取引を停止するなどにより系列特約店および系列販売店に対して不当に不利益となるような行為は、ガソリンの流通市場の公正な競争の確保という観点からは不適切なものであると考えられ、そのような行為が行われていれば改善を徹底する必要がある。

　　(c)　**価格情報インフラの整備**　　需給を適切に反映した価格指標は、元売と販売業界の双方にとって、自主的・合理的な経営判断を行うために不可欠な情報インフラといえる。昨今、RIM情報開発株式会社のような既往の価格アセスメント会社に加えて、S&Pグローバル・プラッツ（S&P Global Platts）社およびOil Price Information Service（OPIS）社のような欧米の複数の価格アセスメント会社が日本での石油製品価格調査に参入し、価格情報入手方法の多様化が進展している。価格アセスメント会社によるIOSCO（証券監督者国際機関）の「PRA（価格報告機関）原則」の遵守の徹底に加えて、上記のような国内外の価格アセスメント会社同士の競争活性化や価格評価のメソドロジーの継続的な改善を通じ

て、利用者にとって使いやすく、公平性・信頼性の高い価格情報のインフラが整備されていくことが期待されている[89]。

3 国内 LP ガス産業の課題

(1) LP ガス製品・産業等の概説

LP ガス（LPG）とは、「Liquefied Petroleum Gas（液化石油ガス）」の略称で、プロパンやブタンなどの比較的液化しやすいガスの総称で、家庭で用いられる LP ガスはプロパンガスを主成分としているため「プロパンガス」と呼ばれる。LP ガスは、家庭業務用（給湯や調理）のほか、工業用、都市ガス用、自動車用、化学原料用、電力用等の用途で、年間 1415 万トン（2016 年度）の内需がある[90]。LP ガスは常温で圧縮して液化できるため、各家庭にはボンベで個別供給する形態が主体となっている（図 3 参照）。なお、都市ガスは、原料である天然ガスの段階では液化した状態（「LNG」）で輸入されるが、常温では液化できないため、各家庭等への供給は、導管（配管）を通じた気体での供給（集団供給）が主体となっている。

LP ガスは、化石エネルギーの中で相対的に CO_2 排出量が少ないクリーンエネルギーであること、可搬性のある分散型エネルギーであることおよび災害に強いことに特徴がある。LP ガスは、エネルギー基本計画において、石油とともに、災害時にはエネルギー供給の「最後の砦」となる独立した一次エネルギーとの位置づけが与えられており、2015 年 7 月に経済産業省が決定した「長期エネルギー需給見通し」の中で、2030 年度の一次エネルギー供給の 3％程度を占めると見られているなど[91]、今後も国民生活に必要不可欠なエネルギーとして一定の役割を担うことが期待されている[92]。

(2) 事業環境

(ア) 家庭部門、自動車用の需要減　　LP ガスの国内需要は、1996 年度をピー

---

89) 石油精製・流通研究会・前掲注 4　57-59 頁参照
90) 石油市場動向調査 WG・前掲注 3
91) 経済産業省『長期エネルギー需給見通し』［2015 年 7 月 16 日］5 頁参照。
92) 日本 LP ガス協会『政策における LP ガス』http://www.j-lpgas.gr.jp/genzai/law.html（2018 年 12 月 3 日最終閲覧）

図3 LPガスの国内流通フロー（2017年3月時点）

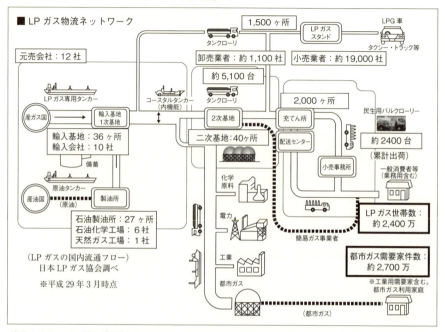

出典：日本LPガス協会『環境と人にやさしいエネルギー LPガス　炎もお湯も発電も』10頁［2017年7月25日］

クに、産業用部門を中心とする需要減を反映して漸減傾向にある[93]。LPガスの今後の需要見通しは、LPガス全体ではほぼ横ばいで推移する見込みとなっているが、部門別で見ると、業務家庭部門（LPガス国内需要の45％ほど（2016年度）を占める）のうち、家庭部門でLPガスを利用する世帯数の減少の影響や風呂釜・給湯器等各種機器の高効率化の進展等を背景として需要が減少するとともに、ガスヒートポンプ分野においても、省エネ・高効率化の進展により需要が減少すると見込まれている。また、自動車用についても、タクシー・貨物車等を中心としたLPガス自動車台数の継続的減少や、車両の燃費改善の継続的な進行

---

93) わかりやすく記載されたものとして、日本LPガス団体協議会『LPガス読本』（2018年1月）58頁参照

の影響による需要減が見込まれている。

　なお、一般工業用については全体として需要が増加する見通しで、都市ガス用についても低燃料 LNG 輸入量の増加による増熱用の需要増加を背景とする需要増が見込まれている。化学原料用は、エチレン用原料増による需要増とプロピレン用原料の需要減が相まって需要増の見通しとなっている[94]。

　(イ) **エネルギー間競争の中、選ばれるエネルギーである必要性の向上**　2016 年 4 月から開始された電力小売自由化が一般消費者のエネルギー価格に対する情報収集意欲を覚醒させはじめた[95]と見られている。家庭用 LP ガスの小売価格を全国平均価格で見ると高止まり状態が継続しており[96]、最高値をつけた 2014 年 8 月以降下落しているものの、輸入価格の下落に対して緩やかな動きであった[97]。

　電力・ガス小売の自由化の取り組みは、エネルギー選択の自由度拡大や料金の最大限の抑制等消費者利益の向上を図ることを目指しているものであり、都市ガス導管の延伸が進めば、都市ガスと LP ガスとの間の競争も激しくなる可能性がある[98]。LP ガスの小売価格は自由料金 (すなわち、許可料金や届出料金ではない) であるが、これまで料金の透明化が進んでこなかったこともあって、必ずしも消費者の選択の自由が十分に与えられているとは言えない状態であり、料金水準も消費者から納得を得たものとはなっていなかった[99]。上記のような消費者の意識の高まりもあって、LP ガスについては、料金透明化等を図ることが必要とされているとともに、地域に密着した事業で培った信用を活かし、これ

---

94)　石油市場動向調査 WG 配布資料 3『2018～2022 年度石油製品需要見通し（案）』［液化石油ガス編］（石油製品需要想定検討会液化石油ガスワーキンググループ提出資料）
95)　経済産業省資源エネルギー庁総合資源エネルギー調査会資源・燃料分科会液化石油ガス流通ワーキンググループ（以下「LP ガス流通 WG」という）『報告書』［2016 年 5 月 17 日］10 頁
96)　地域毎の販売・配送事業のコスト構造により地域差があることや各社間でも料金が異なるという事情はある。
97)　LP ガス流通 WG・前掲注 95　6 頁。石油問題調査会監修＝油業報知新聞社編集部編・前掲注 1　92 頁参照
98)　ただし、都市ガスの導管供給が可能なのは、経済効率上、一定の需要集積がある地域に限られるため、都市ガスの導管供給が可能ではないない地域では引き続き LP ガスが大きな役割を担う可能性が高いと考えられる。LP ガス流通 WG・前掲注 95　8、9 頁参照
99)　LP ガス流通 WG・前掲注 95　10 頁

まで以上に魅力的なサービス等を提案することにより、利用者から選択されかつ地域経済の活性化に貢献していくことが期待されてきている[100]。

(ウ) **災害時対応能力への期待の高まり**　LPガスは、設置や復旧が容易な分散型エネルギーで、経年劣化もしない[101]。東日本大震災時も停電、都市ガスの供給支障と比較してLPガスの復旧が非常に迅速に行われたことや、避難所のLPガスによる熱源確保、炊き出し等が実施できたことにより、改めて、災害時のLPガスの有用性が明らかとなったといえる[102]。2016年4月に発生した熊本での地震に際しても、LPガスの供給施設は他の燃料に比して早期に復旧を果たすなど、エネルギー供給の「最後の砦」としての特性が発揮される場面も記憶に新しく、LPガス産業においてはこれらの災害により発見された課題や教訓を活かし、非常時におけるサプライチェーンの確保に向けた取り組みの促進が期待され、その取り組みが推進されている[103]。

(3) **LPガス産業の課題**

LPガス産業についても、各事業者の経営基盤の強化と公正な競争環境の整備が課題であり、その具体的な内容として、以下、(ア)元売の業界再編による交渉力確保、(イ)LPガス調達元の多様化による安定供給・交渉力確保、(ウ)販売価格の透明化等の推進、(エ)需要の拡大、(オ)電力・ガス等への参入、海外市場の開拓・獲得および(カ)強靭化について述べる。

(ア) **元売の業界再編による交渉力確保**　LPガス元売部門では、事業統合などの再編の動きが見られた。最近では、2015年4月、コスモ石油株式会社、東燃ゼネラル石油株式会社、昭和シェル石油株式会社、住友商事株式会社のLPガス事業が統合されて「ジクシス株式会社」が誕生している。また、アストモスエネルギー株式会社とENEOSグローブ株式会社との間における広範な業務提携も行われている。これらの動きにより、事業統合による効率化に加えて、海外市場への取組強化やLPガス産油国に対する購買力強化、調達の多様化の

---

100) LPガス流通WG・前掲注95　9頁
101) 日本LPガス団体協議会・前掲注93　32頁、35頁参照
102) みずほ情報総研株式会社『経済産業省資源エネルギー庁委託事業　平成23年度　石油産業体制等調査研究　東日本大震災を踏まえた今後のLPガス安定供給の在り方に関する調査　概要版』〔2012年2月〕13頁
103) 日本LPガス協会『LPガス産業の2050年ビジョン』〔2018年11月29日〕19-22頁参照。

推進等が見込まれ、我が国LPガス業界の国際競争力強化やエネルギーセキュリティの向上に繋がることが期待されている[104]。

(イ) **LPガス調達元の多様化による安定供給・交渉力確保** LPガスは、原油の精製過程でも生じるが、油田や天然ガス田からの随伴ガスとして生じる。そのため、LPガスの供給源には国内生産品と輸入品があり、現状、輸入比率が75％前後である[105]。LPガスは、近年のシェール随伴LPガスの生産増による米国からの輸入増等に伴い、輸入元の多元化が進んで、中東依存度が39％（27年度）ほどに抑えられるなど、調達における地政学的なリスクが低下する方向にある点も評価されている。2016年6月27日には、大型LPG船の航行が可能となった新パナマ運河が開通し、従来は日本まで約45日を要したものが、新パナマ運河経由で約28日で日本に到着することとなり、米国のLPガス調達における物流コストの低減につながっている。今後は、中東産ガス国等との関係の一層の維持・強化を図りつつ、供給ソースの更なる多様化と安定化に繋げるべく北米、オセアニアなど環太平洋を中心としたシェールガス、シェールオイルなど非在来型資源開発や洋上天然ガス液化開発プロジェクトからのLPガス生産等の可能性の積極的な調査を行うことなどが企図されており、こうしたLPガスの安定供給に向けた取組の進展が注目される[106]。

(ウ) **販売価格の透明化等の推進** 電力、都市ガスの小売自由化の時代においてもLPガスが消費者に選択されるためには、LPガスの小売価格の透明性の確保・向上を図ることが極めて重要と考えられる[107]。

かかる要請を踏まえて、①「液化石油ガスの保安の確保および取引の適正化に関する法律施行規則（液石法省令）の一部改正、②「液石法省令の運用および解釈の基準について」（運用・解釈通達）の一部改正、③「液化石油ガスの小売営業に

---

104) 輸入比率につきLPガス流通WG・前掲注95 4頁
105) 日本LPガス協会『日本のLPガス統計 February 2018』［2018年3月1日］1頁。また、中東依存度につき、同7頁および石油問題調査会監修＝油業報知新聞社編・前掲注1 88-89頁参照。
106) 日本LPガス協会『LPガス産業の中長期展望［改定版］』［2012年3月21日］19頁（なお、当該中長期展望（以下「中長期展望」という）は直近のエネルギー基本計画等をふまえて近く改定予定）。また閣議決定・前掲注19 60頁参照。
107) 経済産業省資源エネルギー庁資源燃料部『液化石油ガスの小売営業における取引適正化指針』［2017年2月22日制定・2018年2月22日改訂］1頁参照。

おける取引適正化指針』(取引適正化ガイドライン)の制定・改訂が行われ、①取引適正化ガイドラインにおいて、標準的な料金メニュー等を公表する必要があることが明示され、②運用・解釈通達の改正により、LPガス料金に設備費用等が含まれている場合には、液石法14条書面の中で明記する必要があることが明確化され、更に、③液石法省令の改正により、一般消費者等に料金を請求するときは、その算定根拠を通知することが義務付けられた(液石法省令16条に15の2を追加)。

　また、家庭用LPガスの価格構成を見ると、小売段階での配送費、人件費、保安費などが約6割を占めているため、小売価格低減のためには、各流通段階、とりわけ小売り段階での合理化・効率化努力が求められる[108]。

　(エ)　**需要の拡大**　LPガスの環境特性を活かしつつ、LPガスの需要拡大と高度利用を図るために、家庭用部門において、高効率ガス機器や、エネファーム(家庭用燃料電池)などの一層の普及を目指すことも必要である。また、業務用途では、省エネ・節電・省CO2対策として、石油系燃料からLPガスへの燃料転換の推進を図るとともに、ガスヒートポンプやマイクロコジェネレーションの普及促進を、補助制度等を活用しながら積極的に行うこと、産業用エネルギーにおいても、産業用コージェネレーション等の提案を行って、LPガスへの燃料転換を行うよう実践していくことが必要である。運輸部門については、LPG車の普及を図るために、国際基準等との整合性を考慮しながら、ユニバーサルデザイン車両および自家用車ユーザーのニーズ等にも沿ったLPG車が生産されるよう推進することや、2030年の燃料電池自動車200万台の普及に向け、水素併用型LPガススタンドの増設を支援するとともに、LPガススタンドとガソリンスタンドとの併設や自家用車向けのドーナツ型容器の採用および欧州型改造キットの市場導入等に向けた規制緩和に関する検討を進めるなどにより、自家用車LPG車ユーザーの利便性を図ることなどが考えられる。太陽光発電システムに関しては、太陽光エネルギーの不安定性を解消するためにガス体エネルギーと組み合わせること、バイオガスとLPガスの混合供給の可能性について調査・検討をすすめること等が考えられる[109]。

---

108) 経済産業省資源エネルギー省『平成29年度エネルギーに関する年次報告(エネルギー白書2018)』[2018年6月8日] 189-190頁。

また、FRP 容器の普及促進が図られている。FRP 容器は、既に欧米にて開発・使用されている軽量かつ美観に優れた容器で、消費者ニーズに適し、新たな需要に繋がる可能性も高い。2015 年度より国内でも 7.5 Kg FRP 容器の輸入・販売が開始されており、10 kg 以下の容器の技術基準の整備が進む一方、10 Kg 以上の FRP 容器についても、今後の FRP 容器の普及状況や消費者ニーズ等を考慮しながら、容器に適した新たな利用形態の模索や技術開発が目指されている[110]。

(オ) **電力・ガス等への参入、海外市場の開拓・獲得**　電力の小売自由化を受けて、小売電気事業者に登録して電力小売事業に参入する、あるいは小売電気事業者登録はせず電力会社等と業務提携を行う形で電力小売事業に参入する LP ガス事業者の取り組みが見られる。また、都市ガスの小売全面自由化後、LP ガス販売で培った営業力や保安業務の知識・技術を活かして、電力会社との提携等の形態で都市ガス小売事業に参画する取り組みが見られる[111]。

その他、世界の LP ガス需要は、アジアと中東の牽引により拡大基調が続くと見られているところ[112]、国内で培われた技術やノウハウを統合して、アジアをはじめとする海外市場の開拓と獲得ができるよう各種の取り組み[113]が進められることなどにより、LP ガス産業の経営基盤の再構築が進展することが期待されている。

(カ) **強靭化**　LP ガスの災害時の最後の砦としての役割に鑑みて、備蓄の着実な実施と、中核充填所の設備強化等による供給体制の強靭化が求められ、推進されている。

備蓄の着実な実践に関しては、国家備蓄と民間備蓄を併せて輸入量の 90 日分の備蓄を確保するとの基本方針のもと[114]、国家備蓄については、全国 5 地点で輸入量の 50 日分程度に相当する量の備蓄を目標として備蓄が実施されてい

---

109) 日本 LP ガス協会・前掲注 106（中長期展望）18-19 頁
110) 日本 LP ガス協会・前掲注 106（中長期展望）21 頁。日本 LP ガス協会・前掲注 103　9 頁参照。
111) 日本 LP ガス協会『環境と人にやさしいエネルギー LP ガス炎もお湯も発電も』[2017 年 7 月 25 日] 12-15 頁、石油問題調査会監修＝油業報知新聞・前掲注 1　100-103 頁参照
112) HIS Markit『Finding Global End Use Markets for the Growing LPG Supply』[2017 年 3 月 7 日]（同日開催の「LP ガス世界セミナー」資料）15-25 頁参照。
113) 閣議決定・前掲注 19　60 頁、日本 LP ガス協会会長岩井清祐『日本の LP ガス業界の現況』[2018 年 3 月 19 日] 29 頁参照
114) 閣議決定・前掲注 19　70 頁

る[115]。民間備蓄については、石油備蓄法によりLPガス輸入業者に対して、年間輸入量の40日分に相当する量の備蓄が義務づけられており[116]、2018年9月の時点で203.4万トン・75.0日分の備蓄がなされている[117]。

供給体制の強靭化に関しては、LPガス輸入基地の強化（耐震強化の実施、移動電源車の配備等）、中核充填所の整備・出荷機能強化（全国約344箇所の充填所を「中核充填所」に指定して、LPガス自家発電設備を設置やLPガス自動車配送車、緊急時通信設備等を配備している）、需要家側におけるLPガスバルク等の導入などが進められている。また、石油備蓄法に基づく「災害時石油ガス供給連携計画」に基づく訓練や、全国のLPガス協会と地方自治体との間の防災協定の締結も推進されている[118]。

4 まとめ

石油産業、LPガス産業の具体的課題は以上のとおり多岐にわたるが、経営基盤の強化・再構築や公正な競争環境の整備等に向けた事業者および政府による各種の取り組みも多々見られるところであり、今後のそうした取り組みの継続・進展が期待される。

---

[115] 経済産業省資源エネルギー庁資源・燃料部石油流通課『LPガス備蓄の現況』［2018年11月］1頁。なお、

[116] 石油備蓄法10条1項、石油備蓄法施行規則22条

[117] 経済産業省資源エネルギー庁資源・燃料部石油流通課・前掲注115　1頁。なお、民間備蓄義務は従前は年間輸入量の50日分に相当する量であったが、40日分に相当する量に軽減された（石油の備蓄の確保等に関する法律施行規則の一部を改正する省令［2017年12月4日］）（2018年2月より適応）

[118] 日本LPガス協会・前掲注103　19-22頁のほか、日本LPガス協会・前掲注111　23-25頁参照

事 項 索 引

あ

RPS（法）……………………………… 304
安全協定 ………………………………… 287
アンバンドリング ……………… 7, 23, 326

い

EU ……………………… 49, 58, 217, 344
EU 機能条約 …………………………… 381
EU 競争法 ………………………… 225, 345
EU 法 …………………………………… 194
伊方原発訴訟最高裁判決 ………… 257, 271
一般ガス導管事業 ……………………… 103
一般ガス導管事業者 ……………… 99, 103
一般送配電事業 ………………………… 102
一般送配電事業者 ………………… 99, 102
インサイダー取引 ……………………… 367

え

ACER …………………………… 380, 382
液石法 …………………………………… 440
液化石油ガスの小売営業における取引適正化指針（取引適正化ガイドライン）……… 439
液化石油ガスの保安の確保および取引の適正化に関する法律 …………………… 439
液化天然ガス（LNG）………………… 62
FERC …………………………………… 333
FOB（Free on Board）方式 ……… 17, 84
FOB 契約 ……………………………… 238
FOB 条件 ………………………… 86, 93, 239
FTA ……………………………… 58, 59, 60
FTAIA …………………………………… 213
エネルギー基本計画 ……………… 4, 99, 249
エネルギー供給構造高度化法 ………… 312
エネルギー供給事業者による非化石エネルギー源の利用及び化石エネルギー原料の有効な利用の促進に関する法律 ……… 20
エネルギー政策基本法 ……………… 14, 29
エネルギーの使用の合理化に関する法律…… 20

LNG ……………………………………… 84
LP ガス …………………………… 413, 435

お

卸電力取引所 …………………………… 327

か

核原料物質、核燃料物質及び原子炉の規制に関する法律 ……………………………… 14
火山ガイド ………………………… 255, 276, 286
ガス小売ガイドライン ………………… 133
ガス小売事業 …………………………… 103
ガス小売事業者 ………………………… 103
ガス事業制度改革 ……………………… 393
ガス事業法 ………………… 97, 131, 132, 392
ガスシステム改革 ………………… 23, 398
ガス製造事業 …………………………… 103
ガス製造事業者 ………………………… 103
ガス適正取引指針 ………………… 108, 116
ガス適取ガイドライン ………………… 133
ガス導管分離 …………………………… 23
ガスの小売営業に関する指針 ………… 133
ガソリン適正取引慣行ガイドライン …… 432
GATT …………………………………… 35
　——11 条 …………………………… 229, 232
　——17 条 …………………………… 56, 57
　——20 条 …………………………… 46, 231
　——21 条 …………………………… 46
簡易ガス ………………………………… 392
簡易ガス事業 …………………………… 23
環境アセスメント ……………………… 315
環境基本法 ……………………………… 253
関税及び貿易に関する一般協定（GATT）…… 33
環太平洋パートナーシップ（TPP）協定 …… 58

き

競争法 ……………………………… 88, 219, 344
共同操業契約 ……………………… 67, 83
金融商品取引法 ………………………… 330

け

経過措置期間 …………………………… 165
権益譲渡 ……………………………………… 75
原子力 ………………………………………… 13
原子力規制委員会 ……………………… 249
原子力基本法 …………………………… 253
原子力災害対策特別措置法 ………… 255
原子力発電所の火山影響評価ガイド …… 255
原子力発電所の地震影響評価ガイド …… 255
原子炉等規制法 ………………………… 254
原発 ………………………………………… 236
原料費調整制度 ………………………… 394

こ

広域運営推進機関 …………………… 97, 102
鉱業法 ………………………………………… 15
高度化法 ……………………………… 20, 421
小売全面自由化 ………………………… 130
小売電気事業 …………………………… 102
国家備蓄 ………………………………… 428
固定価格買取制度 ……………………… 303

さ

再エネ特措法 ………………………… 8, 20
――5条 …………………………………… 22
最終保障供給 …………………………… 166
再生可能エネルギー …… 252, 292, 295, 410
三段階料金制 …………………………… 178
産油国共同備蓄 ………………………… 427

し

JEPX ……………………………… 27, 329, 359
自社業転玉 ……………………………… 434
地震ガイド ……………………………… 255
仕向地制限条項 ………… 17, 87, 88, 89, 92, 234
シャーマン法 …………………………… 194
省エネ法 …………………………………… 20
小売電事業者 …………………………… 102
商品取引所法 …………………………… 334
所有権分離 ………………………………… 24
新エネルギー利用等の促進に関する特別措置法
（新エネルギー法） ………… 20, 295, 296
新電力 ……………………………… 150, 359

す

スポット市場 …………………… 362, 374
スマートメーター ……………………… 408

せ

生産物分与契約 ………………………… 63
制度の不当利用（gaming） ………… 351
世界貿易機関（WTO）協定
  …………………… 32, 33, 34, 47, 212, 228
石油及び可燃性天然ガス資源開発法 …… 15
石油開発公団法 …………………………… 15
石油需給適正化法 ……………………… 12
石油代替エネルギーの開発及び導入の促進に
  関する法律 …………………………… 20
石油の備蓄の確保に関する法律 …… 18, 427
石油備蓄法 ………………………… 18, 19, 442
セット販売 ……………………………… 138
セット割販売 …………………………… 183
セット割引 ……………………………… 138

そ

相場操縦 ………………………………… 326

た

代エネ法 …………………………………… 20
託送供給 ………………………………… 117
託送供給等約款 ………………………… 112
他社業転玉 ……………………………… 434
WTO ………………………… 32, 33, 34, 47, 212, 228
WTO協定 …………………………… 33, 34, 228

ち

地域間連系線利用ルール ……………… 151
地球温暖化対策推進法 ………………… 250
地球温暖化対策の推進に関する法律 …… 250
長期エネルギー需給見通し …………… 250
長期売買契約 ……………………………… 85

て

DES 契約……………………………………238
DES 条件………………84, 86, 93, 239, 241
TPP 協定……………………………………58
適正なガス取引についての指針……26, 133, 396
適正な電力取引についての指針（適正取引ガイドライン）…………26, 133, 327, 330, 359, 366
電気事業者による再生可能エネルギー電気の調達に関する特別措置法………………8
電気事業法………………97, 98, 131, 132
電気通信事業法……………………………162
電取委……………………………………365
転売利益分配条項…………87, 88, 89, 92, 234
電力・ガス取引監視等委員会
　………………25, 30, 120, 125, 358
電力広域的運営推進機関…………317, 326
電力小売ガイドライン……………………133
電力システム改革…………………11, 23, 100
電力適正取引指針………108, 109, 111, 113, 114
電力適取ガイドライン……………………133
電力の小売営業に関する指針……………133

と

東京電力……………………………………4
同時同量制度……………………………400
独占禁止法……………11, 30, 87, 92, 109, 111
特定小売供給……………………………165

に

二重導管規制……………………………404
日本卸電力取引所………………………27, 329

ね

ネガワット…………………………………115
ネガワット事業者…………………………149
ネガワット取引……………………………148

の

農林漁業の健全な発展と調和のとれた再生可能エネルギー電気の発電の促進に関する法律
　………………………………………22

は

バイオマス活用推進基本法……………20, 21, 22
バックフィット（制度）………………254, 261
発送電分離………………………………23, 326
発電事業（者）……………………………102
原災法……………………………………255
パリ協定…………………………………415
反トラスト法……………………………194, 382

ひ

非化石エネルギーの開発及び導入の促進に関する法律………………………………20
非化石価値取引市場……………………28, 309
備蓄法……………………………………428
避難計画…………………………………277

ふ

FIT（制度）………………………9, 22, 54, 303
FIT 法……………………………………303
福島第一原子力発電所事故…4, 5, 13, 16, 25, 292
不当廉売…………………………………187
分散型電源………………………………410

へ

米国独禁法……………………………213, 221
米国法……………………………………194
ベースロード市場………………………151
ベースロード電源………………………251
ベースロード電源市場……………………28

ほ

貿易関連投資措置協定（TRIMS 協定）………53
法的分離……………24, 28, 98, 99, 121, 399
補助金協定…………………………………54

み

民間備蓄…………………………………427

ゆ

ユニバーサル・サービス……………26, 27, 161

よ

容量市場……………………………28, 151, 309

ら

ライセンス制………………………………398
ラスト・リゾート…………………………166

り

離島供給……………………………………166
離島ユニバーサル・サービス……………166

れ

REMIT ……………………………347, 380, 382
連邦動力法…………………………………333

◆編著者紹介◆
友岡　史仁（ともおか・ふみと）
　日本大学法学部教授
　1997年　慶應義塾大学法学部法律学科卒業、2003年　慶應義塾大学大学院法学研究科博士後期課程単位取得退学
　『要説　経済行政法』〔弘文堂・2015〕、「原子力政策と行政手続――行政法の視点から」鈴木庸夫編『大規模震災と行政活動』〔日本評論社・2015〕、「経済行政法の課題」行政法研究20号〔2017〕ほか多数。

武田　邦宣（たけだ・くにのぶ）
　大阪大学大学院法学研究科教授
　1993年　神戸大学法学部卒業、1999年　神戸大学大学院法学研究科博士後期課程修了（神戸大学博士（法学））
　「域外の資源国有企業に対する競争法的規律――ガスプロム事件の背景」舟田正之先生古稀祝賀『経済法の現代的課題』〔有斐閣・2017〕、「FERCによる合併規制」舟田正之編『電力改革と独占禁止法・競争政策』〔有斐閣・2014〕、「EUにおける電力市場改革――議論と経験の相対化」阪大法学62巻6号〔2013〕など。

◆執筆者紹介◆（執筆順）
Ⅰ章　**友岡　史仁**　編著者紹介参照

Ⅱ章
伊藤　一頼（いとう・かずより）
　北海道大学大学院法学研究科准教授
　2001年　東京大学法学部卒業、2005年　東京大学大学院法学政治学研究科博士課程中途退学
　「WTO体制と発展途上国」日本国際経済法学会編『国際経済法講座　第1巻』〔法律文化社・2012〕、「国際経済法における規範構造の特質とその動態―立憲化概念による把握の試み―」国際法外交雑誌111巻1号〔2012〕、「公法分野における経済規制の国際的調和」民商法雑誌153巻6号〔2018〕。

Ⅲ章
紺野　博靖（こんの・ひろやす）
　西村あさひ法律事務所カウンセル弁護士
　1997年早稲田大学法学部卒業、1999年司法研修所修了、弁護士登録、2006年コーネル大学ロースクール卒業（LL. M.）、2007年ニューヨーク州弁護士登録
　「LNG長期売買契約における価格決定条項について」〔国際商事法務 Vol. 40 No. 1、

2012年1月号〕、「欧州委員会が天然ガス取引の地域制限を競争法違反と決定した事件を振り返る」〔石油・天然ガスレビュー Vol. 49 No. 1、2015年1月号〕、「Esso Exploration and Production UK Ltd 対 Electricity Supply Board 事件」〔石油開発時報 No. 193、2018年9月号〕。

大槻　由昭（おおつき・よしあき）
西村あさひ法律事務所アソシエイト弁護士
2004年東京大学法学部第一類卒業、司法研修所修了、弁護士登録、2011年南カリフォルニア大学ロースクール卒業（LL. M.）、2012年ニューヨーク州弁護士登録
『エネルギー法実務要説』〔共編著、商事法務・2018〕、『LNG の売買契約（SPA）の主要条項について』〔石油開発時報 No. 190、2017年3月号〕。

勝部　純（かつべ・じゅん）
西村あさひ法律事務所パートナー弁護士
2004年一橋大学法学部卒業、2006年弁護士登録、2012年南カリフォルニア大学ロースクール卒業（LL. M.）、2013年ニューヨーク州弁護士登録、2017年カリフォルニア州弁護士登録
『エネルギー法実務要説』〔共編著、商事法務・2018〕、「LNG 市場の流動性の高まりと LNG 売買契約への影響その他法的留意点」〔西村あさひのリーガル・アウトルック、2017〕。

Ⅳ章
西村　暢史（にしむら・のぶふみ）中央大学法学部教授
1997年　関西学院大学法学部法律学科卒業、2002年　神戸大学大学院法学研究科博士後期課程中途退学
「標準化団体・IPR ポリシーの役割の競争法的研究(1)(2)」比較法雑誌49巻3号・4号〔2015・2016〕、「豪州競争法システム内の情報通信分野固有の規制」比較法雑誌48巻3号〔2014〕ほか多数。

Ⅴ章
伊藤　憲二（いとう・けんじ）
森・濱田松本法律事務所　弁護士
1995年　京都大学法学部卒業、2002年　ジョージタウン大学ロースクール（LL. M）卒業、2003年〜2005年　公正取引委員会事務総局勤務
『条解　独占禁止法』〔共著、弘文堂・2014〕、『論点体系　独占禁止法』〔共著、第一法規・2014〕、『企業危機・不祥事対応の法務（第2版）』〔共著、商事法務・2018〕ほか多数。

市村　拓斗（いちむら・たくと）
　森・濱田松本法律事務所　弁護士
　2005 年　早稲田大学法学部卒業、2008 年　早稲田大学法科大学院修了、2011 年〜2013 年　経済産業省資源エネルギー庁省エネルギー・新エネルギー部新エネルギー対策課に出向（課長補佐）（〜2013 年）、2013 年〜2015 年　経済産業省　資源エネルギー庁　電力・ガス事業部　電力・ガス改革推進室に出向（課長補佐）

Ⅵ章
佐藤　佳邦（さとう・よしくに）
　一般財団法人電力中央研究所主任研究員
　2003 年　大阪大学法学部法学科卒業、2005 年　大阪大学大学院法学研究科博士前期課程修了、2005 年　財団法人知的財産研究所特別研究員、2006 年　財団法人電力中央研究所入所
　『EU の電力・ガス事業分野における合併審査 ―1990 年以後の欧州委員会による審査事例の検討―』〔2017・電力中央研究所〕、「第 1 章電気料金」『電気事業の仕組みを読み解く』〔共著、東北エネルギー懇談会・2013〕、「地球温暖化対策と競争政策：欧州の再生可能エネルギー電力買取制度を題材に」日本経済法学会年報 38 巻 181 頁〔2017〕。

Ⅶ章
早川　雄一郎（はやかわ・ゆういちろう）
　立教大学法学部准教授
　2006 年　京都大学法学部卒業、2008 年　京都大学大学院法学研究科法曹養成専攻修了、2013 年　京都大学大学院法学研究科博士後期課程修了（京都大学博士（法学））
　『競争者排除型行為規制の目的と構造』〔商事法務・2018〕。

Ⅷ章
藤井　康次郎（ふじい・こうじろう）
　西村あさひ法律事務所パートナー弁護士
　2004 年東京大学法学部第一類卒業、2005 年弁護士登録、2011 年ニューヨーク大学ロースクール卒業（LL.M.）、2012 年ニューヨーク州弁護士登録、2011 年〜2012 年ワシントン D.C. のクリアリー・ゴットリーブ・スティーン アンド ハミルトン法律事務所、2012 年〜2014 年経済産業省　通商機構部国際経済紛争対策室参事官補佐。
　「ビッグデータと単独行為（特集：プラットフォームと競争法）」〔共著、ジュリスト 1508 号、2017〕、「TPP と政府・企業法務(1)〜(14・完)」〔共著、NBL 1063〜1094 号、2015〜2017〕、「天然資源の輸出規制と通商法」〔石油開発時報 183 号、2014〕など多数。

IX章
松本　充郎（まつもと・みつお）
大阪大学大学院国際公共政策研究科（法学部）准教授
1996 年　東京大学法学部第 3 類卒業、都市銀行勤務を経て、2004 年　上智大学大学院法学研究科　単位取得満期退学
『土地所有権の空洞化』〔共編著、ナカニシヤ出版・2018〕、「法の支配を通じた持続可能な発展――米墨関係におけるコロラド川の水紛争からの展望――」星野俊也・大槻恒裕・村上正直編『富の共有と公共政策』〔大阪大学出版会・2018〕、「『現代の貧困』――批判的民主主義の制度論」瀧川裕英・大屋雄裕・谷口功一編『逞しきリベラリストとその批判者たち――井上達夫の法哲学』〔ナカニシヤ出版・2015〕ほか多数。

X章
筑紫　圭一（ちくし・けいいち）
上智大学法学部准教授
2001 年　上智大学法学部地球環境法学科卒業、2006 年　上智大学大学院法学研究科博士後期課程単位取得退学。上智大学博士（法学）。
「事故由来放射性物質汚染廃棄物の処理」高橋滋・公益財団法人住友電工グループ社会貢献基金・一橋大学環境法政策講座編『福島原発事故と法政策』〔第一法規・2016〕、行政法〔共著、日本評論社・2017〕など。

XI章
武田　邦宣　編著者紹介参照
執筆分担につき、1、6＝共著、2、3＝松尾、4、5＝武田

松尾　健一（まつお・けんいち）
大阪大学大学院高等司法研究科准教授
1999 年　同志社大学法学部法律学科卒業、2004 年　同志社大学大学院法学研究科後期博士課程退学
『株主間の公平と定款自治』〔有斐閣・2010〕、神田秀樹＝黒沼悦郎＝松尾直彦編著『金融商品取引法コンメンタール　4』〔商事法務・2011〕ほか。

XII章
松田　世理奈（まつだ・せりな）
公正取引委員会事務総局審査局訟務官付、弁護士（本文冒頭記載の所属等は寄稿を行った 2017 年 5 月時点のもの）
2007 年　東京大学法学部卒業、2009 年　東京大学大学院法学政治学研究科終了
「契約書作成の実務と書式」〔共著、有斐閣・2014〕、「法務リスク・コンプライアンス

リスク管理実務マニュアル」〔共著、民事法研究会・2015〕、「東京電力エナジーパートナー（株）に対する電気事業法に基づく業務改善勧告について」〔共著、NBL1091号・2017〕ほか。

XIII章
髙城　潤（たかしろ・じゅん）
経済産業省資源エネルギー庁電力・ガス事業部政策課　課長補佐（法規担当）
2007年　大阪大学法学部法学科卒業、2010年大阪大学大学院高等司法研究科修了、2011年司法試験合格　2012年経済産業省入省

XIV章
平野　双葉（ひらの・ふたば）
弁護士
1995年　東京大学法学部卒業、2006年　ハーバード大学ロースクール卒業（LL. M.）。2000年～2002年　経済産業省産業組織課（課長補佐）、2003年～2004年　外務省経済連携協定室他（課長補佐）、2006年～2007年　ハントン・アンド・ウィリアムズ法律事務所（ワシントンD.C.）、2007年　ニューヨーク州弁護士登録、2005年～2018年西村あさひ法律事務所。資源エネルギー企業法務等に関与。
季刊「債権管理」別冊1号『ケース・スタディ　会社更生企業その後　～実・学共同による検証と提言』〔共同編著、金融財政事情研究会・2002〕ほか。

エネルギー産業の法・政策・実務

2019（平成31）年3月31日　初　版1刷発行

編著者　友岡史仁　武田邦宣
発行者　鯉渕　友南
発行所　株式会社　弘文堂　101-0062　東京都千代田区神田駿河台1の7
　　　　　TEL 03(3294)4801　　振替 00120-6-53909
　　　　　http://www.koubundou.co.jp

装　幀　後藤トシノブ
印　刷　三報社印刷
製　本　牧製本印刷

Ⓒ 2019　Printed in Japan.
JCOPY ＜(社)出版者著作権管理機構 委託出版物＞
本書の無断複写は著作権法上での例外を除き禁じられています。複写される場合は、そのつど事前に、(社)出版者著作権管理機構（電話 03-5244-5088、FAX 03-5244-5089、e-mail：info@jcopy.or.jp）の許諾を得てください。
また本書を代行業者等の第三者に依頼してスキャンやデジタル化することは、たとえ個人や家族内での利用であっても一切認められておりません。

ISBN978-4-335-35731-2